Martin Lipp · Examens-Repetitorium Familienrecht

UNIREP JURA

Herausgegeben von Prof. Dr. Mathias Habersack

Examens-Repetitorium Familienrecht

von

Dr. Martin Lipp

o. Professor an der Universität Gießen

4., neu bearbeitete Auflage

 C.F. Müller

Martin Lipp, Jahrgang 1950, Studium der Rechtswissenschaften in Augsburg, Assessorexamen 1978 in Augsburg, wissenschaftlicher Assistent ebendort, Promotion 1979, Habilitation 1986. Professor an der Ruhr-Universität Bochum, seit 1992 an der Technischen Universität Dresden, seit 1996 Inhaber des Lehrstuhls für Deutsche Rechtsgeschichte, Neuere Privatrechtsgeschichte und Bürgerliches Recht an der Justus-Liebig-Universität Gießen; Richter am OLG Dresden a.D.

Wichtige Veröffentlichungen: Die Bedeutung des Naturrechts für die Ausbildung der Allgemeinen Lehren des deutschen Privatrechts (1980); Die nichteheliche Lebensgemeinschaft und das bürgerliche Recht AcP 180 (1980); Die eherechtlichen Pflichten und ihre Verletzung (1988); Das neue Kindschaftsrecht (1999) in Zusammenarbeit mit *Thomas Wagenitz*; Kommentierung der §§ 1353 ff. BGB in Soergel, Kommentar zum BGB, 13. Aufl. (2013) und von Teilbereichen der §§ 1587 ff. BGB a. F., ebendort (2000); Examens-Repetitorium Erbrecht (Unirep Jura), 3. Aufl. (2013); Mitherausgeber der Schriftenreihe „Studien zum deutschen und internationalen Familien- und Erbrecht".

Bibliografische Information der Deutschen Nationalbibliothek
Die Deutsche Nationalbibliothek verzeichnet diese Publikation in der Deutschen Nationalbibliografie; detaillierte bibliografische Daten sind im Internet über <http://dnb.d-nb.de> abrufbar.

Bei der Herstellung des Werkes haben wir uns zukunftsbewusst für umweltverträgliche und wiederverwertbare Materialien entschieden. Der Inhalt ist auf elementar chlorfreies Papier gedruckt.

ISBN 978-3-8114-9331-5

E-Mail: kundenservice@hjr-verlag.de
Telefon: +49 6221/489-555
Telefax: +49 6221/489-410

© 2013 C.F. Müller, eine Marke der Verlagsgruppe Hüthig Jehle Rehm GmbH
Heidelberg, München, Landsberg, Frechen, Hamburg

www.cfmueller-campus.de
www.hjr-verlag.de

Satz: Gottemeyer, Rot
Druck: CPI Clausen & Bosse, Leck

Vorwort

Seit der dritten Auflage des Buches ist die Entwicklung im Familienrecht erneut intensiv voran geschritten. So hatte die vierte Auflage wichtige Gesetzesänderungen zu berücksichtigen, wie etwa die Neuregelung des Sorgerechts für ein Kind, dessen Eltern nicht miteinander verheiratet sind (§ 1626a BGB). Eingearbeitet wurden auch die Reformmaßnahmen im Güterrecht (deutsch-französischer Wahlgüterstand der „Wahl-Zugewinngemeinschaft") und das am 13.7.2013 in Kraft getretene Gesetz zur Stärkung der Rechte des leiblichen, nicht rechtlichen Vaters. Hinzu gekommen sind weitreichende höchstrichterliche Entscheidungen sowohl des BVerfG (z.B. Verfassungswidrigkeit der „wandelbaren ehelichen Lebensverhältnisse" im nachehelichen Unterhaltsrecht; Verfassungswidrigkeit des Ausschlusses einer Sukzessivadoption für eingetragene Lebenspartner) als auch des BGH (z.B. Fortentwicklung der Rechtsprechung zum vermögensrechtlichen Ausgleich bei Beendigung einer nichtehelichen Lebensgemeinschaft oder zur Frage der Rückabwicklung ehebezogener Drittzuwendungen). Die Neuauflage habe ich zugleich genutzt, das Buch durchgehend zu überarbeiten, zu aktualisieren und insbesondere in den Bereichen der familienrechtlichen Reformen der Jahre 2008/2009 (nacheheliches Unterhaltsrecht; gesetzliches Güterrecht; Verfahren in Familiensachen) auf den Stand der (sich konsolidierenden) höchstrichterlichen Rechtsprechung zu bringen und zu ergänzen. Die Gesamtkonzeption, Stoffauswahl und Zielsetzung des Bandes sind unverändert geblieben.

Die Neuauflage befindet sich auf dem Stand vom 1. August 2013. Herzlich bedanke ich mich bei meiner Wiss. Mitarbeiterin, Frau *Hellen Hetterich*, für die kritische Durchsicht des Manuskriptes, wertvolle Anregungen und Korrekturhilfen. Meiner Sekretärin, Frau *Ingrid Marx,* danke ich herzlich für die wie immer vorbildliche Erstellung des Manuskriptes.

Gießen, im August 2013 *Martin Lipp*

Aus dem Vorwort zur 1. Auflage

Das Buch ist aus meiner Vertiefungsveranstaltung im Familienrecht an der Universität Gießen hervorgegangen. Es wendet sich an Studentinnen und Studenten, die die Grundzüge dieses Rechtsgebietes bereits gehört haben, und dient einer gezielten Vorbereitung auf das juristische Staatsexamen. Diesem Ziel folgt die stoffliche Auswahl. Im Vordergrund stehen die vermögensrechtlichen Partien des Familienrechts (vor allem des Ehevermögensrechts), die erfahrungsgemäß die Schwerpunkte in Examensklausuren darstellen. Hier habe ich versucht, die vor allem durch die neuere Rechtspraxis aufgetretenen Fragen weitgehend zu berücksichtigen. Dabei kam es mir auch darauf an, immer wieder die Verbindungen zwischen dem Familienrecht und den anderen Teilen des BGB sowie mit wichtigen Nebengesetzen deutlich werden zu lassen. Im Verwandtschafts- und Kindschaftsrecht wurde darauf geachtet, die zum Teil grundlegenden Änderungen, die die Kindschaftsrechtsreform des Jahres 1998 mit sich gebracht hat, gegenüber den bisherigen Regelungen besonders deutlich zu machen und damit verbundene neue Fragestellungen hervortreten zu lassen. Verzichtet habe ich dagegen auf die Teile des Familienrechts, die im ersten juristischen Staatsexamen regelmäßig keine wesentliche Rolle spielen, so etwa auf das Namensrecht, das Vormundschafts-, Betreuungs- und Pflegschaftsrecht.

Die Darstellung folgt der Konzeption der Reihe Unirep Jura. Ich habe mich deshalb für eine inhaltlich beschränkte, systematische Darstellung des Familienrechts, verfolgt und geleitet anhand von Fällen, die größtenteils Entscheidungen der höchstrichterlichen Rechtsprechung folgen, entschieden. Schließlich wurden, auch hier durch die schriftliche und mündliche Prüfungserfahrung angeregt, verfahrensrechtliche Hinweise dort gegeben, wo sie für das Verständnis und die Durchsetzung des materiellen Rechts von besonderer Bedeutung sind.

Gießen, im Mai 2001   *Martin Lipp*

Inhaltsverzeichnis

Zweiter Teil
Eheschließung und Eheauflösung

Dritter Teil
Ehestatus und personenrechtliche Ehewirkungen

Vierter Teil
Allgemeines Ehevermögensrecht

Fünfter Teil
Gesetzliches Güterrecht (Zugewinngemeinschaft)

Sechster Teil
Vertragliches Güterrecht

Siebenter Teil
Scheidungsfolgen

Achter Teil
Allgemeines Verwandtschaftsrecht

Neunter Teil
Kindschaftsrecht

Abkürzungsverzeichnis

a.A.	anderer Ansicht
Abs.	Absatz
AcP	Archiv für die civilistische Praxis
AdVermiG	Adoptionsvermittlungsgesetz
a.E.	am Ende
a.F.	alte(r) Fassung
AG	Amtsgericht
AGG	Allgemeines Gleichbehandlungsgesetz
allg.	allgemeine
Alt.	Alternative
Amtl.	Amtlich(e)
Anh.	Anhang
Anm.	Anmerkung
Art.	Artikel
AufenthG	Aufenthaltsgesetz
ausdr.	ausdrücklich
ausf.	ausführlich
BAnz.	Bundesanzeiger
BayObLG	Bayerisches Oberstes Landesgericht
Bd.	Band
ber.	bereinigt
BeurkG	Beurkundungsgesetz
BGB	Bürgerliches Gesetzbuch
BGBl.	Bundesgesetzblatt
BGH	Bundesgerichtshof
BGHZ	Entscheidungen des BGH in Zivilsachen
BR	Bundesrat
BR-Drucks.	Bundesrats-Drucksache
BT-Drucks.	Bundestags-Drucksache
BtG	Betreuungsgesetz
BVerfG	Bundesverfassungsgericht
BVerfGE	Entscheidungen des BVerfG
BVerwG	Bundesverwaltungsgericht
cic	culpa in contrahendo
DA	Dienstanweisung
ders.	derselbe(n)
DGVZ	Deutsche Gerichtsvollzieherzeitung
d.h.	das heißt
Düss. Tab.	Düsseldorfer Tabelle
EGBGB	Einführungsgesetz zum Bürgerlichen Gesetzbuch
EGMR	Europäischer Gerichtshof für Menschenrechte
EGZPO	Gesetz, betreffend die Einführung der Zivilprozeßordnung
EheG	Ehegesetz
EheRG	Eherechtsreformgesetz (1.)
EheschlRG	Eheschließungsrechtsgesetz

Einf.	Einführung
Einl.	Einleitung
EMRK	Europäische Menschenrechtskonvention
Entw.	Entwurf
ESchG	Embryonenschutzgesetz
etc.	et cetera
evtl.	eventuell
f., ff.	folgend(e)
FamFG	Gesetz über das Verfahren in Familiensachen und in Angelegenheiten der freiwilligen Gerichtsbarkeit
FamRMaßnErlG	Gesetz zur Erleichterung familiengerichtlicher Maßnahmen bei Gefährdung des Kindeswohls
FamRZ	Zeitschrift für das gesamte Familienrecht
Festschr.	Festschrift
FF	Forum Familien- und Erbrecht
FGG	Gesetz über die Angelegenheiten der freiwilligen Gerichtsbarkeit
FGG-RG	Gesetz zur Reform des Verfahrens in Familiensachen und in den Angelegenheiten der freiwilligen Gerichtsbarkeit
FPR	Familie Partnerschaft Recht
frz.	französisch
Fußn.	Fußnote
GBO	Grundbuchordnung
gem.	gemäß
gen.	genannte(n)
GG	Grundgesetz
ggf.	gegebenenfalls
GleichberG	Gleichberechtigungsgesetz
grds.	grundsätzlich
GS	Großer Senat
GVG	Gerichtsverfassungsgesetz
h.A.	herrschende Ansicht
Halbs.	Halbsatz
HausratsVO	Hausratsverordnung
HdbStR	Handbuch des Staatsrechts
HGB	Handelsgesetzbuch
HKiEntfÜ	Haager Übereinkommen über die zivilrechtlichen Aspekte internationaler Kindesentführung
h.L.	herrschende Lehre
h.M.	herrschende Meinung
i.d.F.d.	in der Fassung des
i.E.	im Ergebnis
insbes.	insbesondere
i.S.d.	im Sinne der(s)
i.S.v.	im Sinne von
i.Ü.	im Übrigen
i.V.m.	in Verbindung mit
i.Zshg.m.	im Zusammenhang mit

JA	Juristische Arbeitsblätter
JAmt	Das Jugendamt
Jura	Juristische Ausbildung
JuS	Juristische Schulung
KG	Kammergericht
KindRG	Kindschaftsrechtsreformgesetz
KRABl.	Amtsblatt des Kontrollrats
krit.	kritisch
lat.	lateinisch
LG	Landgericht
li. Sp.	linke Spalte
Lit.	Literatur
LM	Nachschlagewerk des BGH in Zivilsachen, herausgegeben von Lindenmaier und Möhring
LPartG	Lebenspartnerschaftsgesetz
LPartGErgG	Gesetz zur Ergänzung des Lebenspartnerschaftsgesetzes
LPartGÜG	Gesetz zur Überarbeitung des Lebenspartnerschaftsrechts
LS	Leitsatz
m.E.	meines Erachtens
mtl.	monatlich
NJW	Neue Juristische Wochenschrift
NJW-RR	NJW-Rechtsprechungs-Report
Nr.	Nummer(n)
NVwZ	Neue Zeitschrift für Verwaltungsrecht
NZA	Neue Zeitschrift für Arbeitsrecht
o.g.	oben genannte(n)
OHG	Offene Handelsgesellschaft
OLG	Oberlandesgericht
PStG	Personenstandsgesetz
PStRG	Gesetz zur Reform des Personenstandsrechts
Rdnr.	Randnummer
RelKErzG	Gesetz über die religiöse Kindererziehung
re. Sp.	rechte Spalte
RG	Reichsgericht
RGZ	Entscheidungen des RG in Zivilsachen
Rspr.	Rechtsprechung
S.	Seite; Satz (i.Zshg.m. §§-Zitat)
s.	siehe
sc.	scilicet
SGB	Sozialgesetzbuch
sog.	so genannt (e, er)
StAZ	Das Standesamt (Zeitschrift für Standesamtswesen)
StGB	Strafgesetzbuch
str.	strittig
st. Rspr.	ständige Rechtsprechung

Tz.	Textziffer
u.	und
UÄndG	Unterhaltsänderungsgesetz
urspr. F.	ursprüngliche Fassung
v.	vor
VAStrRefG	Gesetz zur Strukturreform des Versorgungsausgleichs
VerbrKrG	Verbraucher-Kreditgesetz
VersAusglG	Versorgungsausgleichsgesetz
VG	Verwaltungsgericht
vgl.	vergleiche
Voraufl.	Vorauflage
VVDStRL	Veröffentlichungen der Vereinigung der Deutschen Staatsrechtslehrer
VVG	Versicherungsvertragsgesetz
WEG	Wohnungseigentumsgesetz
weit.	weitere(n)
WRV	Weimarer Reichsverfassung
ZHR	Zeitschrift für das gesamte Handelsrecht
zit.	zitiert(en)
ZPO	Zivilprozessordnung
ZsfprivöffR	Zeitschrift für das Privat- und öffentliche Recht der Gegenwart
(GrünhutsZ)	(Grünhuts Zeitschrift)
z.T.	zum Teil
ZuGewAusglÄndG	Gesetz zur Änderung des Zugewinnausgleichs- und Vormund-
	schaftsrechts
ZVG	Zwangsversteigerungsgesetz

Verzeichnis des abgekürzt zitierten Schrifttums

Erman, BGB, Bd. 2 (§§ 759–2385), 13. Aufl. 2011 (zitiert: Erman-*Bearbeiter*)

Gernhuber/Coester-Waltjen, Lehrbuch des Familienrechts, 6. Aufl. 2010

Lipp/Wagenitz, Das neue Kindschaftsrecht, 1999

Medicus/Petersen, Bürgerliches Recht, 23. Aufl. 2011

Münchener Kommentar zum BGB, Bd. 7 (Familienrecht I), 6. Aufl. 2013
   (zitiert: Münch-Komm-*Bearbeiter*)

Palandt, BGB, 72. Aufl. 2013 (zitiert: Palandt-*Bearbeiter*)

Pieroth/Schlink/Kingreen/Poscher, Grundrechte Staatsrecht II, 29. Aufl. 2013

Schlüter, BGB-Familienrecht, 14. Aufl. 2012

Schwab, Familienrecht, 20. Aufl. 2012

Soergel, BGB, Bd. 17/1 (§§ 1297-1588), 13. Aufl. 2013 (zitiert: Soergel-*Bearbeiter*)

Staudinger, BGB, Familienrecht (§§ 1297–1362), Neubearbeitung 2012
   (zitiert: Staudinger-*Bearbeiter*)

Erster Teil

Grundlagen

§ 1 Zum System des Ehe- und Familienrechts

Die Einteilung des BGB in seine fünf Bücher folgt keiner einheitlichen Gliederung. **1**
Treffend sprach *Ernst Zitelmann* von einer **„Kreuzeinteilung"**, die unser Privatrechts-
gesetzbuch beherrscht[1]. Während sich Schuld- und Sachenrecht systematisch an den
Rechtswirkungen orientieren, nämlich den je und je besonderen subjektiven Rechten
(Ansprüche und dingliche Rechte), liegen der Einteilung in Familien- und Erbrecht
besondere **Tatsachen** (Tatbestände) zugrunde: Ehe und Abstammung (§§ 1303 ff.,
§§ 1589 ff.) sowie Lebenspartnerschaft (LPartG) einerseits, der Tod eines Menschen
als Vermögensinhaber andererseits (Erbfall, § 1922 Abs. 1).

Dogmengeschichtlich liegt dieser Zweiteilung des BGB (Fünf-Bücher-System) eine doppelte
systematische Ausrichtung zugrunde. **Schuld-** und **Sachenrecht** gehen auf das römischrechtli-
che Aktionensystem (*actio*, lat. Klage) zurück: *actio in personam* (Klage gegen eine bestimmte
Person, Schuldrecht) und *actio in rem* (Klage auf eine Sache, Sachenrecht). **Familien-** und **Erbrecht** entstammen als (eigenständige) Rechtsbereiche dem (deutschen) Naturrechtsdenken des
18. Jahrhunderts, das die Rechtsstellung des Einzelnen als Mitglied bestimmter Gemeinschaften einer besonderen Regelung unterworfen hat (eheliche „Gesellschaft", elterliche „Gesellschaft")[2]. – Zum Teil wird auch heute noch an einer von der Pandektenwissenschaft des 19. Jahrhunderts (insbesondere *G. F. Puchta*, 1798-1846) entwickelten **monistischen Systemauffassung**
festgehalten, wonach einziges Systemkriterium des BGB das subjektive Recht sei. Auch im Familienrecht gehe es demnach um ein **Herrschaftsrecht** an und über die **Person** eines anderen (Ehegatten, Kind)[3]. Demgegenüber ist zu sagen: Mit der (heute unbestrittenen) Stellung eines jeden
Menschen als eigenständiges Rechtssubjekt ist die Vorstellung, dieses Rechtssubjekt selbst (Person) könne gegenständliches Objekt der Willensherrschaft eines anderen sein, nicht vereinbar.

Die Ausrichtung von Familien- und Erbrecht an Rechtstatsachen bedingt eine Über-
schneidung im Bereich der Rechtswirkungen, weil sich an die tatbestandliche Ausrichtung von „Ehe", „Familie" und „Erbfall" sowohl schuldrechtliche als auch dingliche Rechtsfolgen anschließen. Sie führt aber zugleich zu schwierigen Fragen, wenn
es um diese einzelnen Rechtswirkungen (subjektive Rechte) geht: Gibt es im Familienrecht über schuld- und sachenrechtliche Wirkungen hinaus auch spezifische
„familienrechtliche" Konsequenzen und Rechtslagen? Wie sind diese gegebenenfalls

---

1 *E. Zitelmann* (1852-1923), Der Wert eines „allgemeinen Teils" des bürgerlichen Rechts, in: ZsfprivöffR
   (GrünhutsZ) 33 (1906), 1 ff., 11; für die Gegenwart MünchKomm-*Säcker*, Bd. 1, ⁶2012, Einl. Rdnr. 23 ff.
2 Andere europäische Zivilrechtskodifikationen ordnen das Ehepersonen- und Familienrecht dem „Per-
   sonenrecht" zu, das Ehegüter- und Erbrecht dem Vermögensrecht (Arten des Eigentums- und Vermögenserwerbs); so etwa der frz. Code civil: Art. 63 ff., 144 ff. – Art. 720 ff., 1387 ff.
3 In diesem Sinne *Muscheler*, Familienrecht, ²2012, Rdnr. 16-18.

dogmatisch zu behandeln (Anlehnung an Schuld- und Sachenrecht oder Rechtswirkungen sui generis)[4]?

2   Ehe- und Familienrecht lassen sich – wie die anderen Teile der Rechtsordnung – einmal als Zusammenfassung der Normenkomplexe verstehen, die sich mit Ehe und Familie beschäftigen (Familienrecht im **objektiven** Sinne), daneben aber auch als Regelung der innerhalb von Ehe, Familie und Verwandtschaft existierenden subjektiven Rechte (Familienrecht im **subjektiven** Sinne). Während außerhalb des Familienrechts der (subjektive) Anspruch (vgl. § 194) das Rechtsdenken dominiert[5], gilt das im Ehe- und Familienrecht so nur für die **vermögensrechtlichen** Partien. Hier herrschen klag- und durchsetzbare Ansprüche im Sinne des allgemeinen Anspruchsrechts (vgl. §§ 194 Abs. 2, 207[6]), die ihrerseits wiederum schuldrechtlicher[7] oder dinglicher Art[8] sein können. **Grenzen** sind dem subjektiven Recht und dem zivilrechtlichen Anspruchsdenken im Bereich des **persönlichen** Familienrechts gezogen. Der Ausschluss der Vollstreckung im Ehepersonenrecht (§ 120 Abs. 3 FamFG[9]) ist dafür seit jeher Beleg. Aber die Frage reicht, insbesondere im Hinblick auf die neuesten Entwicklungen im Familienrecht, weiter[10]. Zweifelhaft und strittig ist deshalb, ob und in welchem Umfang im Bereich des persönlichen Ehe- und Familienrechts von Rechtswirkungen nur im Sinne der „klassischen" subjektiven Rechte (Ansprüche, absolute Rechte, Rechtsgüter) gesprochen werden kann und die Ansprüche des objektiven Familienrechts quasi als Annex von Schuld- und Sachenrecht auftreten, oder ob nicht darüber hinaus eine eigenständige Kategorie **subjektiver Familienrechte** angenommen werden muss, die immer dann in den Blick rückt, wenn der Inhalt eines Rechts einen spezifisch **familienrechtlich-immateriellen** Gehalt aufweist[11].

---

4   Man denke etwa an den besonderen „familienrechtlichen Vertrag sui generis", wie ihn der BGH in immer stärkerem Maße zur Grundlage in Bereichen des Ehepersonenrechts macht – näher unten § 13 Rdnr. 289 ff. oder an die Frage nach einer besonderen güterrechtlichen causa bei Eheverträgen: Ist die Vereinbarung einer Gütergemeinschaft eine Schenkung des begüterten an den bereicherten Ehegatten?, BGHZ 116, 178 ff.

5   Eindringlich dazu *Schapp/Schur*, Einführung in das Bürgerliche Recht, [4]2007, § 2 Rdnr. 50-100, insbes. Rdnr. 66 ff.; *Schapp* JuS 1992, 537 ff.

6   Die frühere 30jährige Sonderverjährung für familienrechtliche Ansprüche ist seit 1.1.2010 aufgehoben; es gelten §§ 195, 199.

7   So beispielsweise die Zugewinnausgleichsforderung gem. § 1378 Abs. 1.

8   So (nach h.M.) der Herausgabeanspruch gem. § 1361a Abs. 1 (§ 985); zum Verhältnis beider Vorschriften zueinander näher unten § 6 Rdnr. 128.

9   Zum Hintergrund vgl. unten Rdnr. 3 mit Fußn. 23, 24.

10   Etwa: „schuldrechtliche" Bindung von Ehegattenabsprachen (§ 1356 Abs. 1) oder „verpflichtende" Sorgerechtsvereinbarungen oder Anspruch des Kindes auf Auskunft über genetische Abstammung, § 1618a? – Zum Anspruch auf Einwilligung in eine genetische Untersuchung zur Klärung der leiblichen Abstammung jetzt § 1598a (s. auch § 194 Abs. 2).

11   Zu dieser Problematik *Gernhuber/Coester-Waltjen* § 3 Rdnr. 1 ff., 14 ff., 34 ff.; vgl. noch *Larenz/Wolf*, Allgemeiner Teil des bürgerlichen Rechts, [9]2004, § 15 Rdnr. 26 ff. („eigener Typus subjektiver Rechte"); ähnlich, aber weniger konturiert jetzt *Wolf/Neuner*, [10]2012, § 20 Rdnr. 16. Hier wird darauf näher nur im jeweiligen Sachzusammenhang eingegangen; für das Recht der „Ehegatten" vgl. § 5 Rdnr. 75 ff.; für das Recht der „Eltern" vgl. § 20 Rdnr. 447 ff., 453, 482; allgemein dazu knapp unten Rdnr. 4 ff.

I. Das objektive Recht (Rechtsgrundlagen)

Das Familienrecht im **objektiven** Sinn umfasst Regelungen, die sich an die Tatbestän- **3** de[12] von **Ehe**, **Lebenspartnerschaft** und **Verwandtschaft** sowie deren rechtliche Vor- (z.B. Verlöbnis) und Ersatzformen (z.B. Vormundschaft) anschließen. Die Normen des BGB-Familienrechts sind aber weder abschließend in dem Sinne, dass das Familienrecht alle an Ehe und Verwandtschaft anknüpfenden Rechtsfolgen umfassen würde[13], noch auch nur in der Hinsicht, dass es ausschließlich familienspezifische Tatbestände sind, die hier geregelt werden[14]. Trotzdem bleiben die Kernmaterien des Familienrechts die durch Eheschließung, Lebenspartnerschaft und Verwandtschaft bedingten Rechtsfolgen. Die wichtigste Rechtsquelle des Familienrechts, das Vierte Buch des BGB, lässt dies deutlich hervortreten. Seine **drei Abschnitte** behandeln das **Eherecht** (§§ 1297-1588), das **Recht der Verwandtschaft** (§§ 1589-1772) und – materiell gebrochen – das **Vormundschafts-**, **Betreuungs-** und **Pflegschaftsrecht** (§§ 1773-1921). Zum Familienrecht des BGB, das vom **LPartG** weitgehend adaptiert wird, treten maßgebliche zivilrechtliche **Nebengesetze** hinzu. Das Eheschließungsrecht wird durch das **PStG** ergänzt. Für den Fall der Scheidung ist das **Versorgungsausgleichsgesetz** (VersAusglG) zu beachten[15]. Im Kindschaftsrecht sind neben den §§ 1626 ff. das Achte Buch des Sozialgesetzbuchs **(SGB VIII)**, das die (öffentlichrechtliche) Kinder- und Jugendhilfe regelt, zu berücksichtigen[16] sowie das seit 1.1.2011 geltende **Haager Übereinkommen** über die Zuständigkeit, das anzuwendende Recht, die Anerkennung, Vollstreckung und Zusammenarbeit auf dem Gebiet der elterlichen Verantwortung und der Maßnahmen zum Schutz von Kindern (KSÜ)[17] und das **Haager Übereinkommen** über die zivilrechtlichen Aspekte internationaler Kindesentführung (HKiEntfÜ)[18]. Zum Schutz von Familienmitgliedern zu beachten ist schließlich das **Gewaltschutzgesetz** (GewSchG)[19].

Die immer stärker werdende **Auslandsberührung** familienrechtlicher Sachverhalte verlangt die Beachtung der kollisionsrechtlichen Normen des **EGBGB** (Art. 13-24 EGBGB), daneben die im Zuge der **deutschen Wiedervereinigung** im Einigungsvertrag und seinen Anlagen ausgehandelten, dann ins EGBGB eingefügten familienrechtlichen **Überleitungsvorschriften** (Art. 234 EGBGB). – **Spezialcharakter** für ihren Anwendungsbereich hat für die **EU-Mitgliedstaaten** die Verordnung (EG) Nr. 2201/2003 über die internationale Zuständigkeit für **sorgerechtliche Regelungen**

---

12 Vgl. oben Rdnr. 1.
13 Vgl. nur das ebenfalls an Verwandtschaft, Ehe und Lebenspartnerschaft anknüpfende gesetzliche Erbrecht gem. §§ 1924 ff., 1931; § 10 LPartG.
14 Das zeigt etwa das Rechtsinstitut der Betreuung (§§ 1896 ff.), das gewisse Handlungsdefizite einer Person ausgleichen will, systematisch deshalb richtiger dem Recht der natürlichen Person zuzuordnen ist (§§ 1 ff.).
15 Seit 1.9.2009 ist das Recht des Versorgungsausgleichs aus dem BGB ausgegliedert, vgl. auch § 1587.
16 Etwa wenn es um Familienpflege geht (§ 1630 Abs. 3; §§ 43 f. SGB VIII).
17 Vom 19.10.1996, BGBl. (2009) II S. 603; abgedruckt etwa bei Palandt-*Thorn* Anh. zu Art. 24 EGBGB Rdnr. 3, 15 ff.
18 Vom 25.10.1980, BGBl. (1990) II S. 206; dazu Palandt-*Thorn* Anh. zu Art. 24 EGBGB Rdnr. 29 ff.
19 Vom 11.12.2001, BGBl. I S. 3513.

(Brüssel IIa–VO)[20]. Regelungen für die Bereiche von **Ehescheidung** und **Trennung der Ehegatten** trifft die VO (EU) Nr. 1259/2010 **(Rom III)**[21].

Auf **europäisch-völkerrechtlicher** Ebene bedeutsam ist die **Europäische Menschenrechtskonvention** (EMRK) mit dem Recht des Einzelnen auf Achtung des Familienlebens (Art. 8 EMRK) und dem Recht auf Eheschließung (Art. 12 EMRK)[22]. Wichtige **verfahrensrechtliche Vorschriften** für das Ehe- und Familienrecht enthält das **FamFG**[23]: Ehesachen (§§ 121 ff. FamFG), Scheidungs- und Folgesachen (§§ 133 ff. FamFG), Kindschaftssachen (§§ 151 ff. FamFG), Abstammungssachen (§§ 169 ff. FamFG) und Adoptionssachen (§§ 186 ff. FamFG)[24].

II. Das subjektive Recht

1. Familienrechtliche Ansprüche

4   Über weite Teile wird auch das Familienrecht von **Ansprüchen** im Sinne der §§ 194 ff. beherrscht (Ansprüche, die aus einem familienrechtlichen Rechtsverhältnis resultieren). Das gilt vor allem für das Familienvermögensrecht. Ansprüche zwischen Gatten aus dem Ehegüterrecht oder Ansprüche auf Verwandtenunterhalt unterscheiden sich strukturell in nichts von anderen klag- und durchsetzbaren subjektiven Rechtsansprüchen. Soweit Sondervorschriften nicht existieren, finden hier die **allgemeinen Schuldrechtsregeln** als allgemeines Anspruchsrecht Anwendung[25]. Allerdings signalisieren solche Vorschriften schon bei vermögensrechtlichen Ansprüchen die Besonderheiten von familienrechtlichen Verhältnissen: Der künftige Anspruch auf Ausgleich des Zugewinns beispielsweise ist (entgegen allgemeinem Recht) nicht übertragbar (vgl. § 1378 Abs. 3 S. 1); ebenso wenig können gesetzliche Unterhaltsrenten abgetreten werden (§ 400 in Verbindung mit § 850b Abs. 1 Nr. 2 ZPO). Die dem subjektiven Recht eigene Möglichkeit des Verzichts ist im Familienrecht vielfach ausgeschlossen (z.B. § 1614 Abs. 1). Grundsätzlich aber gilt, dass familienrechtliche Ansprüche, deren Inhalt auch der eines Schuldrechtsverhältnisses sein könnte, den Regeln des (subjektiven) Anspruchsrechts voll unterfallen. Dass die Geltendmachung auch dieser Ansprüche in einer dem Familienrecht adäquaten Art und Weise zu geschehen hat

---

20   VO (EG) Nr. 2201/2003 des Rates über die Zuständigkeit und [...] in Ehesachen und in Verfahren betreffend die elterliche Verantwortung [...] vom 27.11.2003 (ABl EU Nr. L 338, S. 1); abgedruckt z.B. in FamRZ 2004, 1443 ff.; dazu *Solomon* FamRZ 2004, 1409 ff.

21   VO (EU) Nr. 1259/2010 des Rates zur Durchführung einer verstärkten Zusammenarbeit des auf die Ehescheidung [...] anzuwendenden Rechts vom 20.12.2010 (ABl EU Nr. L 343, S. 10); abgedruckt z.B. bei Palandt-*Thorn* im Anschluss an Art. 17 EGBGB Rdnr. 15.

22   EMRK vom 4.11.1950, BGBl. (1952) II S. 685, 953. Zur Berücksichtigung der Entscheidungen des EGMR durch innerstaatliche Organe, insbes. deutsche Gerichte, vgl. BVerfG FamRZ 2004, 1857 ff. (Art. 8 EMRK, Art. 6 GG).

23   Gesetz über das Verfahren in Familiensachen und in Angelegenheiten der freiwilligen Gerichtsbarkeit, in Kraft seit 1.9.2009.

24   Mit Inkrafttreten des FamFG wurden das 6. Buch der ZPO („Verfahren in Familiensachen") und das FGG aufgehoben. Zur Übergangsregelung vgl. Art. 111 FGG-RG.

25   Näher dazu *Gernhuber/Coester-Waltjen* § 3 Rdnr. 34-36.

(§§ 1353 Abs. 1 S. 2, 1618a), ist keine Besonderheit dieser Rechtsmaterie, vielmehr die selbstverständliche Konkretisierung des in § 242 niedergelegten Grundsatzes von Treu und Glauben für den familienrechtlichen Bereich[26].

Besonderheiten weisen familienrechtliche Ansprüche auf, deren **Inhalt** vorwiegend **5** **personenrechtlich** ausgestaltet ist. Hierzu zählen in erster Linie die Verpflichtung zur ehelichen Lebensgemeinschaft (§ 1353 Abs. 1 S. 2), die Pflicht der Eltern zur Wahrnehmung der Sorge für ihr Kind (§ 1626 Abs. 1) und das dieser Pflicht korrespondierende subjektive Recht des Kindes auf Sorge sowie die Verpflichtung von Eltern und Kindern zu gegenseitiger Rücksichtnahme (§ 1618a). Während die herrschende Meinung (mit dem historischen Gesetzgeber) immer noch von einem klagbaren, wenn auch vollstreckungsunfähigen[27] Anspruch auf Herstellung der Ehe bis in intimste Bereiche ausgeht[28], stand sie bis in die jüngste Zeit einem Anspruch des Kindes auf Wahrnehmung der elterlichen Sorge – auch in Teilbereichen wie dem jetzt gesetzlich festgelegten (und vom BVerfG bestätigten[29]) Umgangsrecht des Kindes, § 1684 Abs. 1 – skeptisch gegenüber[30]. Wo und wie immer hier die Grenzen eines subjektiven familienrechtlichen Anspruchs zu ziehen sind – im Ausgangspunkt hat auch im Familienpersonenrecht die oben angedeutete Überlegung zu gelten: Könnte der konkrete familienrechtliche Inhalt auch Inhalt eines schuldrechtlichen Anspruchs sein, so hindert grundsätzlich nichts, einen subjektiven Rechtsanspruch zu bejahen. Wo sich familienrechtliche Inhalte ihrem Kern nach deshalb auf die Wahrnehmung einer (lediglich willensabhängigen) äußeren Handlungspflicht zentrieren, spricht viel für einen Rechtsanspruch des anderen Teils. Wo sich der geforderte Anspruch seinem **Inhalt** nach dagegen nur im Verbund mit und als Ausdruck **höchstpersönlicher, innerer Disposition** erfüllen lässt (eheliche Gesinnung, elterliche Liebe und Zuneigung), hat das Anspruchsrecht zu weichen[31].

---

26 Zu § 1353 Abs. 1 etwa Palandt-*Brudermüller* § 1353 Rdnr. 2.
27 Vgl. § 120 Abs. 3 FamFG.
28 Zur heutigen Situation MünchKomm-*Roth* § 1353 Rdnr. 19 f., 40 f.
29 BVerfG NJW 2008, 1287 ff.
30 So noch etwa Palandt-*Diederichsen*, [71]2012, § 1684 Rdnr. 2 („eher [...] illusionär"); für ein auch zwangsweise durchsetzbares Recht des Kindes auf Umgang, aber z.B. OLG Brandenburg FamRZ 2005, 293 ff. (betreuter, zweistündiger Umgang alle drei Monate). Das **BVerfG** hat die Entscheidung aufgehoben und hält eine **erzwungene** Umgangsverpflichtung der Eltern **nur** dann für **möglich**, wenn (ausnahmsweise) „hinreichende Anhaltspunkte" dafür vorliegen, der erzwungene Umgang könne dem **Kindeswohl dienlich** sein, NJW 2008, 1287 ff.; näher dazu unten § 20 Rdnr. 437.
31 Und nicht nur das Vollstreckungsrecht, vgl. § 888 Abs. 1 S. 1 ZPO (unvertretbare Handlungen, die „ausschließlich vom Willen des Schuldners" abhängen); dasselbe gilt trotz geänderten Wortlauts (vgl. § 120 Abs. 3 FamFG) auch für die gegenwärtige Rechtslage und die Vorschrift der §§ 89, 90 FamFG (bisher § 33 FGG). Zum Problem *Lipp*, Die eherechtlichen Pflichten, 1988, S. 47 ff., 50 ff. und unten § 5 Rdnr. 80. Zur (parallelen) Normstruktur von § 1353 Abs. 1 und § 1618a beachtenswert LG Münster NJW 1999, 726, 727 i.Zshg.m. einem Auskunftsanspruch des Kindes gegen seine Mutter über die Identität seines Vaters; die Erfüllung eines solchen Anspruchs hängt lediglich vom Willen des Betroffenen ab – zum Problem selbst unten § 18 Rdnr. 405 f.

2. Absoluter Rechtscharakter

6   Rechtsprechung und Literatur erkennen das Recht der Gatten „auf ungestörte Fortsetzung der Ehe", die elterliche Sorge und (jedenfalls das elterliche) Umgangsrecht als **„sonstige Rechte"** im Sinne des **§ 823 Abs. 1** (mit uneinheitlichen Rechtsfolgen[32]) an. Diese dogmatisch-systematische Einordnung wird den persönlichen Familienrechten nicht gerecht, denn das „sonstige" Recht impliziert seiner Struktur nach (im Anschluss an das Eigentum) die (absolute) Zuweisung eines Rechtsobjektes. Dem entzieht sich das personale Familienrecht a limine, denn es gibt kein Recht an Personen. Kinder wie Ehegatten sind in jedwedem familienrechtlichen Kontext ausschließlich **Rechtssubjekte**. Familienrechtliche Handlungsbefugnisse (insbesondere der Eltern gegenüber dem Kind) sind in ihrem „Dürfen" wie in ihrer „Pflicht" deshalb besser als ein dem Inhaber zugewiesenes **Schutzgut** (nicht als „sonstiges" Recht) fassbar – vergleichbar dem auf Entfaltung nach außen angelegten (also mit Handlungsbefugnissen verbundenen) allgemeinen Persönlichkeitsrecht. So werden die Grenzen elterlichen Handelns durch die Person und Persönlichkeit des Kindes bestimmt – nicht als eine das (bestehende) Recht beschneidende Grenze, sondern als ein das elterliche Recht in Umfang und Inhalt von vornherein konkretisierender Maßstab (Rahmenrecht). Die Rechtssubjektivität der am familienrechtlichen Rechtsverhältnis Beteiligten erlaubt eine Rechtsstellung des jeweils anderen nur insoweit, als die geübte Handlungsweise mit der personalen Subjektstellung des Betroffenen in Einklang zu bringen ist. Im Hinblick auf das Elternrecht spricht das BVerfG deshalb von einer besonderen, einzigartigen Rechtsstruktur; das Recht der Eltern wird durch ihre Pflichtbindung nicht eingegrenzt, sondern konstituiert sich inhaltlich erst in dieser Pflichtbindung[33]. Auch den absoluten Eheschutz wird man an eine so verstandene, inhaltlich dem personalen, **ehelichen Status** des einzelnen Gatten (§§ 1353 Abs. 1, 1356) entwachsene Handlungs- und Gestaltungsbefugnis der Eheleute anzuschließen haben[34].

3. Rechtsgeschäftliche Disposition

7   Rechtsgeschäftliche Disponibilität und Verfügbarkeit über familienrechtliche Positionen folgen der besonderen Struktur dieser Rechte. Auch hier setzt sich im Familienvermögensrecht privatautonome Disposition in weitem Umfang durch[35], während die personenrechtliche Sphäre rechtsgeschäftlicher Freiheit und Bindung weitgehend verschlossen ist – so eklatant für das Recht der elterlichen Sorge, bei der eine (auch nur teilweise) Übertragung durch Rechtsgeschäft ausgeschlossen ist[36]. Denkbar ist hier lediglich die – jederzeit widerrufliche – Überlassung der Sorgeausübung[37]. Das entspricht nicht nur dem Pflichtcharakter des Elternrechts, sondern auch dem Cha-

---

32   Vgl. dazu einerseits unten § 5 Rdnr. 92, 97, andererseits § 20 Rdnr. 482.

33   BVerfGE 24, 119, 143.

34   Zu Einzelheiten unten § 5 Rdnr. 90, 93 und § 20 Rdnr. 482.

35   Zu Notwendigkeit und Grenzen einer richterlichen Inhaltskontrolle von Eheverträgen vgl. unten § 12 Rdnr. 265 ff.

36   Nur durch gerichtliche Entscheidung kann das Sorgerecht übertragen (§§ 1671, 1672) oder eingeschränkt werden (§§ 1666 ff.); § 1672 ist durch das Gesetz zur Reform der elterlichen Sorge nicht miteinander verheirateter Eltern aufgehoben.

37   Grenzen des Widerrufs ergeben sich nur aus Sicht der Persönlichkeit des Kindes (vgl. z.B. § 1632 Abs. 1, Abs. 4).

rakter eines Rechtsgutes, dessen man sich weder durch Verzicht begeben noch durch Verwirkung von ihm ausgeschlossen werden kann[38]. Ein Eingriff ist allenfalls bei (erlaubter) Gestattung des Rechtsinhabers oder im Rahmen des staatlichen Wächteramtes (Art. 6 Abs. 2 S. 2 GG) möglich. Eine (rechtsgeschäftliche) Bindung an Sorgerechtsabsprachen zwischen Elternteilen ist deshalb ebenso zu verneinen[39] wie eine schuldrechtliche Bindung an eheliches Einvernehmen (§ 1356) oder eine rechtsgeschäftliche Verpflichtung zur Abgabe einer Sorgeerklärung (§ 1626a)[40].

§ 2 Verfassungsrechtliche Implikationen

Art. 6 GG stellt **Ehe** und **Familie** unter den „besonderen Schutze der staatlichen Ordnung" (**Abs. 1**) und erkennt die Pflege und Erziehung der Kinder als das „natürliche Recht" der **Eltern** an (**Abs. 2 S. 1**). Diese für das deutsche Ehe- und Familienrecht grundlegende Verfassungsvorschrift ist in ihrem Abs. 1 (Ehe und Familie) „weder durch einen Gesetzesvorbehalt noch auf andere Weise beschränkt"[1]. Die **vorbehaltslose** Gewährung in Art. 6 Abs. 1 GG lässt deshalb nur **definierende** (gestaltende) gesetzliche Regelungen zu (z.B. § 1353 Abs. 1), dagegen keine eingreifenden. Im Falle einer Rechtskollision kann sie nur durch Grundsätze mit Verfassungsrang beschränkt werden, so durch die Grundrechte anderer oder sonstige verfassungsrechtliche Prinzipien[2]. Ein **qualifizierter** Gesetzesvorbehalt liegt der Anerkennung des Elternrechts in Art. 6 Abs. 2 S. 2 GG (staatliches Wächteramt) zugrunde[3]. Der Schutz der Verfassung entfaltet sich aber nur im **Normbereich** der Vorschrift, d.h. nur für die im Sinne des Rechts **anerkannten** „Ehen", „Familien" und „Eltern". Aus der Einbeziehung in den Schutzbereich der Verfassungsnorm folgt freilich nicht schon, dass alle Grundrechtsträger rechtlich identisch ausgestattet sein müssten. So genießt den Schutz des Art. 6 Abs. 2 S. 1 GG neben dem rechtlichen (§ 1592) auch der biologische Vater eines Kindes insoweit, als der Gesetzgeber ihm nicht unüberwindbare Hürden für den Zugang zum Elternrecht auferlegen darf. Das Elternrecht im Sinne dieser Vorschrift ist aber nur dem Vater im Rechtssinne zugeordnet[4]. Die den Schutzbereich des Art. 6 Abs. 1 GG ausgestaltenden Vorschriften des allgemeinen positiven Rechts (normgeprägter Schutzbereich) müssen mit dieser Verfassungsnorm vereinbar sein[5]. Als verfassungsrechtlichen Prüfungsmaßstab beinhaltet diese Norm eine **Instituts- oder Einrichtungs-**

8

---

38 Das frühere Recht kannte die Verwirkung der „elterlichen Gewalt" (§ 1680 urspr. F.; § 1676 i.d.F.d. GleichberG 1957); unberührt davon blieb aber das Elternrecht i.Ü.
39 Dazu *Hammer* FamRZ 2005, 1209 ff. mit weit. Nachweisen.
40 Zur Problematik der Bindung an Ehevereinbarungen an dieser Stelle nur MünchKomm-*Roth* § 1353 Rdnr. 5 ff.; ausführlicher unten § 5 Rdnr. 84.

1 **BVerfGE 24, 119, 135;** gleichlautend BVerfGE 31, 58, 69 (keine bloße Wesensgehaltskontrolle nach Art. 19 Abs. 2 GG).
2 *Pieroth/Schlink/Kingreen/Poscher* Rdnr. 707 f.
3 *Pieroth/Schlink/Kingreen/Poscher* Rdnr. 707.
4 BVerfG FamRZ 2003, 816, 819. Aus Art. 6 Abs. 2 S. 1 GG hat das BVerfG für den biologischen Vater ein eigenes Vaterschaftsanfechtungsrecht abgeleitet; vgl. jetzt § 1600 Abs. 1 Nr. 2, Abs. 2, Abs. 4.
5 Sehr prägnant BVerfGE 31, 58, 69 f.

garantie für „Ehe" und „Familie"[6] und gewährt darüber hinaus als klassisches Grundrecht **Abwehrrechte** gegenüber staatlichen Eingriffen[7]. Zugleich stellt Art. 6 Abs. 1 GG eine **wertentscheidende Grundsatznorm** für das gesamte private und öffentliche Recht dar[8]. Soweit die Grundsatznorm des Art. 6 Abs. 1 GG ausschlaggebender Maßstab ist, ist eine Prüfung unter dem Gesichtspunkt des allgemeinen Gleichheitssatzes (Art. 3 Abs. 1 GG) ausgeschlossen[9]. Die Bedeutung dieser verfassungsrechtlichen Grundlagen für das private und öffentliche Recht zeigt **Fall 1**.

I. „Ehe"

9 **Fall 1:** Die Eheleute F und M sind mit dem seit zehn Jahren in nichtehelicher Lebensgemeinschaft zusammenlebenden Paar A und B befreundet. M ist Ausländer und wegen einer Straftat verurteilt. Die Ausländerbehörde will ihn deshalb ausweisen; Schutz durch Art. 6 Abs. 1 GG? – A und B halten es ihrerseits für verfassungswidrig, dass ihnen die den Ehegatten F und M gewährten Steuervergünstigungen (Ehegattensplitting) nicht ebenfalls eingeräumt werden. Demgegenüber sehen es F und M als einen Verstoß gegen das Grundgesetz an, dass (nur) sie als Eheleute im Falle einer Scheidung zum Versorgungsausgleich verpflichtet sind. – Als A stirbt, möchte B, die bislang den gemeinsamen Haushalt geführt hat, die von A angemietete Wohnung „übernehmen".

1. Art. 6 Abs. 1 GG als Institutsgarantie

a) Ehe als Rechtsinstitut

10 Das Grundgesetz garantiert in Art. 6 Abs. 1 GG den Bestand des Instituts der **„Ehe"**. Diese Einrichtungsgarantie schließt sich an das historisch gewachsene Verständnis von „Ehe" an[10], beschränkt sich aber (lediglich) auf deren **grundlegende** Strukturen[11]. Danach ist eine Ehe im Sinne des Grundgesetzes nur die Lebensgemeinschaft zwischen einer **Frau** und einem **Mann**[12]. Diese Lebensgemeinschaft ist eine **personal umfassende**, nach herrschender Auffassung grundsätzlich **lebenslange** Gemeinschaft[13]. Sie wird rechtlich geprägt durch die **Gleichberechtigung** der Partner[14], die in **autonomer Selbstgestaltung** ihre Ehe konkretisieren[15]. Das Wesentlichste ist, dass die „Ehe" eine im Sinne dieser Beschreibung **(status-)rechtlich verfasste** Lebensgemeinschaft

---

6 **BVerfGE 6, 55, 72.**
7 **BVerfGE 6, 55, 71.** Zu dieser Entwicklung und zu Art. 6 Abs. 1 GG insgesamt vgl. die instruktive Abhandlung von *Kingreen* Jura 1997, 401 ff.
8 **BVerfGE 24, 119, 135.**
9 BVerfGE 6, 55, 71; näher dazu *Kingreen* Jura 1997, 401, 405 f. – Davon scheint das BVerfG in jüngster Zeit allerdings abzurücken, vgl. unten Rdnr. 15.
10 BVerfGE 31, 58, 69 („vorgefundene, überkommene Lebensform").
11 BVerfGE 6, 55, 72: „[...] einen **Normenkern** des Ehe- und Familienrechts verfassungsrechtlich zu gewährleisten".
12 BVerfG NJW 1993, 3058 = JuS 1994, 254 f., mit umfangreichem Nachweis (kein Recht auf Eingehung der Ehe für gleichgeschlechtliche Partner); Prinzip der Einehe: BVerfGE 31, 58, 69.
13 BVerfGE 53, 257 ff. = JuS 1980, 524 ff.; zweifelnd Soergel-*Lipp* Vor § 1353 Rdnr. 47 f.
14 BVerfGE 3, 225, 242 (Wirksamkeit von Art. 117 Abs. 1 GG); BVerfGE 6, 55, 82 (erwerbswirtschaftliche Tätigkeit der Ehefrau); BVerfGE 10, 59 ff. (Gleichordnung von Vater und Mutter).
15 BVerfGE 6, 55, 71, 81 f.; 31, 58, 84.

ist, die zwar andere Arten und Formen des Zusammenlebens nicht ausschließt[16], der aber unter allen möglichen Lebensformen eine **hervorgehobene verfassungsrechtliche** Bedeutung zukommen **muss**[17], und die als bislang **einzige** (notwendig) statusrechtlich konkretisierte Lebensgemeinschaft[18] zwischen Mann und Frau als „Ehe" eine **Monopolstellung** hat (Exklusivität der Ehe). Aus diesem Grunde muss der Gesetzgeber den **ungehinderten Zugang** zur Ehe gewährleisten (Eheschließungsfreiheit)[19] und dafür Sorge tragen, dass eine Eheschließung möglich ist (z.B. Einrichtung von Standesämtern). **Ausschließlich** diese rechtlich verfasste Lebensform der **Ehe** ist **Schutzobjekt** von Art. 6 Abs. 1 GG. Hinsichtlich anderer Lebensgemeinschaften ist der Normbereich der Vorschrift nicht eröffnet.

b) *Nichteheliche Lebensgemeinschaften zwischen Mann und Frau*

Aus der verfassungsrechtlichen Institutsgarantie folgt notwendig die rechtliche **Abgrenzung** der Ehe zu anderen Formen von **nichtehelichen** (heterosexuellen) **Lebensgemeinschaften**. Die Ausdehnung **statusrechtlich** begründeter Schutz- und Förderungsregelungen auf nichteheliche Gemeinschaften ist ausgeschlossen. Eine analoge Anwendung eherechtlicher Vorschriften auf solche Lebensformen kommt nur dort in Betracht, wo der Anknüpfungspunkt der einzelnen Vorschriften nicht gerade das eherechtliche Band (und die damit verbundenen rechtlichen Konsequenzen, vgl. z.B. § 1353 Abs. 1 S. 2) sind, sondern etwa das Faktum eines räumlich ungeschiedenen Zusammenlebens oder das aus einer persönlich-häuslichen Lebensgemeinschaft herrührende Vertrauen auf die Beibehaltung des bisherigen Mittelpunktes der Lebens- und Wirtschaftsführung. Es berührt deshalb nicht die verfassungsrechtliche Sonderstellung der Ehe, wenn dem Partner einer nichtehelichen Lebensgemeinschaft der Eintritt in ein Mietverhältnis gemäß § **563 Abs. 2 S. 4** möglich ist (vgl. oben **Fall 1**)[20], oder wenn der BGH den Regressausschluss des Versicherers gegen Familienangehörige des Versicherungsnehmers gemäß § 67 Abs. 2 VVG a.F. analog auf Partner einer nichtehelichen Lebensgemeinschaft angewandt hat[21]. Eine Berufung auf Art. 6 Abs. 1 GG ist nichtehelichen Partnerschaften dagegen versagt. Eine mit Art. 6 Abs. 1 GG inhaltlich übereinstimmende andere (einfachrechtliche) Form einer statusrechtlichen Verfestigung lässt sich für sie auch nicht aus Art. 2 Abs. 1 in Verbindung mit Art. 1 Abs. 1 GG oder aus Art. 3 Abs. 1 GG herleiten[22]. Das Recht auf freie Entfaltung der Persönlichkeit schützt zwar auch die von der Ehe abweichenden Formen des Zusammenlebens. Es folgt daraus aber keine Pflicht des Gesetzgebers, hierfür eigene, quasi-

11

---

16 Sie stehen unter dem Schutz des Art. 2 Abs. 1 GG, dazu im Anschluss; aus der Literatur: *Pieroth/Schlink/Kingreen/Poscher* Rdnr. 693; MünchKomm-*Koch* Einleitung Familienrecht Rdnr. 215.

17 BVerfGE 6, 55, 71: „Er (sc.: Art. 6 Abs. 1 GG) stellt Ehe und Familie [...], deren **Bedeutung** mit **keiner anderen** menschlichen Bindung **verglichen werden kann**, unter den besonderen Schutz der staatlichen Ordnung."

18 BVerfGE 31, 58, 69: „(sc.: Art. 6 Abs. 1 GG) [...] läßt [...] **gesetzliche Regeln** [...] nicht nur zu, sondern **setzt sie geradezu voraus.** Dies ergibt sich aus der untrennbaren Verbindung des Grundrechts mit der Institutsgarantie, die notwendig eine rechtliche Ordnung verlangt."

19 BVerfGE 31, 58, 67 (dort als Grundrecht geltend gemacht).

20 BGHZ 121, 116, 122 f. = JuS 1993, 597; zum Problem *Kingreen* Jura 1997, 401, 407 f.

21 BGHZ 180, 272 ff. – Zur gegenwärtigen Gesetzeslage vgl. § **86 Abs. 3 VVG** (Personen, die mit dem Versicherungsnehmer bei Schadenseintritt in „häuslicher Gemeinschaft" leben).

22 BVerfG FamRZ 1993, 1419 re. Sp. = JuS 1994, 254 f. (dort entschieden für gleichgeschlechtliche Paare).

eherechtliche Bestimmungen zur Verfügung zu stellen. Davon zu trennen ist die Frage, ob der Gesetzgeber solche Regelungen tatsächlich erlassen könnte. Bei heterosexuellen Partnern sind gesetzliche Einzelregelungen in Anlehnung an die eheliche Lebensgemeinschaft denkbar, aber eine rechtliche Gleichstellung mit der Ehe muss aus Verfassungsgründen ausscheiden (Art. 6 Abs. 1 GG)[23].

12   Wenn sich A und B deshalb (vgl. oben **Fall 1**) gegen die Steuerprivilegierung von Ehegatten (Ehegattensplitting) wenden, so können sie sich jedenfalls nicht auf den Schutz ihrer Lebensgemeinschaft im Sinne des Art. 6 Abs. 1 GG berufen. Denn ihre Lebensgemeinschaft ist **keine** „Ehe". In Betracht kommt allenfalls ein Verstoß gegen den allgemeinen Gleichheitssatz und eine unzulässige Beschränkung der allgemeinen Handlungsfreiheit (Art. 3 Abs. 1, Art. 2 Abs. 1 GG). Es ist dann zu fragen, an welchen **Tatbestand** die strittige Regelung ihrem **Sinn** und **Zweck** nach anknüpft. Ist dieser Tatbestand die „Ehe" gerade als statusrechtlich verfasste Gemeinschaft – so bei der ehemals steuerlichen Zusammenveranlagung von Ehegatten[24] – und nicht die Ehe als eine (bloß) tatsächlich gelebte Gemeinschaft, so handelt es sich nicht um „Gleiches", das nach Art. 3 Abs. 1 GG gleich behandelt werden müsste[25].

13   Ob die **künftige Rechtsentwicklung** diesen heute noch ganz herrschenden Standpunkt bestätigen wird, ist **unsicher**. Grund dafür ist die neue Rechtsprechung des **EGMR**, der seine Judikatur zu gleichgeschlechtlichen Lebensgemeinschaften überprüft und teilweise geändert hat. Er nimmt (bislang nur insoweit) an, dass auch eine de-facto-Partnerschaft den Schutz des Art. 8 EMRK („Familienleben") genieße[26].

c) Eingetragene Lebenspartnerschaften

14   Gleichgeschlechtlichen Paaren ist der Zugang zur „Ehe" verschlossen[27]. Für sie hat der Gesetzgeber die Möglichkeit einer personenstandsrechtlichen Verfestigung ihrer Gemeinschaft durch das LPartG geschaffen, das **gleichgeschlechtlichen** Partnern ein neues familienrechtliches Institut zur Verfügung stellt: die **Eingetragene Lebenspartnerschaft**. Das BVerfG hat das LPartG als **verfassungsmäßig** bestätigt[28].

15   Die Eingetragene Lebenspartnerschaft ist **keine Ehe** im Sinne von Art. 6 Abs. 1 GG; sie stellt ihr gegenüber ein „aliud" dar. Für die Betroffenen geht es um die Konkretisierung ihrer Grundrechte aus Art. 2 Abs. 1 GG und Art. 3 Abs. 1, Abs. 3 GG im Sinne eines **eigenständigen familienrechtlichen Status**[29]. Die eherechtliche Institutsgarantie des Art. 6 Abs. 1 GG wird deshalb vom LPartG nicht berührt. Die umstrittene Frage,

---

23 Verletzung des Vorrangs der Ehe vor anderen Lebensformen (zwischen Mann und Frau) und Beeinträchtigung der Eheschließungsbereitschaft. Darin liegt keine verfassungsrechtlich nicht mehr hinnehmbare Beschränkung, weil den Partnern die Eheschließung grundsätzlich offen steht.
24 BVerfGE 6, 55, 77: „[...] denn die Zusammenveranlagung ist nicht nur rechtsgrundsätzlich an die Ehe gebunden, sondern die dadurch eintretende Wirkung erhöhter Besteuerung ist geradezu der Hauptzweck dieser Bestimmung."
25 Ablehnend deshalb für Erbschaftssteuer nach der Regelung für Ehegatten BVerfG NJW 1990, 1593.
26 Vgl. näher unten Rdnr. 16.
27 BVerfG NJW 1993, 3058 = JuS 1994, 254 f.
28 BVerfGE 105, 313 ff. = JuS 2003, 84 ff.
29 BVerfG NJW 2008, 868 re. Sp. mit weit. Nachweisen.

welche Konsequenzen aus dem **verfassungsrechtlichen Schutzgebot** zu Gunsten der Ehe abzuleiten seien[30] (bloßer Konkurrenzschutz gegenüber anderen verschieden geschlechtlichen Partnerschaften oder auch Abbildungsverbot gegenüber allen, auch gleichgeschlechtlichen Gemeinschaften), hat das BVerfG dahin entschieden, dass der Ehe als Zweierbeziehung zwischen **Mann und Frau** nach wie vor **Exklusivität** zukomme (Konkurrenzschutz gegenüber anderen, funktionell gleichartigen Lebensformen). Das Schutzgebot erlaube auch, die Ehe gegenüber anderen Lebensgemeinschaften **zu bevorzugen**. Aus ihm lasse sich jedoch **kein Benachteiligungsgebot** für andere Partnerschaften ableiten. Es sei deshalb verfassungsrechtlich unbedenklich, wenn das LPartG auf gleichgeschlechtliche Paare vielfach die entsprechenden eherechtlichen Vorschriften überträgt (kein Abstandsgebot)[31]. Allerdings hat das BVerfG (federführend der 1. Senat) dieses Schutzgebot in jüngster Zeit stark reduziert. Während bislang die höchstrichterliche Judikatur davon ausging, dass **Art. 6 Abs. 1 GG selbst** (als Entscheidung des Verfassungsgebers) mit seinem Schutz- und Förderauftrag einen **sachlichen Differenzierungsgrund** bilde[32], hat dies das BVerfG nunmehr verneint[33].

Führe die Privilegierung von Ehegatten quasi als Kehrseite zu einer Benachteiligung „anderer Lebensformen", so rechtfertige der bloße Verweis auf das Schutzgebot des Art. 6 Abs. 1 GG eine solche Differenzierung nicht, wenn die benachteiligten Lebensformen im Hinblick auf den geregelten Lebenssachverhalt und den durch die konkrete Regelung verfolgten Zweck mit der Ehe vergleichbar sind[34]. Das Gericht leitet dieses Ergebnis aus einer besonders **strengen Handhabung** des **allgemeinen Gleichheitssatzes** (Art. 3 Abs. 1 GG) ab. Die Ungleichbehandlung von Personengruppen sei umso strenger auf ihre Verhältnismäßigkeit hin zu überprüfen, je stärker sie an **Persönlichkeitsmerkmalen**, die mit jenen des Art. 3 Abs. 3 GG vergleichbar sind, anknüpfe. Das gelte auch für die **„sexuelle Orientierung"**, die wiederum der Differenzierung zwischen Ehe und Eingetragener Lebenspartnerschaft zugrunde liege[35]. Der Grund für die Privilegierung der (auch kinderlosen) Ehe in Art. 6 Abs. 1 GG liege „in der auf Dauer übernommenen, auch rechtlich verbindlichen Verantwortung für den Partner"[36], und die Zielrichtung der in concreto streitgegenständlichen Regelungen lasse ihrem normativen Zweck nach (Gewährung von Arbeitsentgelt[37]; Weitergabe des in der Familie geschaffenen Vermögens an die folgenden Generationen[38]) für eine Differenzierung von Ehe und Eingetragener Lebenspartnerschaft keine sachliche Rechtfertigung erkennen[39].

---

30 Näher zum Schutzgebot unten Rdnr. 18.
31 BVerfGE 105, 313, 326 = JuS 2003, 84 ff.; 124, 199, 226. – Dies ist z.B. auch hinsichtlich der **betrieblichen Altersversorgung** durch das Gesetz zur Überarbeitung des Lebenspartnerschaftsrechts vom 15.12.2004 (BGBl. I 3396) geschehen. Dazu und zur Anwendung des AGG instruktiv BAG NZA 2009, 489 ff. und NJW 2010, 1474 ff.
32 BVerwG NJW 2008, 868, 869 li. Sp. (kein Familienzuschlag bei Eingetragener Lebenspartnerschaft).
33 BVerfGE 124, 199 ff. (betriebliche Hinterbliebenenversorgung im öffentlichen Dienst); BVerfGE 126, 400 ff. (Erbschaftsteuer); BVerfG NJW 2013, 847 ff., 854 re. Sp. Tz. 98 (Sukzessivadoption); BVerfG FamRZ 2013, 1103 ff. (Ehegattensplitting).
34 **Grundlegend BVerfGE 124, 199 ff.**
35 BVerfGE 124, 199, 220 ff.
36 BVerfGE 124, 199, 225.
37 BVerfGE 124, 199, 227.
38 BVerfG NJW 2010, 2783, 2787 Tz. 105.
39 **Anders** aber die Rspr. des **EGMR** NJW 2011, 1426 f. (Hinterbliebenenrente nur zum Schutz der durch Ehe begründeten Familie).

Die Rechtsprechung des BVerfG hat zum Teil heftige Kritik erfahren[40], zum Teil auch Zustimmung erhalten[41]. Zum Teil wird sogar angenommen, Art. 6 Abs. 1 GG sei nunmehr wie folgt zu lesen: „Ehe, Lebenspartnerschaft und Familie stehen unter dem besonderen Schutze der (über-)staatlichen Ordnung"[42]. Weitgehend unstrittig ist allerdings, dass das BVerfG mit seinen Entscheidungen weniger eine dogmatisch hinreichend erklärbare Verfassungsinterpretation und Rechtsanwendung vorgenommen[43] als vielmehr in den (grundsätzlich dem Gesetzgeber vorbehaltenen) Bereich der Rechtspolitik vorgestoßen ist[44].

16 Die begriffliche und damit auch verfassungsrechtliche Abschichtung zwischen „Ehe" und „Eingetragener Lebenspartnerschaft" könnte durch die geänderte Rechtsprechung des **EGMR** zur Garantie des Eheschließungsrechts künftig weithin an dogmatisch-inhaltlicher Kontur verlieren. Unter Hinweis auf Art. 9 der Charta der Grundrechte der Europäischen Union geht der Gerichtshof **nicht mehr** davon aus, dass das durch **Art. 12 EMRK** garantierte **Eheschließungsrecht** sich **nur** auf eine Ehe zwischen Mann und Frau beziehen kann. Allerdings bestehe keine Pflicht der Konventionsstaaten, die „Ehe" gleichgeschlechtlichen Paaren zu eröffnen[45]. Seine bisherige Rechtsprechung aufgebend nimmt der EGMR an, dass eine gleichgeschlechtliche stabile **de-facto-Partnerschaft** nicht nur unter dem Gesichtspunkt des „Privatlebens", sondern **auch** unter dem des **„Familienlebens"** dem Schutz von Art. 8 EMRK unterfalle[46].

2. Art. 6 Abs. 1 GG als „klassisches" Grundrecht – Abwehr staatlicher Eingriffe

17 Art. 6 Abs. 1 GG gewährt Ehegatten ein **subjektives Abwehrrecht** gegen staatliche Maßnahmen, die unzulässig in die „Ehe" eingreifen[47]. Schutzgut ist nicht nur die Ehe als statusrechtliches Institut, sondern die **konkrete**, im Rahmen der verfassungsrechtlich garantierten Strukturen gelebte und gestaltete **Lebensgemeinschaft**[48]. Geht es um die Ausweisung eines ausländischen Ehegatten **(Fall 1)**, so ist Prüfungsgegenstand für eine ermessensfehlerfreie Entscheidung der Ausländerbehörden[49] deshalb nicht, ob

---

40 *Hillgruber* JZ 2010, 41, 42 re. Sp., 43 re. Sp. („eklatante verfassungsgerichtliche Missachtung", „taktisch-wechselhaft", „objektiv willkürlich", „ungenießbarer Brei von Rechtsquellen").

41 *Classen* JZ 2010, 411 f.

42 *Michael* NJW 2010, 3537 ff.

43 Das wird auch von Befürwortern der Entscheidungen zugestanden; vgl. *Michael* NJW 2010, 3537 li. Sp.: „Dieses Ergebnis dogmatisch zu erklären, stößt an die Grenzen der Verfassungsinterpretation."

44 Das wird deutlich, wenn das Gericht tatsächlich grundlegende Unterschiede zwischen Ehe und Eingetragener Lebenspartnerschaft ohne nähere Begründung und argumentativ widerspruchsfrei für obsolet erklärt; vgl. insbes. BVerfG NJW 2010, 2783, 2787 Tz. 105-107: Vom eigenen Standpunkt aus hätte der Senat den grundsätzlichen Unterschied zwischen Ehe und Lebenspartnerschaft im Hinblick auf die jeweilige „Eignung als Ausgangspunkt der Generationenfolge" prüfen müssen; gerade weil die einschlägigen Rechtsvorschriften nicht zwischen kinderlosen und Ehen mit Kindern unterscheiden.

45 EGMR NJW 2011, 1421 ff.

46 EGMR NJW 2011, 1421, 1423 ff.

47 BVerfGE 6, 55, 71: „Es handelt sich [...] zunächst um eine Bestimmung im Sinne der **klassischen Grundrechte**, die angesichts der Erfahrungen in der Zeit der nationalsozialistischen Herrschaft dem Schutz der spezifischen Privatsphäre von Ehe und Familie vor äußerem Zwang **durch den Staat** dienen soll."

48 BVerwG FamRZ 1974, 13, 15 li. Sp.

49 Zum Prüfungsmaßstab BVerfG FamRZ 1966, 181 re. Sp.: Werteordnung des GG i.V.m. Art. 6 Abs. 1 GG (näher unten Rdnr. 18).

die Gatten ihre Ehe „schlechthin und irgendwo" fortzuführen in der Lage sind (Möglichkeit der Aufrechterhaltung der Ehe außerhalb Deutschlands), sondern die Frage, ob durch die Ausweisung des Partners die **in Deutschland konkret gelebte** Ehegemeinschaft in **unzulässiger** Weise (Art. 6 Abs. 1 GG) beeinträchtigt wird. Eine Gefährdung des Bestands der Ehe kann deshalb nicht schon darum verneint werden, weil es dem Ehegatten des Auszuweisenden regelmäßig zuzumuten sei, seinem Partner zu folgen[50]. Gegen den in der Ausweisung liegenden grundgesetzwidrigen Eingriff (Art. 6 Abs. 1 GG) kann sich sowohl der betroffene (ausländische) Ehegatte (Menschenrecht[51]) wie sein Partner als in eigenen Rechten verletzt (Art. 6 Abs. 1 GG) wenden[52]. Die Ausrichtung des Grundrechtsschutzes an der konkreten Lebensgemeinschaft bedeutet andererseits, dass ein aus Art. 6 Abs. 1 GG abgeleitetes Aufenthaltsrecht nur so lange Bestand haben kann, solange die Ehe besteht und die Gatten nicht getrennt leben[53]. Ob die staatliche Entscheidung dem Grundrechtsschutz des Art. 6 Abs. 1 GG gerecht wird, hängt – weil die Vorschrift den Schutz vorbehaltlos gewährt – entscheidend davon ab, ob die in Bezug genommene, regelmäßig einfachgesetzliche Norm selbst Ziele von Verfassungsrang verfolgt und die ergangene (Ermessens-)Entscheidung die Qualität des Art. 6 Abs. 1 GG als einer (zusätzlichen) wertentscheidenden Grundsatznorm berücksichtigt hat. Dem trägt das Aufenthaltsgesetz durch die §§ 55 Abs. 3 Nr. 2, 56 Abs. 1 Nr. 4 AufenthG Rechnung, die bei einer Ermessensausweisung die Berücksichtigung der Folgen für Familienangehörige und Lebenspartner verlangen (§ 55 Abs. 3 Nr. 2 AufenthG) und bei einem deutschen Familienangehörigen oder Lebenspartner (**Fall 1**) einen besonderen Ausweisungsschutz für Ausländer vorsehen (§ 56 Abs. 1 Nr. 4 AufenthG).

3. Art. 6 Abs. 1 GG als wertentscheidende Grundsatznorm

a) *Inhalt und Funktion der Grundsatznorm*

Art. 6 Abs. 1 GG stellt Ehe und Familie unter den „besonderen Schutze der staatlichen Ordnung". Daraus hat das BVerfG – unter besonderer Berücksichtigung der Entstehungsgeschichte der Vorschrift – neben Einrichtungsgarantie und Grundrecht eine für die gesamte staatliche Ordnung verbindliche **wertentscheidende Grundsatznorm** abgeleitet. Ihre wichtigste Funktion entfaltet sie im Rahmen der **Ermessensausübung** der Verwaltung (vgl. **Fall 1**: Ausweisung eines ausländischen Ehepartners)[54] und als aktuell bindendes Recht für den **Gesetzgeber**. Diese verfassungsrechtliche Bindung wird allerdings durch die **Bestimmtheit** der Vorschrift determiniert. Sie reicht nur so weit, wie es möglich ist, aus Art. 6 Abs. 1 GG tatsächlich einen Maßstab zu gewinnen, um andere Normen daran zu messen[55]. Das BVerfG entwickelt diese Bestimmtheit aus dem Begriff des „**Schützens**". Er bedeutet erstens die „**Förderung** des Schutzgutes", zweitens die „**Abwehr** von Störungen oder Schädigungen" und drit-

18

---

50 **BVerwG FamRZ 1974, 13, 14 re. Sp.**
51 BVerfGE 31, 58, 67 f., 78.
52 BVerfGE 31, 58, 67 (für eine Verlobte) mit weit. Nachweisen; BVerwG FamRZ 1974, 13, 16 re. Sp.
53 BVerwG NVwZ 1989, 789.
54 Oben Rdnr. 9.
55 BVerfGE 6, 55, 76.

tens den „**Verzicht** des Staates auf eigene störende Eingriffe"[56]. **Positiv** beinhaltet die Grundsatznorm des Art. 6 Abs. 1 GG danach das Gebot, Ehe und Familie nicht nur vor Beeinträchtigungen Dritter zu schützen, sondern darüber hinaus auch durch geeignete staatliche Maßnahmen zu fördern (Förderungsgebot). **Negativ** verbietet sie dem Staat, die Ehe zu schädigen oder sonst zu beeinträchtigen[57].

b) Ehebedingte Belastungen

19 Die Grundsatznorm des Art. 6 Abs. 1 GG schließt **ehebedingte** (wirtschaftliche und persönliche) **Belastungen** nicht aus. Das ist selbstverständlich. Denn Kern der „Ehe" ist ihre **rechtliche** Verfasstheit, deren Merkmal gegenüber anderen Lebensgemeinschaften gerade die spezifischen ehe- und familienrechtlichen Bindungen und Verpflichtungen sind (vgl. nur § 1353 Abs. 1 oder die gegenseitige Unterhaltspflicht der Ehegatten, § 1360)[58]. Voraussetzung dafür, dass es sich bei einer solchen nur Ehegatten treffenden Verpflichtung oder Belastung um eine **verfassungsgemäße Ausgestaltung** handelt (Art. 6 Abs. 1 GG), ist allerdings, dass **Anknüpfungspunkt** für die konkrete Regelung gerade das **eherechtliche Verhältnis** ist. Die Ehe als hervorgehobene, besondere rechtliche Lebensgemeinschaft darf nicht nur (äußerer) Anlass der Regelung sein, sondern muss nach ihrem **Sinn** und **Zweck** die Vorschrift tragen[59]. Danach entscheidet sich auch die Frage der Verfassungsmäßigkeit des Versorgungsausgleichs **(Fall 1)**, der nur Ehegatten trifft. Der Versorgungsausgleich[60] ist verfassungsrechtlich unbedenklich, weil er die (nur) mit der Ehe verbundene, grundsätzlich lebenslängliche (auch rechtliche) Mitverantwortung für den Partner im Hinblick auf dessen Altersversorgung in verfassungsrechtlich unbedenklicher Weise näher konkretisiert[61, 62].

II. „Familie"

1. Dogmatisch-begriffliche Selbstständigkeit der „Familie"

20 Art. 6 Abs. 1 GG stellt auch die **Familie** unter den besonderen Schutz des Staates. Daraus ergibt sich eine begrifflich-dogmatische **Selbstständigkeit** der „Familie" gegenüber der „Ehe", aber auch umgekehrt. Die Trennung von Ehe und Familie und die damit getroffene Festlegung beider Rechtsinstitute als jeweils eigenständige, von einander unabhängige Schutzgüter war nach den Erfahrungen mit der nationalsozialistischen Indienstnahme der Ehe für eine rassistisch orientierte staatliche Bevölke-

---

56 BVerfGE 6, 55, 76.
57 BVerfGE 6, 55, 76.
58 Vgl. BVerfGE 31, 58, 69; vgl. oben Fußn. 18.
59 Es handelt sich dann um eine die Rechtsgestalt der Ehe **definierende** Regelung (vgl. oben Rdnr. 8), dieihrerseits freilich am Ehebegriff des Art. 6 Abs. 1 GG zu messen ist; dazu *Pieroth/Schlink/Kingreen/Poscher* Rdnr. 701-704; *Kingreen* Jura 1997, 401, 403.
60 Gesetz über den Versorgungsausgleich **(VersAusglG)**; dazu unten § 17 Rdnr. 376 f.
61 BVerfGE 53, 257, 300 = JuS 1980, 524 ff.: „Der Einwand, der Verheiratete sei gegenüber dem Ledigen schlechter gestellt, weil seine Versorgung im Falle der Scheidung mit den Ansprüchen des Ehegatten aus dem Versorgungsausgleich belastet sei, ist nicht begründet. Mit der **Eheschließung** übernimmt der **Verheiratete** eine **Mitverantwortung** für seinen Ehepartner, die eine Differenzierung im Verhältnis zum Ledigen auch nach der Scheidung rechtfertigt."
62 Zur Verfassungsmäßigkeit von § 1357 siehe unten § 8 Rdnr. 160 f., von § 1362 unten § 9 Rdnr. 183.

rungspolitik eine bewusste Entscheidung des Grundgesetzes gegenüber der Weimarer Reichsverfassung, die die Ehe noch als Grundlage der Familie unter Schutz gestellt hatte[63].

Auch wenn eine Ehe nicht mehr besteht oder nie bestanden hat, existiert – heute un-   **21** bestritten – zwischen einem **Kind** und dem mit ihm **zusammenlebenden Elternteil** eine **Familie**[64] – sei dieser Elternteil ein geschiedener Ehepartner, sei es die Mutter[65] oder der Vater[66] eines nichtehelichen Kindes. Den Schutz des Art. 6 Abs. 1 GG hat das BVerfG inzwischen von der rechtlichen Elternstellung gänzlich gelöst: Auch der leibliche (nicht rechtliche) Vater bildet mit seinem Kind eine Familie, die unter den Schutz des Grundgesetzes fällt, wenn er mit seinem Kind zusammenlebt und tatsächliche Verantwortung übernommen hat[67]. Gegenüber der Ehe als der „Vereinigung eines Mannes und einer Frau zur grundsätzlich unauflöslichen Lebensgemeinschaft"[68] ist die Familie die „umfassende Gemeinschaft von Eltern und Kindern"[69]. Maßgebliche Voraussetzung ist aber, dass es sich um eine „von der staatlichen Rechtsordnung anerkannte(n) Gemeinschaft von Eltern und Kindern" handelt[70]. Den Schutz des Art. 6 Abs. 1 GG genießen deshalb auch Adoptiv-[71] und Pflegefamilie[72] sowie die Gemeinschaft von Ehepartnern mit Stiefkindern[73] und die sozial-familiäre Gemeinschaft von eingetragenen Lebenspartnern mit dem leiblichen oder angenommenen Kind eines der Partner[74] – davon strikt zu **trennen** ist die Frage, ob den Familienmitgliedern, die die elterliche Erziehungs- und Betreuungsfunktion wahrnehmen, auch das **Elternrecht** des Art. 6 Abs. 2 S. 1 GG zukommt[75]. Offen und strittig ist, ob der Familienbegriff des Art. 6 Abs. 1 GG auch Personen außerhalb der Kleinfamilie (Eltern und Kinder) einschließt (z.B. im Haushalt lebende Großeltern)[76] und vor allem, ob darüber hinaus auch eine **nichteheliche Lebensgemeinschaft** mit Kindern **eine** Familie bilden kann. Ferner: Unterfällt dem **Schutzbereich** der **Familie** auch die Beziehung zwischen einem Elternteil und seinem **nicht** mit ihm **in häuslicher Gemeinschaft lebenden** Kind (Beispiel: Schutz des Art. 6 Abs. 1 GG für den geschiedenen, nicht sorgeberechtigten Elternteil, der aber Umgang mit dem Kind im Sinne des § 1684 Abs. 1 pflegt)? Ausschlaggebend für diese Überlegungen ist ein von der jüngeren Rechtsprechung des

---

63 Art. 119 Abs. 1 S. 1 WRV: „Die Ehe steht als Grundlage des Familienlebens und der Erhaltung und Vermehrung der Nation unter dem besonderen Schutz der Verfassung."
64 Aus der zivilrechtlichen Lit. näher zur Thematik *Gernhuber/Coester-Waltjen* § 5 Rdnr. 8 f.
65 BVerfGE 45, 104, 123 mit weit. Nachweisen.
66 Erstmals BVerfGE 45, 104, 123.
67 BVerfGE 108, 82, 112 ff.
68 BVerfGE 10, 59, 66.
69 BVerfG ebenda; BVerfGE 24, 119, 135 („Lebensgemeinschaft zwischen Eltern und Kindern").
70 BVerfGE 80, 81, 90 = JuS 1990, 59.
71 Ebenda; ferner BVerfG FamRZ 1990, 363 re. Sp.
72 BVerfGE 68, 176, 187, 189; BVerfG FamRZ 1993, 1420, 1422 re. Sp.
73 BVerfGE 79, 256, 267.
74 BVerfG NJW 2013, 847, 850 re. Sp. Tz. 60 ff.
75 Verneinend etwa für Pflegeeltern BVerfGE 79, 61, 60 oder den Partner einer eingetragenen Lebensgemeinschaft allein aufgrund einer sozial-familiären Gemeinschaft mit dem Kind, BVerfG NJW 2013, 847, 850 li. Sp. Tz. 57 ff.
76 Offen gelassen in BVerfGE 39, 316, 326; verneinend für die Generationen-Großfamilie BVerfGE 48, 327, 339. Man wird die Frage nach der vom BVerfG entwickelten gestuften Familienfunktion zu entscheiden haben; dazu unten Rdnr. 25.

BVerfG entwickelter und inzwischen mehrfach bestätigter **materiell-funktionaler Familienbegriff** des Art. 6 Abs. 1 GG.

2. Materiell-funktionaler Familienbegriff

22   **Fall 2[77]:** Der in Deutschland lebende Ausländer A ist nach mehrmals gescheitertem Asylverfahren ausreisepflichtig und befindet sich in Abschiebehaft. Bis dahin lebte er längere Zeit mit der deutschen F in nichtehelicher Lebensgemeinschaft zusammen. Ihr gemeinsames Kind, für das A die Vaterschaft anerkannt hat, ist ein Jahr alt. A und F wehren sich gegen die Abschiebung. – **Abwandlung:** A und F sind geschieden. Das Kind wohnt bei F, die auch sorgeberechtigt ist. A bezahlt regelmäßig Unterhalt für das Kind und nimmt die vereinbarten Umgangstermine wahr.

A selbst kann (im Ausgangsfall von **Fall 2**) gegen seine Abschiebung Art. 6 Abs. 1 GG in Anspruch nehmen. Er **lebt mit seinem Kind zusammen**, schafft damit die Voraussetzung, seine Elternverantwortung wahrzunehmen und bildet deshalb mit **ihm** eine **Familie**. Gegenüber einem Eingriff des Staates in diese Gemeinschaft schützt das **Grundrecht** aus Art. 6 Abs. 1 GG[78]. Der Charakter einer wertentscheidenden Grundsatznorm[79] verpflichtet die Ausländerbehörden, diese – möglicherweise auch erst nach Abschluss der Asylverfahren geschaffene – **familiäre Situation** zu berücksichtigen. Ist die Lebensgemeinschaft zwischen Vater und Kind, weil diesem (etwa wegen der Beziehungen zu seiner deutschen Mutter) eine Ausreise nicht zugemutet werden kann, nur in Deutschland zu verwirklichen, „so drängt die Pflicht des Staates, die Familie zu schützen, regelmäßig einwanderungspolitische Belange zurück"[80]. Strittig ist aber, in welchem Umfang **hier die F** den Familienschutz des Art. 6 Abs. 1 GG für sich in Anspruch nehmen kann. Sie kann es, soweit es um den Schutz der Lebensgemeinschaft zwischen ihr und dem Kind geht[81]. In **Fall 2** beruft sie sich aber auf ihre **nichteheliche Lebensgemeinschaft** mit A als einer geschützten Familiengemeinschaft der **Elternteile**.

23   Ein Teil des Schrifttums verneint einen solchen Schutz und geht bei zusammenlebenden, nicht miteinander verheirateten Eltern und ihren Kindern von **zwei Familien** (zwei Eltern-Kind-Beziehungen) aus[82]. Dagegen wird für **eine** Familie geltend gemacht, dass sich der verfassungsrechtliche Schutz der „Familie" aus der **tatsächlichen Lebensgemeinschaft** der Eltern mit den Kindern **in Wahrnehmung von Pflege und Erziehung** herleite. Diese Lebensgemeinschaft umfasse als Einheit auch die beiden Elternteile[83].

---

77   Vgl. BVerfG NJW 1994, 3155 und BVerfG FamRZ 2006, 187 ff.
78   Zu dieser Grundrechtsfunktion vgl. oben Rdnr. 17.
79   Vgl. oben Rdnr. 18.
80   BVerfGE 80, 81, 95; BVerfG NJW 1994, 3155 re. Sp.
81   Vgl. oben Fußn. 65.
82   *v. Campenhausen* VVDStRL 45 (1987), S. 7, 23 (allenfalls terminologisch eine Familie, aber kein Schutz nach Art. 6 Abs. 1 GG). Den (verfassungsrechtlichen) Begriff der Familie insgesamt (auch für die einzelne Eltern-Kind-Beziehung) verneint insoweit noch *Lecheler* HdbStR Bd. VI, ²2001, § 133 Rdnr. 29 ff., insbes. 45; öffnend *Seiler* ebenda Bd. IV, ³2006, § 81 Rdnr. 5, 16.
83   *v. Coelln*, in: Sachs, Grundgesetz, ⁶2011, Art. 6 Rdnr. 16; *Grziwotz*, Nichteheliche Lebensgemeinschaft, ⁴2006, § 4 Rdnr. 3.

Das BVerfG hatte lange einen verbindlichen Familienbegriff nicht formuliert. Es hat **24** zwar davon gesprochen, dass „Konkubinate[84], auch wenn sie „[...] jahrelang bestanden haben, [...] keinen verfassungsrechtlichen Schutz beanspruchen" können[85], aber diese Entscheidung war „aus dem Gesichtspunkt des Schutzes der Institution Ehe"[86] getroffen worden. Andererseits hat es den Familienbegriff nicht statisch-definitiv umrissen, sondern begreift ihn **funktional**.

In einer Leitentscheidung[87] hat das Gericht die funktionale Stufung der Familie im **25** Sinne des Art. 6 Abs. 1 GG näher dargelegt und dabei die **unterschiedliche Schutzdichte** des Grundgesetzes für die je und je vorliegende Familienfunktion hervorgehoben. Der Familienschutz des Grundgesetzes bezieht sich als erstes und in seinem Kern auf die Familie als **Lebens- und Erziehungsgemeinschaft**. Diese Familie („leibliche und seelische Entwicklung der Kinder") wird „als verantwortliche Elternschaft [...] von der prinzipiellen Schutzbedürftigkeit des heranwachsenden Kindes bestimmt"[88]. Mit zurückgehender Erziehungs- und Pflegebedürftigkeit wandelt sich die Familie von einer Lebens- zu einer bloßen **Hausgemeinschaft**, in der die Mitglieder trotz gemeinsamen Haushalts ein weithin individuelles Leben führen. Nach Auflösung dieser Hausgemeinschaft bleibt die Familie als **Begegnungsgemeinschaft** erhalten[89]. Die Entfaltung des **verfassungsrechtlichen Schutzes** (Institutsgarantie, Freiheitsrecht, wertentscheidende Grundsatznorm) wirkt nicht auf jede Familie in vollem Umfang, sondern in dem Maße, in dem von ihren Mitgliedern (Eltern) die beschriebenen **Familienfunktionen wahrgenommen** werden. So hat das BVerfG im Falle der Adoption eines (auszuweisenden) erwachsenen Ausländers den Maßstab des Art. 6 Abs. 1 GG auf eine bloße Begegnungsgemeinschaft reduziert, die auch durch Besuche, Brief- und Telefonkontakte aufrechterhalten werden könne[90]. Diese vom BVerfG entwickelte funktionale Stufung von „Familie" und die damit einhergehende, sich im Laufe der Zeit **funktionsbedingt ändernde Schutzwirkung** des Art. 6 Abs. 1 GG sprechen dafür, (bei gelebter Hausgemeinschaft) gegebenenfalls auch Dritte in den Schutzbereich der Norm einzubeziehen und als Mitglieder der „Familie" anzuerkennen, sofern auf Dauer von ihnen Familienfunktionen wahrgenommen werden. Die **Institutsgarantie** gewährleistet (wie beim Eheschutz) ein Recht zu einer Familiengemeinschaft im Bundesgebiet aber nur, wenn sich alle Familienmitglieder rechtmäßig auf Dauer im Bundesgebiet aufhalten[91]. Aufenthaltsrechtliche Schutzwirkung geht dagegen zunächst nur von Art. 6 Abs. 1 GG als wertentscheidender Grundsatznorm aus, der bei ermessensfehlerhafter Rechtsausübung ein Grundrechtsschutz nachfolgt.

Nach diesen Maßstäben stellt die Gemeinschaft nicht miteinander verheirateter El- **26** ternteile **eine Familie** dar. Das BVerfG spricht von der „durch Geburt entstandenen

---

84 Im konkreten Fall waren aus der Verbindung zwei Kinder hervorgegangen.
85 BVerfGE 36, 145, 165 = JuS 1974, 663.
86 Ebenda.
87 **BVerfGE 80, 81 ff. = JuS 1990, 59.**
88 BVerfGE 80, 81, 90 f. = JuS 1990, 59.
89 Ebenda.
90 Daher keine Beeinträchtigung durch Versagung einer Aufenthaltserlaubnis, BVerfGE 80, 81, 94.
91 BVerfGE 80, 81, 92 = JuS 1990, 59.

Familie"[92] und hat diese Auffassung nun im Hinblick auf die Beziehung zwischen dem biologischen (aber nicht im Rechtssinne anerkannten) Vater und seinem Kind deutlich zum Ausdruck gebracht. Danach stellt der Familienbegriff des Art. 6 Abs. 1 GG auf die **tatsächliche Lebens- und Erziehungsgemeinschaft** zwischen Eltern und Kind ab, auf die faktische Wahrnehmung der elterlichen Verantwortung[93]. Auch die Gemeinschaft zwischen dem biologischen Vater und seinem Kind bildet deshalb eine Familie: Leben die Eltern mit dem Kind zusammen, besteht eine Familie, nehmen sie getrennt von einander Verantwortung für das Kind wahr, hat dieses zwei nach Art. 6 Abs. 1 GG geschützte Familien[94].

27 In **Fall 2** kann F deshalb die Ausweisung des A nach Art. 6 Abs. 1 GG angreifen, wenn diese Ausweisung die grundlegende Wertentscheidung des Art. 6 Abs. 1 GG verkannt hat. Dies hängt davon ab, ob von der Ausländerbehörde die hier vorliegende Familie als **Lebens- und Erziehungsgemeinschaft** hinreichend gewürdigt wurde. Wäre die F nach den Umständen des Einzelfalls in ihrer Stellung und Aufgabe als Mutter auf die Mithilfe des A (maßgeblich) angewiesen, so dürften allgemeine aufenthaltspolitische Erwägungen eine Ausweisung kaum tragen.

Auch in der **Abwandlung** von **Fall 2** kann sich A auf den Schutz des **Art. 6 Abs. 1 GG** berufen, weil er für sein Kind maßgebliche **Familienfunktionen wahrnimmt**, nämlich das **Umgangsrecht** des Kindes (§ 1684 Abs. 1) als grundlegende Aufgabe im **Kernbereich der Familie** (Erziehungsgemeinschaft für die leibliche und seelische Entwicklung des Kindes). Dass er mit seinem Kind nicht in häuslicher Gemeinschaft lebt, schließt den Familienschutz des Art. 6 Abs. 1 GG für ihn nicht aus[95].

III. „Eltern" und „Elternrecht"

1. Elternrecht (Art. 6 Abs. 2 S. 1 GG) und elterliche Sorge (§§ 1626 ff.)

28 Die elterliche Sorge (§ 1626) ist der bedeutendste Bestandteil des durch Art. 6 Abs. 2 S. 1 GG anerkannten Elternrechts. Aber dieses beschränkt sich nicht auf die Wahrnehmung der elterlichen Sorge und ist deshalb von ihr **streng zu trennen**. Ein Elternteil, dem das Sorgerecht teilweise oder ganz entzogen wurde (§§ 1666 Abs. 3 Nr. 6, 1666a Abs. 2), bleibt dennoch Inhaber und Adressat des Elternrechts im Sinne des Art. 6 Abs. 2 S. 1 GG. Das zeigt sich etwa darin, dass auch der nicht sorgeberechtigte Elternteil zum Umgang mit dem Kind verpflichtet und berechtigt bleibt (§ 1684 Abs. 1 Halbs. 2), dass ihm unter bestimmten Voraussetzungen Entscheidungsbefugnisse gegenüber dem Kind zustehen (§ 1687a) oder dass zur Adoption seines Kindes auch seine Einwilligung erforderlich ist (§ 1747 Abs. 1). Insoweit verbleibt es unabhängig von der Sorgeberechtigung und über die Volljährigkeit von Kindern hinaus bei einer

---

92 BVerfGE 80, 81, 90 = JuS 1990, 59; aus der verfassungsrechtlichen Lit. in diesem Sinne Maunz/Dürig/
 Badura, Grundgesetz (Stand: Januar 2010), Art. 6 Rdnr. 61.
93 BVerfG FamRZ 2003, 816, 822 re. Sp.
94 Ebenda. – So auch die Rspr. des EGMR zu Art. 8 EMRK, FamRZ 2002, 381, 382 li. Sp.
95 BVerfG FamRZ 2006, 187 ff.

grundsätzlich unentziehbaren und unaufgebbaren Verantwortung, die bleibend an den Status der **Elternschaft** im Sinne des Art. 6 Abs. 2 GG anknüpft. Dieses **Elternrecht** erkennt Art. 6 Abs. 2 GG als das „**natürliche Recht**" der Eltern an. Grundrechtsdogmatisch bedeutet dies, dass das Elternrecht nicht vom Staat verliehen ist, sondern von diesem als ein **ihm vorgegebenes** Recht in Art. 6 Abs. 2 GG anerkannt wird[96]. Das Elternrecht wirkt auf die (verfassungskonforme) **Auslegung** der **familienrechtlichen Sorgerechtsvorschriften** zurück. So hat das BVerfG die Regelung des § 1680 Abs. 2 S. 2 dahingehend korrigiert, dass der **Erziehungsprimat** der **leiblichen Eltern** (Art. 6 Abs. 2 S. 1 GG) eine solche Auslegung der Vorschrift verlange, wonach die Übertragung des Sorgerechts an einen bislang nach § 1626a Abs. 2 a.F. (§ 1626a Abs. 3) nicht sorgeberechtigten Vater, der aber über längere Zeit die elterliche Sorge tatsächlich wahrgenommen hat, regelmäßig dem Wohle des Kindes dient, solange konkrete Kindesinteressen dem nicht widersprechen[97].

2. Elternrecht und Elternpflicht (Art. 6 Abs. 2 S. 1 GG)

Obschon sich für die Eltern das Recht des Art. 6 Abs. 2 S. 1 GG automatisch infolge ihrer **Verwandtschaftsbeziehung** zum Kind ergibt[98], ist das Elternrecht von einer eigentümlichen, sonst nicht bekannten Rechtsstruktur geprägt. In allen Erscheinungsformen hängt das **Recht** der Eltern seinem Bestand und Umfang nach davon ab, dass diese ihrer elterlichen **Pflicht** tatsächlich nachkommen wollen und nachkommen können. Die Wahrnehmung der elterlichen Verantwortung ist konstitutives Element des von den Eltern insoweit in Anspruch genommenen Rechts[99]. Wo die Eltern ihrer Pflicht gegenüber dem Kind nicht gerecht werden (können), weicht ihre Rechtsstellung. Im Konfliktfall geht es dann nicht um jeweils individuell zugewiesene, im Einzelfall kollidierende Interessen (Rechte) zwischen Eltern und Kind, vielmehr verbleibt den Eltern, wo sie der ihnen „zuvörderst […] obliegenden Pflicht" (Art. 6 Abs. 2 S. 1 GG) nicht nachkommen, keine Rechtsstellung mehr. Es ist deshalb konsequent und mit Art. 6 Abs. 2 S. 1 GG vereinbar, wenn sogar die statusrechtliche Stellung der „Elternschaft" entgegen dem Willen des betroffenen Elternteils aufgehoben werden kann (Ersetzung der elterlichen Einwilligung bei Adoption des Kindes, § 1748 Abs. 1)[100].

29

---

96 BVerfG NJW 2010, 2333, 2334 li. Sp.; zur Frage einer naturrechtlichen Interpretation des Elternrechts vgl. *Gernhuber/Coester-Waltjen* § 5 Rdnr. 38 f.

97 BVerfG FamRZ 2006, 385 f.

98 Zu achten ist auf den **rechtlichen** Charakter von „Verwandtschaft" (vgl. §§ 1589, 1591, 1592); vgl. schon oben Rdnr. 8 zum Normbereich des Art. 6 GG.

99 BVerfGE 24, 119, 143: „Diese Pflichtbindung unterscheidet das Elternrecht von allen anderen Grundrechten; […]. In Art. 6 Abs. 2 Satz 1 GG sind Recht und Pflicht von vornherein unlöslich miteinander verbunden; die Pflicht ist nicht eine das Recht begrenzende Schranke, sondern ein wesensbestimmender Bestandteil dieses ‚Elternrechts', das insoweit treffender als ‚Elternverantwortung' bezeichnet werden kann".

100 BVerfGE 24, 119, 150: „Fehlt es ausnahmsweise an dieser Voraussetzung (sc.: Wahrnehmung der Pflege- und Erziehungsverantwortung durch die Eltern), so trifft die Ersetzung der Einwilligung zur Adoption die Eltern-Kind-Beziehung in einer Lage, in der ein verfassungsrechtlich schutzwürdiges Recht der natürlichen Eltern nicht mehr besteht."

3. „Eltern"

30   „Eltern" im Sinne des Art. 6 Abs. 2 S. 1 GG und damit Träger des Elternrechts sind ausschließlich, aber auch ausnahmslos nur **Eltern im Rechtssinne** (§§ 1589, 1591, 1592; §§ 1741, 1754, 1755). Das Elternrecht steht also den Eltern eines ehelichen wie nicht-ehelichen Kindes – ohne Rücksicht auf die Sorgeberechtigung – in gleicher Weise zu[101]. Eltern im Rechtssinne und damit Träger des Elternrechts sind auch die **Partner einer Eingetragenen Lebensgemeinschaft**, wenn sie durch Abstammung oder Adoption (Stiefkindadoption, § 9 Abs. 7 LPartG; Sukzessivadoption) Elternstellung erlangt haben[102]. Das Elternrecht steht dagegen weder einem Stiefelternteil, Großeltern noch Pflegeeltern[103] noch Dritten, die sich um das Kind kümmern, zu[104]. Auch dem **biologischen Vater** eines Kindes steht neben dem Vater im Rechtssinne das **Elternrecht nicht zu**; für ihn ergibt sich aus Art. 6 Abs. 2 S. 1 GG aber die Gewährleistung eines verfahrensrechtlichen Zugangs zum Elternrecht[105].

31   Die tragenden, rechtlich-sachlichen Erwägungen dieser Rechtsprechung des BVerfG sind vom EGMR erschüttert worden[106]. Die Reichweite der Entscheidung des Gerichtshofs ist unsicher. Der Fall betraf das Recht auf Umgang des **biologischen, aber nicht rechtlichen Vaters** mit seinen Kindern (Zwillinge), die nach einer etwa zweijährigen Beziehung mit einer verheirateten Frau in die bestehende Ehe dieser Frau hinein geboren wurden. Rechtlicher Vater der Kinder war der Ehemann der Kindesmutter (§ 1592 Nr. 1). Eine Kontaktaufnahme mit dem biologischen Vater wurde von den Eltern strikt abgelehnt; bis zur gerichtlichen Entscheidung bestand zwischen dem biologischen Vater und seinen Kindern keinerlei persönlich-familiäre Beziehung.

Das BVerfG hatte in seiner Rechtsprechung bis dahin ein Umgangsrecht des biologischen Vaters, dem mangels einer rechtlichen Zuordnung seiner Kindern kein Elternrecht gemäß Art. 6 Abs. 2 GG und deshalb auch kein Umgangsrecht gemäß § 1684 Abs. 1 zustand, dann angenommen, wenn zwischen ihm und seinen Kindern eine **„sozial-familiäre Beziehung"** (Übernahme tatsächlicher Verantwortung) besteht oder bestand, und der Umgang dem Wohl des Kindes dient (vgl. § 1685 Abs. 1)[107]. Weil danach dem Beschwerdeführer mangels sozial-familiärer Beziehung ersichtlich kein Umgangsrecht zustand, hatte das BVerfG dessen Beschwerde (ohne Begründung) nicht zur Entscheidung angenommen.

Der EGMR hat diese Position als **Verstoß gegen Art. 8 EMRK** gewertet, weil diese Vorschrift auch ein **beabsichtigtes Familienleben** ausnahmsweise schütze und der Schutzbereich des Art. 8 EMRK – falls nicht unter dem Gesichtspunkt des „Familienlebens" – jedenfalls unter dem des **„Privatlebens"** (persönliche Identität) eröffnet sei. Ob sich hieraus Konsequenzen für die Zuordnung des **Elternrechts** im Sinne des Art. 6 Abs. 2 GG ableiten lassen, erscheint allerdings fraglich. Denn Kern der Be-

---

101 BVerfG NJW 1995, 2155 ff.
102 BVerfG NJW 2013, 847, 849 li. Sp. Tz. 48 ff.
103 BVerfGE 79, 51, 60; offen gelassen in NJW 1994, 183 re. Sp.
104 Zur Rechtsstellung der Pflegeeltern vgl. aber unten § 20 Rdnr. 485 f.
105 BVerfGE 108, 82 ff.; vgl. auch oben Rdnr. 8.
106 EGMR FamRZ 2011, 269 ff.; ferner FamRZ 2011, 1715 ff. (Umgangs- und Auskunftsrecht).
107 BVerfGE 108, 82, 112 ff. (Schutz gem. Art. 6 Abs. 1 GG, auch „nachwirkend", weil die gelebte Beziehung zwischen biologischem Vater und Kind eine „Familie" i.S.d. Vorschrift darstellt). Im Anschluss an diese Entscheidung wurde vom Gesetzgeber **§ 1685 Abs. 2** neu gefasst (vgl. dort).

anstandung war nicht die Verweigerung einer solchen Rechtsposition, sondern die auch für einen bemühten leiblichen Vater nach deutschem Recht unüberwindbare **Hürde der „sozial-familiären" Beziehung** gemäß § 1685 Abs. 2 (beziehungsweise das nur rechtlichen Eltern zustehende Auskunftsrecht gemäß § 1686). Entscheidendes Gewicht hätte demgegenüber dem **Wohl der Kinder** (das mangels vorausgesetzter „sozial-familiärer" Beziehung gar nicht geprüft wurde) zukommen müssen[108].

4. „Kindesgrundrecht" auf Erziehung

In seiner Entscheidung vom 1.4.2008 ist das BVerfG einen Schritt über seine bisherige Auslegung des Art. 6 Abs. 2 GG hinausgegangen[109]. Anknüpfend an seine Rechtsprechung zum Elternrecht als einem stets am Kindeswohl orientierten, „dienenden" Grundrecht stellt das BVerfG fest:

32

„Mit dieser [...] Pflicht (sc.: der Eltern gemäß Art. 6 Abs. 2 S. 1 GG) [...] korrespondiert das **Recht des Kindes auf Pflege** und **Erziehung durch seine Eltern** aus **Art. 6 II 1 GG**. [...] dann hat das Kind auch einen Anspruch [...] und ein Recht darauf, dass seine Eltern der mit ihrem Elternrecht untrennbar verbundenen Pflicht auch nachkommen"[110].

In der Literatur wurde die Entscheidung als **erstmalige Formulierung** eines **eigenständigen Kindesgrundrechts auf Erziehung** gewertet[111]. Ob dieser Schluss dem Urteil tatsächlich zu entnehmen ist, ist allerdings sehr zweifelhaft. Fest steht, dass das BVerfG das **Kind** als **selbstständigen Grundrechtsträger** seit langem **anerkannt** hat[112]. Dieses Grundrecht richtet sich **gegen den Staat** auf Wahrnehmung seines Wächteramtes gemäß Art. 6 Abs. 2 S. 2 GG. Was ein Grundrecht des Kindes „auf Pflege und Erziehung durch seine Eltern" darüber hinaus beinhalten und leisten kann, bleibt unklar. Denn entscheidend für das Kind sind die **positivrechtlichen Konkretisierungen** des **Elternrechts** im Sinne **subjektiver Rechte** des Kindes auf Erziehung durch den Gesetzgeber (§§ 1626, 1684).

33

Demgegenüber hinterlässt das Urteil des BVerfG eine Reihe offener Fragen und eine merkwürdige Wertungsdissonanz.

34

Offen bleibt, **gegen wen** sich das Grundrecht des Kindes **richten** soll. Was bedeutet ein grundgesetzlicher Anspruch auf Erziehung des Kindes „durch seine Eltern"[113]? Ist Adressat – herkömmlicher Dogmatik entsprechend – der Staat, der diesem Recht dann in Ausübung seines Wächteramtes durch Maßnahmen der Jugend- und Familienhilfe und durch positivrechtliche Konkretisierung der Elternverpflichtung zum

---

108 Vor dem Hintergrund dieser Rspr. s. OLG Bamberg FamRZ 2013, 710 ff. und den durch das Gesetz zur Stärkung der Rechte des leiblichen, nicht rechtlichen Vaters vom 4.7.2013 **neu eingeführten** **§ 1686a**, BGBl. I, S. 2176, in Kraft seit 13.7.2013.
109 **BVerfGE 121, 69 ff.:** Verfassungsmäßigkeit der **zwangsweisen Durchsetzung** des **Umgangsrechts eines Kindes** gegen einen Elternteil (§ 1684 Abs. 1; §§ 89, 90 FamFG).
110 BVerfGE 121, 69, 93 (Hervorhebung nur hier).
111 *Adelmann* JAmt 2008, 289 ff.; *Altrogge* FPR 2009, 34, 36, 38.
112 BVerfGE 24, 119, 144 (Art. 1 Abs. 1, Art. 2 Abs. 1 GG); FamRZ 1982, 567, 569 li. Sp. mit Hinweisen auf seine frühere Rspr.
113 Vgl. oben bei Fußn. 110.

Durchbruch zu verhelfen hat (vgl. oben Rdnr. 29)? Oder sind die aus dem grundrechtlichen Kindesanspruch Verpflichteten die Eltern selbst? Abgesehen von Fragen der Grundrechtswirkung wäre dann die Formulierung eines Erziehungsrechts des Kindes „gegen seine Eltern" korrekter gewesen.

Offen bleibt ferner, welche **materiell-inhaltliche Überlegung** dieses (besondere) Kindesgrundrecht trägt, wo sein **originärer Kern** liegt. Einerseits spricht das Gericht davon, dass dieses Recht des Kindes „in der elterlichen Verantwortung seinen Grund" finde (also doch ein im „Pflichtrecht" der Eltern wurzelnder Anspruch?), andererseits stehe dieses Kindesrecht in engem Zusammenhang mit dem (schon immer vorhandenen) Grundrecht auf Schutz seiner Persönlichkeit nach Art. 2 Abs. 1 und Art. 1 Abs. 1 GG[114].

Auch die **wertungsmäßigen Positionen** des Gerichts zu akzeptieren, fällt nicht leicht. Ein Elternteil, der eine zuvor beschriebene, grundlegende Verpflichtung seinem Kind gegenüber, nämlich dieses (im Rahmen einer dreimal jährlich für je zwei Stunden andauernden Begegnung) als **eigene Person** und **Persönlichkeit anzunehmen** und zu fördern, gröblichst verletzt, darf für dieses Verhalten als „Ausdruck des individuellen Verständnisses von Elternschaft" verfassungsrechtlichen Schutz gemäß Art. 2 Abs. 1 GG in Anspruch nehmen – mit Vorrang gegenüber dem Kindesgrundrecht. Mag die zwangsweise Vollstreckung eines Rechtstitels (in Übereinstimmung mit dem BVerfG) nicht möglich sein, gravierende Rechtsverstöße werden dadurch noch nicht zur grundgesetzlich geschützten Entfaltung der individuellen Persönlichkeit[115].

---

114 BVerfGE 121, 69, 93.
115 Zum Rechtsproblem des Falles selbst (zwangsweise Durchsetzung des Umgangsrechts gem. § 1684 Abs. 1) vgl. unten § 20 Rdnr. 437.

Zweiter Teil

Eheschließung und Eheauflösung

§ 3 Eheschließung

I. Rechtsgrundlagen und Terminologie

1. Obligatorische Zivilehe

Im deutschen Eheschließungsrecht gilt der Grundsatz der **obligatorischen Zivilehe**[1]   **35**
(Gegensatz: fakultative Zivilehe). Damit die **rechtlichen** Wirkungen einer Ehe eintreten, muss eine **„bürgerliche Ehe"** (vgl. Überschrift des Ersten Abschnitts vor § 1297)
geschlossen sein. Eine kirchliche Trauung löst diese Rechtsfolgen nicht aus (§ 1310
Abs. 1 S. 1, § 1588)[2]. Die Vornahme einer kirchlichen Trauung oder anderer religiöser
Eheschließungsfeierlichkeiten **vor** Eingehung der staatlichen Zivilehe war nach **bisher geltendem** Recht eine, wenn auch sanktionslose Ordnungswidrigkeit (§ 67 PStG
a.F.). Nach **neuem** Recht[3] **entfällt** diese **Einschränkung**. Die kirchliche Trauung kann
deshalb nunmehr **unabhängig** (d.h. auch vor) der standesamtlichen Trauung erfolgen.
Allerdings wird dadurch allein **keine Ehe im Rechtssinn** (§ 1310) begründet; die Partner leben dann (rechtlich) in einer **nichtehelichen** Lebensgemeinschaft.

Geregelt war das Eheschließungsrecht zunächst im BGB. Im Jahre 1938 wurde es aus dem Ge-   **36**
setz genommen und in einem eigenen Ehegesetz[4] neu geregelt. Dieses Ehegesetz – als Kontrollratsgesetz Nr. 16 neu verkündet[5] – galt bis 30.6.1998[6]. Seit dieser Zeit findet sich das Eheschließungsrecht wieder im BGB (§§ 1303 ff.). Weitere Rechtsgrundlagen des Eheschließungsrechts
sind das **Personenstandsgesetz**[7] und die **Verordnung zur Ausführung des Personenstandsgesetzes**
(PStV)[8].

---

1   Eingeführt durch das Personenstandsgesetz von 1875 in der Zeit des sog. Kulturkampfes.
2   Zu beachten ist aber der **verfassungsrechtliche** Bestand sog. **„hinkender"** Ehen: nach deutschem Eheschließungsrecht formunwirksame (Art. 13 Abs. 3 EGBGB), nach ausländischem Recht wirksame
    Ehen; vgl. näher unten Rdnr. 53.
3   PStG i.d.F.d. Gesetzes zur Reform des Personenstandsrechts (PStRG) vom 19.2.2007, in Kraft getreten
    am 1.1.2009.
4   Ehegesetz v. 6.7.1938 („Großdeutsches Eherecht").
5   Gesetz Nr. 16 des Kontrollrats vom 20.2.1946 (KRABl. S. 77, ber. S. 294 = BGBl. III 404-1).
6   Außer Kraft gesetzt mit Wirkung vom 1.7.1998 durch das Gesetz zur Neuregelung des Eheschließungsrechts (EheschlRG) vom 4.5.1998 (BGBl. I S. 833).
7   PStG i.d.F.d. PStRG, vgl. oben Fußn. 3.
8   I.d.F. vom 22.11.2008 (BGBl. I S. 2263).

2. Eheschließungsrecht

a) Spezialcharakter

37 Die Ehe kommt durch einen **personenrechtlichen Vertrag** zwischen den Brautleuten zustande (§ 1310 Abs. 1 S. 1), dessen **Abschluss** das Gesetz an bestimmte Voraussetzungen bindet (§ 1311: persönlich, gleichzeitige Anwesenheit, bedingungs- und befristungsfeindlich). Die näheren **(rechtsgeschäftlichen)** Bestimmungen (§§ 1303 ff.) und die Rechtsfolgen bei **Verstößen** gegen diese Anforderungen (§§ 1313 ff.) sind durch das **Eheschließungsrecht** der §§ 1303 bis 1320 **abschließend** (leges speciales) geregelt. Ein Rückgriff auf die allgemeinen Vorschriften der Rechtsgeschäftslehre scheidet aus. Dementsprechend hat sich im Eheschließungsrecht eine Terminologie entwickelt, die zum Teil nicht unerheblich vom allgemeinen rechtsgeschäftlichen Sprachgebrauch abweicht.

b) „Vollgültige Ehe", „aufhebbare Ehe", „Nichtehe"

38 Das Eheschließungsrecht unterscheidet zwischen **vollgültiger Ehe, aufhebbarer Ehe** und **Nichtehe**[9]. Die Mängel der Eheschließung können so gravierend sein, dass sie keinerlei Rechtsfolgen zeitigt (rechtliches nullum); es liegt eine **Nichtehe** vor[10]. Um eine **aufhebbare** Ehe geht es, wenn der Rechtsverstoß zwar den gegenwärtigen Bestand unberührt lässt, aber Grund bietet, die Ehe für die Zukunft aufzulösen[11]. Schließlich können Ordnungsvorschriften unbeachtet geblieben sein, deren Nichteinhaltung aber keine irgendwie gearteten negativen Rechtsfolgen nach sich zieht; es kommt eine **vollgültige** Ehe zustande. Die Mängel, die zu einer Nicht- oder einer aufhebbaren Ehe führen, sind im Eheschließungsrecht **erschöpfend** geregelt (§ 1313 S. 3). Es entfallen damit insbesondere die Anfechtungsmöglichkeiten nach §§ 119 ff., ebenso die Vorschriften der §§ 116 bis 118.

c) Eheverbote

39 Die vom Eheschließungsrecht negativ formulierten **Eheverbote**[12] (vgl. § 1306: „[…] darf nicht […]", oder § 1308 Abs. 1: „[…] soll nicht […]") teilen sich in so genannte **trennende** und **aufschiebende** Eheverbote. Im Gesetzestext kommt die Unterscheidung durch die Formulierung „[…] darf nicht geschlossen werden […]" (trennendes Eheverbot, vgl. §§ 1306, 1307 Abs. 1) und „[…] soll nicht geschlossen werden […]" (aufschiebendes Eheverbot, vgl. § 1308 Abs. 1) zum Ausdruck. Der **rechtliche** Unterschied besteht darin, dass der Verstoß gegen **trennende** Eheverbote einen **Eheaufhebungsgrund** bedeutet (vgl. § 1314 Abs. 1 in Verbindung mit §§ 1306, 1307), während der Verstoß gegen **aufschiebende** Eheverbote keine rechtlichen Konsequenzen nach sich zieht (vollgültige Ehe). Allerdings kann und muss der Standesbeamte bei Vorliegen solcher Verbote die Mitwirkung an der Eheschließung ablehnen (vgl. §§ 13 Abs. 1, Abs. 4 S. 1; 49 PStG).

---

9 Die sog. „nichtige Ehe" (§§ 16 ff. EheG a.F.) gibt es seit dem 1.7.1998 (vgl. oben Fußn. 6) nicht mehr. Frühere Nichtigkeitsgründe sind nunmehr Aufhebungsgründe.
10 Vgl. unten Rdnr. 46, 47, 51.
11 Vgl. unten Rdnr. 52.
12 Gleichbedeutend mit „Ehehindernissen" (impedimenta matrimonii).

II. Ehekonsens und Ehefähigkeit

1. Die Eheschließung als personenrechtlicher Vertrag

Fehlt es an einer auf Schließung der Ehe gerichteten Willensbekundung im Sinne des **40** § 1310 Abs. 1 S. 1 (Ehekonsens), etwa weil ein Beteiligter die Frage, ob er mit dem anderen die Ehe eingehen wolle, verneint, liegt eine **Nichtehe** vor[13]. Liegen dem Ehekonsens **Willensmängel** zugrunde, kommt die Ehe zustande, ist in ihrem Bestand aber durch einen möglichen **Aufhebungsgrund** gefährdet (§ 1314 Abs. 2 Nr. 1 bis 4). Auch die Frage, unter welchen näheren **persönlichen** Voraussetzungen es möglich ist, die Ehe zu schließen (personenrechtlicher Vertrag), ist durch das Gesetz speziell in den Vorschriften über die **Ehefähigkeit** geregelt (§§ 1303, 1304).

2. Ehemündigkeit und Geschäftsfähigkeit

Fall 3: Die 17-jährige F erwartet ein Kind. Da F und ihr 18-jähriger Freund M, Erzeuger des **41** Kindes, ohnehin heiraten wollen, entschließen sie sich schon jetzt zur Trauung. Die Eltern der F haben Bedenken: F leide an einer krankheitsbedingten Geistesstörung und überschaue die Tragweite der Eheschließung nicht; nur „einfache Unterhaltungen" seien möglich; Abstraktionsvermögen fehle[14].

Die **Ehefähigkeit** (vgl. die Überschrift vor § 1303) beschreibt die beiden persönlichen Voraussetzungen für eine Eheschließung, nämlich die **Ehemündigkeit** und die **Geschäftsfähigkeit**. **Ehemündig** ist, wer die natürliche, körperliche und die notwendige persönlich-charakterliche Reife aufweist, um eine Ehe einzugehen. **Geschäftsfähig** ist, wer in eigener Person unbeschränkt Rechtsgeschäfte abschließen kann. Für die **altersmäßige** Bestimmung der **Ehefähigkeit** orientiert sich das Gesetz einerseits an der Volljährigkeit (§ 2), andererseits an den Regeln über die Geschäftsfähigkeit (§§ 104 ff.). **Ehemündig** ist, wer volljährig ist (§ 1303 Abs. 1, § 2). Da auch die **Geschäftsfähigkeit** an die Volljährigkeit anknüpft (§ 106, § 2), ist **ehefähig**, wer **volljährig** ist. Andererseits ist eine ehemündige (volljährige) Person eheunfähig, wenn sie geschäftsunfähig ist (§ 1304). Ein **Minderjähriger** ist weder ehemündig noch geschäftsfähig. Ihm kann jedoch unter den Voraussetzungen des § 1303 Abs. 2 (16 Jahre alt und der zukünftige Ehepartner ist volljährig) durch das Familiengericht **Befreiung** vom Erfordernis der **Ehemündigkeit** erteilt werden. In diesem Fall bedarf er für die Schließung der Ehe (Vertrag) auch **nicht** mehr der **Einwilligung** seines gesetzlichen Vertreters (§ 1303 Abs. 4).

Die Bedeutung und Behandlung der Geschäftsfähigkeit im Rahmen der Ehefähigkeit kommt in **42** § 1303 (insbesondere sprachlich) nicht recht glücklich zum Ausdruck. Das macht ein Vergleich mit dem früheren Recht deutlich. Nach § 1 Abs. 2 EheG a.F. war es für Minderjährige über 16 Jahre möglich, durch das Vormundschaftsgericht Dispens von der Voraussetzung der Ehemündigkeit zu erhalten. Diese **Befreiung** hatte (konsequenterweise) keine Auswirkungen auf die fehlende Geschäftsfähigkeit. Es bedurfte deshalb (zusätzlich) der Einwilligung des gesetzlichen Vertreters (§ 3 Abs. 1 EheG a.F.), die, wurde sie verweigert, durch das Vormundschaftsgericht **ersetzt** werden musste (§ 3 Abs. 3 EheG a.F.). Nach § 1303 Abs. 4 **„bedarf"** der Minderjährige

---

13 Vgl. unten Rdnr. 51.
14 Vgl. BayObLG FamRZ 1997, 294 f.

jetzt nicht mehr der Einwilligung des gesetzlichen Vertreters, wenn das Familiengericht vom Erfordernis der Ehemündigkeit „Befreiung" erteilt hat. Wenn der Minderjährige der Einwilligung des gesetzlichen Vertreters aber nicht mehr „bedarf" (keine „Ersetzung" durch die „Befreiung"[15]), dann ließe sich hieraus auf die Herabsetzung der Ehegeschäftsfähigkeit auf das vollendete 16. Lebensjahr schließen; lediglich die Ehemündigkeit wäre noch an die Volljährigkeit gebunden[16]. Dagegen spricht allerdings § 1303 Abs. 3, der in solchen Fällen von einem Widerspruchsrecht des gesetzlichen Vertreters ausgeht. Das setzt fehlende Geschäftsfähigkeit des Heiratswilligen voraus. Die gesetzgeberische Lösung soll in § 1303 Abs. 3 liegen: Widerspricht der gesetzliche Vertreter der Heirat des Kindes, so darf Befreiung vom Erfordernis der Ehemündigkeit nur erteilt werden, wenn dieser Widerspruch unbegründet ist („nicht auf triftigen Gründen beruht"). Tatsächlich handelt es sich dann aber **zugleich** um eine **Ersetzung** der Einwilligung des gesetzlichen Vertreters im Hinblick auf die fehlende Geschäftsfähigkeit, die lediglich aus Vereinfachungsgründen mit der Befreiung nach § 1303 Abs. 2 in einem **einheitlichen Verfahren** erfolgt[17]. – In **Fall 3** kann die 17-jährige F hinsichtlich der fehlenden Ehemündigkeit (§ 1303 Abs. 1) Dispens durch das Familiengericht erhalten (§ 1303 Abs. 2). Wird dieser Dispens trotz des Widerspruchs der Eltern erteilt (§ 1303 Abs. 3), ist zugleich, da es in diesem Fall einer Einwilligung des gesetzlichen Vertreters nicht mehr „bedarf" (§ 1303 Abs. 4), deren Zustimmung ersetzt.

3. Ehegeschäftsfähigkeit

43 Nur die **Geschäftsunfähigkeit** (§ 104 Nr. 2) bildet ein endgültiges Hindernis für die Eheschließung (§ 1304). Auch als Komponente der Ehefähigkeit orientiert sich die Frage der Geschäftsunfähigkeit grundsätzlich an § 104 Nr. 2. Aber eine starre Ausrichtung am allgemeinen Maßstab des § 104 Nr. 2 ist unbefriedigend. Das zeigt sich vor allem, wenn ein **Volljähriger** die Ehe eingehen will. Nach früherem Recht[18] konnte ein Volljähriger etwa wegen Geistesschwäche entmündigt werden (§ 106 a.F.). Er stand dann einem beschränkt geschäftsfähigen Minderjährigen gleich (§ 114 a.F.); für die Eheschließung benötigte er die Einwilligung seines gesetzlichen Vertreters (Vormund), § 3 EheG a.F. Nach heutigem Recht ist ein Volljähriger entweder voll geschäftsfähig oder geschäftsunfähig[19]. Es gilt also ein „Entweder–Oder": (volle) Geschäftsfähigkeit oder Geschäftsunfähigkeit. Aus diesem Grunde wird im Schrifttum für eine besondere Ehegeschäftsfähigkeit im Sinne einer „relativen Geschäftsfähigkeit" plädiert. Wenn das Gesetz es ermögliche, im Wege eines Einwilligungsvorbehalts (z.B. für Grundstücksgeschäfte) die ansonsten bestehende volle Geschäftsfähigkeit für besonders weitreichende Rechtsgeschäfte zu mindern (§ 1903 Abs. 1 S. 1), so erkenne es selbst mittelbar eine **„relative Geschäftsfähigkeit"**, gestuft nach der Schwierigkeit einzelner Rechtsgeschäfte, an. Dasselbe habe dann für die Bestimmung der Ehegeschäftsfähigkeit im Sinne einer derartigen relativen Geschäftsfähigkeit zu gelten[20].

---

15 Vom Erfordernis der Geschäftsfähigkeit kann nicht „befreit" werden. Hier wirkt die elterliche Sorge (§§ 1626 Abs. 1, 1629), deren Maßnahmen allenfalls „ersetzt" werden können.

16 Dies führt allerdings zu systematischen und inhaltlichen Spannungen mit der Wahrnehmung des Sorgerechts bei minderjährigen Verheirateten (§ 1633).

17 § 1303 Abs. 4 ist danach richtiger zu lesen: so ist zugleich die Einwilligung des gesetzlichen Vertreters ersetzt.

18 Bis zum Inkrafttreten des Betreuungsgesetzes (BtG) vom 12.9.1990 (BGBl. I S. 2002) am 1.1.1992.

19 Daran ändert auch eine möglicherweise bestehende Betreuung (§§ 1896 ff.) nichts. Rechtsgeschäftliche Konsequenzen hat nur die Anordnung eines Einwilligungsvorbehalts (§ 1903), der hinsichtlich einer **Eheschließung** (höchstpersönliche Willenserklärung) aber **nicht** möglich ist (§ 1903 Abs. 2).

20 *Böhmer* StAZ 1992, 65, 67 re. Sp.

Die Lösung muss m.E. von § 104 Nr. 2 ausgehen. Schon diese Vorschrift stellt nicht **44** eigentlich auf die intellektuelle Einsichtsfähigkeit in die Konsequenzen eines Rechtsgeschäftes ab. Es geht ihr vielmehr um die Frage, ob der Handelnde (noch) in der Lage ist, einen **freien Willen** zu bilden[21] oder ob infolge krankhafter Willensunterwerfung oder unkontrollierten Triebverhaltens die Willensäußerung des Betreffenden „ähnlich einer mechanischen Verknüpfung von Ursache und Wirkung" determiniert erscheint[22]. Sinn des § 104 Nr. 2 ist es nicht, einen Volljährigen vor den (nicht erkannten) Rechtsfolgen eines gewollten Geschäftes zu schützen, sondern eine nicht frei gebildete Willenserklärung zu unterbinden. Zu Recht lehnt die höchstrichterliche Rechtsprechung deshalb eine „relative Geschäftsfähigkeit" im Hinblick auf den „Schwierigkeitsgrad" des konkreten Rechtsgeschäfts auch für die Ehegeschäftsfähigkeit ab[23]. Das schließt nicht aus, und dahin geht die überwiegende Ansicht[24], die **Eheschließungsfähigkeit** als eine so genannte „**partielle Geschäftsfähigkeit**" anzuerkennen, d.h. als eine besondere rechtsgeschäftliche Handlungsfähigkeit in einem **sachlich begrenzten** Tätigkeitsbereich (ähnlich § 2229 Abs. 4: Testierunfähigkeit). Der maßgebliche Grund, eine in diesem Sinne **besondere Ehegeschäftsfähigkeit** anzuerkennen, liegt in dem spezifischen **Typus** der hier vorliegenden **personalen** (personenrechtlichen) Willenserklärung und in einer durch Art. 6 Abs. 1 GG (Eheschließungsfreiheit) gebotenen Auslegung[25]. Ihrem Inhalt und Zweck nach unterscheidet sie sich vom Vorbild der vermögensrechtlich orientierten Erklärung, wie sie den allgemeinen Bestimmungen der §§ 104 ff. zugrunde liegt. Es ist mit dem BGH deshalb bei personenrechtlichen Verträgen die Frage der freien Willensbildung (Geschäftsfähigkeit) auch nach Maßgabe der hier typischen personalen Motive und Gesichtspunkte zu entscheiden[26] – hier im Sinne einer besonderen („partiellen") Ehegeschäftsfähigkeit. Das ist grundsätzlich Aufgabe des Tatrichters. Die in **Fall 3** geschilderten Bedenken reichen aber keinesfalls aus, eine Geschäftsunfähigkeit der F hinsichtlich der Eheschließung anzunehmen.

Ein **Verstoß** gegen die Vorschriften über die Ehefähigkeit (§§ 1303, 1304) führt **nicht** zur **Un-** **45** **wirksamkeit** der Willenserklärung (Ausschluss des § 105 Abs. 1). Begründet wird lediglich ein **Eheaufhebungsgrund** (§ 1314 Abs. 1).

---

21 BGH NJW 1970, 1680, 1681 li. Sp.: „Es kommt darauf an, ob eine **freie Entscheidung** auf Grund einer Abwägung des Für und Wider einer sachlichen Prüfung der in Betracht kommenden Gesichtspunkte möglich ist oder ob umgekehrt von einer freien Willensbildung nicht mehr gesprochen werden kann …".

22 BGH NJW 1970, 1680, 1681 li. Sp.

23 BGH NJW 1970, 1680 f. (Geschäfts- und Prozessfähigkeit im Rahmen eines Ehescheidungsverfahrens).

24 BayObLG FamRZ 1997, 294, 295 li. Sp.; dazu instruktiv die gegensätzlichen Entscheidungen des AG und LG Frankfurt StAZ 1966, 260 f.; MünchKomm/*Wellenhofer* § 1304 Rdnr. 3.

25 BVerfG FamRZ 2003, 359, 361 li. Sp.; BayObLG FamRZ 2003, 373, 374 li. Sp.; OLG Brandenburg FamRZ 2011, 216 f.

26 Vgl. die Abwägungskriterien des BGH oben Fußn. 22.

III. Der Ehekonsens

46 **Fall 4:** Die deutsche F erklärt sich bereit, den in Deutschland um Asyl nachsuchenden Ausländer A zu heiraten. Die Eheschließung soll ausschließlich dazu dienen, dem A eine Aufenthaltserlaubnis zu verschaffen. Zwischen F und A wird schriftlich vereinbart, dass eine eheliche Lebensgemeinschaft nicht begründet werden soll. Die beiden erscheinen auf dem Standesamt am Wohnsitz der F und erklären, die Ehe miteinander eingehen zu wollen. Dort werden sie vom Standesbeamten S getraut und die Ehe ins Eheregister eingetragen. Später stellt sich heraus, dass der Standesbeamte S für diesen Bezirk nicht „zuständig" war und lediglich auf Bitten seines Kollegen für diesen einen Tag eingesprungen ist. – **Abwandlung:** Anlässlich der Eheschließung kommt dem S der Verdacht, F und A wollten nur wegen einer Aufenthaltserlaubnis (für A) heiraten. Nähere Nachfragen, auf welche Weise F den A kennengelernt habe, verbittet sich F und besteht auf Trauung.

Der Abschluss des Ehekonsenses unterliegt als personenrechtlicher Vertrag verschiedenen Anforderungen. Er muss vor einem **mitwirkungsbereiten Standesbeamten** erfolgen (§ 1310 Abs. 1), die Erklärungen müssen **höchstpersönlich** und bei **gleichzeitiger Anwesenheit** der Eheschließenden abgegeben werden (§ 1311 S. 1). Die Eheschließung ist bedingungs- und befristungsfeindlich (§ 1311 S. 2). Diesen Anforderungen misst das Gesetz unterschiedliche Bedeutung und damit unterschiedliche Rechtsfolgen im Falle ihrer Verletzung bei.

1. Das zuständige Standesamt

47 Eine Ehe kommt **nur** zustande, wenn die Eheschließung vor dem **Standesbeamten** erfolgt, § 1310 Abs. 1 S. 1. Geschieht dies nicht, so liegt eine **Nichtehe** vor. Die Beteiligten sind nicht miteinander verheiratet; die Trauung löst keine Rechtsfolgen aus (anders die durch Aufhebung oder Scheidung aufgelöste Ehe, §§ 1318, 1569 ff.); Kinder aus der Verbindung sind nichteheliche Kinder[27]. Ob ein **„Standesbeamter"** und ob der **„zuständige"** Standesbeamte gehandelt hat, richtet sich nach den Vorschriften des Personenstandsgesetzes. Ein Standesbeamter (§ 2 Abs. 1 S. 1 PStG) ist eine für ein **bestimmtes Standesamt** bestellte Urkundsperson. Das neue Personenstandsgesetz hat sich textlich vom „Standesbeamten" als dem Adressaten seiner Regelungen gelöst und richtet diese nun an das „Standesamt" (vgl. z.B. §§ 12, 13 PStG; entsprechende Anpassungen auch im BGB, z.B. § 1309 Abs. 2 S. 1). Außerhalb dieses Standesamtsbezirks ist die dafür bestellte Urkundsperson kein „Standesbeamter" und nicht nur ein „unzuständiger" Standesbeamter. Die Eheschließung erfolgte deshalb in **Fall 4** nicht vor einem Standesbeamten, so dass grundsätzlich eine Nichtehe vorliegt. Allerdings **fingiert § 1310 Abs. 2** die Eigenschaft des Standesbeamten für eine Person, die dieses Amt öffentlich ausübt und die Ehe in das Eheregister eingetragen hat – so im oben genannten Fall; F und A haben deshalb vor einem „Standesbeamten" die Ehe geschlossen.

48 Ein für die **Eheschließung** „unzuständiges" Standesamt im früheren Sinne (§ 6 Abs. 2 PStG a.F.: Standesamt, in dessen Bezirk keiner der Verlobten seinen Wohnsitz oder gewöhnlichen Aufenthalt hat) gibt es nach neuem Recht nicht mehr. Zuständig für die Eheschließung ist nunmehr

---

27 Beachte aber **§ 1310 Abs. 3**, dazu folgend Rdnr. 49.

jedes deutsche **Standesamt** (§ 11 PStG). Allerdings gibt es ein „zuständiges" Standesamt für die **Anmeldung** der Eheschließung. Die Heiratswilligen müssen ihre beabsichtigte Eheschließung bei dem Standesamt, in dessen Zuständigkeitsbereich einer von ihnen seinen Wohnsitz oder gewöhnlichen Aufenthalt hat, anmelden (§ 12 Abs. 1 PStG). **Dort** werden mögliche **Ehehindernisse geprüft** (§ 13 Abs. 1 PStG). Soweit solche nicht bestehen, erteilt dieses Standesamt den Eheschließenden hierüber eine Bescheinigung (§ 13 Abs. 4 S. 1 PStG), die dann für jedes deutsche Standesamt, bei dem die Eheschließung erfolgen soll, verbindlich ist (§ 13 Abs.. 4 S. 1 Halbs. 2 PStG). Die Gültigkeitsdauer dieser Bescheinigung beträgt sechs Monate (§ 13 Abs. 4 S. 3 PStG).

Wird die Ehe weder nach § 1310 Abs. 1 noch nach § 1310 Abs. 2 vor einem „Standesbeamten" geschlossen, liegt mithin also grundsätzlich eine Nichtehe vor, so wird die Ehe **gleichwohl** als **wirksam** anerkannt, wenn im Einzelfall die Voraussetzungen des **§ 1310 Abs. 3** vorliegen. Beispiel dafür ist etwa eine lediglich kirchliche Trauung, in deren Anschluss eine Eintragung ins Eheregister nach Abs. 3 Nr. 1 erfolgt ist und eine Ehedauer von zehn, mindestens jedoch von fünf Jahren (im Todesfall) erreicht worden ist (vgl. Abs. 3 a.E.). – Ein Verstoß gegen die Vorschrift des § 1311 hindert die Wirksamkeit der Ehe dagegen nicht. Er bildet lediglich einen Aufhebungsgrund (§ 1314 Abs. 1). **49**

2. So genannte „Scheinehen"

a) Bedingung und Befristung

Nach § 1311 S. 2 sind Eheerklärungen bedingungs- und befristungsfeindlich. Auch bei „Scheinehen" hat man gefragt, ob diese nicht an der Vorschrift des § 1311 S. 2 scheitern müssen[28]. Dabei ist aber zu beachten, dass § 1311 S. 2 nur solche Bedingungen und Befristungen meint, die für den Standesbeamten tatsächlich **erkennbar** dem Ehekonsens zugrunde gelegt werden[29]. Der Standesbeamte hat dann seine Mitwirkung zu verweigern. Kommt es gleichwohl zur Eheschließung, sind Bedingung und Befristung gem. § 1311 S. 2 zwar **unwirksam**, aber die Ehe ist **aufhebbar** (§ 1314 Abs. 1). Im anderen Fall – dem Standesbeamten nicht erkennbarer Ausschluss einer Lebensgemeinschaft in Form einer Bedingung oder Befristung (so in **Fall 4**) – sind diese Vereinbarungen nach § 1311 S. 2 ohne jede Folge. Die Eheschließung erfolgt bedingungs- und befristungsfrei; auch ein Aufhebungsgrund liegt nicht vor. **50**

b) Formaler Ehekonsens

Man könnte weiter daran denken, in einem solchen Falle schon den **Ehekonsens** zu verneinen. Es läge dann ebenfalls eine **Nichtehe** vor[30]. Für den Ehekonsens im Sinne des § 1310 Abs. 1 genügt aber die bloße, allein auf Eheschließung gerichtete Erklärung: der so genannte **formale Ehekonsens**. Ob die Eheschließenden inhaltlich das Erklärte wollen, ist belanglos – § 117 Abs. 1 findet keine Anwendung; die Rechtsfolgen der Eheschließung treten kraft Gesetzes ein. **51**

---

28 Die Eheschließungserklärungen sind keiner besonderen Form unterworfen, insbesondere können sie auch schlüssig abgegeben werden, vgl. Palandt-*Brudermüller* § 1311 Rdnr. 3. § 1311 betrifft den **Abschluss** des personenrechtlichen Vertrages.
29 BayObLG FamRZ 1982, 603, 605 re. Sp.
30 Zu den einzelnen Rechtsfolgen bei Verstößen gegen das Eheschließungsrecht siehe die Übersicht unten Rdnr. 54.

c) *Eheaufhebungsgrund (§ 1314 Abs. 2 Nr. 5)*

52   Auf dem Boden des bis 1998 geltenden Rechts wurde versucht, Scheinehen vor allem mit dem Argument des Missbrauchs eines Rechtsinstituts abzuwehren[31]. Dem stand aber schon entgegen, dass die Motive der Eheschließenden grundsätzlich unbeachtlich sind und der Standesbeamte nicht befugt war, nach derartigen Motiven zu forschen (Eheschließungsfreiheit, Art. 6 Abs. 1 GG). Daneben aber bestand ein generelles Bedenken. Die Vorschriften des EheG a.F. formulierten die Eheverbote abschließend und exklusiv. Ein allgemeines Eheverbot des institutionellen Rechtsmissbrauchs (der Ehe) gab es nicht, weshalb eine derartige Beschränkung der Eheschließungsfreiheit verfassungsrechtlich bedenklich war[32].

Die Novellierung des Eheschließungsrechts hat die bestehenden Schwierigkeiten entschärft. Gemäß **§ 1314 Abs. 2 Nr. 5** besteht ein **Eheaufhebungsgrund**, sofern die Eheleute sich bei Eheschließung darüber einig waren, eine eheliche Lebensgemeinschaft nicht zu begründen. Liegen hierfür **konkrete** Anhaltspunkte vor, so kann der Standesbeamte die Heiratswilligen jetzt im notwendigen Umfang (einzeln oder gemeinsam) **befragen** (§ 13 Abs. 2 PStG). Lassen sich Zweifel nicht beseitigen (auch nach Anordnung der Beibringung weiterer Nachweise oder einer Versicherung an Eides statt, § 13 Abs. 2 PStG), muss der Standesbeamte die Eheerklärungen entgegennehmen. **Abzulehnen** hat er sie nur, wenn die Aufhebbarkeit gem. § 1314 Abs. 2 Nr. 5 **offenkundig** ist, also keine (vernünftigen) Zweifel an diesem Ergebnis bestehen (§ 1310 Abs. 1 S. 2 Halbs. 2). In der **Abwandlung** von **Fall 4** handelt der Standesbeamte korrekt. Eine Eheschließung wird dann nicht stattfinden, wenn die fehlende Kooperation der Heiratswilligen den Verdacht des Standesbeamten bis zur „Offenkundigkeit" verdichtet[33].

IV. Internationales Privatrecht

53   In **Deutschland** kann eine Ehe – ohne Rücksicht auf die Nationalität der Eheschließenden – **nur** nach Maßgabe der §§ 1310, 1311 geschlossen werden **(Art. 13 Abs. 3 S. 1 EGBGB)**. Die **Voraussetzungen** der Eheschließung (Alter etc.) richten sich nach dem Recht des Staates, dem der einzelne Verlobte angehört (Art. 13 Abs. 1 EGBGB). Nur bei einer Eheschließung zwischen **Nichtdeutschen** gestattet Art. 13 Abs. 3 S. 2 EGBGB eine **Abweichung** von den §§ 1310, 1311, sofern die Eheschließung ordnungsgemäß nach dem nationalen Recht eines der Verlobten vorgenommen worden ist[34]. In diesem Zusammenhang kann die Frage auftreten, ob nach deutschem Recht vorliegende Nichtehen (Verstoß gegen § 1310) nicht gleichwohl aus verfassungsrechtlichen Gründen (Art. 3 Abs. 1, Art. 6 Abs. 1 GG) als gültige Ehen anzusehen sind (Problem der so genannten **„hinkenden"** Ehen):

---

31   OLG Karlsruhe FamRZ 1982, 1210 f.

32   Zusammenfassend mit weit. Nachweisen Soergel[12]-*Heintzmann* EheG § 13 Rdnr. 7.

33   Die §§ 1314 Abs. 2 Nr. 5, 1310 Abs. 1 S. 2 Halbs. 2; § 13 Abs. 2 PStG (§ 5 Abs. 4 PStG a.F.) werden z.T. als verfassungswidrig eingestuft; zur gegenwärtigen Diskussion etwa *Eisfeld* AcP 2001, 662 ff.

34   Ausländischem Eheschließungsrecht ist der Grundsatz der obligatorischen Zivilehe oftmals fremd, und es begnügt sich mit dem Prinzip der **fakultativen Zivilehe** (vgl. oben Rdnr. 35). Unter Anwendung des Art. 13 Abs. 3 S. 2 EGBGB kann es deshalb unter Umständen auch bei bloßer Trauung durch einen Geistlichen zu vollgültigen Ehen mit Inlandswirkung kommen; vgl. AG Hamburg JuS 2000, 1023 f. (Trauung durch Pastor in der schwedischen Seemannskirche in Hamburg).

Fall 5[35]: Im Jahre 1947 heiratete die deutsche F einen englischen Offizier, und zwar in der nach damaligem englischen Recht möglichen Form (in einer Kaserne der Besatzungstruppen, vollzogen von einem dazu legitimierten Geistlichen). Als der Ehemann nach 27-jähriger Ehe (25 Jahre davon in Deutschland) verstarb, wurde der F Witwenrente verweigert, da sie nach deutschem Recht niemals verheiratet war.

Das BVerfG hat in der genannten Entscheidung auch „hinkende" Ehen unter den Schutz und den Ehebegriff des Art. 6 Abs. 1 GG gestellt. Begründet wurde dies mit dem gemeinsamen Ehekonsens und der Tatsache, dass eine nach ausländischem Recht wirksame Ehe vorliege (in Abgrenzung zu einer nichtehelichen Lebensgemeinschaft)[36].

V. Eheschließungsrecht – Rechtsverstöße und Rechtsfolgen (Übersicht)

Rechtsfolgen	Nichtehe (rechtliches nullum)	Aufhebbare Ehe (abschließende Regelung, §§ 1313 S. 3, 1314 f.)	Vollwirksame Ehe	**54**
Rechtsverstöße	– **Eheschließung ohne Standesbeamte** (§ 1310 Abs. 1 und Nichtvorliegen von Abs. 2, Abs. 3) – **Fehlen des Ehekonsenses** (§ 1310 Abs. 1)	– **Nichtbeachtung der Ehemündigkeit** (§§ 1314 Abs. 1, 1303) – **Nichtbeachtung der Geschäftsunfähigkeit** (§§ 1314 Abs. 1, 1304) – **Verstoß gegen Eheverbot der Doppelehe und einer bestehenden Lebenspartnerschaft** (§§ 1314 Abs. 1, 1306) – **Verstoß gegen Eheverbot der Verwandtschaft** (§§ 1314 Abs. 1, 1307) – **Nichtbeachtung der Voraussetzungen der Eheerklärung** (§§ 1314 Abs. 1, 1311) – **Willensmängel** (§ 1314 Abs. 2 Nr. 1-4) – **„Scheinehe"** (§ 1314 Abs. 2 Nr. 5)	– **Verstoß gegen aufschiebende Eheverbote** (§ 1308 Abs. 1) – **Verstoß gegen Ordnungsvorschriften** (§ 1312)	

---

35 Vgl. BVerfGE 62, 323 ff.
36 BVerfGE 62, 323, 331 f.

§ 4 Auflösung der Ehe

55 Um die auf Lebenszeit geschlossene eheliche Verbindung (vgl. § 1353 Abs. 1 S. 1) vorzeitig durch gerichtlichen Beschluss aufzulösen, stehen **Eheaufhebung** (§§ 1313 ff.) und **Ehescheidung** (§§ 1564 ff.) zur Verfügung[1]. Beide Institute haben unterschiedliche Funktionen. Die **Ehescheidung** ermöglicht die Auflösung einer fehlerfrei zustande gekommenen, inzwischen aber **gescheiterten** Ehe (§ 1565). Die **Eheaufhebung** knüpft dagegen an **Fehler der Eheschließung** an. Die Bedeutung der Eheaufhebung ist durch die Einführung des Zerrüttungsprinzips im Scheidungsrecht, die Reduzierung der Aufhebungsgründe[2] und durch die für beide Auflösungstatbestände weitgehend gleichen Rechtsfolgen (§ 1318 Abs. 1: Scheidungsfolgenrecht) zurückgegangen. Trotzdem bleibt es im Einzelfall wichtig, beide Möglichkeiten zu beachten. Denn in **welchem Umfang** und **für welchen Ehegatten** die **scheidungsrechtlichen** Folgen eintreten, bestimmt im Falle der Eheaufhebung § 1318 für die einzelnen Aufhebungsgründe **unterschiedlich**. Das zeigt der folgende **Fall 6**.

> **Fall 6:** M und F haben 2008 geheiratet, um einem wenige Monate vorher von F geborenen, vermeintlich von M stammenden und von ihm anerkannten Kind eine Familie zu geben. Zwei Jahre später bringt F ein zweites Kind zur Welt. Nun wird rechtskräftig festgestellt, dass M nicht der Vater des ersten Kindes ist. M will sich von der inzwischen arbeitslos gewordenen F „augenblicklich scheiden" lassen.

I. Ehescheidung

1. Scheitern der Ehe

56 Die Ehe des M ist zu scheiden, wenn die Voraussetzungen der §§ 1565 ff. gegeben sind (§ 1564 S. 3). Nach § 1565 Abs. 1 S. 1 kann geschieden werden, wenn die Ehe **„gescheitert"** ist. Das ist der Fall, wenn die **eheliche Lebensgemeinschaft** (§ 1353 Abs. 1) **nicht** mehr **besteht** und auch **nicht zu erwarten** ist, dass die Ehegatten diese Lebensgemeinschaft wieder herstellen werden (§ 1565 Abs. 1 S. 2). Im Mittelpunkt steht dabei die Frage, ob die Lebensgemeinschaft als **Inbegriff** des gesamten ehelichen Verhältnisses gescheitert ist. Das hängt in erster Linie von der (noch oder nicht mehr vorhandenen) **gegenseitigen, inneren Bindung** (eheliche Gesinnung) der Gatten ab. Dabei muss von der **konkreten Lebensgemeinschaft** im Einzelfall ausgegangen werden. Maßgebend sind die **subjektiven Vorstellungen** der Eheleute. Objektive Kriterien (sexuelle Treue, Aufhebung der häuslichen Gemeinschaft) können für das Scheitern belanglos sein, wenn nach den Vorstellungen der Partner andere Umstände für sie wesentlich sind[3]. Im Gegensatz zu den Trennungsfristen des § 1566 kommt der Aufhebung der häuslichen Gemeinschaft (auch bei über einjähriger Dauer) für die Feststellung des Schei-

---

1 Zum **„Beschluss"** (früher: Urteil) vgl. § 38 FamFG; §§ 116 Abs. 1, 111 Nr. 1, 121 Nr. 1 und Nr. 2 FamFG.

2 Weggefallen ist insbesondere der Aufhebungsgrund des § 32 EheG a.F. (Irrtum über persönliche Eigenschaften des anderen Ehegatten); er stand bislang im Mittelpunkt von Aufhebungsverfahren.

3 BGHZ 128, 125, 128.

terns der Lebensgemeinschaft keine tatsächliche Vermutung zu. Ist diese primär subjektiv empfundene Verbundenheit irreparabel gestört, ist die Ehe gescheitert. Diese Feststellung setzt erstens eine **Diagnose** voraus, die den gegenwärtigen Wegfall der Lebensgemeinschaft zum Inhalt hat. Im Anschluss daran muss nach § 1565 Abs. 1 S. 2 eine **Prognose** zum Ergebnis führen, dass auch für die Zukunft eine Wiederherstellung der Lebensgemeinschaft nicht erwartet werden kann. Daran fehlt es, wenn unsicher ist, ob die Wiederherstellung der Gemeinschaft gelingen wird. Versöhnungsansätze wirken sich zwar auf den Lauf der Trennungsfristen nicht aus (§ 1567 Abs. 2), sie müssen aber im Rahmen der Prognose gemäß § 1565 Abs. 1 S. 2 berücksichtigt werden.

Der auf das personal-subjektive Verhältnis der Ehegatten zentrierte Zerrüttungsbegriff hat die Frage aufkommen lassen, ob die Ehe eines **geistig Behinderten**, der infolge seiner Krankheit „jedes Verständnis für die Ehe verloren" hat, ohne Weiteres allein wegen dieses Verlusts der Vorstellung, überhaupt noch verheiratet zu sein (z.B. senile Demenz), „automatisch" geschieden werden kann[4]. Der BGH ist dem zu Recht entgegen getreten. Auch wenn die subjektiv empfundene persönliche Beziehung der Ehegatten zueinander den Kern der Lebensgemeinschaft bedeutet, verwirklicht sie sich auch (noch und gerade) in einer objektiv fürsorglichen Pflege und Verantwortung eines Gatten für seinen geistig umnachteten Partner (vgl. § 1353 Abs. 1 S. 2)[5]. Trotz der von einem Ehegatten nicht mehr wahrgenommenen Lebensgemeinschaft ist die Ehe nicht gescheitert. Entscheidend ist also, dass zumindest von einem Ehegatten die Lebensgemeinschaft **(willentlich) abgelehnt** wird (zum rechtlichen Charakter dieses Willens vgl. unten Rdnr. 59). **57**

2. Zerrüttungsvermutungen

Das materielle Scheitern der Ehe im Sinne des § 1565 Abs. 1 S. 1 muss vom antragstellenden Partner **dargelegt** und **nachgewiesen** werden. Um die Ausbreitung persönlicher und intimer Details der vorangehenden Lebensgemeinschaft (Waschen „schmutziger Wäsche") den Partnern zu ersparen, hat der Gesetzgeber Vermutungswirkungen für das Scheitern einer Ehe geschaffen. Es wird **unwiderlegbar vermutet**, dass die Ehe **gescheitert** ist, sofern Ehegatten seit einem Jahr getrennt leben (§ 1567) und beide die Ehescheidung beantragen, beziehungsweise der Antragsgegner der Scheidung zugestimmt hat (**§ 1566 Abs. 1**), oder wenn die Ehegatten seit drei Jahren getrennt leben (**§ 1566 Abs. 2**). **58**

Ehegatten **leben getrennt (§ 1567 Abs. 1 S. 1)**, wenn eine häusliche Gemeinschaft zwischen ihnen nicht mehr besteht und ein Ehegatte sie erkennbar nicht herstellen will, weil er die eheliche Lebensgemeinschaft ablehnt. **Aufhebung** der **häuslichen Gemeinschaft** bedeutet grundsätzlich Getrenntleben in **verschiedenen Wohnungen**. Die Trennung muss weitest möglich durchgeführt sein, auch etwa im Falle dauernder Hilfsbedürftigkeit eines Partners. Bleiben Restgemeinsamkeiten (insbesondere wegen gemeinsamer Kinder), so hindern diese das Getrenntleben nicht, wenn sie bei einer Gesamtwürdigung für ein Zusammenleben als unwesentlich erscheinen; sie müssen sich aber auf das sachlich bedingte Mindestmaß beschränken. Die Fortführung eines gemeinsamen Haushalts schließt Getrenntleben aus[6]. Begleitet sein muss die räumliche Trennung von einem nach außen **erkennbaren Trennungswillen** eines Gatten. Wird die objektive Trennung **59**

---

4 BGHZ 149, 140, 143.
5 BGHZ 149, 140, 142 ff.
6 Das gilt auch dann, wenn dies aus Rücksicht auf Kinder geschieht, OLG Stuttgart FamRZ 2002, 239.

lediglich hingenommen (Strafhaft, beruflich bedingte örtliche Distanz), liegt ein Getrenntleben nicht vor.

Der Trennungswille ist **keine Willenserklärung**. Auch ein Geschäftsunfähiger kann deshalb einen solchen Willen äußern ebenso wie es ihm möglich ist, einen eheerhaltenden Willen nach außen kundzutun. Ein Scheidungsantrag seines gesetzlichen Vertreters ist in diesem Fall unmaßgeblich[7]. Das gilt auch für den Fall, dass ein Ehegatte einer so schweren senilen Demenz oder einer anderen schweren geistigen Behinderung verfallen ist, dass ihm jede eheliche Empfindung – gleichsam das Bewusstsein, überhaupt noch in einer Ehe zu leben – abhanden gekommen ist[8].

§ 1567 Abs. 1 S. 2 ermöglicht ein Getrenntleben **innerhalb der ehelichen Wohnung**. Auch in diesem Fall darf kein gemeinsamer Haushalt mehr bestehen; die Trennung muss nach außen deutlich sein. Eine gemeinsame Benutzung von Räumen (Küche, Bad) muss sich bei größtmöglicher Distanz im Übrigen auf einen (selbstständigen) Versorgungscharakter beschränken.

60 Die Trennungsfristen sollen Versöhnungsversuchen nicht hindernd im Wege stehen. Deshalb bestimmt § 1567 Abs. 2, dass ein Zusammenleben „über kürzere Zeit" die Fristen des § 1566 (Gleiches gilt für § 1565 Abs. 2) nicht unterbricht oder hemmt. Voraussetzung dafür ist aber, dass das Zusammenleben nach dem Willen beider Gatten dazu dienen soll, ihre Ehe zu „retten". Als „kürzere Zeit" wertet die Judikatur einen Zeitraum bis zu drei Monaten (Obergrenze jedenfalls für die Jahresfristen der §§ 1565 Abs. 2, 1566 Abs. 1)[9].

Auf die Zerrüttungsvermutungen des § 1566 kann sich M (**Fall 6**), der sofortige Scheidung möchte, nicht berufen. Es kommt deshalb auf die tatsächliche Feststellung des Scheiterns der Ehe an (§ 1565).

3. Feststellung der gescheiterten Ehe

61 Können Ehegatten für sich die Vermutungen des § 1566 **nicht in Anspruch** nehmen, ist eine Ehescheidung nur unter der Voraussetzung des **§ 1565 Abs. 1** (Feststellung des Scheiterns) möglich und wird bei noch nicht einjähriger Trennung der Ehegatten **zusätzlich** durch **§ 1565 Abs. 2** erschwert. Das Familiengericht muss hier erstens das **materielle Scheitern** der Ehe im Sinne des § 1565 Abs. 1 S. 2 positiv feststellen[10] und zweitens muss die **Fortsetzung** der Ehe für den Antragsteller (**Fall 6:** M) aus Gründen, die in der Person des **anderen** Partners liegen, **unzumutbar** sein (§ 1565 Abs. 2). Die Unzumutbarkeit muss sich auf die Fortsetzung des Ehebandes (des „Verheiratetseins"), nicht nur auf die Fortsetzung der Lebensgemeinschaft, beziehen (Getrenntleben im Sinne des § 1567 ist immer zumutbar)[11].

62 Gemessen an diesen Voraussetzungen wird in **Fall 6** die Frage des Scheiterns der Ehe weiter aufzuklären sein; jedenfalls wird M die Auflösung seiner Ehe im Wege der Scheidung wegen § 1565 Abs. 2 derzeit nicht erreichen.

---

7 Für einen Fall schwerer geistiger Behinderung BGH NJW 1989, 1988 ff. – Zum Scheidungsantrag des gesetzlichen Vertreters: § 1902 i.V.m. § 125 Abs. 2 FamFG.
8 BGHZ 149, 140, 142 ff.; vgl. bereits oben i. Zshg. m. dem Zerrüttungsbegriff, Rdnr. 57.
9 Nachweise (im Einzelnen schwankend) etwa bei Palandt-*Brudermüller* § 1567 Rdnr. 8.
10 Vgl. oben Rdnr. 56.
11 BGH NJW 1981, 449 ff. = JuS 1981, 297.

4. Härteklausel

Auch bei einer **gescheiterten** Ehe **muss** die Scheidung (trotz des Wortlauts: „soll") **63** verweigert werden, wenn die Voraussetzungen der **Härteklausel** des § 1568 Abs. 1 vorliegen. Verfolgt wird damit nicht ein (dauernder) Ausschluss der Ehescheidung, sondern es soll eine Scheidung „zur Unzeit" verhindert werden.

Eine gescheiterte Ehe kann nicht geschieden werden, wenn die Interessen **gemeinsa- 64 mer Kinder** der Ehegatten **durch die Scheidung** so massiv beeinträchtigt werden, dass das Kindeswohl stark gefährdet ist (§ 1568 Abs. 1 Alt. 1, **Kinderschutzklausel**). Die Vorschrift setzt einen **strengen Maßstab** („aus besonderen Gründen ausnahmsweise notwendig"). Vermögensrechtliche Interessen des Kindes (etwa Unterhalt) können die Schutzklausel nicht auslösen; genauso wenig die mit der Elterntrennung verbundene Kontakterschwerung oder der „Trennungsschmerz" des Kindes. Verlangt wird die Gefahr einer schweren gesundheitlichen (psychischen) Störung, die durch die Scheidung maßgeblich mithervorgerufen wird oder etwa die Gefahr des Suizids.

In ähnlicher Weise verlangt auch die **Ehegattenschutzklausel** (§ 1568 Abs. 1 Alt. 2), **65** dass die Scheidung für den sie ablehnenden Partner aufgrund **außergewöhnlicher Umstände** eine **derartige Härte** darstellt, dass der gegenwärtige Fortbestand der Ehe bei einer **Gesamtabwägung** der unterschiedlichen Interessen **ausnahmsweise** geboten ist. Die Ehegattenschutzklausel berücksichtigt **nur** Härten der Scheidung selbst (nicht also trennungsbedingte oder andere Belastungen). Sie schließt die Ehescheidung nicht auf Dauer aus, sondern will dem betroffenen Partner eine gewisse Zeit einräumen, sich mit der gegebenen Situation auseinander zu setzen und die Schwierigkeiten zu mildern. Als Härtefälle hat die Rechtsprechung in Erwägung gezogen etwa schwere Krankheit, langjährige gemeinsame Pflege eines behinderten Kindes, existenzgefährdender Gesundheitszustand bei nicht steuerbarem Verhalten des Betroffenen (Suizidgefahr)[12]. Etwas anderes gilt, wenn ihm die Verantwortung für sein Verhalten zuzurechnen ist.

II. Eheaufhebung

1. Aufhebungsgründe – § 1314 Abs. 2 Nr. 3 (arglistige Täuschung)

Im Gegensatz zur Ehescheidung ist die **Aufhebung** der Ehe an keinerlei (Trennungs-) **66** Frist gebunden. Sie kann **sofort beantragt** werden (§ 1313 S. 1), sofern ein **Aufhebungsgrund** gegeben ist (§§ 1313 S. 3, 1314). Von Bedeutung ist (nach Streichung des Irrtums über persönliche Eigenschaften des Partners als Aufhebungsgrund[13]) § 1314 Abs. 2 Nr. 3. Aufhebung kann danach verlangen, wer durch **arglistige Täuschung** zur Eingehung der Ehe bestimmt worden ist, und zwar über solche Tatsachen, die ihn bei **Kenntnis** und „**richtiger Würdigung des Wesens der Ehe**" von der Eheschließung abgehalten hätten. Daran kann man auch im vorliegenden Fall denken: arglistige Täu-

---

12 OLG Hamm FamRZ 1989, 1188 ff. (schwere Krankheit); FamRZ 1985, 189 ff. (geistig schwerbehindertes Kind); OLG Schleswig MDR 2006, 874 f. (Suizidgefahr).
13 Vgl. oben Fußn. 2.

schung der F (durch Schweigen) über Umstände (zweifelhafte oder fehlende Vaterschaft des M), die den M bei Kenntnis von der Eheschließung abgehalten hätten (er wollte seinem Kind eine Familie geben). Die Schwierigkeiten der Anwendung dieser Vorschrift treten schnell ans Licht. Eine arglistige Täuschung durch **Schweigen** hat F nur dann begangen, wenn sie (bedingt) vorsätzlich durch Hinweis auf das Kind den M zur Eheschließung verleiten wollte, obwohl ihr eine **Offenbarungspflicht** über die (möglicherweise) fehlende Vaterschaft des M oblag[14].

67 Der BGH hat unter Geltung des alten Rechts angenommen, der Irrtum des Ehemannes über seine Vaterschaft des von seiner Frau geborenen Kindes begründe einen Irrtum über die persönlichen Eigenschaften seiner Ehefrau[15] und damit einen Aufhebungsgrund im Sinne des § 32 Abs. 1 EheG a.F. Auf die Frage einer arglistigen Täuschung kam es deshalb nicht an[16]. In einer schon länger zurückliegenden Entscheidung ging der BGH der hier offenen Frage nach der Aufklärungspflicht von Verlobten über persönliche und familiäre Verhältnisse, insbesondere über ihr Vorleben nach[17]. Maßgebend seien die Umstände des Einzelfalles. Eine Offenbarungspflicht bestehe nicht nur, wenn ausdrücklich nach bestimmten Umständen gefragt werde, sondern ungefragt auch dann, wenn es um Grundlagen der Ehe und Familie gehe. Prüfungsmaßstab müsse sein, ob die konkreten Umstände nach der Lebenserfahrung geeignet seien, Entwicklung und Bestand von Ehe und Familie „in ungewöhnlichem Maße zu gefährden"[18].

68 Diesen Entscheidungsgrundsätzen wird man auch heute noch folgen können[19]. Die Ausrichtung an der „Lebenserfahrung" erlaubt, gewandelten Anschauungen Rechnung zu tragen. Eine generelle Offenbarung vorehelicher Intimbeziehungen kann danach jedenfalls nicht in Frage kommen. Mussten für F aber noch (objektiv) Zweifel an der Vaterschaft des M verbleiben, so liegt es nahe, von einer diesbezüglichen Offenbarungspflicht auszugehen, zumal den konkreten Umständen nach für M seine Vaterschaft von besonderem Gewicht für die Eheschließung war (Gefährdung des Ehebestandes).

69 Liegt ein Eheaufhebungsgrund vor und ist die Eheaufhebung nicht ausgeschlossen (§ 1315; für **Fall 6**: § 1315 Abs. 1 Nr. 4, Bestätigung der Ehe), so kann nur ein **antragsberechtigter** Ehegatte (in den Fällen des § 1316 Abs. 1 Nr. 1 möglicherweise auch die zuständige Verwaltungsbehörde oder ein Dritter) Aufhebung verlangen (§ 1316 Abs. 1; hier: § 1316 Abs. 1 Nr. 2, nur M). Der Antrag muss fristgerecht erfolgen (§ 1317); für das Verfahren ist sachlich das Amtsgericht als Familiengericht (§ 23a Abs. 1 Nr. 1 GVG in Verbindung mit §§ 111 Nr. 1, 121 Nr. 2 FamFG) zuständig (ausschließliche örtliche Zuständigkeit gemäß § 122 FamFG)[20], und zwar im Verfahren für Ehesachen (§§ 121 ff. FamFG).

---

14 Der Tatbestand der „arglistigen Täuschung" entspricht § 123 Abs. 1.
15 BGH FamRZ 1986, 553 mit der Gleichstellung von „persönlichen Eigenschaften" und nachhaltig prägenden „persönlichen Verhältnissen".
16 Vgl. die Vorinstanz OLG Hamm FamRZ 1984, 1015, 1016 re. Sp.
17 BGH FamRZ 1958, 314 ff.; es ging um die Aufhebungsklage einer Ehefrau (als Widerklage zur Scheidungsklage des Mannes) wegen arglistigen Verschweigens starker homosexueller Veranlagung.
18 BGH FamRZ 1958, 314, 315 li. Sp.
19 Ebenso OLG Karlsruhe NJW-RR 2000, 737 f. = JuS 2000, 819. – Einen Grenzfall behandelt BGHZ 29, 265, 268 mit zugespitztem Hinweis darauf, dass allein die Möglichkeit einer anderweitigen Vaterschaft eine Aufklärungspflicht begründe.
20 § 23b GVG (hier: § 23b Abs. 1 GVG) ist keine Zuständigkeitsnorm, sondern eine bloß innergerichtliche Organisationsnorm.

Eine besondere (schon skurril anmutende) Schwierigkeit ergibt sich aus der **Antragsberechti-** **70** **gung** der **„dritten Person"** in Fällen einer **bigamischen Ehe** (§§ 1316 Abs. 1 S. 1, 1306). Geschaffen ist hier die Möglichkeit eines Ehegatten (der Erstehe), die von seinem Partner entgegen § 1306 geschlossene (spätere) Ehe gemäß § 1314 Abs. 1 zur Auflösung zu bringen. In diesem Zusammenhang stellt sich die Frage, ob diese Antragsberechtigung auch dann noch besteht, wenn die Ehe des „Dritten" mit dem jetzt zum zweiten Mal verheirateten früheren Partner inzwischen bereits geschieden wurde. Darüber hatte der BGH zu entscheiden[21]:

Ein russisches Paar hatte 1984 in Russland die Ehe geschlossen; diese war auf Antrag der Ehefrau 1995 in Moskau geschieden worden. Nach wenigen Monaten heiratete sie in Deutschland einen deutschen Mann. Ein Jahr später wurde das Moskauer Scheidungsurteil für unwirksam erklärt und im selben Jahr diese Ehe erneut und endgültig geschieden. Der frühere (russische) Ehemann beantragte nun Aufhebung der mit dem deutschen Partner geschlossenen Zweitehe, weil – rechtlich zutreffend – seine (frühere) Frau im Zeitpunkt der zweiten Eheschließung (1995) noch mit ihm verheiratet war. Die Vorinstanzen gaben dem Antrag statt; der BGH hob auf.

Beachtenswert ist zunächst, dass der **Erstgatte** als **„die dritte Person" antragsberechtigt** ist (§ 1316 Abs. 1 Nr. 1 S. 1)[22]. Die Antragsberechtigung steht grundsätzlich auch einem zwischenzeitlich **geschiedenen** Gatten zu. Das hat der Gesetzgeber durch die Formulierung „dritte Person" (früher: „Ehegatte") klar gestellt. Allerdings hat sich mit dem EheschlRG[23] ein wesentlicher Ausgangspunkt verändert: Führte ein Verstoß gegen das Verbot einer bigamischen Ehe früher zur Nichtigkeit (ex tunc) dieser Verbindung, ist heute mit der Aufhebung eine Auflösung nur noch ex nunc verbunden (§ 1313 S. 2). Während also die frühere Nichtigkeit der bigamischen Zweitehe immer dazu führte, dass die Erstehe (in der Vergangenheit) stets die einzige Verbindung war (Grundsatz der Einehe), kann nach heutigem Recht ein Nebeneinander beider Ehen in der Vergangenheit nicht verhindert werden. Existiert nun aber aufgrund einer zwischenzeitlichen Scheidung die Erstehe nicht mehr, kann nicht mehr erreicht werden, worum es dem Gesetzgeber hier ging und geht: Beseitigung der bigamischen Ehe, um der „dritten Person" ihre Rechte aus der damals einzigen Ehe (Erstehe) zu sichern.

In diesem Fall – so der BGH[24] – muss der die Aufhebung beantragende (frühere) Ehegatte besondere, objektiv- eigene Interessen geltend machen, um die Aufhebung zu erreichen (etwa Belange der aus der Erstehe hervorgegangenen Kindern). Das Interesse an der Wahrung der staatlichen Ordnung (Grundsatz der Einehe) genüge dafür nicht. – Werden solche eigenen Interessen nicht vorgetragen, stelle sich der Aufhebungsantrag als **unzulässige Rechtsausübung** dar.

2. Rechtsfolgen

Die Aufhebung der Ehe erfolgt **ex nunc**, wirkt also nur für die Zukunft. Die Rechts- **71** folgen bestimmen sich grundsätzlich nach dem **Scheidungsfolgenrecht** (§ 1318 Abs. 1), **beschränkt** aber nach Maßgabe des **§ 1318 Abs. 2 bis 5**: Geschiedenenunterhalt (§ 1318 Abs. 2); Zugewinnausgleich und Versorgungsausgleich (§ 1318 Abs. 3); Ehewohnung und Haushaltsgegenstände (§ 1318 Abs. 4); gesetzliches Ehegattenerbrecht (§ 1318 Abs. 5). Was dies bedeutet, macht **Fall 6** klar. Die F hat grundsätzlich **keinen Anspruch** auf nachehelichen Unterhalt (§ 1318 Abs. 2 Nr. 1)[25], insbesondere nicht entsprechend § 1570 (Pflege eines gemeinschaftlichen Kindes) oder § 1573 (Unterhalt

---

21 BGHZ 149, 357 ff.
22 Zur Anwendung deutschen Rechts bei Schließung der Zweitehe vgl. oben Rdnr. 53 (Art. 13 Abs. 1 EGBGB).
23 Vgl. oben § 3 Fußn. 6.
24 BGHZ 149, 357, 362.
25 Nachehelicher Unterhaltsanspruch nur zu Gunsten des **Getäuschten**.

bis zur Erlangung einer angemessenen Erwerbstätigkeit). Allenfalls kann sich für F ein Unterhaltsanspruch nach **§ 1318 Abs. 2 S. 2** ergeben, wenn es im Hinblick auf die Pflege des (zweiten) gemeinsamen Kindes (§ 1570) wegen der **Belange** dieses **Kindes grob unbillig** wäre, einen Unterhalt zu versagen.

72 Ein solcher Fall ließe sich etwa annehmen, wenn ein (gemeinsames) behindertes Kind zu pflegen ist, das ohne (maßgebliche) Nachteile nicht in einer Kinderkrippe etc. untergebracht werden könnte und eine andere Versorgung (z.B. durch Dritte) nicht möglich oder ausreichend ist. Ob vorliegend für F eine solche Situation zu bejahen ist, ist zumindest zweifelhaft; jedenfalls kann nicht der Maßstab des § 1570 ausschlaggebend sein. – Die Vorschriften über den Zugewinnausgleich[26] im gesetzlichen Güterstand sowie über den Versorgungsausgleich[27] finden dagegen grundsätzlich zu Gunsten der F Anwendung (§ 1318 Abs. 3). Etwas anderes gilt nur, falls ihre arglistige Täuschung dies im Hinblick auf die Umstände der Eheschließung als grob unbillig erscheinen ließe[28].

73 Eher verwirrend ist die Vorschrift des § 1318 Abs. 5, der das Ehegattenerbrecht regelt[29]. Systematisch verständlich wird die Regelung nur, wenn man sieht, dass sie tatsächlich keine Aufhebungsfolgen trifft, sondern den Ausschluss des Ehegattenerbrechts beim **Tode** eines Ehegatten in **noch nicht aufgehobener** Ehe zum Inhalt hat: Das Ehegattenerbrecht entfällt eo ipso mit Aufhebung der Ehe (vgl. § 1931). Bestand die Ehe beim Tod eines Gatten noch, war der Verstorbene aber berechtigt, die Aufhebung zu verlangen und hatte er bei Gericht einen Antrag auf Aufhebung gestellt, entfällt das Erbrecht des überlebenden Ehegatten nach § 1933 S. 2. Liegt ein solcher **Antrag nicht vor**, verbleibt es grundsätzlich bei der Erbberechtigung (§ 1931). Davon, also bei **bloßem Vorliegen** des **Aufhebungsgrundes** (ohne Aufhebungsantrag), macht § 1318 Abs. 5 eine Ausnahme für die dort genannten Fälle (Bösgläubigkeit des überlebenden Ehegatten). – Mit Eheaufhebung würde das gesetzliche Erbrecht der F **(Fall 6)** also entfallen.

74 Ein Sonderproblem stellt sich, wenn Aufhebungsgründe (etwa die arglistige Täuschung über eine Vaterschaft) erst **nach Ehescheidung** bekannt werden. Kann dann, um die vermögensrechtlichen Folgen des § 1318 zu erreichen, der frühere Ehegatte nachträglich (auch) noch Aufhebung der Ehe beantragen[30]? Aufhebungs- und Ehescheidungsbeschluss entfalten dieselbe **rechtsgestaltende** Wirkung ex nunc (§§ 1313 S. 2, § 1564 S. 2: Auflösung der Ehe mit Rechtskraft des Beschlusses[31]). Ein Rechtsschutzinteresse, diese durch Scheidungsbeschluss bereits eingetretene rechtsgestaltende Wirkung ein zweites Mal durch einen Aufhebungsbeschluss zu erreichen, fehlt. Ein nachträglicher Aufhebungsbeschluss scheidet damit aus[32]. Der BGH hat aber die Würdigung eines solchen Antrags dahingehend für möglich gehalten, dass nicht erneut die Auflösung der Ehe, sondern der Eintritt der **vermögensrechtlichen Folgen** nach den Vorschriften über die Eheaufhebung begehrt werde. Der Zulässigkeit eines solchen Antrags stehe nichts entgegen[33]. Durch „prozessuales Gestaltungsurteil oder […] durch Gestaltung in Form eines Feststellungsurteils" werde „die rechtliche Trag-

---

26 Dazu unten § 11 Rdnr. 221 ff. Die Inbezugnahme auch der §§ 1363-1371 ist ein redaktionelles Versehen; verwiesen sein muss auf §§ 1372-1390.
27 Dazu unten § 17 Rdnr. 374 ff.
28 Diese Einschränkung wird insbesondere im Falle des § 1314 Abs. 2 Nr. 5 zu prüfen sein.
29 Zur Kritik an § 1318 vgl. *Tschernitschek* FamRZ 1999, 829 f.
30 So der Fall BGHZ 133, 227 ff. = JuS 1996, 1133.
31 Vgl. oben Fußn. 1.
32 BGHZ 133, 227 ff. (mit Hinweisen zur Gegenansicht) = JuS 1996, 1133; dazu die Rezension von *G. Lüke* JuS 1997, 397 ff.
33 BGH ebenda, S. 233.

weite der Eheauflösung in dem Scheidungsurteil nachträglich um die Rechte" der Eheaufhebung erweitert. Allerdings ging es dort um den jetzt weggefallenen Anspruch eines Ehegatten, nach § 37 Abs. 2 EheG a.F. die vermögensrechtlichen Wirkungen der Ehescheidung (§ 37 Abs. 1 EheG a.F.) auszuschließen. Nach neuem Recht wird man davon auszugehen haben, dass mit Rechtskraft eines auf fristgemäßen Antrag (§ 1317) hin ergangenen rechtsgestaltenden Beschlusses die Rechtsfolgen der Ehescheidung nach Maßgabe des § 1318 korrigiert werden[34].

---

34 Keine Konkurrenz ergibt sich zwischen Ehescheidungsbeschluss und nachträglicher Feststellung einer Nichtehe.

Dritter Teil

Ehestatus und personenrechtliche Ehewirkungen

§ 5 Ehestatus und autonome Gestaltung der ehelichen Lebensgemeinschaft

I. Statusrecht und Autonomie der Ehegatten (§ 1353 Abs. 1)

75 An eine wirksame Eheschließung (§ 1310 Abs. 1 S. 1) knüpfen sich **kraft Gesetzes** grundlegende Rechtsfolgen an. Die wichtigste formuliert § 1353 Abs. 1 S. 2 (eherechtliche Generalklausel): die **Verpflichtung** der Partner **zur ehelichen Lebensgemeinschaft** in gegenseitiger Verantwortung. Schon die Formulierung der Vorschrift („[...] Ehegatten [...]") macht deutlich, dass diese Rechtswirkung unabhängig vom Willen der Eheleute eintritt. Sie knüpft an den personenstandsrechtlichen **Status** der „**Ehegatten**" an und unterliegt als solche nicht der Disposition der Partner[1]. Als Strukturelement des Rechtsbegriffs „Ehe" ist sie **zwingenden Rechts**. Die Verpflichtung der Ehegatten zu einer lebenszeitlichen Verantwortungsgemeinschaft ist die **Rechtsdefinition** des Ehebegriffs[2]. Gleichwohl – und damit nicht in Widerspruch – kann eine verbindliche **inhaltliche** Ausformung der ehelichen Lebensgemeinschaft nur durch die **autonome Gestaltung** der Gatten selbst erfolgen. Diese eheliche Gestaltungsautonomie zählt ebenfalls zu den Wesensmerkmalen des bürgerlichen Ehebegriffs im Sinne des Art. 6 Abs. 1 GG[3]. Danach ist es dem Staat untersagt, Ehegatten ein bestimmtes Ehemodell zu oktroyieren. Seit dem so genannten 1. Eherechtsreformgesetz[4] kennt das bürgerliche Recht auch **kein** (subsidiäres) **Eheleitbild** mehr[5]. Das dogmatische Verhältnis von zwingendem Statusrecht einerseits (§ 1353 Abs. 1 S. 2) und nicht substituierbarer, autonomer Gestaltungsnotwendigkeit durch die Ehegatten andererseits (vgl. § 1356 Abs. 1 S. 1) ist lebhaft umstritten. Der Kern der Schwierigkeit ist eine dem Ehebegriff des Grundgesetzes (Selbstverantwortlichkeit) adäquate Interpretation der „**Verpflichtung**" zur ehelichen Lebensgemeinschaft (§ 1353 Abs. 1 S. 2 Halbs. 1).

---

1 Allgemeine Meinung, z.B. Soergel-*Lipp* § 1353 Rdnr. 4.
2 Definierende Gestaltung des Gesetzgebers im Rahmen von **Art. 6 Abs. 1 GG**, vgl. oben § 2 Rdnr. 8 – BVerfGE 31, 58, 69: „Die Verwirklichung der Wertentscheidung des Art. 6 Abs. 1 GG bedarf einer allgemeinen familienrechtlichen Regelung, welche diejenige Lebensgemeinschaft zwischen Mann und Frau, die als **Ehe** den Schutz der Verfassung genießt, **rechtlich definiert und abgrenzt**."
3 BVerfGE 6, 55, 82: „Das Gebot des Schutzes der Ehe und Familie in Art. 6 Abs. 1 GG [...] bezieht sich auf jede Ehe und Familie, die den [...] in der Bundesrepublik gesetzlich normierten bürgerlich-rechtlichen Instituten Ehe und Familie entspricht, überlässt also die **Gestaltung der Privatsphäre** in diesem Rahmen **den Ehegatten selbst**"; BVerfGE 31, 58, 84: „[...] mit der Selbstverantwortlichkeit der Ehegatten vereinbar, die das Wesen der Ehe im Sinne des Art. 6 Abs. 1 GG kennzeichnet."
4 1. EheRG v. 14.6.1976 (BGBl. I S. 1421).
5 Bis zum 1. EheRG lag dem BGB das Leitbild der „Hausfrauenehe" zugrunde.

1. Die Schrankenfunktion des § 1353 Abs. 1 S. 2 Halbs. 1

Fall 7: F und M heiraten. Beide sind an unterschiedlichen Orten (mit je eigenen Wohnungen) berufstätig und wollen dies auch auf absehbare Zeit nicht ändern. In einer notariellen Vereinbarung wird deshalb niedergelegt, dass ein gegenseitiger Anspruch auf häusliche Gemeinschaft nicht bestehe.

76

Die Ehe umfasst als Lebensgemeinschaft der Gatten die Gesamtheit der Partnerbeziehung. Sie ist **häusliche, geistig-seelische** und **körperliche** Lebens- und Beistandsgemeinschaft („eherechtliche Trias")[6]. Eine Vereinbarung, die gegen diese Strukturelemente des Ehebegriffs verstößt, ist unwirksam (§ 134). Dies bedeutet aber nur so viel, dass den Ehegatten, weil insofern zwingendes Recht vorliegt, keine **rechtsgeschäftliche** Disposition über diese Wirkungen der Eheschließung zusteht. Als Rechtsgeschäft ist die Vereinbarung zwischen M und F **(Fall 7)** deshalb belanglos, aber sie kann als Ausdruck **autonomer Ehegestaltung** Rechtswirkungen anderer Art (rechtlich relevantes, tatsächliches Verhalten) nach sich ziehen.

2. Die autonome Gestaltung der Ehegatten (eheliches Einvernehmen)

Fall 8: F und M haben sich fünf Jahre lang an ihre „Abmachung" gehalten (vgl. **Fall 7**). M möchte nunmehr „sesshaft" werden und eine Familie gründen. Er verlangt deshalb von F, mit ihm in einer gemeinsam festzulegenden Stadt eine gemeinschaftliche Wohnung zu nehmen. Außerdem erwartet er von ihr auch die Bereitschaft zu gemeinsamen Kindern und die – jedenfalls in seinen Augen – damit verbundene Übernahme der Haushaltsführung durch F. Diese lehnt unter Hinweis auf ihre gemeinsame Absprache, die bisherige Übung und ihren Beruf ab.

77

Aus einer gegen § 1353 Abs. 1 S. 2 Halbs. 1 verstoßenden Absprache lassen sich keine rechtsgeschäftlichen Folgen ableiten (§ 134). Davon zu unterscheiden ist die Frage, ob nicht ein in dieser **gelebten Absprache** liegendes **tatsächliches Verhalten** der Ehegatten Bedeutung für § 1353 Abs. 1 S. 2 gewinnen kann. Dies ist heute so gut wie unbestritten. Denn wenn es den Gatten auch nicht möglich ist, über den Rechtsbegriff der Ehe zu disponieren, so ist es doch allein ihre Sache, im Rahmen dieses Begriffs die eigene Lebensgemeinschaft inhaltlich zu konkretisieren. Diese **autonome Gestaltung** durch die Ehegatten selbst ist der **einzige**, durch nichts ersetzbare **Regelungsmechanismus** im Bereich der inhaltlichen Konkretisierung der personalen ehelichen Lebensgemeinschaft[7].

Das auf ausdrücklicher Planung beruhende oder nur als tatsächliches Einverständnis geübte Verhalten der Ehegatten greift (beispielhaft für die Haushaltsführung) § 1356 **Abs. 1 S. 1** auf, indem er die Regelung der Haushaltsführung dem **„gegenseitigen Einvernehmen"** der Gatten anheim stellt[8]. Das bedeutet allgemein: Im persönlichen Lebensbereich der Gatten wird die **Generalklausel** des § 1353 Abs. 1 S. 2 (umfassende Lebensgemeinschaft) inhaltlich allein durch das **gegenseitige, eheliche Einvernehmen**

78

---

6 Näher beschreibend etwa *Schwab* Rdnr. 106 ff.

7 Siehe dazu – freilich mit eigener Typologie – *Gernhuber/Coester-Waltjen* § 18 Rdnr. 13-37; näher unten Rdnr. 84.

8 Zur Rechtsnatur des „gegenseitigen Einvernehmens" im Anschluss unter Rdnr. 84 f.

(rechtlich) bestimmt. Wo eine solche Konkretisierung durch die Ehegatten selbst fehlt, ergibt sich auch aus § 1353 Abs. 1 S. 2 Halbs. 1 kein Anspruch auf „Herstellung" der ehelichen Lebensgemeinschaft in einem bestimmten inhaltlichen Sinne[9]. Nur eine solche Interpretation wird dem verfassungsrechtlichen Element der Autonomie der Ehegatten – im Verhältnis zum Staat wie im Verhältnis der Partner zueinander – gerecht.

79   Im obigen **Fall 8** kann deshalb (zumindest derzeit) M keinen Anspruch aus § 1353 Abs. 1 S. 2 Halbs. 1 gegen F auf Herstellung einer von ihm gewünschten häuslichen Gemeinschaft geltend machen. Angesichts der fünfjährigen, einvernehmlichen Regelung in Bezug auf die von beiden Eheleuten gewollte Berufsausübung stellt sich vielmehr die Frage, ob nicht F ihrerseits einen Anspruch gem. § 1353 Abs. 1 S. 2 Halbs. 1 gegen M auf Beibehaltung der bisherigen Situation hat.

3.   „Verpflichtung" zur ehelichen Lebensgemeinschaft und „gegenseitiges Einvernehmen"

a)   Rechtliche Funktion des § 1353 Abs. 1 S. 2 Halbs. 1

80   Ein Anspruch auf „Herstellung" der ehelichen Lebensgemeinschaft im Sinne des bisherigen Einvernehmens lässt sich für F **(Fall 8)** nicht als ein rechtsgeschäftlich begründeter Anspruch auf die Vereinbarung zwischen ihr und M stützen (§ 134). Herrschende Meinung und Rechtsprechung sehen allerdings in § 1353 Abs. 1 S. 2 Halbs. 1 eine gesetzliche **Anspruchsgrundlage** auf **Herstellung** und Verwirklichung der **ehelichen Lebensgemeinschaft**[10]. Dieser Anspruch kann im Wege eines **Antrags** gerichtlich geltend gemacht werden (als „sonstige Familiensache"; §§ 111 Nr. 10, 266 Abs. 1 Nr. 2 FamFG: „aus der Ehe herrührende Ansprüche")[11]. Ausgeschlossen ist lediglich die Vollstreckung der Entscheidung (§ 120 Abs. 3 FamFG). Es lässt sich nicht bestreiten, dass diese Vorstellung eines die Gesamtheit der ehelichen Lebensgemeinschaft umfassenden, klagbaren Anspruchs der Gatten untereinander der dogmengeschichtlichen Entwicklung entspricht und auch noch heutigem Recht zugrunde liegt (§ 1353 Abs. 1 S. 2 Halbs. 1; §§ 266 Abs. 1 Nr. 2, 120 Abs. 3 FamFG)[12]. Aber sie kann angesichts der gravierenden Veränderungen des Ehepersonenrechts nicht mehr überzeugen. Gegen die Annahme eines **subjektiven Rechts** auf Herstellung der Ehe spricht schon die Regelung des § 1353 Abs. 2 Alt. 2, wonach die Herstellungspflicht entfällt, wenn die Ehe gescheitert ist. Ein Scheitern der Ehe kann durch einseitiges, ehewidriges Verhalten herbeigeführt werden (§ 1565 Abs. 1 S. 2). Bejaht man einen Rechtsanspruch gemäß § 1353 Abs. 1 S. 2 Halbs. 1, so hätte es ein Ehegatte in der Hand, durch (grobe) Verletzung seiner eigenen Rechtspflicht einen korrespondierenden Anspruch des Partners zunichte zu machen, ein der Rechtsdogmatik sonst fremdes Ergebnis.

81   Für die Antwort auf die Frage nach der **normativen Qualität** der „Verpflichtung zur ehelichen Lebensgemeinschaft" ist entscheidend auf den **Inhalt** des konkreten Anlie-

---

9   Schwankend die wohl **h.L.**; vgl. etwa einerseits MünchKomm-*Roth* § 1353 Rdnr. 18 („[…] Auslegungsrichtlinie […] und […] Lückenbüßer für fehlende Eherechtsnormen bzw. Ehevereinbarungen […]"); andererseits dort Rdnr. 5, 20 („weitgezogene Befugnis […] zur selbständigen Regelung ihrer ehelichen Verhältnisse").
10   Etwa BGH NJW 1988, 2032, 2033 li. Sp.; *Schwab* Rdnr. 106 f.
11   Etwa *Schwab* Rdnr. 137 ff.
12   MünchKomm-*Roth* § 1353 Rdnr. 20 mit weit. Nachweisen.

gens im Einzelfall abzustellen. Für die Anwendung der Generalklausel des § 1353 Abs. 1 S. 2 ist dabei grundlegend zwischen **Ehepersonen-** und **Ehevermögensrecht** zu differenzieren.

Ein Herstellungsverlangen, das **ausschließlich** dem **Vermögensrecht** zuzurechnen ist und sich deshalb auf ein „äußerliches" – geschäftsmäßiges Verhalten beschränkt (z.B. Zustimmung zur gemeinschaftlichen Steuerveranlagung) ist auch zwischen Ehegatten wie ein schuldrechtlicher Anspruch zu behandeln[13] – selbst wenn die maßgebliche Anspruchsgrundlage § 1353 Abs. 1 S. 2 darstellt. Es handelt sich dann um eine „sonstige Familiensache" (§§ 111 Nr. 10, 266 Abs. 1 Nr. 2 FamFG), die nicht im Sinne des § 120 Abs. 3 FamFG auf „Herstellung des ehelichen Lebens" gerichtet ist. Solche Ansprüche sind **klag-** und **vollstreckbar**[14].

Greift der Inhalt eines „Herstellungsanspruchs" über die Grenzen des Vermögensrechts hinaus, weil er in seiner **Verwirklichung** von einer persönlichen, „positiven" ehelichen Überzeugung (**„eheliche Gesinnung") abhängt** und sich deshalb nicht auf eine äußere-geschäftsmäßige Handlung beschränkt (z.B. eheliches Einvernehmen im Sinne einer „Haushaltsehe"), dann handelt es sich nach dem Konzept des Gesetzes und der herrschenden Meinung um einen Anspruch auf „Herstellung des ehelichen Lebens" nach § 1353 Abs. 1 S. 2, § 120 Abs. 3 FamFG. Der Anspruch kann **gerichtlich geltend** gemacht, aber **nicht vollstreckt** werden. Gesetzessystematisch handelt es sich dabei um einen **Teilbereich** der „sonstigen Familiensachen" (§§ 111 Nr. 10, 266 Abs. 1 Nr. 2 FamFG). Ehewidriges Verhalten (etwa Verstoß gegen § 1356 Abs. 2 S. 2) kann hier zu Konsequenzen nach dem Scheidungsfolgenrecht führen (vgl. z.B. § 1579).

Nach richtiger Auffassung ist davon ein **dritter** Ehebereich abzugrenzen, der „wesensmäßig" und unauflösbar mit der **sittlichen Persönlichkeit** des einzelnen Ehegatten verbunden ist. Dazu rechnen etwa der sexuelle Intimbereich oder religiöse Glaubensfragen. Verhaltensweisen auf diesem Gebiet vermögen keinerlei Rechtswirkungen (auch nicht im Scheidungsfolgenrecht) nach sich ziehen[15].

Insgesamt erscheint es freilich richtiger, ein gegenseitiges, obligatorisch wirkendes subjektives Recht und die entsprechenden wechselseitigen Verpflichtungen der Eheleute auf Herstellung der Ehe schon immer dort zu verneinen, wo Herstellung nur im Verbund mit einer inneren (positiven) Haltung möglich ist[16]. **82**

Die wesentliche Bedeutung des § 1353 Abs. 1 S. 2 ergibt sich aus seiner **Schrankenfunktion**[17], durch die einmal in den Grenzen des Art. 6 Abs. 1 GG der Rechtsbegriff der bürgerlichen Ehe festgelegt und zugleich die normative Verbindlichkeit der konkreten Ehegestaltung im einzelnen Fall bestimmt werden. **83**

---

13 Vgl. oben § 1 Rdnr.4.
14 Allg. Meinung. Für den Fall des Anspruchs auf Zustimmung zur gemeinschaftlichen Steuerveranlagung vgl. BGH FamRZ 2012, 357, 359 li. Sp. Tz. 15 mit weit. Nachweisen; zu den schadensrechtlichen Konsequenzen vgl. unten Rdnr. 87.
15 Die h.M. sieht auch insoweit immer noch einen Herstellungsanspruch i.S.d. § 1353 Abs. 1 S. 2 i.V.m. § 120 Abs. 3 FamFG.
16 Das habe ich näher darzulegen versucht in: Die eherechtlichen Pflichten, 1988, S. 44-60; weiterführend Soergel-*Lipp* § 1353 Rdnr. 4 ff., 9.
17 Vgl. oben Rdnr. 76.

Als erstes erwächst der Generalklausel eine inhaltliche Grenze gegenüber rechtsgeschäftlicher oder in anderer Weise rechtlich verbindlich wirkender Disposition der Ehegatten (dazu oben Rdnr. 76).

Als zweites vermittelt sie dem im Rahmen dieser Schrankenfunktion im Wege eines gegenseitigen Einvernehmens gewonnenen Modell der einzelnen Ehe die rechtliche Verbindlichkeit. Das bedeutet: § 1353 Abs. 1 S. 2 statuiert zum einen das Gebot zur **Loyalität** gegenüber dem **bisherigen, einvernehmlich** gelebten Ehemodell in den Grenzen des Rechtsbegriffs „Ehe". Andererseits ist der **Änderungswunsch** eines Ehegatten, der sich **im Rahmen** dieses **Ehebegriffs** hält (**Fall 8:** häusliche Gemeinschaft; Familiengründung), als solcher **grundsätzlich nicht unbeachtlich.** Auch hier deutet § 1356 Abs. 2 S. 2 die Lösung für den Gesamtbereich des § 1353 Abs. 1 S. 2 an: Die Ehegatten haben bei einem entsprechenden Änderungswunsch des Partners auf dessen Belange die **gebotene Rücksicht** zu nehmen, ohne dass damit ein Rechtsanspruch auf Änderung präjudiziert wird (vgl. für die Berufstätigkeit § 1356 Abs. 2 S. 1). Wo trotz gebotener Rücksichtnahme (Abwägung in gegenseitiger Verantwortung, § 1353 Abs. 1 S. 2 Halbs. 2) kein einvernehmlicher Standpunkt erreicht werden kann, führt auch § 1353 Abs. 1 S. 2 Halbs. 1 nicht zu einem Anspruch im Sinne eines bestimmten Ehemodells. Die **rechtliche Bedeutung** der durch § 1353 Abs. 1 S. 2 Halbs. 1 festgelegten „Verpflichtung" liegt demnach in der Bestimmung der Grenzen, innerhalb derer Ehegatten ihre Lebensgemeinschaft autonom konkretisieren können und innerhalb derer sie geänderte Situationen (Änderungswünsche) als **„Belange"** des **Partners** (vgl. § 1356 Abs. 2 S. 2) zu **berücksichtigen** haben. Illoyales Verhalten zeitigt – entsprechend der normativen Stufung der „Verpflichtung"[18] – im hiesigen Zusammenhang (Konkretisierung des § 1353 Abs. 1 S. 2 durch Einvernehmen) Rechtsfolgen nur im Rahmen nachehelicher Regelungen (etwa § 1579: Herabsetzung des Unterhalts) oder des Getrenntlebens (etwa § 1361 Abs. 3: entsprechende Anwendung des § 1579 Nr. 2 bis 8)[19].

b) Rechtliche Funktion des „gegenseitigen Einvernehmens"

84 Im **„gegenseitigen Einvernehmen"** konkretisieren die Partner ihre Lebensgemeinschaft. Was § 1356 Abs. 1 S. 1 für die Führung des Haushalts bestimmt, gilt allgemein für die autonome Gestaltung durch die Ehegatten. Umstritten ist die **Rechtsnatur** solcher Abreden. Teilweise wird ihnen der Charakter eines **Rechtsgeschäfts** zugesprochen[20]. Aber gerade in dem Punkt, in dem sich die Normqualität eines Rechtsgeschäftes (Vertrag) zu erweisen hat, nämlich in der **Bindung** an den **geäußerten Willen,** weicht das gegenseitige Einvernehmen grundlegend von einem Vertrag im Sinne der allgemeinen Rechtsgeschäftslehre ab. Es fehlt regelmäßig nicht nur an einem entsprechenden Erklärungsbewusstsein und Rechtsfolgewillen der Beteiligten[21], vielmehr liegt der durch **„Überlassen"** (§ 1356 Abs. 1 S. 2) getroffenen Regelung oft genug (und selbstverständlich) die **Vorstellung einer Änderung** zu „gegebener Zeit" zugrunde.

---

18 Vgl. oben Rdnr. 80-82.
19 Zur Frage einer Schadensersatzpflicht wegen ehewidrigen Verhaltens vgl. unten Rdnr. 86 f. und Rdnr. 92 ff.
20 *Gernhuber/Coester-Waltjen* § 18 Rdnr. 18 ff. als „Ordnung" (Rdnr. 19-23) mit Modifizierung hinsichtlich der Geschäftsfähigkeit; auch noch Soergel[12]-*Lange* § 1356 Rdnr. 9 mit weit. Nachweisen.
21 MünchKomm-*Roth* § 1353 Rdnr. 9.

Auch die Vertreter einer rechtsgeschäftlichen Natur sehen sich insoweit zu Konzessionen gezwungen[22]. Fest steht, dass auch **einseitiges** Ansinnen dem bisherigen Einvernehmen die Bindungsfunktion entziehen kann[23]. Dann aber liegt es näher, die Verbindlichkeit des Einvernehmens über die **Verpflichtung** des **§ 1353 Abs. 1 S. 2 Halbs. 1** zu begründen und in diesem Rahmen (§ 1353 Abs. 1 S. 2 Halbs. 2) auch die Bestandskraft für die Zukunft zu bestimmen[24]. Gegenseitiges Einvernehmen ist danach kein Rechtsgeschäft (Vertrag), sondern ein **rechtlich relevantes Verhalten**, das die konkrete Lebensgemeinschaft gemäß § 1353 Abs. 1 S. 2 gestaltet und die mit dieser Norm verbundenen Rechtswirkungen auslöst[25].

Darüber hinaus gewinnt das **gegenseitige Einvernehmen** rechtliche Bedeutung, wenn sich Ehe-   **85**
gatten Vermögenswerte zuwenden, deren Sinn es ist, der **Verwirklichung** der **Lebensgemeinschaft** zu dienen (**„unbenannte Ehegattenzuwendung"**). Für derartige Zuwendungen stellt das gegenseitige Einvernehmen der Ehegatten regelmäßig das tragende **Kausalverhältnis** im Sinne einer **Rechtsgrundabrede** dar (der BGH spricht von einem „familienrechtlichen Vertrag sui generis")[26].

c) Schadensersatzpflicht bei Eherechtsverletzungen

Zu trennen von der Frage, ob ein bestimmtes, ehegemäßes Verhalten in seiner tatsäch-   **86**
lichen Handlungsweise verlangt werden kann, ist die Frage nach dem **Ersatz** des **Vermögensinteresses** im Falle einer solchen Pflichtverletzung. Ein Teil der Rechtsprechung und Literatur will einen Schadensersatzanspruch insbesondere dann gewähren, wenn sich Ehegatten entgegen ihrer Pflicht zur Rücksichtnahme (§ 1353 Abs. 1 S. 2) an Ehevereinbarungen nicht halten, sich zur Unzeit von ihnen lösen und damit Vermögensschäden des Partners verursachen[27]. Der Umfang des Anspruchs soll durch den Vertrauensschaden begrenzt sein[28]. Für diese Ansicht lässt sich immerhin auf **§ 893 ZPO** verweisen, der den Anspruch auf das Interesse von der Durchsetzung der geschuldeten Primärpflichten trennt (§§ 120 Abs. 3, 95 Abs. 1 Nr. 3 FamFG). Der Hinweis auf den Ausschluss der Vollstreckung im Ehepersonenrecht verfängt deshalb gegenüber der Interessenlage nicht.

---

22 *Gernhuber/Coester-Waltjen* § 18 Rdnr. 23: „Ordnungen sind keine Verträge; sie begründen keine Schuldverhältnisse. Die Antwort auf die Frage nach der ihnen eigenen Bestandskraft (nach der Bindung der Ehegatten) ist damit weder dem Vertragsrecht noch dem Schuldrecht zu entnehmen."
23 So explizit auch BGH FamRZ 2001, 541, 542 re. Sp. f. (Familienplanung). Eine Beschränkung auf „wichtige Gründe" entspricht nicht dem Gesetz, das fordert, „auf die Belange des anderen Ehegatten [...], gebotene Rücksicht zu nehmen" (§ 1356 Abs. 2 S. 2), vgl. oben Rdnr. 83.
24 Der Sache nach wie hier etwa *Schwab* Rdnr. 120 ff.; MünchKomm-*Roth* § 1353 Rdnr. 7, 10 ff.; § 1356 Rdnr. 6 ff. Unsicher bleibt z.T. allerdings die normative Grundlage, die ein abweichendes Verhalten dann als „Ehewidrigkeit" i.S.d. Scheidungsfolgenrechts (z.B. § 1579) qualifizieren soll. Zur Problematik insgesamt bereits *Lipp*, Die eherechtlichen Pflichten, 1988, S. 101 ff.
25 Ausf. dazu mit weit. Nachweisen und Konsequenzen Soergel-*Lipp* § 1356 Rdnr. 10 ff.; für ein rechtlich relevantes Verhalten (mit Vertrauensschutz) etwa auch MünchKomm-*Roth* § 1356 Rdnr. 7.
26 Zur Dogmatik und Abwicklung der sog. „unbenannten" Ehegattenzuwendungen näher unten § 13 Rdnr. 283 ff.
27 OLG Düsseldorf FamRZ 1986, 1241 re. Sp. (§ 1353 i.V.m. positiver Forderungsverletzung); MünchKomm-*Roth* § 1353 Rdnr. 14 (nicht im höchstpersönlichen Bereich); für möglich gehalten auch von *Diederichsen* NJW 1977, 217, 219.
28 MünchKomm-*Roth* § 1353 Rdnr. 7, 9, 13 f.; § 1356 Rdnr. 7.

87 Der **BGH** lehnt eine Schadensersatzpflicht im Bereich des Ehepersonenrechts dagegen strikt ab und unterscheidet bei § 1353 Abs. 1 S. 2 zwischen dem „eigentlichen, **höchstpersönlichen Bereich** der Ehe" und **„rein geschäftsmäßigen Handlungen"**[29]. Die personale Ehesphäre werde von der „aus freier sittlicher Entscheidung herrührenden ehelichen Gesinnung" beherrscht, die jeden, auch indirekten staatlichen Zwang (Vertragsstrafe, Schadensersatz) verbiete[30]. Anderes gelte dagegen für den „geschäftsmäßigen" Bereich, der einem Ehegatten lediglich ein bestimmtes äußeres Verhalten abverlangt. Auch soweit dieses Verhalten durch das Eherecht abgefordert wird, kann seine Verletzung zum Schadensersatz führen[31]. Das hat der BGH etwa angenommen bei Verweigerung der Zustimmung zur steuerrechtlichen Zusammenveranlagung[32]. Dieser Rechtsprechung ist zuzustimmen. Die Gestaltung des personalen Ehebereichs verlangt von den Partnern eine innere Disposition, die nicht nur die Durchsetzung einer positiven Erfüllung, sondern auch eine schadensrechtliche Haftung ausschließt. Insoweit fehlt es am erforderlichen **Rechtswidrigkeitszusammenhang**, der eine Schadensersatzpflicht auslösen könnte: Es fällt nicht unter den Normzweck des Schadenersatzrechts, die mit der Ehe verbundenen personalen Risiken einer Lebensgemeinschaft (Einhaltung von Ehevereinbarungen, § 1353 Abs. 1 S. 2) den Partnern abzunehmen[33].

II. Rechtsschutz bei Ehestörungen

88 **Fall 9:** F und M sind miteinander verheiratet. Seit mehreren Monaten unterhält M ein intimes Verhältnis zu einer Freundin X, von dem F erfährt. Auf Vorhaltungen seiner Frau hin fordert M seinerseits von F mehr „Toleranz" und eröffnet ihr, dass X demnächst im Gästezimmer der ehelichen Wohnung einziehen wird. Dies geschieht. Die Anwesenheit der X setzt F derart zu, dass sich erhebliche psychische wie physische Krankheitsbilder zeigen. F muss sich deshalb in ärztliche Behandlung begeben (Kosten: 2500 €). F fragt nach ihren Rechten.

Die seit langem andauernde Diskussion um die rechtliche Behandlung der so genannten **Ehestörung** wird weitgehend durch das je und je herrschende dogmatische Verständnis der „Ehe" bestimmt **(absolute und relative Ehelehren)**. Dabei geht es um zwei Schwerpunkte; erstens um die Frage nach dem **Inhalt** möglicher Ansprüche des verletzten Ehegatten, zweitens um die Überlegung, wie diese Ansprüche im Verhältnis zum (verletzenden) **Partner** und zu einem **mitwirkenden Dritten** (Ehestörer) zu behandeln sind. Ausgangspunkt ist die Verantwortlichkeit des Ehegatten.

---

29 **BGH NJW 1988, 2032, 2033 li. Sp.** (Entscheidungsrezension mit ausf. Nachweisen bei *Lipp* JuS 1990, 790 ff.); dazu schon oben Rdnr. 81.
30 BGH NJW 1988, 2032, 2033 li. Sp.
31 BGH, ebenda.
32 BGH NJW 1977, 378; zu den Voraussetzungen eines Anspruchs auf Zustimmung zur gemeinsamen Einkommensteuer-Veranlagung ggf. über den Zeitpunkt der Trennung und Scheidung hinaus vgl. BGH FamRZ 2002, 1024 f.
33 Zur ähnlichen Fragestellung bei der **Ehestörung** vgl. unten Rdnr. 92 ff.

1. Ansprüche gegen den Ehepartner

a) Unterlassung ehewidrigen Verhaltens (Ehebruch) – § 1353 Abs. 1 S. 2 Halbs. 1

Für die herrschende Meinung folgt aus § 1353 Abs. 1 S. 2 Halbs. 1 ein gegenseitiger **89** Anspruch der Eheleute auf Unterlassung ehewidrigen Verhaltens, insbesondere auf Unterlassung ehebrecherischer Beziehungen (relativ wirkende, obligatorische Verpflichtung)[34]. Dieser Anspruch ist zwar einklagbar („Herstellungsklage"), unterliegt aber nicht der Vollstreckung (§ 120 Abs. 3 FamFG). Seine praktische Bedeutung ist deshalb kaum von Belang.

Das RG hatte einen derartigen Unterlassungsanspruch noch generell ausgeschlossen[35]: Im Falle einer Unterlassungsklage richte sich die Vollstreckbarkeit nach § 890 ZPO, und diese Norm kenne keine dem § 888 Abs. 3 ZPO a.F. entsprechende Einschränkung. Die heutige Ansicht wendet § 120 Abs. 3 FamFG entsprechend an[36].

Die Rechtsprechung des RG wie des BGH und ein Großteil der Literatur erkennen **90** der „Ehe" über die gegenseitig-relative Pflichtenbindung hinaus den Charakter eines absolut geschützten **„sonstigen Rechts"** im Sinne des § 823 Abs. 1 zu („Recht auf ungestörten Fortbestand der Ehegemeinschaft")[37, 38]. Damit verbindet sich dann die Frage eines **quasinegatorischen Unterlassungsanspruchs** in analoger Anwendung des § 1004 Abs. 1.

Gegen die dogmatische Einordnung der „Ehe" als „sonstiges Recht" im Sinne des § 823 Abs. 1 spricht jedoch, dass das „sonstige Recht" des § 823 Abs. 1 einer Person ein bestimmtes Objekt absolut, d.h. zum alleinigen Haben und Nutzen zuweist[39]. Eine solche, in Anlehnung an das Eigentum abgeleitete Subjekt-Objekt-Beziehung ist dem persönlichen Eherecht aber fremd[40].

Für alle absoluten Ehelehren stellt sich darüber hinaus im Verhältnis der **Ehegatten zueinander** das Problem der **Konkurrenz** zwischen § 1353 Abs. 1 S. 2 (kein vollstreckbarer relativer Unterlassungsanspruch) und der entsprechenden Anwendung des § 1004 Abs. 1 (vollstreckbarer quasinegatorischer Unterlassungsanspruch). Im Ergebnis herrscht Einigkeit: Der absolute Charakter der Ehe kann im **Innenverhältnis** den Rechtsschutz nicht über die Grenze des § 120 Abs. 3 FamFG hinaus erweitern. Die Nichtdurchsetzbarkeit der ehelichen Treuepflicht schließt deshalb eine entsprechende quasinegatorische Klage ebenfalls aus. Die Begründungen hierfür sind im Einzelnen unterschiedlich. Zum Teil wird, ausgehend von einer **relativ-absoluten** Ehelehre, die Beziehung zwischen den **Eheleuten** nur der **relativen** Pflichtenbindung gemäß § 1353 Abs. 1 S. 2 Halbs. 1 unterworfen und **absoluter** Rechtsschutz allein gegenüber **Drit-**

---

34 BGH NJW 1988, 2032, 2033 li. Sp. (Rechtspflicht); zum Meinungsstand allg. vgl. Palandt-*Brudermüller* § 1353 Rdnr. 2, 7.

35 RGZ 71, 85, 86; 151, 160, 162.

36 MünchKomm-*Roth* § 1353 Rdnr. 50.

37 RGZ 72, 128, 130; 151, 159 ff.; BGH NJW 1956, 1149, 1150 li. Sp.; BGHZ 57, 229, 231. Insgesamt ist die BGH-Rspr. aber unentschieden: andeutungsweise etwa BGHZ 6, 360, 364 („Rechtsgut der bestehenden ehelichen Lebensgemeinschaft"), ablehnend z.B. BGHZ 23, 279, 281.

38 *Gernhuber/Coester*-Waltjen § 17 Rdnr. 5; MünchKomm-*Roth* § 1353 Rdnr. 48.

39 Soergel-*Stadler*, ¹³2002, Einl. Sachenrecht Rdnr. 24 (für das dingliche Recht); näher dazu bei der Frage von Schadensersatzansprüchen unten Rdnr. 93 und schon oben § 1 Rdnr. 6.

40 Näher zur Kritik *Lipp*, Die eherechtlichen Pflichten, 1988, S. 203 ff.; so i.E. (insbesondere für das Kindschaftsrecht) auch *Wolf/Neuner*, AllgemeinerTeil des Bürgerlichen Rechts, ¹⁰2012, § 20 Rdnr. 16.

ten erwogen[41]. Wer dagegen auch gegenüber dem Partner absolut-deliktischen Schutz anerkennt (**absolute** Ehelehren), muss, soweit sich der damit geltend gemachte Inhalt mit der Verpflichtung des § 1353 Abs. 1 S. 2 deckt, die Wertung des § 120 Abs. 3 FamFG als Spezialregelung beachten[42]. Zur Gänze versagen schließlich absoluten Schutz rein **relativ** gefasste Ehelehren[43]. Von der dogmatischen Einordnung abgesehen, herrscht in der Sache jedenfalls darin Einigkeit, dass die positive Herstellung der ehelichen Lebensgemeinschaft (Unterlassung ehewidrigen Verhaltens) nicht über einen quasinegatorischen Unterlassungsanspruch erreicht werden kann.

b) Unterlassung ehewidrigen Verhaltens (Gesundheitsverletzung) – § 823 Abs. 1

91   Ein Unterlassungsanspruch könnte analog § 1004 Abs. 1 aber insoweit in Betracht kommen, als es um **allgemeinen Rechtsgüterschutz** geht. Auch Ehegatten schulden einander Achtung der durch § 823 Abs. 1 geschützten Integritätssphäre, so dass in **Fall 9** an einen Anspruch der F auf Unterlassung ehewidrigen Verhaltens als Ursache ihrer Gesundheitsverletzungen und ihres allgemeinen Persönlichkeitsrechts zu denken ist. Aber auch einen solchen Anspruch wird man verneinen müssen, denn es fehlt insoweit der notwendige **Rechtswidrigkeitszusammenhang** – § 823 Abs. 1 (in Verbindung mit einer entsprechenden Anwendung des § 1004 Abs. 1) verbietet Gesundheits- und Persönlichkeitsverletzungen nicht (auch) gerade deshalb, um eine Unterlassung ehewidriger Handlungsweisen sicherzustellen. Die Regelungen der § 1353 Abs. 1 S. 2 (in Verbindung mit § 120 Abs. 3 FamFG) zeigen, dass ein speziell durch das **Eherecht** gebotenes Verhalten letztlich nicht durchgesetzt werden kann. Soweit allein ein solches **innereheliches Fehlverhalten**[44] zu einer über § 1353 Abs. 1 S. 2 hinausführenden Rechtsverletzung führt (§ 823 Abs. 1), muss die speziell eherechtliche Regelung auch dafür die maßgebende Richtschnur sein. Im Ergebnis scheidet ein Anspruch auf Unterlassung ehewidrigen Verhaltens deshalb unter jedem rechtlichen Gesichtspunkt aus.

c) Schadensersatzansprüche wegen ehewidrigen Verhaltens
(§§ 1353 Abs. 1 S. 2, 823 Abs. 1 in Verbindung mit §§ 249 ff.)

92   Schadensersatzansprüche gegen den Ehepartner lassen sich konstruktiv sowohl auf die Verletzung der **relativen Rechtsverpflichtung** des § 1353 Abs. 1 S. 2 Halbs. 1 (§ 280 Abs. 1) stützen[45], als auch auf die **deliktische Ersatzpflicht** gemäß § 823 Abs. 1 (Ehe als „sonstiges Recht"; allgemeine Rechtsgüter)[46]. Die höchstrichterliche Rechtsprechung hat einen solchen Schadensersatzanspruch – trotz (teilweiser) Bejahung der „Ehe" als absolutes Recht – aber bislang strikt verneint[47]. Die von ihr oft vorgetragenen Argu-

---

41 So insbes. *Gernhuber/Coester-Waltjen* § 17 Rdnr. 10-12.

42 Zur Frage des Normbereichs dieser Vorschrift (Erhaltungs- oder Abwicklungsinteresse) vgl. unten Rdnr. 93.

43 Näher hierzu und zu einzelnen Positionen *Gernhuber/Coester-Waltjen* § 17 Rdnr. 1 ff.

44 **Anders** bei **allgemein untersagten** Handlungen: Einen tätlichen Angriff gegenüber dem Partner verbietet auch das allgemeine Recht (§ 823 Abs. 1); einhellige Meinung, etwa *Schwab* Rdnr. 142.

45 In Bezug auf eheliche Absprachen z.B. *Diederichsen* NJW 1977, 217, 219, positive Forderungsverletzung; MünchKomm-*Roth* § 1353 Rdnr. 9, 14; dazu oben Rdnr. 86 f.

46 So vor allem die frühere Judikatur der Instanzgerichte, aber auch die ganz überwiegende Ansicht im Schrifttum, vgl. *Gernhuber/Coester-Waltjen* § 17 Rdnr. 22 ff.

47 **BGHZ 80, 235, 237**; ferner die bisherige Rspr. noch einmal zusammenfassend **BGH NJW 1990, 706 ff.**

mente, die Ehe könne als vorwiegend sittlich-ideelle Lebensgemeinschaft nicht Grundlage eines vermögensrechtlich-materiellen Anspruchs sein, und der Hinweis auf die Vorschriften des Eherechts als abschließende Spezialregelungen sind letztlich wenig überzeugend[48]. Richtig ist aber, dass die **eherechtliche Wertung** der im Ergebnis nicht durchsetzbaren persönlichen Ehepflichten (§ 1353 Abs. 1 S. 2 Halbs. 1 in Verbindung mit § 120 Abs. 3 FamFG) auch für das Schadensersatzrecht gelten muss. Wo schon die Unterlassung ehewidrigen Verhaltens nicht durchgesetzt werden kann, kann es auch keine sich hieran anknüpfenden schadensersatzrechtlichen Sanktionen geben[49]. Auch hier fehlt im Ergebnis der **Rechtswidrigkeitszusammenhang** (Normzweck): Die Schadensersatzpflichten aus § 280 Abs. 1 (positive Forderungsverletzung) und aus Delikt sind nicht (auch) deshalb angeordnet, um einen Ausgleich wegen ehewidrigen Verhaltens zu gewähren. Schäden, die ein Ehegatte (nur) aufgrund von Ehepflichtverletzungen erleidet, hat dieser grundsätzlich ersatzlos zu tragen[50].

Ein Teil der Literatur spricht Schadensersatz im Umfang des **Abwicklungsinteresses** zu und unterscheidet davon das (nicht ersatzfähige) Interesse am Bestand der ungestörten Ehe[51]. Richtig ist[52], dass die generelle Abwehr von Schadensersatzansprüchen mit Hinweisen auf die Nichterzwingbarkeit der Herstellungsklage (§ 120 Abs. 3 FamFG), den vorwiegend sittlich-immateriellen Charakter der ehelichen Gemeinschaft und auf das Verbot von Ehescheidungsstrafen nicht durchschlägt. Die Nichtvollstreckbarkeit einer Verpflichtung in forma specifica lässt die Interessenklage unberührt (§ 893 ZPO), der immaterielle Charakter des Persönlichkeitsrechts hindert die ständige Rechtsprechung nicht an der Zubilligung von Schadensersatz (in Geld), und Ehescheidungsstrafen werden (auch der Sache nach) nicht in Anspruch genommen, wenn sich der Anspruch auf das aus der Eheauflösung resultierende Abwicklungsinteresse beschränkt[53]. Gegen diese Lehre spricht aber folgende Überlegung. Die Notwendigkeit einer Abschichtung zwischen **Bestands- und Abwicklungsinteresse** taucht nur auf, weil über das **absolute Recht** dem einzelnen Ehegatten etwas zugewiesen wird, was **nicht** Gegenstand eines absoluten subjektiven Einzelrechtes der jeweiligen Gatten sein kann, nämlich ein nur in personaler Lebensgemeinschaft zu verwirklichendes Interesse. Nicht nur an der **ungestörten Fortsetzung** der Ehe gibt es kein absolutes Recht[54], es kann ein solches Recht auch nicht am **ungestörten Bestand** der Ehe geben. Denn darin liegt notwendig die gedankliche Zuweisung (eines Teils) der personal-intimen Persönlichkeitssphäre eines Menschen an einen anderen. Rechtssubjekte lassen sich aber in keiner Form (absolut) zuweisen[55]. Fehlt es an einem darauf gerichteten (delikts-)rechtlich geschützten Interesse, dann fehlt es auch an einem (delikts-)rechtlich geschützten Vertrauen, das den ersatzfähigen Ausgleich auf das quasi negative Interesse beschränken könnte. Im Übrigen wären Dissonanzen zwischen deliktsrechtlichem Schuld- und scheidungsrechtlichem Zerrüttungsprinzip unvermeidbar und die Funktion der insoweit (eherechtliches Abwicklungsinteresse) speziellen Regelungen des Scheidungs- und Scheidungsfolgenrechts gefährdet (vgl. zur Kostentragung etwa § 150 FamFG). – Mir selbst scheint es richtiger, auf die Kategorie des **Rechtsgutes** (hier des

93

---

48 Zur Kritik *Gernhuber/Coester-Waltjen* § 17 Rdnr. 23 f.; MünchKomm-*Roth* § 1353 Rdnr. 48.
49 Ebenso *Schwab* Rdnr. 144 f. i.V.m. 142.
50 Eine Ausnahme lässt sich für die seltenen Fälle des **§ 826** machen; so auch und zugleich näher zu den Voraussetzungen BGH NJW 1990, 706, 708 f.
51 *Gernhuber/Coester-Waltjen* § 17 Rdnr. 26-29; MünchKomm-*Roth* § 1353 Rdnr. 48 f. mit weit. Nachweisen.
52 Vgl. oben Fußn. 48.
53 MünchKomm-*Roth* § 1353 Rdnr. 48.
54 MünchKomm-*Roth* § 1353 Rdnr. 48 – gegenüber (dem Ausnahmefall) der Ehescheidung ließe sich für ein solches Recht immerhin auf § 1353 Abs. 1 S. 1 verweisen.
55 Näher *Lipp*, Die eherechtlichen Pflichten, 1988, S. 276 ff.

Ehestatus in seiner personalen Ausprägung für den einzelnen Ehegatten) abzustellen mit einer entsprechenden Begrenzung nach der Lehre vom Schutzzweck der Norm[56].

d) *Der Schutz des „räumlich-gegenständlichen Ehebereichs"*

94   Rechtsschutz in Form eines **Unterlassungsanspruchs** gewährt der BGH in ständiger Rechtsprechung dagegen aus dem Gesichtspunkt der Verletzung des **räumlich-gegen-ständlichen Ehebereichs**[57]. Dieser Unterlassungsanspruch (§ 1004 Abs. 1 entspre-chend) kann nicht nur gerichtlich geltend gemacht, sondern auch **zwangsweise** (§ 120 Abs. 1 FamFG in Verbindung mit § 890 ZPO) **durchgesetzt** werden[58].

Der „räumlich-gegenständliche Ehebereich" als **absolut geschütztes** Recht der Ehegatten (§ 823 Abs. 1) wurde durch die Rechtsprechung des BGH entwickelt[59]. Den BGH hat dabei der Ge-danke geleitet, dass Ansprüche wegen ehewidrigen Verhaltens ausgeschlossen sein müssen, weil das Eherecht die persönlichen, vorwiegend sittlichen Beziehung der Ehegatten untereinander (§ 1353 Abs. 1 S. 2) einer besonderen Regelung unterworfen habe (§ 120 Abs. 3 FamFG). Diese für das persönliche Verhältnis der Gatten bestehende Regel hindere den Schutz (auch zwischen den Eheleuten selbst) aber dort nicht, wo es um den von dieser persönlich-sittlichen Sphäre ab-zugrenzenden, **äußeren Bereich** gehe, in dem sich die eheliche Lebensgemeinschaft vollzieht[60]. Diesen **äußeren-gegenständlichen** Ehebereich zu achten, treffe auch den Ehepartner als eine allgemeine Rechtspflicht. Die Rechtsprechung erkennt den Ehegatten deshalb einen **gegensei-tigen Unterlassungs- und Beseitigungsanspruch** zu, soweit (über die persönlich-sittliche Sphäre hinaus) das Recht am räumlich-gegenständlichen Ehebereich beeinträchtigt ist. Danach kann in **Fall 9** die F von M den **Auszug der Freundin** X aus der ehelichen Wohnung – gegebenenfalls zwangsweise, § 890 ZPO (§ 120 Abs. 1 FamFG) – verlangen.

95   Trotz Anerkennung des räumlich-gegenständlichen Ehebereichs als absolutes Recht der Gatten, wird vom BGH ein **Schadensersatzanspruch** wegen Verletzung **dieses** Rechts aber ebenfalls **verneint**[61]. Er stellt auch insofern darauf ab, dass der besondere sittlich-ideelle Charakter des beeinträchtigten Rechts es verbiete, schadensrechtliche Folgerungen aus dem Schuldrecht herzuleiten; die eherechtlichen Vorschriften stell-ten insoweit eine abschließende Regelung dar[62] – ein Ersatz der durch das ehewidrige Verhalten des M verursachten Arztkosten **(Fall 9)** scheidet danach auch unter dem Gesichtspunkt der Verletzung des räumlich-gegenständlichen Ehebereichs aus[63].

2. Ansprüche gegen den Drittstörer

a) *Unterlassungsansprüche*

96   Im Verhältnis zum **Ehestörer** treten die Vorschriften der § 1353 Abs. 1 S. 2; § 120 Abs. 3 FamFG **nicht** als Spezialregelungen in Erscheinung – § 1353 Abs. 1 S. 2 verpflichtet

---

56   Ebenda, S. 284 ff. und Soergel-*Lipp* Vor § 1353 Rdnr. 31 ff., § 1353 Rdnr. 10 ff.
57   **Grundlegend BGHZ 6, 360, 364 f.**
58   BGHZ 6, 360, 366; BGH FamRZ 1963, 553 ff.
59   Vgl. oben Fußn. 57.
60   Vgl. oben Fußn. 57.
61   **Grundlegend BGHZ 23, 215, 221**; dann st. Rspr., etwa BGH NJW 1972, 199, 199 re. Sp.; NJW 1973, 991, 992 li. Sp.
62   BGHZ 6, 360, 364; 23, 215, 217 ff.
63   Zu Recht differenzierend *Schwab* Rdnr. 144; ebenso *Lipp*, Die eherechtlichen Pflichten, 1988, S. 289: Ersatzfähig sind die Schäden, in denen (lediglich) das Interesse am äußeren, geschützten Ehebereich zum Ausdruck kommt; etwa die Kosten, die entstehen, wenn die Aufnahme der Geliebten in der Woh-nung die Ehefrau zum Umzug ins Hotel zwingt; ausf. Soergel-*Lipp* § 1353 Rdnr. 75 ff., 81.

nur die Ehegatten selbst. Trotzdem **verneint** der BGH auch gegenüber dem Dritten einen **Unterlassungsanspruch**, und zwar sowohl im Hinblick auf ein absolutes Recht am „ungestörten Fortbestand der ehelichen Lebensgemeinschaft"[64] als auch im Hinblick auf Gesundheits- und andere durch ehestörendes Verhalten eingetretene **Rechtsgutsverletzungen**[65]. Würde gegen den Drittstörer zwangsweise vorgegangen, so der BGH[66], müsste dies auf den anderen Ehepartner jedenfalls mittelbar Druck ausüben, der sich mit den eherechtlichen Vorschriften (§ 1353 Abs. 1 S. 2; § 120 Abs. 3 FamFG) nicht vereinbaren ließe. So verbleibt es gegenüber dem mitwirkenden Drittstörer ebenfalls bei einem **Unterlassungs-** und **Beseitigungsanspruch** allein wegen der Beeinträchtigung des Rechts am **räumlich-gegenständlichen Ehebereich** (§ 1004 Abs. 1 entsprechend, § 890 ZPO)[67].

b) Schadensersatzansprüche

Auch dem Dritten gegenüber werden Schadensersatzansprüche durchgehend abgelehnt[68]. Ein solcher Anspruch müsste, so der BGH, über den Gesamtschuldnerausgleich (§§ 840 Abs. 1, 426 Abs. 1) zu einem dem Eherecht widersprechenden Druck auf den mitbetroffenen Partner führen[69].   **97**

3. Ehestörung und Kindesunterhalt

> **Fall 10:** F bringt ein im Ehebruch gezeugtes Kind zur Welt, das ihr Ehemann M für sein eigenes hält. Nach zehn Jahren wird der Sachverhalt geklärt. M ficht seine Vaterschaft erfolgreich an und verlangt Rückzahlung seiner dem Kind gewährten Unterhaltsleistungen.   **98**

Ansprüche des M (Scheinvater) können sich gegen den Vater des Kindes, die Mutter (Ehefrau) und gegen das Kind selbst richten. Eine schadensrechtliche Haftung des **Vaters** als **Ehestörer** (§ 823 Abs. 1) scheidet aus[70]. Nach § **1607 Abs. 3 S. 1, 2** geht aber der Unterhaltsanspruch des Kindes gegen einen Elternteil auf den **Ehegatten** (M) des anderen Elternteils (beziehungsweise einen Dritten) über, soweit dieser dem Kind Unterhalt gewährt hat (cessio legis)[71]. Dieser Anspruch des Ehegatten (Scheinvaters) gegen den wahren Vater kann allerdings nicht zum Nachteil des Kindes geltend gemacht werden (§ 1607 Abs. 4)[72]. Die Vorschrift des § 1607 Abs. 2, Abs. 3 ist keine lex specialis, so dass bei Vorliegen der entsprechenden Voraussetzungen auch andere An-

---

64 Zusammenfassend BGHZ 57, 229, 231 ff. Die Entscheidung betrifft einen Schadensersatzanspruch (Ehelichkeitsanfechtungskosten), die tragenden Ausführungen sind aber grundsätzlich gehalten: „An dem Rechtsstandpunkt, daß der Bereich der Ehestörungen nicht dem deliktischen Rechtsgüterschutz des § 823 Abs. 1 BGB zuzuordnen ist, ist festzuhalten" (S. 232).
65 BGH FamRZ 1973, 295 ff. (allgemeines Persönlichkeitsrecht).
66 BGHZ 57, 229, 232 f.
67 Vgl. oben Rdnr. 94.
68 BGHZ 23, 279 ff.; 57, 229 ff.
69 BGHZ 23, 279, 282.
70 Vgl. oben Rdnr. 97.
71 Für den Fall, dass der „Ehegatte" (§ 1607 Abs. 3 S. 1) als „Vater" Unterhalt leistet, überschneidet sich die Vorschrift mit 1607 Abs. 3 S. 2, der sich vor allem auf nicht mit der Mutter verheiratete Dritte bezieht. **Achtung:** Die cessio legis des § 1607 Abs. 3 S. 1 knüpft an die Voraussetzungen des § 1607 Abs. 2 S. 1 (Rechtsverfolgungsschwierigkeiten) an; das wird trotz der Verweisung in § 1607 Abs. 3 S. 2 nicht für den Scheinvater anzunehmen sein, vgl. Palandt-*Brudermüller* § 1607 Rdnr. 17.
72 Der Unterhaltsanspruch des Kindes geht den übergegangenen Unterhaltsansprüchen vor.

spruchsgrundlagen in Betracht kommen (§§ 677 ff., §§ 812 ff.). Allerdings beschränken sich diese Ansprüche ihrem Umfang nach auf den durch § 1607 Abs. 3 gezogenen Rahmen[73].

Allerdings richtet sich der übergegangene Anspruch gegen den **„Elternteil"** des Kindes, d.h. der in Anspruch Genommene muss grundsätzlich als rechtlicher Vater feststehen, sei es aufgrund einer Anerkennung oder einer gerichtlichen Feststellung der Vaterschaft. Bis dahin gilt die **Rechtsausübungssperre** der **§§ 1594 Abs. 1, 1600d Abs. 4**[74].

Auch der **Mutter** des Kindes (Ehefrau) gegenüber scheiden Ersatzansprüche wegen ehewidrigen Verhaltens aus[75]. Nur in besonders gelagerten Fällen (Vorspiegelung der Vaterschaft des Ehemannes) ist eine Haftung nach **§ 823 Abs. 2** in Verbindung mit **§ 263 StGB**; **§ 826** denkbar[76].

Rückforderungsansprüche gegenüber dem **Kind** richten sich nach den allgemeinen Vorschriften des Bereicherungsrechts[77]; § 814 ist kein Hindernis[78]. Oftmals wird bei einem vermögenslosen Kind die Bereicherung allerdings entfallen sein (§ 818 Abs. 3)[79]. Eine verschärfte Haftung wegen Kenntnis der wahren Abstammung (§§ 819 Abs. 1, 818 Abs. 4)[80] kommt erst ab rechtskräftiger Feststellung der fehlenden Vaterschaft in Betracht[81].

III. Ehegattenmitarbeit

1. „Ehegattenmitarbeit" und Güterrecht

99 Ehegatten stehen die Gestaltungsmöglichkeiten des Schuldrechts in gleichem Umfang wie Dritten zur Verfügung, wenn es um die Regelung von Rechtsverhältnissen zwischen ihnen selbst geht. Ein Partner kann Arbeitnehmer des anderen sein, für ihn Geschäftsbesorgungen tätigen oder Dienste erbringen. Eheleute können sich als Gesellschafter zusammenschließen. Die Rechtsbeziehungen zwischen beiden Ehegatten richten sich insoweit ganz nach den einschlägigen schuldrechtlichen Vorschriften, im Einzelfall moderiert durch § 1353 Abs. 1 S. 2[82]. Voraussetzung dafür ist allerdings ein entsprechender Begründungstatbestand, also regelmäßig ein auf die Begründung eines Schuldverhältnisses gerichteter Wille. **„Ehegattenmitarbeit"** meint demgegenüber erwerbswirtschaftliche Zusammenarbeit von Eheleuten im Beruf oder Betrieb **eines der Gatten**, und zwar (auch) in **Verwirklichung** ihrer **ehelichen Lebensgemeinschaft**

---

73 Palandt-*Brudermüller* Einf. v. § 1601 Rdnr. 28. Auf den Regressanspruch sind die unterhaltsrechtlichen Beschränkungen anzuwenden (z.B. § 1613), BGH NJW 1984, 2158 ff.
74 Zur Ausnahme einer **inzidenten Vaterschaftsfeststellung** und ihren Voraussetzungen vgl. BGHZ 176, 327, 334 Tz. 27-30 und allgemein unten § 18 Rdnr. 393.
75 Vgl. oben Rdnr. 92, 95.
76 BGH FamRZ 1981, 531; NJW 1990, 706, 708 f.
77 BGHZ 43, 1, 10; 78, 201, 203.
78 BGH FamRZ 1981, 764.
79 BGHZ 78, 201, 203.
80 Zurechnung der Kenntnis eines Elternteils, § 166 Abs. 1.
81 BGH FamRZ 1981, 764.
82 Beispiele, insbes. bei Geltendmachung von Schadensersatzansprüchen zwischen Ehegatten, in BGH NJW 1988, 2032, 2033 li. Sp.

(§ 1353 Abs. 1 S. 2). Die Arbeitsleistung wird hier **nicht** dem **anderen** erbracht, sondern geschieht im Bewusstsein eines **gemeinschaftlichen, ehelichen Anliegens**. Der BGH betont dabei neuerdings, dass es bei der Ehegattenmitarbeit (im Gegensatz zur Ehegattenzuwendung) nicht so sehr auf die Gestaltung der ehelichen Lebensgemeinschaft als vielmehr auf eine **zielgerichtete Vermögensbildung** ankomme[83]. Das führt zu der entscheidenden Sachproblematik: Mit der Vorstellung der Ehegatten (Leistung und Vermögensbildung in Verwirklichung eines **gemeinsamen Eheplans**) schneidet sich der wirtschaftliche Erfolg der Mitarbeit, denn dieser kommt nur **einem** der **Partner**, nämlich dem Betriebsinhaber beziehungsweise demjenigen, in dessen Beruf mitgearbeitet wird, zugute. Was während intakter Ehe hingenommen wird, wird bei Trennung zum Streitpunkt. Der (früher) mitarbeitende Gatte verlangt einen finanziellen Ausgleich für seine Tätigkeit.

Das regelmäßige Zusammenfallen von Ehescheidung und Ausgleichsforderung des   **100** mitarbeitenden Gatten lässt zunächst nach einem Ausgleich durch das (eventuell spezielle) **Güterrecht** fragen. Aus dieser Sicht wird deutlich, dass das Problem der Ehegattenmitarbeit bei vereinbarter **Gütertrennung** die größte Rolle spielt (§ 1414), denn dort findet ein güterrechtlicher Ausgleich nicht statt. Keine Schwierigkeiten ergeben sich bei Gütergemeinschaft (§§ 1415 ff.); hier fällt der Erfolg der gemeinsamen Leistung dem Gesamtgut zu (§ 1416 Abs. 1) – es sei denn, die Mitarbeit wird für ein Vorbehaltsgut (§ 1418) erbracht[84].

Schwierige Fragen eröffnen sich beim **gesetzlichen Güterstand** der Zugewinngemein-   **101** schaft (§§ 1363 ff.). Das hängt mit der Rechtsprechung des BGH zusammen. Nach ihr sollen die Regeln über den Zugewinnausgleich grundsätzlich **abschließende Wirkung** haben[85]. Wird durch die Mitarbeit das Endvermögen des anderen Gatten gemehrt, so besteht immerhin die Chance, dass über den Zugewinnausgleich an dieser Vermögenssteigerung auch der mitarbeitende Partner partizipiert. **Nicht** über den Zugewinn ausgeglichen werden dagegen **einzelne schuldrechtliche Titel** der Gatten untereinander. Diese Ansprüche bleiben als außerhalb des Güterrechts zu erfüllende weiterhin bestehen (etwa eine Darlehensforderung) und gehen als (offene) Rechnungsposten in die Bilanz des jeweiligen Endvermögens ein, nach dem sich dann die – vom Zahlungsanspruch unabhängige – Ausgleichsforderung bestimmt. Diese Situation führt im Bereich der Ehegattenmitarbeit zu rechtlichen Differenzierungen[86], obwohl der Sache nach oft ähnliche Sachverhalte vorliegen: Gelingt der Nachweis einer **Ehegatteninnengesellschaft**[87], hat der mitarbeitende Gatte einen schuldrechtlichen Ausgleichsanspruch, der **neben** dem Anspruch auf Zugewinnausgleich besteht und auch **nicht** davon **abhängig** ist, dass der (bloße) Zugewinnausgleich zu einem unangemessenen Ergebnis führen würde (**keine Subsidiarität** des gesellschaftsrechtlichen Ausgleichs-

---

83 BGHZ 142, 137 ff.; zu diesem Kriterium und zur Abgrenzung zwischen „Ehegattenmitarbeit" und „Ehegatteninnengesellschaft" unten Rdnr. 107.
84 Dann entspricht die Lage der Situation bei Gütertrennung.
85 **BGHZ 115, 132, 135 f. = JuS 1991, 961 f. (st. Rspr.).**
86 Aber nicht nur dort. Gleiches gilt für die **Ehegattenzuwendung** (unbenannte Zuwendungen) einerseits (Güterrecht) und die davon schwer abzugrenzende **Schenkung** andererseits (evtl. Rückabwicklung nach Schenkungsrecht); dazu unten § 13 Rdnr. 283 ff.
87 Näher hierzu unten Rdnr. 105 ff.

anspruchs)[88]. Gelingt der Nachweis nicht, bewendet es sich bei einem unsicheren güterrechtlichen Zugewinnausgleich. Überzeugend ist dies vor allem deshalb nicht, weil der BGH bereit ist, die schuldrechtliche Gesellschaftsform auch dort zur Verfügung zu stellen, wo es in tatsächlicher Hinsicht nur um Verwirklichung der ehelichen Lebensgemeinschaft geht[89]. Eine konsequente rechtliche Bewertung von Ehegattenmitarbeit lässt sich hier erreichen, wenn das Dogma von der abschließenden Funktion der güterrechtlichen Ausgleichsregeln aufgegeben und für die Ehegattenmitarbeit auf ein einheitliches Rechtsinstitut zurückgegriffen wird[90, 91].

2. Der Ausgleich von Ehegattenmitarbeit

102   **Fall 11:**   M und F sind miteinander verheiratet und haben den gesetzlichen Güterstand ausgeschlossen. M hat im Jahre 1970 eine Bäckerei eröffnet, die er gemeinsam mit seiner Frau (Buchführung und z.T. Ladengeschäft), die zugleich fünf gemeinsame Kinder versorgt und aufgezogen hat, zu einem blühenden Geschäft emporgebracht hat. Im Jahre 2005 lässt sich M scheiden. Die vermögenslose F fragt nach Ausgleichsansprüchen für ihren jahrzehntelangen Einsatz in der Bäckerei des M.

Ein güterrechtlicher Ausgleich entfällt für F wegen der vereinbarten Gütertrennung (Ausschluss des gesetzlichen Güterstandes, § 1414). Ausgleichsansprüche im Übrigen hat sie nur, wenn sie nicht bereits **familienrechtlich** zur unentgeltlichen Mitarbeit **verpflichtet** war.

a) Mitarbeitspflicht

103   Die eheliche Mitarbeitspflicht war bis 1977 im Gesetz ausdrücklich geregelt[92]. Nach der ursprünglichen Fassung des § 1356 Abs. 2 war (nur) die Ehefrau verpflichtet, im Geschäft des Mannes mitzuarbeiten[93]. Durch das Gleichberechtigungsgesetz[94] wurde die Verpflichtung auf beide Ehegatten ausgedehnt[95], seit 1977 **fehlt** eine Bestimmung. Trotzdem kann sich eine Mitarbeitspflicht aus **Unterhaltsrecht** nach §§ 1360 (S. 1: „durch ihre Arbeit"), 1356 (Abs. 2 S. 2: „gebotene Rücksicht"), 1353 Abs. 1 S. 2 Halbs. 1 in Notsituationen ergeben, wenn und solange Beruf oder Betrieb eines Ehegatten die wirtschaftliche Existenzgrundlage der Familie sichern und dem anderen die Mitarbeit zumutbar ist. Im obigen **Fall 11** hat F den Haushalt geführt und fünf Kinder aufgezogen. Viel spricht dafür, dass damit das Maß, ihre Arbeitskraft unterhaltsrechtlich ein-

---

88   **BGHZ 155, 249, 255; 165, 1, 8. – Anders** bei (unbenannten) **Ehegattenzuwendungen** (vgl. unten § 11 Rdnr. 253 f.).

89   Dazu unten Rdnr. 106.

90   Dazu unten Rdnr. 109.

91   Für die Bearbeitung von Fällen bedeutet die höchstrichterliche Rspr., dass eine Ehegatteninnengesellschaft auch bei Vorliegen einer Zugewinngemeinschaft nicht dahingestellt bleiben darf. Die Bejahung einer Gesellschaft führt zu einem Ausgleich außerhalb des Güterrechts.

92   § 1356 heutiger Fassung beruht auf dem 1. EheRG vom 14.6.1976 und trat mit Wirkung vom 1.7.1977 in Kraft.

93   § 1356 Abs. 2 urspr. F.: „Zu Arbeiten im Hauswesen und im Geschäfte des Mannes ist die Frau verpflichtet, soweit eine solche Thätigkeit nach den Verhältnissen, in denen die Ehegatten leben, üblich ist."

94   GleichberG vom 18.6.1957 (BGBl. I S. 609).

95   § 1356 Abs. 2 a.F.: „Jeder Ehegatte ist verpflichtet, im Beruf oder Geschäft des anderen Ehegatten mitzuarbeiten, soweit dies nach den Verhältnissen, in denen die Ehegatten leben, üblich ist."

zusetzen[96], erreicht war (vgl. § 1360 S. 2). Eine Verpflichtung zur Mitarbeit könnte sich allenfalls für die Anfangsjahre (Betriebssicherung im Gründungsstadium; damals geringere Kinderzahl) denken lassen; jahrzehntelange Mitarbeit war familienrechtlich nicht geschuldet.

Auch wenn im Einzelfall ein Ehegatte zur Mitarbeit verpflichtet ist, steht damit **nicht** auch schon **104** die **Unentgeltlichkeit** fest. Man wird unterscheiden müssen. Soweit sich eine unterhaltsrechtlich geschuldete Mitarbeit (Beispiel: die hochspezialisierte F erledigt in der Betriebsgründungsphase die gesamten programmier- und datentechnischen Arbeiten) im wirtschaftlichen Niveau des Familienunterhalts nicht widerspiegelt und damit der Partner an den Früchten seiner jetzigen Arbeit nicht partizipiert, ist sie grundsätzlich nicht unentgeltlich zu erbringen.

b) Schuldrechtlicher Ausgleich – Ehegatteninnengesellschaft

Fehlen eindeutige Hinweise, stehen sich Ehegatten nicht als Arbeitgeber und Arbeit- **105** nehmer gegenüber. Nicht das arbeitsrechtliche Direktionsrecht, sondern eheliche Kooperation zeichnet die Zusammenarbeit aus. Es werden auch nicht Geschäfte eines anderen besorgt, die Mitarbeit widmet sich vielmehr einem einzigen, ungeteilten Anliegen beider Gatten[97]. Schon früh hat deshalb die Rechtspraxis versucht, einen Ausgleich über das **Gesellschaftsrecht** zu erreichen, und zwar im Wege einer **Ehegatteninnengesellschaft**[98]. Diese Rechtsprechung wird in ihrem Ergebnis weithin geteilt. Ihren rechtlichen Voraussetzungen nach und in ihrer inzwischen weit verzweigten und nicht immer kreuzungsfreien Verästelung überzeugt sie jedoch kaum mehr.

Als Erstes stellt sich die Frage, ob **schuldrechtliche Formen** Platz greifen können, wo **106** es um **eheliche** Zusammenarbeit geht. Mit anderen Worten: Schließt hier nicht die eherechtliche Vorschrift des **§ 1353 Abs. 1 S. 2 Halbs. 1** schuldrechtliche Regelungen aus? Nach heute noch ganz herrschender Auffassung in Rechtsprechung und Literatur kann die „Verwirklichung der ehelichen Lebensgemeinschaft" als solche nicht als Gesellschaftszweck im Sinne des § 705 vereinbart werden[99]. Dementsprechend war es ständige Rechtsprechung auch des BGH, dass die Rechtsform der **Gesellschaft** nur dort in Betracht komme, wo Ehegatten **über** die bloße **Verwirklichung ihrer Lebensgemeinschaft** (§ 1353 Abs. 1 S. 2 Halbs. 1) **hinaus** weitere Ziele verfolgen[100]. Liege **dieser** Sachverhalt eines gesellschaftstypischen Zusammenwirkens vor, so sei von einer Ehegatteninnengesellschaft auszugehen, auch wenn sich die handelnden Partner der gesellschaftsrechtlichen Bedeutung ihres Tuns nicht bewusst seien[101]. Aber der BGH hat diese schon schwierige Abgrenzung noch stärker relativiert. Nach seiner **neueren Rechtsprechung** kommt dem Kriterium einer Zusammenarbeit über die Verwirklichung der ehelichen Lebensgemeinschaft hinaus nur noch eine **indizielle Bedeutung** auf **rechtsgeschäftlicher** Ebene zu. Geht es den Gatten im Rahmen ihrer gemeinsamen Arbeit auch und in erster Linie um die Gestaltung und Verwirklichung ihrer Ehe,

---

96 Aus unterhaltsrechtlicher Sicht dazu näher unten § 7 Rdnr. 145.
97 Zur Typologie oben Rdnr. 99.
98 **Grundlegend BGHZ 8, 249 ff.**; zuletzt ausführlich **BGHZ 142, 137 ff.** und erneut bestätigend **BGHZ 155, 249, 254**.
99 Aus der gegenwärtigen und älteren Literatur statt vieler: MünchKomm-*Ulmer*, ⁵2009, Vor § 705 Rdnr. 74; Palandt-*Sprau* § 705 Rdnr. 39; *Gernhuber* FamRZ 1958, 243, 247 f.; *Müller-Freienfels*, Die Gesellschaft zwischen Ehegatten, in: Eranion für G. Maridakis Bd. 2 (1963), S. 357, 373, 395 ff.
100 BGHZ 8, 249, 250; 31, 197, 201; 84, 361, 366.
101 BGHZ 31, 197, 201; 142, 137, 145 f.

so sei dadurch lediglich das Indiz für eine **stillschweigend** abgeschlossene Ehegatten-innengesellschaft ausgeschlossen[102]. Das bedeute aber nicht die endgültige Vernei-nung einer Gesellschaft zwischen den Eheleuten. Notwendig sei jetzt dafür allerdings die **ausdrückliche Vereinbarung** dieser Rechtsform. Dass im Zusammenwirken der Gatten sich **zugleich** (auch) deren Lebensgemeinschaft nach § 1353 Abs. 1 S. 2 ver-wirkliche, schade nicht[103]. Diese Differenzierung ist nicht überzeugend. Was (inhalt-lich) rechtsgeschäftlicher Vereinbarung unterliegt, kann ebensowohl ausdrücklich wie schlüssig vereinbart werden. In der Sache selbst hat der BGH seinen Ausgangspunkt aufgegeben: Durch **ausdrückliche Vereinbarung** können sich Ehegatten zu einer In-nengesellschaft auch dort zusammenschließen, wo es dem Sinn und Zweck nach um **Verwirklichung der Ehegemeinschaft** geht. Das widerspricht der originären Stellung und Funktion des § 1353 Abs. 1 S. 2, wie sich im Wege einer „Kontrollüberlegung" schnell zeigt, wenn es um die Bereitschaft geht, auf diese Ehegatteninnengesellschaf-ten wirklich gesellschaftsrechtliche Regeln anzuwenden (so die gegenseitige Ver-pflichtung zur Förderung des Gesellschaftszwecks, also die Verpflichtung zur Mit-arbeit, das Kontrollrecht gemäß § 716 oder das Kündigungsrecht nach § 723)[104].

107 Richtiger ist es, die Entscheidung zwischen „Ehegatten(innen)gesellschaft" **oder** „Ehegattenmitarbeit"[105] trotz der Schwierigkeiten im Wege der Auslegung auf rechts-geschäftlicher Ebene herbeizuführen. Die Annahme einer Gesellschaft (§ 705) setzt einen **Vertrag** voraus. Gesellschaftsrecht bedingt den **rechtsgeschäftlichen** Willen, ei-nen gemeinsamen Zweck zu fördern, d.h. das **Bewusstsein der Ehegatten**, dass ihre Zusammenarbeit die **familienrechtliche Verbindung überschreitet** – selbst wenn die schuldrechtlichen Zusammenhänge im Einzelnen nicht zutreffend eingeordnet wer-den[106]. Wenn es Eheleuten gezielt auf Vermögensbildung ankommt, dann spricht das für einen solchen Willen und gegen eine Ehegattenmitarbeit. Die Annahme des BGH, wonach es möglich sein soll, sich zu einer Ehegatteninnengesellschaft zusammenzu-schließen, obgleich es der Sache nach um Verwirklichung der ehelichen Lebensge-meinschaft geht, trifft nicht zu. Im letzteren Fall sind sich die Ehegatten der gesell-schaftsrechtlichen Handlungsform regelmäßig **nicht** einmal andeutungsweise **bewusst.** Die Annahme konkludenter Willenserklärungen fingiert, was real nicht nachweisbar ist: verpflichtende Rechtsgeschäfte unter Ehegatten[107].

108 Auf der Grundlage der gegenwärtigen höchstrichterlichen Rechtsprechung wird man in **Fall 11** zur Annahme einer **stillschweigenden Ehegatteninnengesellschaft** gelangen. Die jahrelange Mit-arbeit der F hat die Grenzen des § 1353 Abs. 1 S. 2 Halbs. 1 deutlich überschritten (zielgerichtete Vermögensbildung). Dann folgt daraus ein Anspruch der F auf Ausgleich in entsprechender An-wendung des § 738 Abs. 1 S. 2[108].

---

102 BGH NJW 1982, 170, 171 re. Sp.
103 BGH NJW 1982, 170, 171 re. Sp.; BGHZ 84, 361, 366 f.
104 Kritisch zur BGH-Rspr. etwa auch Soergel¹²-*Gaul* Vor § 1408 Rdnr. 26 mit weit. Nachweisen; *Schlüter* Rdnr. 84 und *Jaeger*, in: Festschr. für D. Henrich, 2000, S. 323 ff., 330 ff. – zum Ganzen s. jetzt auch Soergel-*Althammer* Vor § 1408 Rdnr. 36 ff.
105 Zur hiesigen Terminologie vgl. oben Rdnr. 99.
106 MünchKomm-*Ulmer*, ⁵2009, Vor § 705 Rdnr. 75.
107 Bedenken aus diesem Grunde bestehen seit jeher; vgl. nur MünchKomm-*Ulmer*, ⁵2009, Vor § 705 Rdnr. 75 f.
108 In diesem Sinne BGH NJW 1999, 2962, 2967 li. Sp., mit weit. Hinweisen zum Umfang des Ausgleichs-anspruchs (im Zweifel hälftige Beteiligung, § 722 Abs. 1).

c) Familienrechtlicher Vertrag sui generis

Die Rechtsprechung des BGH zur Ehegatteninnengesellschaft wurde maßgeblich **109** auch unter zeitbedingten Vorzeichen initiiert und vor diesem Hintergrund im Ergebnis auch allgemein geteilt[109]. Heute gestatten neue Kooperationsformen zwischen Ehegatten, auf die der BGH selbst zurückgreift, die Lehre von der Ehegatteninnengesellschaft zu überwinden. Liegen **weder** Indizien für eine **stillschweigend** vereinbarte Ehegatteninnengesellschaft vor **noch** ein **ausdrücklicher** Abschluss, so läge es in der Konsequenz dieser Rechtsprechung, einen Ausgleichsanspruch zu verneinen. Anders (in der Sache zu Recht) entscheidet der BGH. Wo gesellschaftsrelevante Anzeichen fehlen, komme ein stillschweigend abgeschlossener **familienrechtlicher Vertrag sui generis** (ehelicher Kooperationsvertrag) in Betracht, dem durch das Scheitern der Ehe die **Geschäftsgrundlage entzogen** worden sei (§ 313)[110]. Soweit beim anderen Ehegatten noch ein durch die Mitarbeit des Partners geschaffener messbarer Vermögensvorteil vorhanden sei, könne nach den Regeln der Lehre über den Fortfall der Geschäftsgrundlage ein billiger Ausgleich verlangt werden[111].

Diese Rechtsprechung lässt erkennen, dass die Sach- und Rechtsproblematik **ehebezogener Zusammenarbeit** ihrem Kern nach nicht über schuldrechtliche Regelungstypen, sondern nur als eine **eigenständige familienrechtliche** Kategorie erfasst werden kann[112]. Es gibt keinen sachlichen Grund, einen familienrechtlichen Vertrag nicht auch dort anzunehmen, wo bislang – soweit es wirklich um **„Ehegattenmitarbeit"** ging – mit einer Ehegatteninnengesellschaft gearbeitet wurde. Auf einem einheitlichen dogmatischen Fundament stellt sich dann nur die Frage, ob die Mitarbeit unterhaltsrechtlich geschuldet war oder nicht. Die Unterscheidung danach, ob Ehegatten im Rahmen der Verwirklichung ihrer Lebensgemeinschaft handeln oder nicht, ist die **rechtsgeschäftlich** zu treffende Entscheidung zwischen Gesellschaftsrecht und Eherecht. Demgegenüber favorisiert der BGH nun erneut die gesellschaftsrechtliche „Variante", bleibt aber in der inhaltlichen Aussage schwankend. Abgrenzungskriterium zu Gunsten der Ehegatteninnengesellschaft soll die Zielvorstellung der Ehegatten sein, „nicht so sehr die Verwirklichung der ehelichen Lebensgemeinschaft als vielmehr die Vermögensbildung als solche [...], mithin ein(en) eheüberschreitend(en) Zweck" zu verfolgen[113].

d) Geschäftsgrundlage oder Inhalt des Rechtsgeschäfts

Der BGH sieht den ungestörten Fortbestand der Ehe als Geschäftsgrundlage der ehe- **110** lichen Mitarbeit an. Zu fragen ist dann aber, die Grundlage **welchen Geschäfts** hier angesprochen ist. Die Formulierung des familienrechtlichen Vertrages **sui generis** stellt in erster Linie auf die rechtssystematische Verortung der Rechtsbeziehung – nämlich Familienrecht, nicht Schuldrecht – ab. Der **Inhalt dieses Vertrages** ist damit noch nicht geklärt. Geht man mit der Rechtsprechung davon aus, dass durch diesen

---

109 Es war die Zeit, in der gem. Art. 117 Abs. 1 GG das bis zum 31.3.1953 gültige gesetzliche Güterrecht, weil verfassungswidrig, außer Kraft getreten war, ein neues aber noch nicht existierte. Deshalb ging die Rspr. von der Gütertrennung (kein Ausgleich) als gesetzlichem Güterstand aus.
110 **Grundlegend BGHZ 84, 361 ff.**; erneut und zusammenfassend **BGHZ 142, 137 ff.**
111 Der Sache nach folgt diese Rspr. der Judikatur zur sog. Ehegattenzuwendung, vgl. BGHZ 84, 361, 368 ff.; 127, 48, 51 und nunmehr BGHZ 142, 137 ff.
112 Der eigene Lösungsvorschlag folgt dem bei der Ehegattenzuwendung unter § 13 Rdnr. 292 ff. entwickelten Gedanken; ähnlich auch ein Teil der Lit., der entweder die Zweckverfehlungskondiktion oder einen selbstständigen familienrechtlichen Ausgleichsanspruch aus § 1353 Abs. 1 S. 2 bejaht, so z.B. *Schlüter* Rdnr. 84.
113 BGHZ 142, 137, 150.

familienrechtlichen Vertrag die Gatten ihre **eheliche Lebensgemeinschaft** gestalten und konkretisieren[114], dann wird deutlich, dass Fortbestand und Verwirklichung der Ehe nicht nur Grundlage, sondern **Inhalt** dieses Vertrages sind. Familienrechtsdogmatisch erfasst werden kann diese spezifische Absprache mit dem „**gegenseitigen Einvernehmen**" der Ehegatten (§ 1356 Abs. 1 S. 1). Das gegenseitige Einvernehmen entfaltet keine schuldrechtliche Bindung, aber es trägt als Absprache der Ehegatten die besondere eheliche Vermögensgestaltung. Ich selbst halte es deshalb für richtiger, als Anspruchsgrundlage für den Ausgleich auf **§ 812 Abs. 1 S. 2 Alt. 2** zurückzugreifen: das **gegenseitige Einvernehmen** als **Rechtsgrundabrede** im Sinne der **condictio ob rem**[115]. Im Ergebnis dürfte sich dieser Weg wenig von dem des BGH unterscheiden.

IV. Eherechtlicher Haftungsmaßstab

111 Für die „sich **aus dem ehelichen Verhältnis** ergebenden **Verpflichtungen**" statuiert **§ 1359** einen besonderen innerehelichen **Haftungsmaßstab**. Ehegatten sollen sich „nehmen wie sie sind". § 1359 bestimmt daher, dass Ehepartner bei Erfüllung der für sie aus der Ehe resultierenden Verbindlichkeiten einander nicht nach der allgemeinen Sorgfaltspflicht des § 276 haften, sondern lediglich für die **Sorgfalt**, die sie in **eigenen Angelegenheiten** wahren (diligentia quam in suis) – d.h., sie haften erst ab der Schwelle **grober Fahrlässigkeit** (§ 277).

112 Die Vorschrift des § 1359 gibt nur einen Haftungsmaßstab, **keinen Haftungsgrund** (Anspruchsgrundlage). Sie bezieht sich auf **alle Verbindlichkeiten**, die sich aus der **ehelichen Lebensgemeinschaft** ergeben: etwa die Unterhaltspflicht (§ 1360), Mitarbeit im Beruf oder Geschäft des anderen Partners (§§ 1353, 1356), die Haushaltsführung (§§ 1356 Abs. 1, 1360), Lebensbedarfsdeckungsgeschäfte (§ 1357) und güterrechtliche Verpflichtungen.

113 In diesen Fällen trifft die Haftungsbeschränkung des § 1359 **alle Anspruchsgrundlagen**, insbesondere auch Deliktsansprüche. Auf § 1359 können sich Ehegatten dagegen dort **nicht berufen**, wo sie sich im Rahmen des **gewöhnlichen rechtsgeschäftlichen Verkehrs** gegenüberstehen, z. B. als Arbeitnehmer/Arbeitgeber oder als Parteien eines Darlehens-, Leih- oder Dienstvertrages.

114 Ins Blickfeld der Praxis ist die Anwendung des § 1359 insbesondere im Zusammenhang mit **Straßenverkehr** und **Freizeitsport** geraten.

Nach ständiger Rechtsprechung[116] und ganz herrschender Meinung[117] findet § 1359 **keine Anwendung** auf Sorgfaltspflichten im **Straßenverkehr**. Die Haftungsprivilegierung, so der BGH[118], gelte nicht für den außerhäuslichen Bereich. Überzeugender

---

114 BGHZ 84, 361, 366.
115 Die nähere dogmatische Begründung entspricht den Ausführungen zur condictio ob rem bei der sog. „unbenannten Ehegattenzuwendung", vgl. dazu unten § 13 Rdnr. 292 ff.
116 BGHZ 53, 352 ff.; 63, 51 ff.
117 Etwa Palandt-*Brudermüller* § 1359 Rdnr. 2.
118 BGHZ 53, 352, 355.

erscheint es, darauf abzustellen, dass sich die gemeinsame Autofahrt in aller Regel nicht als eine „sich aus dem ehelichen Verhältnis" ergebende Verpflichtung darstellt, sondern allenfalls gelegentlich der Wahrnehmung auch ehelicher und familiärer Interessen geschieht (etwa Urlaubsfahrt).

Grundgedanken der Versagung der Haftungsprivilegierung im allgemeinen Straßenverkehr hat der BGH auch auf **gemeinschaftliche Sportaktivitäten** der Ehegatten übertragen. Jedenfalls dann, wenn sich hier ein Unfall mit einem „motorgetriebenen Fahrzeug von vergleichbarer Gefährlichkeit" ereignet (Motorboot), entfällt nach der höchstrichterlichen Rechtsprechung die Haftungsmilderung nach § 1359[119]. Auch hier wird man aber sagen können, dass sich entsprechende Freizeittätigkeiten nicht gerade als eine ehespezifische Verpflichtung für die Partner ergeben.

Ein **besonderes Problem** ergibt sich, wenn am Unfallgeschehen eine **dritte Person** be-   **115**
teiligt ist. Dann fragt sich, wie die Haftung des mitwirkenden, nach § 1359 privilegierten Gatten im Verhältnis zu dem nach allgemeinem Maßstab (§ 276) haftenden Dritten zu bestimmen ist – so genannter **„gestörter Gesamtschuldnerausgleich"**. Früher nahm der BGH an, dass die Privilegierung des § 1359 lediglich Wirkung zwischen den Eheleuten zeitige und es Dritten deshalb unbenommen sei, beim mitverantwortlichen Ehegatten im Wege des Gesamtschuldnerausgleichs Regress zu nehmen (§ 426). In ähnlich gelagerten Situationen (vgl. § 1664: Haftung der Eltern gegenüber ihrem Kind) ist der BGH von dieser Rechtsprechung abgerückt: Wo für einen Mitschädiger eine Haftungsprivilegierung greife, fehle es bereits an einer Haftung dieses Beteiligten, weswegen die Voraussetzungen eines Gesamtschuldverhältnisses (und damit eines Gesamtschuldnerregresses) von vorneherein nicht vorlägen[120]. Diese Überlegungen wird man auch auf § 1359 übertragen können[121].

Im Rahmen der gegenseitigen Haftung von Ehegatten zu beachten ist das so genannte   **116**
„Familien- oder Angehörigenprivileg". Danach findet zu Lasten des leistenden Versicherers eine Regressbeschränkung gegen den verantwortlichen Ehegatten statt (z.B. § 86 Abs. 3 VVG).

---

119 BGH NJW 2009, 1875 ff.
120 BGHZ 103, 338, 344 ff.; BGH NJW 2004, 2892, 2893 re. Sp.
121 Nähere Darstellung der Literatur bei Soergel-*Lipp* § 1359 Rdnr. 7.

§ 6 Besitzrecht der Gatten, Ehewohnung und Haushaltsgegenstände

I. Besitz und Recht zum Besitz

1. Ehelicher Besitz und Besitzrecht

117 An **Ehewohnung** und **Haushaltsgegenständen** haben Ehegatten – ungeachtet der Eigentumslage ebenso wie der güterrechtlichen Situation und ungeachtet auch der mietrechtlichen Verhältnisse – regelmäßig **Mitbesitz** (§ 866)[1]. An Gegenständen des **persönlichen Gebrauchs** besteht **Alleinbesitz**. Entscheidend für die Besitzverhältnisse ist – wie auch sonst – die faktische Besitzlage[2]. Auch bei Ehegatten entscheidet deren Willensrichtung, ob sie **Eigen-** oder **Fremdbesitzer** sind. Aus der eherechtlichen Generalklausel des § 1353 Abs. 1 S. 2 Halbs. 1 folgt die Pflicht eines Ehegatten, dem Partner Mitbesitz an **eigenen** oder **gemieteten** Einrichtungs- und Haushaltsgegenständen einzuräumen und ihm die Mitbenutzung der Ehewohnung zu gestatten. Dem korrespondiert in der Person des anderen ein **Recht zum Besitz**[3]. An den gemeinschaftlich genutzten Gegenständen hat der Eigentümer-Ehegatte deshalb regelmäßig unmittelbaren Eigenbesitz (soweit es um den eigenen Mitbesitz geht) und zugleich mittelbaren Eigenbesitz hinsichtlich des Mitbesitzes seines Partners. Dieser ist unmittelbarer Fremdbesitzer. In Bezug auf solche Gegenstände besteht zwischen den Gatten ein **Besitzmittlungsverhältnis** (§ 868) kraft Gesetzes (§ 1353 Abs. 1 S. 2 Halbs. 1), das, wie **Fall 12** zeigt, Grundlage einer **Übereignung** gemäß **§§ 929, 930** sein kann.

> **Fall 12:** Ehefrau F will die ihr gehörende Standuhr ihrem Mann schenken. Ohne dass die Uhr ihren Standort (im Wohnzimmer) verändern muss, ist eine Übereignung möglich: dingliche Einigung der Eheleute gemäß § 929 S. 1 und Änderung des Besitzwillens im Rahmen des gesetzlichen Besitzmittlungsverhältnisses (§ 1353 Abs. 1 S. 2 Halbs. 1) als Übergabesurrogat nach den §§ 930, 868: Die F ist jetzt nicht mehr unmittelbare Eigen-, sondern Fremdbesitzerin; ihr Ehemann ist unmittelbarer und (hinsichtlich des Mitbesitzes der F) mittelbarer Eigenbesitzer[4].

2. Besitz und Zwangsvollstreckung

118 Das Besitzrecht der Ehegatten spielt eine wichtige Rolle im **Zwangsvollstreckungsverfahren** gegen einen der Partner. Soweit es dabei um **bewegliche Sachen** geht, auf die der Gläubiger zugreifen will (§§ 803 ff. ZPO), finden, sofern Mitbesitz beider Eheleute besteht, besondere Vorschriften Anwendung (§§ 808, 809, 739 ZPO in Verbindung mit § 1362)[5]. **Anders** bei einer Zwangsvollstreckung zur Herausgabe einer **un-**

---

1 **BGHZ 12, 380, 398** (allerdings noch auf der Grundlage eines stillschweigend abgeschlossenen Gebrauchsüberlassungsvertrags nach Art einer Leihe).
2 Soergel-*Stadler*, [13]2002, § 866 Rdnr. 8.
3 BGHZ 71, 216 ff.; BGHZ 159, 383, 384 f. (gemietete Ehewohnung).
4 **BGHZ 73, 253, 257 f. = JuS 1979, 903 f.**; BGH FamRZ 1989, 945, 947 li. Sp.
5 Dazu ausf. unten § 9 Rdnr. 184 ff.

beweglichen Sache (§ 885 Abs. 1 ZPO), z.B. wenn eine angemietete **Wohnung** von Ehegatten **geräumt** werden soll.

In BGHZ 159, 383 ff. hatte der Vermieter gegen die Ehefrau als Alleinmieterin einen vollstreckbaren Räumungstitel erlangt. Die beauftragte Gerichtsvollzieherin lehnte eine Zwangsvollstreckung ab, weil der Ehemann (und ein Kind) sich ebenfalls in der Wohnung aufhielten und jedenfalls dem Ehemann ein **Recht zum Besitz** an der Wohnung zustehe. Aus diesem Grunde sei auch gegen ihn ein Räumungstitel (Verurteilung) notwendig. Der BGH bestätigte diese Rechtsauffassung. – Nach § 885 Abs. 1 S. 1 ZPO wird die Räumungsvollstreckung dadurch bewirkt, dass der Gerichtsvollzieher den Vollstreckungsschuldner aus dem Besitz der Wohnung setzt und diesen dem Gläubiger zuweist. Diese Vollstreckung darf nur beginnen, wenn die Personen, gegen die sich die Vollstreckung richtet (Vollstreckungsschuldner), im Titel und der beigefügten Vollstreckungsklausel namentlich benannt sind. Weil der Ehemann der verurteilten Alleinmieterin nach § 1353 Abs. 1 S. 2 Halbs. 2 ein Recht zum Besitz an der Ehewohnung hatte und die Räumungsvollstreckung auch seinen Besitz beenden würde, war strittig, ob auch er zur Räumung der Wohnung verurteilt werden musste (was nicht geschehen war).

Bisher war die Frage sehr umstritten. Ein Teil von Rechtsprechung und Literatur bejahte die Notwendigkeit eines Titels auch gegen den Ehegatten nur dann, wenn dieser sein Recht zum Besitz vom Vermieter selbst herleite (z.B. durch Einbeziehung in den Mietvertrag)[6]. Eine im Vordringen begriffene Auffassung ging von der Notwendigkeit eines Räumungstitels auch gegen den Ehepartner schon dann aus, wenn dieser sein **Besitzrecht** (lediglich) von seinem Gatten nach **§ 1353 Abs. 1 S. 2 Halbs. 2** ableitete. Dem hat sich der **BGH** nun **angeschlossen** mit dem Argument, dass der Gerichtsvollzieher allein die tatsächlichen Besitzverhältnisse zu prüfen habe. Dann sei lediglich noch festzustellen, ob der Räumungstitel auch die von der Vollstreckung betroffenen Besitzer benenne[7].

3. Dauer des Besitzrechts und Besitzschutz

Fall 13: Die miteinander verheirateten M und F leben in einer dem M gehörenden Wohnung. Die Lebensgemeinschaft ist weithin zerstört. M will von F getrennt leben und verlangt deshalb von ihr, seine Wohnung zu verlassen. – Schließlich zieht F aus. Eines Abends steht M in einem leeren Wohnzimmer. F hat die Einrichtungsgegenstände mit der (zutreffenden) Behauptung, sie seien ihr Eigentum, entfernt und zu sich genommen.   **119**

a) Dauer des Besitzrechts

M kann gemäß § 985 von F Räumung seiner Wohnung verlangen **(Fall 13)**, wenn der F ein Recht zum Besitz (§ 986 Abs. 1 S. 1) nicht mehr zusteht. Das hängt davon ab, ob das Besitzrecht aus § 1353 Abs. 1 S. 2 Halbs. 1 die tatsächliche Lebensgemeinschaft zur Grundlage hat oder lediglich an das Eheband (den Rechtsbegriff „Ehe") anknüpft. Das **Recht zum Besitz** aus § 1353 Abs. 1 S. 2 Halbs. 1 zählt zu den **statusrechtlichen** Ehefolgen, die allein den **Bestand der Ehe** (im Rechtssinne) voraussetzen. Das Besitzrecht dauert demgemäß über die Trennungsphase hinweg bis zur rechtskräftigen   **120**

---

6 Z.B. LG Mönchengladbach DGVZ 2000, 118 f.; ebenso noch *Schuschke/Walker*, Vollstreckung und vorläufiger Rechtsschutz, ³2002, § 885 ZPO Rdnr. 14.

7 BGHZ 159, 383, 386; zu differenzierten Lösungsvorschlägen auf der Grundlage dieser Rspr. jetzt *Schuschke/Walker*, Vollstreckung und vorläufiger Rechtsschutz, ⁵2011, § 885 ZPO Rdnr. 18.

Scheidung fort[8], sofern sich aus dem Gesetz nichts anderes ergibt. Eine solche Regelung trifft für den Fall des **Getrenntlebens** § 1361a Abs. 1 hinsichtlich der **Haushaltsgegenstände**. Sie können vom Eigentümer-Ehegatten grundsätzlich gemäß § 985 herausverlangt werden[9].

Anders die Besitzrechtslage an der **Ehewohnung**. Die Vorschrift des § 1361b regelt einen **Ausnahmefall** in der Situation des Getrenntlebens[10]. Im Umkehrschluss zu § 1361a Abs. 1 ist deshalb davon auszugehen, dass auch gegenüber einem berechtigt getrennt lebenden Eigentümer-Ehegatten das Recht zum Mitbesitz an der Ehewohnung weiterhin Bestand hat. **Vor** und **während** des Ehescheidungsverfahrens **endet** das Besitzrecht eines Ehegatten nur, wenn dieser die eheliche Wohnung in Scheidungsabsicht **endgültig verlassen** hat[11]. Das bedeutet für **Fall 13**, dass F, jedenfalls solange sie in der Ehewohnung verbleibt, trotz der gescheiterten Beziehung ein Recht zum Besitz aus § 1353 Abs. 1 S. 2 Halbs. 1 hat (§ 986 Abs. 1 S. 1).

121 Der BGH hat im Streit um Ehewohnung und Hausrat während des **Getrenntlebens** und während oder nach einem **Ehescheidungsverfahren** eine **Vindikationsklage** des Eigentümer-Ehegatten für **unzulässig** erachtet[12]. Hintergrund dieser Entscheidungen war die Vermeidung einer doppelten Zuständigkeit: des allgemeinen Prozessgerichts für Ansprüche gemäß § 985 und des Familiengerichts für Ansprüche nach §§ 1361a, 1361b beziehungsweise (früher) nach HausratsVO im Falle der Ehescheidung[13]. **Zuständig** sei in diesen Situationen **ausschließlich** das **Familiengericht**. Dieses Ergebnis ergibt sich seit Inkrafttreten des FamFG bereits aus dem Gesetz. Der Streit um Haushaltsgegenstände und Ehewohnung ist eine **Familiensache** (§§ 111 Nr. 5, 200 ff. FamFG), für die das Amtsgericht als Familiengericht zuständig ist (§§ 23a Abs. 1 Nr. 1, 23b Abs. 1 GVG). Eine andere Frage betrifft die **materiellrechtlichen Anspruchsgrundlagen** des Eigentümer-Ehegatten. Die Zuweisung zum familiengerichtlichen Verfahren führt nicht zum Ausschluss allgemeiner Anspruchsgrundlagen, die auch in diesem Verfahren nach dem materiellen Recht zu bestimmen sind. Richtiger Ansicht nach sind in den Vorschriften der §§ 1361a, 1361b keine Anspruchsgrundlagen zu sehen (dazu im Anschluss). Geregelt ist hier das (nunmehr entfallende oder noch fortgeltende) **Besitzrecht** des anderen Ehegatten aus § 1353 Abs. 1 S. 2. Richtigerweise ist deshalb auf die allgemeinen Anspruchsgrundlagen zurückzugreifen, die allerdings nur nach Maßgabe des FamFG-Verfahrens vor dem Familiengericht geltend zu machen sind (mit der Möglichkeit einer einstweiligen Anordnung nach §§ 49 ff. FamFG). Dasselbe gilt auch für den possessorischen Besitzschutz unter Ehegatten.

---

8 BGHZ 67, 217, 220 f.; 71, 216 ff.
9 Dazu näher unten Rdnr. 128 f.
10 Dazu näher unten Rdnr. 130 ff.
11 BGH FamRZ 1971, 633 ff. (unabhängig von eigentums- und mietrechtlichen Fragen).
12 BGHZ 67, 217 ff.; 71, 216 ff.
13 Die **HausratsVO** wurde durch Art. 2 des Gesetzes zur Änderung des Zugewinnausgleichs- und Vormundschaftsrechts, **ZuGewAusglÄndG** (BGBl. I 1696), zum **1.9.2009 aufgehoben**. Die entsprechenden Regelungen über Ehewohnung und Hausrat im Fall der **Ehescheidung** finden sich jetzt in den §§ **1568a, 1568b**.

b) Possessorischer Besitzschutz (§§ 858 ff.)

Soweit Ehegatten untereinander verbotene Eigenmacht üben (§ 858 Abs. 1), stehen **122**
grundsätzlich auch ihnen die allgemeinen Besitzschutzansprüche (§§ 861, 862) und
das Selbsthilferecht des Besitzers (§ 859) zu[14]. Im konkreten Fall kann die Ausübung
des Selbsthilferechts oder die Geltendmachung eines Besitzschutzanspruchs einer
modifizierten Bewertung gemäß § 1353 Abs. 1 S. 2 unterliegen[15]. Soweit die Ehegatten Mitbesitzer sind, findet § 866 Anwendung.

Stark umstritten ist, ob die Rechtsbehelfe des Besitzschutzes auch gelten, wenn die **123**
Ehe gescheitert ist und die Gatten **getrennt leben**. Dann müsste F **(Fall 13)** – ohne
Rücksicht auf die Eigentumslage (§ 863) – die Einrichtungsgegenstände an M zurück-
geben (§ 861 Abs. 1) und aus dem Petitorium (ihrem Recht zum Alleinbesitz) Herausgabe nach § 985 verlangen[16].

Der BGH hat zu dieser Frage noch nicht Stellung genommen. Teile der Literatur[17] und der
Rechtsprechung[18] bejahen einen possessorischen Besitzschutz auch zwischen getrennt lebenden
Ehegatten mit dem Argument, dass gerade in einer sich auflösenden Ehe der eigenmächtige Zu-
griff eines Partners auf Ehewohnung oder Hausrat verhindert werden müsse.

Die Gegenansicht weist auf die §§ 1361a, 1361b als spezialgesetzliche Regelungen auch im materiellrechtlichen Sinne hin und verneint einen Herausgabeanspruch nach § 861 immer dann, wenn
die Voraussetzungen des § 1361a Abs. 1 oder Abs. 2 vorliegen[19]. Ein Rückgabeverlangen könne
nur nach Maßgabe des § 1361a geltend gemacht werden[20].

Eine vermittelnde Ansicht[21] kommt zur Anwendung possessorischen Rechtsschutzes jedenfalls
dann, wenn der auf Rückgabe bestehende Ehegatte damit keine Verteilung der Haushaltsgegenstände im Sinne des § 1361a, sondern lediglich die Wiederherstellung des ursprünglichen Besitz-
standes anstrebe und der in Anspruch genommene Partner den entfernten Gegenstand nicht
dringend zur eigenen Bedarfsdeckung benötige. Dabei sei § 861 entsprechend anzuwenden, weil
durch die Zuweisung des Streits an das Familiengericht (jetzt §§ 111 Nr. 5, 200 ff. FamFG, vgl.
oben Rdnr. 121 und unten Rdnr. 125) die allgemeinen zivilrechtlichen Besitzschutzansprüche
grundsätzlich durch §§ 1361a, 1361b verdrängt seien[22].

Der Auffassung von der spezialgesetzlichen Regelung des Besitzschutzes unter ge- **124**
trennt lebenden Ehegatten durch §§ 1361a, 1361b steht der Grundsatz der strikten
Trennung zwischen Possessorium (Besitz) und Petitorium (Recht zum Besitz) gegenüber. Die possessorischen Ansprüche stellen die frühere Besitzlage ohne Rücksicht

---

14 Z.B. *Schwab* Rdnr. 110, 370.
15 Ehegatten können gehalten sein, Ansprüche nicht oder nur in bestimmter Weise geltend zu machen,
 vgl. oben § 5 Rdnr. 99 Fußn. 82. – Aus strafrechtlicher Sicht (Notwehr gegenüber Ehegatten) instruktiv
 BGH NJW 1984, 986 f. = JuS 1984, 563 f.
16 Ob **§ 1361a** in der Situation des Getrenntlebens **lex specialis** gegenüber § 985 ist, ist **umstritten** (dazu
 bereits oben Rdnr. 121 und unten Rdnr. 128). Zu den possessorischen Ansprüchen aus sachenrechtli-
 cher Sicht *Habersack*, Examens-Repetitorium Sachenrecht, [7]2012, Rdnr. 83 ff.
17 Soergel-*Lange* § 1361a Rdnr. 13; *Gernhuber/Coester-Waltjen* § 23 Rdnr. 47 mit weit. Nachweisen.
18 OLG Düsseldorf FamRZ 1987, 484; KG FamRZ 1987, 1147.
19 OLG Nürnberg FamRZ 2006, 486, 487 li. Sp.
20 OLG Köln FamRZ 1997, 1276, 1277 re. Sp.
21 OLG Hamm FamRZ 1991, 81 f.; OLG Frankfurt FamRZ 2003, 47 f.; zustimmend *Brudermüller*
 FamRZ 2006, 1157, 1161.
22 OLG Frankfurt FamRZ 2003, 47, 47 re. Sp. – Eine gute, überblicksartige Darstellung der Problematik
 findet sich bei *Menter* FamRZ 1997, 76 ff.

darauf wieder her, ob diese Besitzlage auch rechtlich begründet ist (Recht zum Besitz, § 863). Es kommt ihnen **nur** darauf an, den **eigenmächtigen Zugriff** (Faustrecht) **zu verhindern**. Die Beteiligten sollen ihr Recht (zum Besitz) vor Gericht geltend machen. Die Vorschriften der §§ **1361a, 1361b** regeln dieses **Recht zum Besitz** an Haushaltsgegenständen und Ehewohnung, das für die Besitzschutzansprüche gerade keine Rolle spielen darf. Eine spezialgesetzliche Regelung der possessorischen Ansprüche durch §§ 1361a, 1361b scheidet aus, weil diese Vorschriften § 863 unberührt lassen. Sie regeln eine materiellrechtlich andere Frage, nämlich inwieweit das aus § 1353 Abs. 1 S. 2 Halbs. 1 folgende Recht zum Besitz bereits während des Getrenntlebens entfällt[23]. Dass der Gesetzgeber durch diese Vorschriften den Besitzschutz zwischen getrennt lebenden Ehegatten (völlig) ausschließen wollte, lässt sich nicht begründen. Es herrscht deshalb zwischen den allgemeinen Besitzschutzansprüchen und den §§ 1361a, 1361b eine freie **materiellrechtliche Konkurrenz**[24]. M kann deshalb in **Fall 13** von F gemäß § 861 Abs. 1 sofortige Rückgabe der Einrichtungsgegenstände verlangen (vollständige Besitzentziehung durch F, § 866).

125 Auch die praxisorientierte, **verfahrensrechtliche Besorgnis** widerstreitender Entscheidungen im Verfahren über Haushaltsgegenstände (§ 1361a) und im Besitzschutzverfahren (§ 861)[25] **hat sich erledigt**. Für beide Angelegenheiten ist seit Inkrafttreten des FamFG das Familiengericht zuständig, gemäß §§ 111 Nr. 5, 200 Abs. 1 Nr. 1, Abs. 2 Nr. 1 für Ehewohnungs- und Haushaltssachen und gemäß §§ 111 Nr. 10, 266 Abs. 1 Nr. 3 für possessorische Besitzschutzansprüche. Im Übrigen ist für die Ablösung des Possessoriums durch das Petitorium auf § 864 Abs. 2 hinzuweisen.

126 Der in diesen Fällen oft notwendige vorläufige Rechtsschutz ergibt sich aus **§ 49 FamFG (einstweilige Anordnung)**. Das Verfahren ist ein solches der freiwilligen Gerichtsbarkeit (§§ 50 ff. FamFG). Einstweilige Verfügungen durch das Prozessgericht (§§ 935 ff. ZPO) scheiden deshalb aus. Wird während eines Verfahrens nach § 200 FamFG eine Ehesache bei einem anderen Gericht anhängig, so ist das Verfahren an das Gericht der Ehesache abzugeben (§ 202 FamFG). Dasselbe gilt für ein Verfahren nach § 266 FamFG (§ 268 FamFG).

II. Ehewohnung und Haushaltsgegenstände bei Getrenntleben

127 Bleibt den Ehegatten (auch im Falle des Getrenntlebens und der Ehescheidung) zwar die Geltendmachung von Besitzschutzansprüchen (§§ 861 f.) unbenommen, so bilden diese doch lediglich eine vorläufige Regelung. Bedeutsam ist es deshalb, von Rechts wegen (Recht zum Besitz) eine angemessene Verteilung der Haushaltsgegenstände und eine Benutzungsregelung hinsichtlich der Ehewohnung zu erreichen. Ausgangspunkt ist das aus § 1353 Abs. 1 S. 2 Halbs. 1 resultierende, bis zur Scheidung wirkende Recht auf Mitbesitz. Dieses Recht wird für getrennt lebende Partner nach Maßgabe der §§ **1361a, 1361b** modifiziert.

---

23 Vgl. etwa OLG Hamm FamRZ 1991, 81, 81 li. Sp.; ebenso *Gernhuber/Coester-Waltjen* § 23 Rdnr. 43.
24 Die Trennung zwischen Besitz und Recht zum Besitz spricht auch gegen die vermittelnde Theorie, die beide Positionen miteinander vermischt; so deutlich OLG Hamm FamRZ 1991, 81, 82 li. Sp.; wie hier *Schwab* Rdnr. 370.
25 Vgl. die Hinweise oben bei Rdnr. 121.

1. Verteilung der Haushaltsgegenstände

Getrennte Haushalte fordern Alleinbesitz des jeweiligen Gatten am Hausrat[26]. Dem **128** trägt § 1361a Abs. 1 S. 1 Rechnung: Jeder Ehegatte kann die **ihm gehörenden** Haushaltsgegenstände vom anderen herausverlangen; mit der Trennung erlischt also grundsätzlich das aus § 1353 Abs. 1 S. 2 den Ehegatten zustehende Recht auf Mitbesitz und Mitbenutzung. Die Vorschrift des § 1361a Abs. 1 S. 1 ist **keine selbstständige Anspruchsgrundlage**[27]; sie regelt vielmehr im Rahmen des Vindikationsanspruchs (§ 985) eine bestimmte **besitzrechtliche** Position (§ 986). Das ist nicht unwichtig, wie folgende Überlegung zeigt.

> **Fall 14:** F und M leben seit acht Monaten getrennt. Beim Auszug aus der früher ehelichen Wohnung hat M die ihm gehörende PC-Anlage zurückgelassen. Nunmehr verlangt er sie von F heraus, die sich auf die inzwischen vergangene Zeit, erhebliche Reparaturkosten und schließlich darauf beruft, dass sie die Anlage dringend benötige.

M kann als Eigentümer[28] Herausgabe verlangen (§ 985), wenn der F ein Recht zum Besitz nicht mehr zusteht (§ 986 Abs. 1 S. 1). Die Trennung der Eheleute hat zwar das eheliche Besitzrecht grundsätzlich zum Erlöschen gebracht (§ 1361a Abs. 1 S. 1), doch bleiben im Rahmen des Vindikationsbegehrens weitere (**nicht eherechtlich** begründete) Besitzrechte zu prüfen. Denkbar ist hier (vgl. **Fall 14**) eine schlüssig vereinbarte Gebrauchsüberlassung zu Gunsten der F[29], jedenfalls aber wird F ein Zurückbehaltungsrecht gemäß §§ 1000, 994 geltend machen können. Auch die Ausnahmeregelung des § 1361a Abs. 1 S. 2 (Verpflichtung des Eigentümer-Ehegatten zur Gebrauchsüberlassung) gehört in diesen Zusammenhang; aus ihr ergibt sich ein Recht zum Besitz im Sinne des § 986 Abs. 1 S. 1.

Die Verteilung der Haushaltsgegenstände in der **Trennungsphase berührt** die **Eigentumsverhält-** **129** **nisse nicht** (§ 1361a Abs. 4). Es handelt sich nach der Vorstellung des Gesetzes um eine lediglich vorläufige Regelung, über die erst bei Ehescheidung endgültig zu befinden ist. Daraus folgt, dass in einem Verfahren über die Verteilung von Haushaltsgegenständen (§ 1361a Abs. 3 S. 1; § 200 Abs. 2 Nr. 1 FamFG) die Vorschriften zur Begründung von Alleineigentum eines Ehegatten **nicht** anwendbar sind (§ 1568b).

2. Ehewohnung

> **Fall 15:** Gegenüber dem Herausgabebegehren des M **(Fall 13)** macht F geltend, sie sei auch **130** während der Trennungszeit auf die bisherige eheliche Wohnung angewiesen. M habe ihr deshalb die Wohnung, jedenfalls aber einen Teil daran, zu ihrer alleinigen Benutzung zu überlassen.

---

26 Mitbesitz (gestützt auf § 1353 Abs. 1 S. 2 Halbs. 1) kann deshalb weiterhin Bedeutung haben, wenn Ehegatten innerhalb derselben Wohnung getrennt leben (als schlichter Mitbesitz oder als sog. Wechselbesitz).

27 BayObLG NJW 1972, 949 f.; *Gernhuber/Coester-Waltjen* § 23 Rdnr. 43. Für eigenständige Anspruchsgrundlage (lex specialis) Soergel-*Leiß* § 1361a Rdnr. 21 mit weit. Nachweisen; anders noch Soergel[12]-*Lange* § 1361a Rdnr. 7.

28 Wichtig insoweit **§ 1568b Abs. 2**: Vermutung von Miteigentum bei während der Ehe für den gemeinsamen Haushalt erworbenen Haushaltsgegenständen.

29 BGHZ 12, 380 ff.; BayObLG NJW 1972, 949 f.

a) Besitzrecht der Gatten, „Getrenntleben“, Wohnungszuweisung

131   Das Recht auf Mitbesitz an der ehelichen Wohnung (§ 1353 Abs. 1 S. 2 Halbs. 1) verfehlt sein Ziel, sobald einer der Partner getrennt leben will, denn Trennung im Sinne des Ehescheidungsrechts bedeutet objektiv Aufhebung der den Mitbesitz tragenden häuslichen Gemeinschaft (§ 1567 Abs. 1 S. 1). Ist es den Gatten finanziell nicht möglich, sich jeweils eigene Hausstände einzurichten, sind sie auf ein Getrenntleben innerhalb der ehelichen Wohnung angewiesen (§ 1567 Abs. 1 S. 2). Zu diesem Zweck muss ihnen ein Teil der Wohnung zu alleinigem Gebrauch zur Verfügung stehen (kein gemeinsamer Haushalt), das Recht zum Mitbesitz des anderen Gatten insoweit also enden beziehungsweise fortgesetzt werden als Recht zu schlichtem Mitbesitz (z.B. Aufzug, Hausflur im Haus des anderen Partners) oder so genanntem Wechselbesitz (zeitliches Nacheinander z.B. von Waschküche, Bad etc. in der Wohnung des anderen). Die Vorschrift des § 1361b Abs. 1 S. 1 scheint dieser Situation Rechnung zu tragen, indem sie einen Ehegatten verpflichtet, seinem Partner, der getrennt leben will, einen Teil der Wohnung zur alleinigen Benutzung zu überlassen[30]. Diese Zuweisung (eines Teils) der Ehewohnung nach **§ 1361b** dient jedoch **nicht** der Sicherstellung **bloßen Getrenntlebens**, sondern insbesondere dazu, Fällen von häuslicher Gewalt und Bedrohung zu begegnen (**„unbillige Härte“**). Nach Absenkung der Eingriffsschwelle[31] ist unter „unbillige Härte“ grundsätzlich jede Form von Gewaltausübung (auch Sachbeschädigung) zu rechnen, während allgemeine, trennungsbedingte Unannehmlichkeiten nicht von § 1361b Abs. 1 erfasst werden. Das bedeutet, dass ein Ehegatte, der innerhalb der ehelichen Wohnung getrennt leben will, grundsätzlich auf eine Verständigung mit seinem Partner angewiesen ist. Unterhalb der „unbilligen Härte“ im Sinne des § 1361b Abs. 1 gibt es keinen Rechtsbehelf, um die Zuweisung (eines Teils) der Ehewohnung zum alleinigen Gebrauch zu erreichen. Dem Ehegatten, der getrennt leben will, bleibt bei Weigerung des Partners, die räumliche Trennung zu vollziehen, nur der Auszug aus der ehelichen Wohnung.

132   Diese, in der Praxis oft unglückliche Situation hängt rechtlich damit zusammen, dass den Ehegatten grundsätzlich bis zur Ehescheidung ein Recht zum Besitz an der ehelichen Wohnung zusteht[32]. Ein Ehegatte, der (zu Recht) getrennt leben will, kann allein dadurch das Besitzrecht des anderen also nicht beschränken. Bei gleich bleibendem Besitzrecht der Partner in und an derselben Wohnung ist die Aufhebung der häuslichen Gemeinschaft (das frühere besitzrechtliche Miteinander muss zu einem Neben- beziehungsweise Nacheinander werden) ohne eine dahingehende Absprache so gut wie ausgeschlossen. Erst durch eine Entscheidung des Familiengerichts gemäß § 1361b Abs. 1 endet dieses Besitzrecht – aber eben geknüpft an Umstände, die ein räumliches Zusammenleben mit dem anderen Partner aus Gründen, die in dessen Person liegen, nicht mehr zumutbar erscheinen lassen. In **Fall 15** wird F deshalb keine Möglichkeit haben, auch nur einen Teil der Wohnung zur alleinigen Benutzung zugewiesen zu bekommen.

133   Wird gegen den Ehegatten Gewalt geübt (Verletzung von Körper, Gesundheit, Freiheit) oder damit gedroht, kommen Maßnahmen nach dem **Gewaltschutzgesetz** (GewSchG) in Betracht[33]

---

30 Zum Getrenntleben innerhalb der ehelichen Wohnung vgl. oben § 4 Rdnr. 59.
31 Bis zur Änderung des § 1361b durch das GewSchG: „schwere Härte“. Sie setzte ein grob rücksichtsloses Verhalten eines Partners voraus, das für den anderen zu einer unerträglichen Wohnsituation führen musste.
32 Vgl. oben Rdnr. 120, 127.
33 GewSchG vom 11.12.2001, BGBl. I S. 3513.

(z.B. Verbot, die Wohnung zu betreten, Kontaktaufnahmeverbot; vgl. § 1 Abs. 1 GewSchG). Dazu rechnet bei einem gemeinsam geführten Haushalt auch die Möglichkeit, der verletzten oder bedrohten Person die Wohnung zur alleinigen Benutzung zu überlassen (§ 2 Abs. 1, Abs. 2 GewSchG). Diese Maßnahmen des GewSchG treten gegebenenfalls neben § 1361b; zuständig ist das Familiengericht (§§ 23a Nr. 1, 23b Abs. 1 GVG; § 111 Nr. 6 FamFG). Vorläufiger Rechtsschutz richtet sich nach § 214 FamFG.

b) Die Regelung des § 1361b

Ob eine „unbillige Härte" im Sinne des § 1361b Abs. 1 S. 1 vorliegt, ist unter Berück- **134** sichtigung etwaiger **dinglicher Berechtigungen** eines der Gatten an der ehelichen Wohnung zu bestimmen (§ 1361b Abs. 1 S. 3). Soll der berechtigte Gatte weichen, er- höht dies die Eingriffsschwelle; im umgekehrten Fall wird sie gesenkt. Kommt es zu einer Überlassung, kann der weichende Ehegatte eine Benutzungsvergütung bean- spruchen, soweit dies der Billigkeit entspricht (§ 1361b Abs. 3 S. 2). Das setzt voraus, dass der verbleibende Ehegatte nicht schon aus eigenem Recht (z.B. Miteigentümer) die Wohnungsnutzung wahrnimmt oder ihm insoweit ein Unterhaltsanspruch zusteht. – Gemäß **§ 1361b Abs. 2 S. 1** ist in Fällen widerrechtlich vorsätzlicher **Gewaltanwen- dung** gegen Körper, Gesundheit oder Freiheit des anderen Ehepartners oder im Falle einer solchen Drohung in der Regel die gesamte Wohnung dem beeinträchtigten Part- ner auf dessen Antrag hin zuzuweisen. Etwas anderes gilt nur dann, wenn weitere Ver- letzungen oder widerrechtliche Drohungen nicht mehr zu besorgen sind, es sei denn, dem verletzten Ehegatten ist ein weiteres Zusammenleben wegen der Schwere der Tat nicht mehr zumutbar (§ 1361b Abs. 2 S. 2). Zu achten ist auf die Regelung des **§ 1361b Abs. 4:** Ist ein Gatte aus Trennungsgründen aus der ehelichen Wohnung aus- gezogen und bekundet er nicht innerhalb von sechs Monaten ernsthafte Rückkehrab- sichten, so wird unwiderlegbar vermutet, dass er dem anderen die Ehewohnung zu alleiniger Benutzung überlassen hat.

Bei Zuweisung der Ehewohnung gemäß § 1361b ist wegen der dann vorliegenden **135** „unbilligen Härte" für einen der Ehegatten oftmals unverzügliches Handeln gefor- dert, d.h. eine Maßnahme des vorläufigen Rechtsschutzes notwendig. Ohne dass eine Ehesache anhängig sein muss, kann eine einstweilige Anordnung getroffen werden (§ 49 FamFG). In diesem Verfahren geht es um vorläufige Regelungen[34]. Ist oder wird eine Ehescheidungssache anhängig, sind für die Zuständigkeit auch beim vorläufigen Rechtsschutz §§ 201, 202 FamFG zu beachten.

III. Ehewohnung und Haushaltsgegenstände bei Ehescheidung

Im Falle der Ehescheidung müssen die Befugnisse der Gatten an Haushaltsgegenstän- **136** den und Ehewohnung endgültig entschieden werden. Kommt es hier zu keiner inter- nen Einigung, kann unter den Voraussetzungen des **§ 1568a Abs. 1** ein Anspruch auf Überlassung der ehelichen **Wohnung** geltend gemacht werden.

Haushaltsgegenstände, die im Alleineigentum früherer Gatten stehen, fallen diesen zu. Die gesetzliche Regelung des **§ 1568b** betrifft nur Haushaltsgegenstände, die im

---

34 Für Haushaltsgegenstände vgl. oben Rdnr. 129.

gemeinsamen **Eigentum** der Gatten stehen. Insoweit kann ein Ehegatte gegen den anderen einen **Anspruch auf Übereignung** haben, sofern er auf die Nutzung dieser Gegenstände – unter Berücksichtigung der Gesamtsituation – stärker angewiesen ist als der andere und die Überlassung der Billigkeit entspricht (Abs. 1). Nach § 1568b Abs. 2 „gelten" Haushaltsgegenstände, die während der Ehe für den gemeinsamen Haushalt angeschafft wurden, als gemeinsames Eigentum der Gatten. Es handelt sich um eine **Vermutung**, die **nur dann widerlegt** ist, wenn **Alleineigentum** eines Ehegatten **feststeht**.

§ 7 Eheliches Unterhaltsrecht

I. Grundlagen

137 Das Familienrecht unterscheidet systematisch zwischen **Ehegattenunterhalt** (§§ 1360–1361; §§ 1569–1586b) und **Verwandtenunterhalt** (§§ 1601 ff.). Das eheliche Unterhaltsrecht seinerseits knüpft an die konkrete Situation an, in der sich Ehegatten befinden: in **ungestörter Ehe** (§§ 1360–1360b), in der Phase des **Getrenntlebens** (§ 1361) oder **nach Ehescheidung** (§§ 1569 ff.). Die unterschiedlichen Lebensverhältnisse wirken sich auf die Art und den rechtlichen Charakter des im Einzelfall geschuldeten Unterhalts maßgeblich aus. Während intakter Ehe sind die Gatten einander zum **Familienunterhalt** (Naturalunterhalt) verpflichtet, der auch die Unterhaltsleistungen für ihre **gemeinsamen Kinder** umfasst (§ 1360a Abs. 1: Geltendmachung aus eigenem Recht und in eigenem Namen)[1]. Leben die Ehegatten getrennt oder sind sie geschieden, entfällt der „Familienunterhalt". Es bewendet sich dann bei einseitigen Ansprüchen auf Zahlung einer **Geldrente** (§ 1361 Abs. 4; § 1585 Abs. 1) in Höhe lediglich des **Ehegattenunterhalts**. Die Geltendmachung des Kindesunterhalts durch einen Partner ist in diesen Fällen gesondert geregelt (§ 1629 Abs. 2 S. 2, gemeinsame Sorge nach Ehescheidung: im Namen des Kindes; § 1629 Abs. 3 S. 1, Getrenntleben: in Prozessstandschaft).

II. Verpflichtung zum Familienunterhalt

1. Rechtsnatur – Verletzung eines Ehegatten

138 **Fall 16:** M und F sind miteinander verheiratet. F ist nicht erwerbstätig; sie versorgt den ehelichen Haushalt und betreut die drei gemeinsamen Kinder. Durch einen schuldhaft herbeigeführten Verkehrsunfall verletzt S die F so schwer, dass sie vier Monate stationär im Krankenhaus behandelt werden muss. Während dieser Zeit stellt M eine Haushaltshilfe für 650 € monatlich ein und verlangt von S Ersatz dieser Kosten. – Statt einer bezahlten Hilfe versorgt die Mutter des M Haushalt und Kinder.

---

1 Das Unterhaltsverhältnis zwischen **Eltern** und **Kindern** richtet sich dagegen stets nach §§ **1601 ff.**; Kinder haben keinen Anspruch auf Familienunterhalt.

a) Anspruch nach § 845

M kann von S, weil er in eigenen Rechten oder Rechtsgütern des § 823 Abs. 1 nicht **139** verletzt wurde[2], allenfalls aus dem Gesichtspunkt entfallener, seitens der F ihm unterhaltsrechtlich geschuldeter Leistungen (§§ 1360, 1360a Abs. 1, Abs. 2) Ersatz verlangen (§ 845). Voraussetzung dafür ist, dass F (Verletzte) einem Dritten (M) kraft Gesetzes zu Diensten in dessen Hauswesen verpflichtet war.

Die Verpflichtung der F, nach Maßgabe des getroffenen Einvernehmens durch die **140** Haushaltsführung zum Familienunterhalt beizutragen (§ 1360 S. 2), ist **keine** Verpflichtung zu **Dienstleistungen** gegenüber ihrem **Ehemann** in **dessen** Hauswesen[3]. Eheleute erbringen ihre Unterhaltsleistungen (gleichgültig welchen Inhalts) als einen **eigenständigen Beitrag** zum **Familienunterhalt**[4]. Leistungsempfänger sind alle Familienmitglieder. Die Vorschrift des § 845 ist deshalb auf Unterhaltsansprüche der Gatten nach § 1360 nicht anwendbar[5]. In Frage kommt deshalb allenfalls ein **eigener** Anspruch des **verletzten** Ehepartners (F); eine Anspruchsberechtigung des anderen Gatten (M) entfällt[6].

b) Eigener Anspruch des verletzten Ehegatten (§§ 823 Abs. 1, 842)

Ein eigener Anspruch der F kann sich nur auf § 823 Abs. 1 stützen. Die Frage ist aber, **141** ob der Ausfall der Haushaltsführung auch bei F einen **Schaden** hervorgerufen hat. Zwar dehnt die Vorschrift des § 842 den Umfang der Ersatzpflicht auch auf die Nachteile aus, die die unerlaubte Handlung „für den Erwerb" der beeinträchtigten Person nach sich zieht. Gemeint ist damit aber nicht die abstrakte Erwerbsfähigkeit, sondern die (dauernde) Beeinträchtigung der tatsächlich (erwerbswirtschaftlich) eingesetzten Arbeitskraft[7]. Klargestellt wird durch § 842, dass die Minderung der Erwerbsfähigkeit (immaterielles Rechtsgut) insoweit als eine Vermögenseinbuße zu rechnen ist, die, auch wenn eine Wiederherstellung (§ 249) nicht mehr möglich ist, eine Geldkompensation auslöst (§ 251 Abs. 1 statt § 253 Abs. 1)[8].

Obwohl Haushaltsführung und Kinderbetreuung in der eigenen Familie keine er- **142** werbswirtschaftlichen Tätigkeiten darstellen, hat der BGH einen **eigenen Anspruch** des haushaltsführenden Ehegatten in voller Höhe anerkannt. Ein „**Nachteil**" im Sinne des § 842 beschränke sich nicht auf den Verlust von Entgelt (Gegenleistung) aus rein erwerbswirtschaftlicher Tätigkeit. „Nachteil" sei darüber hinaus jede „**wirtschaftliche**

---

2 Hinsichtlich Arzt-, Krankenhauskosten, Schmerzensgeld wegen der Gesundheits- und Körperverletzungen (§§ 823 Abs. 1, 253 Abs. 2) besteht ein Anspruch der F gegen den Schädiger.
3 So allerdings die grundgesetzwidrige urspr. Fassung des § 1356 Abs. 2 a.F.: „Zu Arbeiten im Hauswesen und im Geschäfte des Mannes ist die Frau verpflichtet, soweit eine solche Thätigkeit nach den Verhältnissen, in denen die Ehegatten leben, üblich ist." Von diesen dem Ehemann geschuldeten **Diensten** war dessen **Unterhaltspflicht** seiner Frau gegenüber zu unterscheiden (§ 1360 Abs. 1 a.F.).
4 **Grundlegend BGHZ (GS) 50, 304 ff.**
5 BGHZ (GS) 50, 304, 306; einziger familienrechtlicher Tatbestand, der dem § 845 unterfällt, ist § 1619 (Dienstleistungspflicht von Kindern gegenüber ihren Eltern).
6 BGHZ (GS) 50, 304, 306; für eigenen Anspruch der Ehefrau vorher bereits BGHZ 38, 55, 57; ebenso BGHZ 51, 109, 110 f. – Für den Fall der **Tötung** eines haushaltsführenden Ehegatten (§ 844 Abs. 2) s. BGHZ 104, 113 ff.
7 BGHZ 54, 45, 50, 52.
8 BGHZ 26, 69, 77.

Beeinträchtigung", „die der Mangel der vollen Einsatzfähigkeit mit sich bringt"[9]. Der haushaltsführende Ehepartner **setzt** seine Arbeitskraft tatsächlich **ein** und erbringt damit einen Beitrag zum Familienunterhalt. Auch wenn dies nicht im Austausch mit einer Gegenleistung geschieht, so steht die Erbringung der Haushaltstätigkeit doch in Korrespondenz mit einem eigenen Unterhaltsanspruch des verletzten Gatten gegen seinen Partner (§§ 1353 Abs. 1 S. 2, 1360). Der haushaltsführende Teil sichert die wirtschaftliche Grundlage der Familie (damit auch seine eigene) und wird durch die Verletzung gehindert, die eigene Arbeitskraft in entsprechender Weise einzusetzen. Es geht daher in diesen Fällen nicht um einen Ersatz der Beeinträchtigung bloß abstrakter Arbeitsfähigkeit[10], sondern um den Ausfall der konkreten Arbeitsleistung. Dass die Verletzung nicht zum Wegfall des korrespondierenden Unterhaltsanspruchs führt, der andere Gatte vielmehr gehalten ist, seinen eigenen Beitrag gegebenenfalls sogar zu steigern und die Unterhaltsbedürfnisse des Verletzten zu befriedigen, resultiert aus interner familienrechtlich gebotener Solidarität und kann den Schädiger nicht entlasten (§ 843 Abs. 4). Weil der **Vermögensschaden** im **Ausfall der Arbeitskraft selbst** liegt, in der Unmöglichkeit, sie in wirtschaftlich relevanter Weise im Haushalt einzusetzen, kommt es für einen Ersatzanspruch auch nicht darauf an, ob zum Ausgleich der weggefallenen Leistungen zusätzliche Vermögensaufwendungen getätigt werden (Einstellung einer Aushilfskraft) oder nicht. Die Bemessung des Schadensersatzes richtet sich nach den Kosten, die für eine entsprechende Ersatzkraft aufzubringen sind oder aufzubringen wären, um die vom verletzten Partner geleistete Arbeit zu bewältigen[11]. – In **Fall 16** hat also F einen Anspruch auf Ersatz der wegen des Ausfalls ihrer Arbeitsleistungen notwendigen Kosten für eine Haushaltshilfe ohne Rücksicht darauf, ob eine solche Einstellung tatsächlich erfolgt oder nicht.

2. Verpflichtung zum Unterhalt durch Einsatz von Arbeitskraft und Vermögen (§ 1360)

143 Im Unterhaltsrecht sind grundsätzlich **drei Fragen** zu beantworten: nach dem konkreten **Umfang** des Unterhalts (Unterhaltsbedarf), mit welchen **Mitteln** der Unterhalt zu leisten und in welcher **Art** er zu gewähren ist. Worum es dabei geht, zeigt

> **Fall 17:** Das Ehepaar M und F hat drei Kinder. F führt den Haushalt; sie ist nicht erwerbstätig. Der Verdienst des M reicht gerade aus, das Notwendigste für die Familie zu besorgen (Wohnung, Verpflegung etc.). Urlaub, Taschengeld und andere persönliche Bedürfnisse können davon nicht bestritten werden. M verlangt von F, zusätzlich zu ihrer Haushaltstätigkeit ebenfalls finanziell zum Familienunterhalt beizutragen, und zwar aus Mieteinkünften eines von ihr ererbten Mehrfamilienhauses.

---

9 **Grundlegend BGHZ 38, 55, 59.**
10 BGHZ 38, 55, 58 f.; 54, 45, 51.
11 BGHZ 86, 372 ff.; 104, 113 ff. (jeweils zu § 844 Abs. 2). Der BGH hat einen Ersatzanspruch auch dann zugesprochen, wenn die beeinträchtigende Verletzung bereits vor Eheschließung zugefügt wurde, BGHZ 38, 55 ff.

a) Umfang des Unterhalts

Nach § 1360 S. 1 sind Ehegatten einander verpflichtet, die Familie **angemessen** zu un-   **144**
terhalten. Das wird in **§ 1360a Abs. 1** näher umrissen. Zum angemessenen Familienunterhalt zählt alles, was nach den Verhältnissen der Eheleute notwendig ist, um den
Haushalt, die **persönlichen Bedürfnisse** der Gatten und den **Lebensbedarf der gemeinsamen Kinder** zu bestreiten. Die Verhältnisse der Ehegatten richten sich in erster
Linie nach dem **verfügbaren Einkommen**, das zugleich die Obergrenze der Unterhaltspflicht darstellt. In diesem Rahmen ist aber ein objektiver Maßstab (soziale Stellung, gesellschaftliche Anschauung, Lebensstil vergleichbarer Berufskreise) zugrunde
zu legen[12]. Ehegatten können (absprachegemäß) unter diesem Niveau (sparsam) leben, auf einen Mindeststandard aber kann vertraglich nicht verzichtet werden[13]. Vor
allem können Eltern den Familienaufwand nicht zu Lasten ihrer Kinder unter einem
solchen Stand halten[14]. Im Rahmen dieser Verhältnisse bestimmt § 1360a Abs. 1 die
wesentlichen Faktoren des Familienunterhalts: Kosten des Haushalts (Wohnung,
Wohnungseinrichtung, Heizung, Lebensmittel, Familienurlaub); persönliche Bedürfnisse der Gatten (Kleidung, Arzt- und Krankenhauskosten, berufliche Fortbildung,
kulturelle Bedürfnisse, Alterssicherung, Taschengeld); Lebensbedarf der gemeinsamen Kinder (§ 1610; insbesondere Kleidung, Nahrung, Ausbildung, Freizeit). – Die
von M in **Fall 17** geltend gemachten Defizite (Urlaub, Taschengeld, weitere persönliche Bedürfnisse) zählen umfangmäßig zum angemessenen Familienunterhalt.

b) Unterhaltsmittel

Als **Unterhaltsmittel** bestimmt § 1360 S. 1 **Arbeit und Vermögen** der Ehegatten. So-   **145**
wohl F wie M tragen in **Fall 17** durch Arbeit zum Familienunterhalt bei. Während dem
M zusätzliches Vermögen nicht zur Verfügung steht, fragt sich, ob F neben ihrer Haushaltstätigkeit auch aus ihren Mieteinnahmen zum Familienunterhalt beitragen muss.
Nach **§ 1360 S. 2** erfüllt der im Haushalt tätige Ehegatte seine Verpflichtung, durch
Arbeit zum Unterhalt der Familie beizutragen, **in der Regel** durch die **Führung des
Haushalts**. Das bedeutet, dass er – sofern zumutbar – zusätzlich auch durch erwerbswirtschaftliche Bemühungen den Unterhalt der Familie zu sichern hat. Das Unterhaltsmittel des **Vermögens** lässt diese Vorschrift unberührt. Ist F danach verpflichtet,
„durch ihre Arbeit **und** mit ihrem Vermögen" (§ 1360 S. 1) zum Unterhalt der Familie
beizutragen, so muss sie auch aus ihren Mieteinkünften dazu beisteuern.

c) Art der Unterhaltsgewährung

Der Unterhalt ist in der durch die **eheliche Lebensgemeinschaft gebotenen** Art zu   **146**
leisten (§ 1360a Abs. 2 S. 1). Die Ehegatten schulden sich grundsätzlich Unterhaltsbeiträge in Form von **Naturalunterhalt**, d.h. Wohnbedarf ist in concreto (etwa durch An-
mieten einer angemessenen Wohnung) zu decken; Lebensmittel, Heizmaterial, Einrichtungsgegenstände sind zur Verfügung zu stellen; zur Sicherung des alltäglichen

---

12 *Palandt-Brudermüller* § 1360a Rdnr. 1. Obwohl Familienunterhalt nicht auf eine Geldrente gerichtet
   ist, kann als Orientierungshilfe auf § 1578 zurückgegriffen werden, BGH FamRZ 2006, 1827, 1831
   li. Sp.
13 §§ 1360a Abs. 3, 1614.
14 Soergel-*Leiß* §1360 Rdnr. 21, § 1360a Rdnr. 26-31.

Lebensbedarfs durch den haushaltsführenden Partner ist Haushaltsgeld bereit zu stellen; der Haushalt ist tatsächlich zu führen, Kinder sind zu pflegen (vgl. § 1606 Abs. 3 S. 2). Abweichungen im Einzelnen können sich durch die eheliche Lebensführung ergeben, insbesondere wenn eine gemeinsame Wirtschaftsführung nicht besteht.

d) Abgrenzung zum Verwandtenunterhalt

147 Die Regeln des allgemeinen **Verwandtenunterhalts** sind auf die Unterhaltspflicht von Ehegatten **nicht anwendbar** (Ausnahme: § 1360a Abs. 3). Die eheliche Unterhaltsverpflichtung wird deshalb auch nicht durch die Gefährdung des eigenen angemessenen Unterhalts begrenzt (vgl. § 1603 Abs. 1), vielmehr haben Ehegatten alle verfügbaren Mittel (Arbeit und Vermögen) bis an die Grenze des Existenzminimums für die Sicherung ihres Unterhalts (und den ihrer minderjährigen Kinder, vgl. § 1603 Abs. 2) aufzuteilen. Dazu gehört grundsätzlich auch die Verwertung des Vermögensstammes. Eine Entlastung bei Unterschreiten des eigenen angemessenen Unterhalts erfolgt nur dann, wenn leistungsfähige Verwandte des berechtigten Gatten vorhanden sind, die in dieser Situation den unterhaltsrechtlichen Vorrang des Ehegatten ablösen (§ 1608 Abs. 1 S. 2).

3. Zuvielleistung

148 **Fall 18:** Obwohl der vermögenslosen Ehefrau F eine zusätzliche Arbeitsaufnahme unterhaltsrechtlich nicht zugemutet werden könnte, ist sie längere Zeit hindurch mehrere Abende in der Woche als Bedienung tätig, um den Unterhalt der Kinder sicherzustellen. Ehemann M lässt es dagegen an den gebotenen Anstrengungen fehlen. Später verlangt F einen Ausgleich für den früher von ihr überobligationsmäßig geleisteten Unterhalt.

Wurde von einem Ehegatten über seine Pflicht hinaus zum Familienunterhalt beigetragen, so ist im Zweifel davon auszugehen, dass dies ersatzlos geschah. Es wird vermutet, dass der leistende Partner auf eine Ersatzforderung verzichtet (§ 1360b). Nach zutreffender Ansicht handelt es sich nicht nur um eine Auslegungsregel, sondern um eine **gesetzliche Vermutung** (mit Folgen für die Darlegungslast)[15]. Soweit die Vermutung greift, sind Rückforderungsansprüche aus jedem rechtlichen Grund ausgeschlossen[16].

149 Die Vermutung des § 1360b ist allerdings **widerlegbar**; das kann durch ausdrücklichen Vorbehalt geschehen oder sich aus den Umständen ergeben. Entscheidend für die Rückforderungsabsicht ist der Zeitpunkt der Leistung. Es fragt sich aber, welche **Anspruchsgrundlage** dem Ehegatten zur Verfügung steht, denn § 1360b selbst enthält eine solche nicht[17]. Er beschränkt lediglich Ersatzansprüche auf Grund der allgemeinen Vorschriften[18], wozu der BGH allerdings auch einen familienrechtlichen Ausgleichsanspruch rechnet[19]. Falltypisch muss daher unterschieden werden, ob der

---

15 Zur näheren Begründung (effektive Sicherung des Gesetzeszwecks) vgl. Soergel-*Leiß* § 1360b Rdnr. 6f.
16 BGHZ 50, 266, 270.
17 BGH NJW 1984, 2095, 2096 li. Sp.
18 BGH NJW 1984, 2095, 2096 re. Sp.
19 BGHZ 31, 329, 332; 50, 266, 267 f., 270.

mehrleistende Ehegatte für den (an sich verpflichteten) Partner tätig wird[20] (dann sind Ersatzansprüche auf der Grundlage einer cessio legis gemäß § 1607 Abs. 2 S. 2, nach dem Recht der Geschäftsführung ohne Auftrag und nach Bereicherungsrecht denkbar[21]) – oder ob ein Ehegatte bei beidseitiger Erfüllung der Unterhaltspflichten über den von ihm geforderten Beitrag hinaus leistet. Es kommt dann nur ein gesondertes, (schlüssig) vereinbartes Rückforderungsrecht in Betracht (bei vorbehaltloser Annahme der Unterhaltsleistung in Kenntnis der Rückforderungsabsicht) – andernfalls ist von Zweckerreichung (§ 812 Abs. 1 S. 2 Alt. 2) auszugehen. Nur wenn es F also gelingt **(Fall 18)**, sowohl ihre erhöhte Unterhaltsleistung wie ihre Erstattungsabsicht für den Zeitpunkt der Leistung nachzuweisen, wird sie Ausgleich erhalten können.

Ein Teil der Literatur lehnt in diesem Falle (Übernahme der Unterhaltspflicht gegenüber einem gemeinsamen Kind, weil sich der andere Elternteil seiner Pflicht entzieht) die Anwendung des § 1360b ab, weil die Leistung dem Kind gegenüber nicht freiwillig, sondern aufgrund unterhaltsrechtlicher Ersatzhaftung erfolge[22]. Für § 1360b ist aber Leistung des Kindesunterhalts als **Beitrag zum Familienunterhalt**, wozu allein die Ehegatten einander verpflichtet sind, maßgeblich.

4. Vergangenheit, Verzicht, Erlöschen

Für den Familienunterhalt (§§ 1360, 1360a) gelten gemäß § 1360a Abs. 3 die Vorschriften der §§ **1613 bis 1615** entsprechend.   **150**

Danach kann für die Vergangenheit grundsätzlich weder Erfüllung noch Schadensersatz wegen Nichterfüllung verlangt werden (§ 1613 Abs. 1 S. 1) – ausgenommen, der Unterhaltsanspruch ist rechtshängig geworden, der Schuldner in Verzug geraten oder zum Zwecke der Unterhaltsrealisierung aufgefordert worden, über seine Einkünfte Auskunft zu erteilen. Diese Einschränkungen gelten nicht für unterhaltsrechtlichen Sonderbedarf (§ 1613 Abs. 2 Nr. 1)[23] und für den Fall, dass der Unterhaltsgläubiger aus rechtlichen oder vom Schuldner zu verantwortenden tatsächlichen Gründen an der Geltendmachung gehindert war (§ 1613 Abs. 2 Nr. 2). Sie gelten **auch nicht** für **vertraglich** vereinbarten Unterhalt[24].   **151**

Solange die Ehe besteht, kann auf zukünftigen Unterhalt nicht verzichtet werden (§ 1614 Abs. 1)[25]. Ebenso wenig kann vereinbart werden, den Unterhaltsanspruch nicht geltend zu machen[26].

Der Unterhaltsanspruch erlischt mit dem Tode des Berechtigten oder des Verpflichteten (§ 1615 Abs. 1)[27].

---

20 So auch durchgehend die von der Rspr. entschiedenen Fälle.
21 Im Einzelnen s. BGH NJW 1984, 2095 f.
22 MünchKomm/*Weber-Monecke* § 1360b Rdnr. 5; Soergel-*Leiß* § 1360b Rdnr. 17.
23 Zum Begriff des **Sonderbedarfs** (in Abgrenzung zum laufenden Unterhalt und zu Mehrbedarf) vgl. etwa Palandt-*Brudermüller* § 1613 Rdnr. 10
24 RGZ 164, 65, 69 (Verletzung eines Unterhaltsversprechens); OLG München FamRZ 1995, 1293 f. (Unterhaltsvergleich).
25 **Anders** für die Zeit **nach Ehescheidung** – § 1585c.
26 OLG Karlsruhe FamRZ 1980, 1117.
27 **Anderes** gilt wiederum beim **nachehelichen Unterhalt** im Falle des Todes des Verpflichteten (§ 1586b Abs. 1: Übergang der Unterhaltspflicht auf die Erben).

III. Unterhalt bei Getrenntleben (Trennungsunterhalt)

1. Wegfall des Familienunterhalts

152 Leben Ehegatten getrennt, besteht kein gemeinschaftlicher Hausstand mehr (§ 1567 Abs. 1). Die Unterhaltsleistungen können dem anderen nicht mehr als Naturalunterhalt gewährt werden. Der laufende Unterhalt ist daher jetzt in Form einer **Geldrente** zu leisten (§ 1361 Abs. 4 S. 1). Dieser Unterhalt des § 1361 umfasst nur noch den Anspruch des einzelnen Ehegatten für sich selbst – nicht mehr die Unterhaltsansprüche der gemeinsamen Kinder (vgl. demgegenüber §§ 1360 S. 1, 1360a Abs. 1). Für die **Kinder** muss vom sorgenden Elternteil deren Verwandtenunterhalt (§§ 1601 ff.) geltend gemacht werden, und zwar gemäß § 1629 Abs. 3 S. 1 im eigenen Namen (Prozessstandschaft). Nach **§ 1361 Abs. 4 S. 4** sind über den Verweis auf § 1360a Abs. 3 die Vorschriften der §§ 1613 bis 1615 ebenfalls entsprechend anwendbar (kein Unterhalt für die Vergangenheit, kein Verzicht auf zukünftigen Unterhalt, Erlöschen mit dem Tod des Berechtigten oder Verpflichteten)[28]. Gleiches gilt für die Regelung des § 1360b (Zuvielleistung)[29].

153 Der unterschiedliche Rechtscharakter von Familienunterhalt und Trennungsunterhalt hat eine wichtige **verfahrensrechtliche** Konsequenz.

> **Fall 19:** Ehefrau F hatte noch während des Bestehens der ehelichen Lebensgemeinschaft gegen ihren Ehemann einen rechtskräftigen Unterhaltstitel nach § 1360 erlangt. Inzwischen leben die Eheleute getrennt. F verlangt nun Trennungsunterhalt nach § 1361.

Weil sich die Verurteilung zu Unterhaltsleistungen auf wiederkehrende, künftig fällig werdende Leistungen bezieht, könnte sich für F ein **Abänderungsantrag** nach § 238 **FamFG** anbieten[30]. Das setzt aber voraus, dass es sich tatsächlich um einen mit der ersten Entscheidung identischen Anspruch handelt **(Identität des Streitgegenstandes)**. Weil dies jedoch nicht zutrifft, muss F gegebenenfalls erneut im Wege eines Leistungsantrages vorgehen[31].

2. Anspruchsvoraussetzungen

a) Bedürftigkeit des Berechtigten

154 **Anders** als bei intakter Ehe (Familienunterhalt)[32] hat Anspruch auf Trennungsunterhalt nur, wer nicht in der Lage ist, sich selbst zu unterhalten; § 1361 setzt also **Bedürftigkeit** des Berechtigten voraus (vgl. Abs. 2). Ob Bedürftigkeit in diesem Sinne vorliegt, richtet sich danach, ob der Partner in der Lage ist, den „nach den Lebensver-

---

28 Vgl. oben Rdnr. 150 f.
29 Vgl. oben Rdnr. 148 f.
30 § 238 FamFG ist **lex specialis** gegenüber § 323 ZPO für **gesetzliche** Unterhaltsansprüche (vgl. §§ 111 Nr. 8, 231 Abs. 1 FamFG). Abänderungen vertraglicher Unterhaltsansprüche richten sich nach § 323 ZPO (allgemeiner Zivilprozess; keine Familiensache).
31 Zur unterschiedlichen Rechtsnatur OLG Hamm FamRZ 1999, 30 f.; Keidel/*Meyer-Holz*, FamFG, ²2011, § 238 Rdnr. 12 f. **Gleiches** gilt nach Auffassung des BGH für Trennungs- und Geschiedenenunterhalt, BGH FamRZ 1981, 242; 1982, 465.
32 Vgl. oben Rdnr. 137 – zur Sache MünchKomm/*Weber-Monecke* § 1360 Rdnr. 6, § 1361 Rdnr. 35.

hältnissen und den Erwerbs- und Vermögensverhältnissen der Ehegatten angemessenen Unterhalt" selbst sicherzustellen (§ 1361 Abs. 1 S. 1 Halbs. 1). Grundgedanke des Gesetzes ist, in der (noch nicht endgültigen) Trennungsphase möglichst weitgehend an die **durch die Ehe** geschaffene Situation anzuknüpfen. Dementsprechend sind die „Lebensverhältnisse der Ehegatten" gleichbedeutend mit den „Verhältnissen der Ehegatten" in § 1360a Abs. 1[33]. Hinsichtlich der Erwerbs- und Vermögensverhältnisse sind die beider Ehegatten maßgebend – ohne Rücksicht auf unterschiedlich hohe Einkommen[34]. Die Richtschnur des früheren ehelichen Status kommt auch in § 1361 Abs. 2 zum Ausdruck, wonach für einen nicht erwerbstätig gewesenen Ehegatten während der Trennungszeit grundsätzlich keine Erwerbsobliegenheit besteht. Das ist zumindest für das (erste) Trennungsjahr anzunehmen. Für die Zeit danach kann (auch unter Beachtung des neu gefassten § 1569) eine erhöhte Erwerbsobliegenheit in Betracht kommen[35].

b) *Leistungsfähigkeit des Verpflichteten*

Nach den allgemeinen Regeln des Rechts über den Verwandtenunterhalt besteht eine **155** Unterhaltspflicht nur, soweit dem in Anspruch Genommenen selbst der angemessene Unterhalt verbleibt (§ 1603 Abs. 1). Diese Regelung gilt für getrennt lebende Ehegatten **nicht**, ebenso wenig wie für Partner einer intakten Ehe[36]. Der verpflichtete Gatte kann also seinen angemessenen Eigenbedarf nicht vorweg in Abzug bringen. Solange allerdings **unterhaltspflichtige Verwandte** des bedürftigen Partners vorhanden sind, gilt auch hier gemäß § 1608 S. 2 deren vorrangige Unterhaltspflicht. Sind solche Verwandte nicht vorhanden, ist der Verpflichtete nach der Rechtspraxis über § 1603 Abs. 1 hinaus zur Unterhaltsleistung verpflichtet. Ihm soll aber grundsätzlich ein **„billiger"** Selbstbehalt verbleiben (analog § 1581)[37].

---

33 Vgl. oben Rdnr. 144.
34 BGH FamRZ 1981, 241.
35 Vgl. z.B. OLG Thüringen FamRZ 2012, 641 f. u. Palandt-*Brudermüller* § 1361 Rdnr. 13 mit weit. Nachweisen.
36 Vgl. oben Rdnr. 147.
37 Er liegt zwischen dem sog. **angemessenen** (§ 1603 Abs. 1) und dem **notwendigen** Selbstbehalt (§ 1603 Abs. 2) – derzeit 1.100 € (Düss. Tab., Stand: 1.1.2013); vgl. Palandt-*Brudermüller* § 1361 Rdnr. 67 f.; BVerfG NJW 2002, 2701 f. (der Grundsatz der Verhältnismäßigkeit gebietet Analogie zu § 1581) sowie **BGHZ 166, 351, 358 Tz. 19.** Zur Anrechnung **fiktiven** Einkommens, zu Fragen des **Mangelfalls** und zu den hier vielfach beigezogenen Tabellenwerken vgl. unten § 16 Rdnr. 365 f.

Vierter Teil

Allgemeines Ehevermögensrecht

156 Ehegatten leben stets in einem bestimmten Güterstand. Haben sie ihre güterrechtlichen Beziehungen nicht durch besonderen Vertrag (Ehevertrag, § 1408 Abs. 1) geregelt[1], so gilt für sie der gesetzliche Güterstand (§ 1363 Abs. 1); sie leben in der so genannten Zugewinngemeinschaft[2]. **Unabhängig** von diesen für jede Ehe gesondert festzustellenden güterrechtlichen Regeln sind für **sämtliche Ehen** bestimmte **allgemeine vermögensrechtliche** Vorschriften maßgebend. Die wesentlichsten sind die Bestimmungen über Geschäfte zur **Deckung des Lebensbedarfs** (§ 1357) und über **Eigentumsvermutungen** zu Gunsten von Gläubigern eines Ehegatten (§ 1362). Diese Rechtsfolgen gelten auch für **Lebenspartner** im Sinne des LPartG (§ 8 Abs. 1, Abs. 2 LPartG).

§ 8 Geschäfte zur Deckung des Lebensbedarfs

I. Überblick

157 Der gemeinschaftliche eheliche Haushalt und die Pflege der gemeinsamen Kinder bringen es häufig mit sich, dass ein Ehegatte Rechtsgeschäfte abschließt, die der Sache nach auch den anderen Partner angehen (Kleidung für die gemeinsamen Kinder, Lebensmittel, Wohnungseinrichtung, Brennmaterial, Arztbesuche usw.). Diese Rechtsgeschäfte können sowohl schuldrechtliche wie dingliche Folgen zeitigen. Es fragt sich dann, ob aus solchen Rechtsgeschäften beide Ehegatten in **Anspruch genommen** werden können, ob beide Ehegatten den rechtsgeschäftlichen **Anspruch geltend** machen können und ob gegebenenfalls ein rechtsgeschäftlich vollzogener Eigentumserwerb zu **Miteigentum** beider Partner führt.

II. Die so genannte „Schlüsselgewalt" – Rechtsnatur und Verfassungsmäßigkeit

1. „Schlüsselgewalt"

158 Noch immer wird die Handlungsmacht der Ehegatten gemäß § 1357 Abs. 1 häufig als **„Schlüsselgewalt"** bezeichnet. Das ist unschädlich, wenn man sich der grundlegenden inhaltlichen Bedeutungsänderung bewusst ist, die die Vorschrift durch die Novellie-

---

1 Ehevertraglich können Gütertrennung (§ 1414) und Gütergemeinschaft (§§ 1415 ff.) vereinbart werden.
2 Es handelt sich um eine Gütertrennung verbunden mit einem Anspruch auf Ausgleich des Zugewinns bei Beendigung des Güterstandes (§ 1363 Abs. 2 S. 1, 2).

rung von 1976 gegenüber ihrer Vorgängerin erfahren hat. Die frühere Regelung war geprägt durch das Eheleitbild der Hausfrauenehe³. An die tatsächliche Wahrnehmung der Haushaltätigkeit durch die Ehefrau schloss sich deren Berechtigung an, „Geschäfte, die innerhalb ihres häuslichen Wirkungskreises liegen, mit Wirkung für den Mann zu besorgen"⁴. Durch diese Rechtsgeschäfte wurde grundsätzlich nur der Ehemann berechtigt und verpflichtet. Bei dessen Zahlungsunfähigkeit traf die Frau eine subsidiäre Mitverpflichtung. Demgegenüber ist die heutige „Schlüsselgewalt" von der Wahrnehmung der Haushaltätigkeit vollständig gelöst und damit auch vom „häuslichen Wirkungskreis". **Anknüpfungspunkt** ist heute die **beide Ehegatten** gleichermaßen treffende **Verpflichtung**, zum **Familienunterhalt** beizutragen (**§ 1360**). Deshalb stellt § 1357 Abs. 1 S. 1 auf ein **Lebensbedarfsdeckungsgeschäft** ab (vgl. **§ 1360a Abs. 1**), und deshalb fällt die Rechtsmacht beiden Ehegatten (unabhängig von der Haushaltsführung) zu mit dem Ergebnis, dass stets auch beide Ehegatten berechtigt und verpflichtet werden.

2. Rechtsnatur

Ehegatten unterliegen im Bereich rechtsgeschäftlichen Handelns den allgemeinen Vorschriften. Wer in eigener Person abschließt, wird selbst (und allein) Partei des Vertrages. Wer im Namen des Partners handelt, verpflichtet nur diesen (§ 164 Abs. 1). Diesen Handlungsformen (eigener Abschluss; unmittelbare Stellvertretung) fügt § 1357 eine dritte hinzu. Tätigt ein Ehegatte ein so genanntes Lebensbedarfsdeckungsgeschäft, verpflichtet er kraft **Rechtsgeschäfts** sich **selbst**, kraft **Gesetzes** zugleich seinen **Ehegatten** (§ 1357 Abs. 1 S. 2). Handeln im eigenen Namen führt hier nicht nur zu einer bloßen Selbstverpflichtung, sondern bindet zugleich den anderen Gatten. Der Unterschied zur Stellvertretung (Rechtswirkung der eigenen Willenserklärung nur für den Vertretenen) ist deutlich: Der Handelnde wird selbst verpflichtet. Zugleich tritt die Mitverpflichtung des Partners kraft zwingenden Rechts ein⁵. Deshalb verlangt § 1357 kein Handeln „im Namen" (auch) des Ehegatten; unmaßgeblich sind Kenntnis oder Unkenntnis des Vertragsgegners über den Personenstand des jeweils Handelnden. Die Vorschrift des § 1357 verschafft dem Geschäftspartner (trotz dessen Unkenntnis und Gleichgültigkeit) einen Zweitschuldner in Person des Ehepartners. Wegen dieser dem bürgerlichen Recht sonst unbekannten Art einer **rechtsgeschäftlichen Wirkungserweiterung** geht die herrschende Lehre mit Recht davon aus, § 1357 Abs. 1 S. 2 konstituiere eine Rechtsmacht sui generis⁶.

159

---

3 § 1356 Abs. 1 S. 1 a.F.: „Die Frau führt den Haushalt in eigener Verantwortung."
4 § 1357 Abs. 1 S. 1 a.F.
5 Allg. Meinung; vgl. etwa OLG Schleswig FamRZ 1994, 444 re. Sp.; *Gernhuber/Coester-Waltjen* § 18 Rdnr. 16; § 19 Rdnr. 63. Grund: Existenz und Umfang des von § 1357 ausgehenden Gläubiger-Drittschutzes können nicht Gegenstand ehevertraglicher Regelung sein. Möglich bleibt der gegenseitige Ausschluss der Handlungsmacht gem. § 1357 Abs. 2 (mit Wirkung für den Rechtsverkehr aber nur nach § 1412).
6 *Gernhuber/Coester-Waltjen* § 19 Rdnr. 39 ff., 42 („eigenartige Rechtsmacht"); *Medicus/Petersen* Rdnr. 88 („Fremdwirkung eigener Art"). Für eine Rechtsmacht sui generis auch MünchKomm-*Roth* § 1357 Rdnr. 10, der als Grundlage dafür ein stillschweigendes Einverständnis des anderen Partners annehmen will, a.a.O. Rdnr. 11; auf ein solches Einverständnis kommt es aber nicht an.

3. Verfassungsmäßigkeit

160   Die an den Status der Ehegatten anknüpfende Wirkungserweiterung des § 1357 Abs. 1 (Mitverpflichtung und Mithaftung von Ehepartnern) sah sich lange Zeit dem Vorwurf der **Verfassungswidrigkeit** ausgesetzt. Die Mitverpflichtung des „anderen Ehegatten" (§ 1357 Abs. 1 S. 2) knüpft (nur) an die Ehe an und bringt deshalb einen ehebedingten Nachteil. Diese Schlechterstellung von Ehegatten gegenüber nichtehelichen Lebenspartnern und getrennt lebenden Eheleuten (§ 1357 Abs. 3) wurde als Verstoß gegen das eherechtliche Diskriminierungsverbot (Art. 6 Abs. 1 GG), den Gleichheitssatz (Art. 3 Abs. 1 GG) und als rechtswidrige Beeinträchtigung der allgemeinen Handlungsfreiheit (Art. 2 Abs. 1 GG) angesehen[7]. Das BVerfG ist dem mit Recht entgegengetreten[8]. Wenn auch die eheliche Verpflichtungsermächtigung heute unabhängig von der Wahrnehmung der Haushaltsführung durch den handelnden Ehegatten ist[9], so ist ihr Zweck doch nicht ausschließlich der Schutz von Gläubigern[10]. Hauptanliegen ist es, einem **nicht erwerbstätigen, haushaltsführenden** Ehegatten die **selbstständige Wahrnehmung** seiner Aufgaben (vgl. §§ 1356 Abs. 1 S. 2 in Verbindung mit 1360 S. 2) zu ermöglichen. Ein einkommensloser Ehegatte kann diese Verpflichtung nur einlösen, wenn er die hierzu notwendigen Rechtsgeschäfte selbstständig abschließen kann. Die textliche Loslösung der Handlungsmacht von der Wahrnehmung der Haushaltstätigkeit ändert daran nichts. Der Anknüpfungspunkt der Norm ist heute die **unterhaltsrechtliche Verpflichtung** der Ehegatten und damit nach wie vor ein genuin eherechtlicher; § 1357 gestaltet die Ehe als Wirtschaftsgemeinschaft näher aus (Art. 6 Abs. 1 GG)[11].

161   Dem eherechtlichen Diskriminierungsverbot wird ferner dadurch Rechnung getragen, dass der Mitverpflichtung eine Mitberechtigung korrespondiert. Auch gegenüber nichtehelichen Lebensgemeinschaften erfolgt keine rechtswidrige Benachteiligung (Art. 3 Abs. 1 GG): Ehegatten sind sich zu gegenseitigem Familienunterhalt verpflichtet (§ 1360). In diese Verpflichtung eingebettet ist die in gegenseitigem Einvernehmen zu regelnde Haushaltsführung (§§ 1356 Abs. 1, 1360 S. 2), die der entsprechende Ehegatte in eigener Verantwortung wahrzunehmen hat (§ 1356 Abs. 1 S. 2). Ein Verstoß gegen das Selbstbestimmungsrecht der Ehegatten (Art. 2 Abs. 1 GG) liegt nicht vor, weil die Vorschrift des § 1357 Abs. 1 die mit dem Eheschluss übernommene Verantwortung (§§ 1353 Abs. 1, 1360) rechtlich näher ausgestaltet. Im Übrigen bleibt es Ehegatten unbenommen, die Rechtswirkung des § 1357 Abs. 1 durch eine gegenseitige, gleichzeitige Entziehung auszuschließen (§ 1357 Abs. 2)[12].

---

7   Zur Begründung der Verfassungswidrigkeit vgl. Palandt-*Diederichsen*, [49]1990, § 1357 Anm. 1d.

8   **BVerfGE 81, 1 ff. = JuS 1990, 406.**

9   Vgl. oben Rdnr. 158.

10 So aber insbes. *Gernhuber*, Neues Familienrecht, 1977, S. 130 ff.; *Gernhuber/Coester-Waltjen* § 19 Rdnr. 36 f.; zustimmend *Medicus/Petersen* Rdnr. 89. – Gläubigerschutz ergibt sich als Folge der (auf einen anderen Hauptzweck gerichteten) Regelung, BGH FamRZ 2004, 778, 779 re. Sp.; zur Frage der rechtspolitischen Bewertung der Vorschrift angesichts stark veränderter Umstände s. *Brudermüller* NJW 2004, 2265 ff.; nähere Darstellung der Deutungsversuche bei Soergel-*Lipp* § 1357 Rdnr. 2 ff.

11 Zum verfassungsrechtlichen Hintergrund vgl. oben § 2 Rdnr. 19.

12 Dem (zwingenden) Schutz von Gläubigern trägt § 1357 Abs. 2 S. 2 Rechnung: Ihnen gegenüber wirkt dieser Ausschluss nur bei Eintragung ins Güterrechtsregister (§ 1412).

III. Eigengeschäft des Handelnden als Voraussetzung der Verpflichtungsermächtigung

1. Eigengeschäft des Handelnden

Die von § 1357 Abs. 1 S. 2 ausgehenden Rechtswirkungen für „beide Ehegatten" setzen ein **wirksames Rechtsgeschäft** in der Person des **handelnden Partners** voraus (§ 1357 Abs. 1 S. 2: „Durch solche Geschäfte [...]"). Allgemeine Nichtigkeitsgründe (etwa §§ 119 ff., 142 Abs. 1; § 125) führen deshalb über die Unwirksamkeit des Rechtsgeschäfts auch zum Wegfall der Mitverpflichtung aus § 1357 Abs. 1[13]. Umstritten ist die Rechtslage bei **Minderjährigkeit** eines Ehegatten.

162

2. Minderjährige Ehegatten

a) Abschluss durch den Minderjährigen

Schließt ein minderjähriger Ehepartner ein Rechtsgeschäft ab, so richtet sich dessen Wirksamkeit nach den Vorschriften der §§ 106 ff. (§ 1633). Dies bedeutet: Fehlt die Einwilligung des gesetzlichen Vertreters und bleibt eine Genehmigung aus, ist ein für den Minderjährigen nicht lediglich rechtlich vorteilhaftes Geschäft (§ 107) unwirksam. Ein Großteil des Schrifttums will in diesem Fall über die **analoge Anwendung** des **§ 165** zu einer Verpflichtung des anderen Ehegatten gemäß § 1357 Abs. 1 S. 2 gelangen[14]. Dagegen werden dogmatische Bedenken erhoben: Nach Text und Sinn des § 1357 Abs. 1 sei für die Mitverpflichtung des Partners eine rechtsgeschäftliche Zuordnung (Vertretungsrecht) weder nötig noch gewollt. Es handle sich um eine Verpflichtungs- und Haftungserweiterung kraft Gesetzes, die an ein wirksames Rechtsgeschäft des Handelnden anknüpfe. Es bestehe kein Grund, die für Ehegatten aus § 1357 Abs. 1 S. 2 resultierenden Nachteile über den eindeutigen Wortlaut der Vorschrift hinaus auszudehnen[15]. Dagegen spricht jedoch eine teleologische Überlegung. Das Gesetz gestattet Minderjährigen die Eheschließung (§§ 1303, 1304) und unterwirft sie dem ehelichen Statusrecht (§ 1353 Abs. 1). Dadurch wird den Ehegatten anheim gegeben, im gegenseitigen Einvernehmen die Frage der Haushaltsführung (§ 1356 Abs. 1) und damit zugleich wesentliche unterhaltsrechtliche Tatbestände (§ 1360 S. 2) zu regeln. Lehnt man eine Analogie zu § 165 ab, so bleibt der minderjährige, haushaltsführende Ehegatte nicht nur auf eine Vollmacht seines Partners angewiesen, er muss zudem stets als Vertreter des Ehegatten auftreten. Dies lässt sich mit der von § 1356 Abs. 1 festgelegten selbstständigen Leitungsbefugnis und Verantwortlichkeit nicht vereinbaren. Abhilfe schafft eine entsprechende Anwendung des § 165. Nicht der Handelnde wird verpflichtet, wohl aber dessen Ehepartner.

163

---

13 Davon zu trennen ist die Frage, wer von beiden Ehegatten (Gestaltungs-)Rechte ausüben kann, die zur Nichtigkeit (z.B. § 142) oder zur Umgestaltung des Rechtsgeschäfts führen (z.B. §§ 281, 323; § 437). Eine Antwort darauf hängt von den durch § 1357 Abs. 1 ausgelösten Rechtsfolgen ab (Gesamtschuldner?, Gesamtgläubiger?); hierzu unten Rdnr. 175 ff.

14 MünchKomm-*Roth* § 1357 Rdnr. 15; Soergel-*Lipp* § 1357 Rdnr. 8; *Schwab* Rdnr. 160.

15 *Gernhuber/Coester-Waltjen* § 19 Rdnr. 43.

b) Verpflichtung des Minderjährigen

164 Umstritten ist weiterhin, ob ein minderjähriger Ehepartner durch Rechtsgeschäfte **seines Gatten** gemäß § 1357 Abs. 1 S. 2 verpflichtet werden kann, denn die kraft Gesetzes eintretende Verpflichtungserweiterung sei kein Nachteil im Sinne der §§ 106 ff. (dort Schutz nur vor rechtsgeschäftlich begründeten Nachteilen)[16]. Letztlich überzeugt dieses Argument jedoch nicht. Die Vorschrift des § 1357 Abs. 1 begründet keine ihrem Inhalt nach originäre gesetzliche Verpflichtung (vor welcher Minderjährige auch sonst nicht geschützt sind). Sie dehnt vielmehr eine rechtsgeschäftlich fundierte Verpflichtung kraft Gesetzes aus. Es wäre mit dem Grundsatz des Minderjährigenschutzes aber nicht in Einklang zu bringen, den Minderjährigen über eine gesetzliche Haftungserweiterung gerade dafür einstehen zu lassen, wovor er nach §§ 106 ff. geschützt sein soll[17]. Ein minderjähriger Ehegatte wird deshalb durch rechtsgeschäftliches Handeln seines Partners nicht gemäß § 1357 Abs. 1 verpflichtet.

IV. Angemessenheit des Lebensbedarfsdeckungsgeschäfts

1. Lebensbedarfsdeckungsgeschäft

165 **Fall 20:** Bei den Eheleuten M und F führt M den Haushalt. Auf dem Nachhauseweg von ihrem Dienst kauft F einen Staubsauger für 250 €. Hausmann M meint, das „alte Stück" hätte es noch lange getan; im Übrigen führe er, nicht F, den Haushalt.

Dass F (**Fall** 20) für ihre eigene Person ein wirksames Rechtsgeschäft abgeschlossen hat, ist zweifelsfrei. Daran hindert auch nicht, dass sie sich mit dem Kauf des Gerätes über die mit ihrem Ehemann getroffene Vereinbarung (Haushaltsführung) hinweggesetzt hat. Zwischen den Ehegatten intern getroffene Absprachen modifizieren nur die in gegenseitigem Einvernehmen zu regelnden Angelegenheiten (Innenverhältnis). Die durch § 1357 Abs. 1 S. 1 beiden Partnern zugestandene Handlungsmacht ist davon unabhängig. Im Außenverhältnis kann die Handlungsmacht nur nach Maßgabe des § 1357 Abs. 2 beschränkt oder aufgehoben werden.

166 Aus Rechtsgeschäften eines Ehegatten wird auch der andere Partner verpflichtet, wenn es sich um Geschäfte „zur angemessenen **Deckung des Lebensbedarfs** der Familie" handelt[18]. Der Umfang des Lebensbedarfs einer Familie wird durch das **Unterhaltsrecht** bestimmt[19]. Umfasst wird alles, was dazu dient, den **gemeinsamen Haushalt** zu bestreiten und die **persönlichen Bedürfnisse der Eheleute** sowie den **Lebensbedarf der gemeinsamen unterhaltsberechtigten Kinder** sicherzustellen (§§ 1360a Abs. 1, 1610 Abs. 2)[20].

---

16 *Käppler* AcP 179 (1979), 245, 277.
17 Dass eine kraft Gesetzes angeordnete Ausdehnung rechtsgeschäftlich begründeter Verpflichtungen im Minderjährigenrecht nicht belanglos ist, zeigt auch § 566 Abs. 1 (mietvertragliche Verpflichtung als rechtlicher Nachteil für den erwerbenden Minderjährigen).
18 Stellvertretung bleibt auch innerhalb des Geschäftskreises des § 1357 Abs. 1 selbstverständlich möglich, wird aber regelmäßig an den fehlenden Voraussetzungen des § 164 Abs. 1 (insbesondere Offenkundigkeit) scheitern.
19 Materieller und dogmatischer Anknüpfungspunkt des heutigen § 1357; vgl. oben Rdnr. 158.
20 **Grundlegend BGHZ 94, 1 ff. = JuS 1985, 813 f.**

Die Notwendigkeit eines **Bedarfsdeckungsgeschäfts** (familiäre Konsumgemeinschaft) **nimmt aus** **167** **dem Anwendungsbereich** des § 1357 Abs. 1 von vorneherein alle Rechtsgeschäfte heraus, die der **Bildung** oder **Verwaltung von Vermögen** dienen oder ausschließlich der beruflichen Sphäre eines der Gatten zugeordnet sind[21]. Aber auch Geschäfte der Bedarfsdeckung sind von § 1357 ausgeschlossen, wenn sie den **bislang geübten Standard** der Familie **überschreiten** oder doch so bedeutend sind, dass Entscheidungen hierüber in aller Regel nur nach **vorheriger Absprache** zwischen den Ehegatten getroffen werden (Kauf eines Eigenheims, Bauvertrag, Kündigung der Wohnung, aufwendige Urlaubsreisen)[22]. In solchen Fällen fehlt es bereits an der Qualität eines „Bedarfsdeckungsgeschäfts", nicht erst an der Angemessenheit der Bedarfsdeckung[23]. Im Übrigen aber ist der Kreis der Lebensbedarfsdeckungsgeschäfte entsprechend seiner unterhaltsrechtlichen Komponente weit zu ziehen, so dass auch Freizeitbedürfnisse, Kleidung etc. hierunter fallen (vgl. § 1360a Abs. 1: „persönliche Bedürfnisse").

2. Angemessenheit

Bedarfsdeckung ist **angemessen**, wenn sie den konkreten, **familienindividuellen Einkommens-** und **Vermögensverhältnissen** entspricht. Weil für den Rechtsverkehr regelmäßig nicht erkennbar ist, ob das abgeschlossene Rechtsgeschäft diesen Rahmen einhält, ist auf das **äußere Erscheinungsbild**, also den Lebenszuschnitt der Ehegatten abzustellen, wie er nach außen in Erscheinung tritt. Auch dabei spielt der **unterhaltsrechtliche Bezug** des § 1357 Abs. 1 eine Rolle: Wird das konkrete Lebensbedarfsdeckungsgeschäft (§ 1360a Abs. 1) vom äußeren Erscheinungsbild gedeckt? – Ob Ehegatten damit „über" oder „unter" ihren Verhältnissen leben, spielt für die Beurteilung keine Rolle[24]. Nach Auffassung des BGH soll die Angemessenheit eines Rechtsgeschäfts schon aus der Zustimmung des anderen Ehegatten folgen[25]. In einer Zustimmung kann aber höchstens ein Indiz für die (objektiv zu bestimmende) Angemessenheit gesehen werden. Weder Text des Gesetzes noch Sinn der Vorschrift (Sicherstellung der selbstständigen Haushaltsführung eines Ehegatten[26]) tragen einen derart überdehnten Gläubigerschutz. Bedeutung kann die Zustimmung aber für die Frage einer rechtsgeschäftlichen Vertretung haben.

Auch **Kreditgeschäfte** („Anschreiben", Kauf unter Eigentumsvorbehalt) fallen unter § 1357, **169** wenn die genannten Voraussetzungen vorliegen (familiäre Bedarfsdeckung; vorherige Absprache nicht üblich)[27]. Dies gilt auch dann, wenn zugleich die Voraussetzungen des **Verbraucherschutzrechts** (§§ 491 ff., 506 ff.) erfüllt sind. In diesem Fall sind die dortigen Schutzvorschriften (Schriftform, Belehrung über Widerrufsrecht) nur gegenüber dem handelnden Ehegatten zu beachten[28].

---

21 Allg. Meinung, MünchKomm-*Roth* § 1357 Rdnr. 24; BGH FamRZ 1989, 35 (Bauvertrag); AG Augsburg FamRZ 1987, 819 f. (geschäftliche Kaufpreisforderung).
22 Nähere Nachweise bei Soergel-*Lipp* § 1357 Rdnr. 15; Palandt-*Brudermüller* § 1357 Rdnr. 11 ff.
23 Zu Recht *Schwab* Rdnr. 166 f.
24 So die Rspr. seit RGZ 61, 79, 81 und die ganz h.M.; zur Angemessenheit eines Telefondienstvertrages BGH FamRZ 2004, 778, 779. A.A. Staudinger-*Voppel* § 1357 Rdnr. 41 unter Hinweis darauf, dass Gläubigerschutz nicht der hauptsächliche Normzweck sei.
25 BGHZ 94, 1, 9; vgl. auch BGHZ 116, 184, 186.
26 BVerfGE 81, 1 ff. = JuS 1990, 406.
27 Ebenso etwa MünchKomm-*Roth* § 1357 Rdnr. 26 (Naturaldarlehen) mit weit. Nachweisen; *Schwab* Rdnr. 169; *Schlüter* Rdnr. 88; dagegen sind Geldkredite (da keine Bedarfsdeckung) von § 1357 grds. ausgenommen, MünchKomm-*Roth* § 1357 Rdnr. 27 f.
28 Strittig. Wie hier *Löhnig* FamRZ 2001, 135, 137 li. Sp.; *Schanbacher* NJW 1994, 2335 ff. (dort auch der Meinungsstand); zustimmend *Medicus/Petersen* Rdnr. 89; MünchKomm-*Roth* § 1357 Rdnr. 30 ff., 33.

V. Abweichende Umstände (§ 1357 Abs. 1 S. 2 Halbs. 2)

1. Unterhaltsrechtliche Begrenzung

a) Medizinisch notwendige Versorgung als angemessener Lebensbedarf

170 **Fall 21**[29]: Ehepaar M und F lebt in wirtschaftlich äußerst angespannten Verhältnissen. Der krebskranke M muss sich einer aufwendigen Behandlung (Chemotherapie) unterziehen, die letztlich jedoch erfolglos bleibt. Mangels Krankenversicherung nahm M Leistungen des allgemeinen Pflegesatzes als so genannter Selbstzahler in Anspruch. Die Trägerin des Krankenhauses macht gegenüber der Witwe F Bezahlung von 15 000 € geltend.

Die Krankenhausträgerin konnte im genannten Fall eine Haftung der F nur aus § 1357 Abs. 1 S. 2 herleiten. Ein angemessenes Lebensbedarfsdeckungsgeschäft lag vor, denn die unaufschiebbare, **medizinisch notwendige** ärztliche Versorgung ist ohne Rücksicht auf die damit verbundenen Kosten **stets** eine **angemessene Bedarfsdeckung** (§ 1360a: „persönliche Bedürfnisse der Ehegatten")[30]; solche unaufschiebbaren Arzt- und Krankenhauskosten stellen unterhaltsrechtlichen **Sonderbedarf** dar (§§ 1360a Abs. 3, 1613 Abs. 2 Nr. 1: **„unregelmäßiger außergewöhnlich hoher Bedarf"**). Die F war danach zur Zahlung verpflichtet, sofern sich aus den Umständen nicht etwas anderes ergab (§ 1357 Abs. 1 S. 2 Halbs. 2).

b) Begrenzung der Mitverpflichtung durch die Unterhaltspflicht

171 Das Unterhaltsrecht bestimmt nicht nur über das Vorliegen eines Bedarfsdeckungsgeschäftes, es zieht zugleich auch maßgebliche **Grenzen** für § 1357 Abs. 1 S. 2. Unterhaltsrechtlich orientierte Bedarfsdeckung vermag nur so lange die Mithaftung zu rechtfertigen wie der Ehegatte zur konkreten Unterhaltsleistung tatsächlich auch verpflichtet war. Wo dies **mangels Leistungsfähigkeit** von vornherein nicht zutrifft, weil die Leistungsfähigkeit der Familie im Sinne der §§ 1360, 1360a überschritten ist, kann eine gleichsam mittelbare Finanzierung dieser Unterhaltsleistung auch nicht über § 1357 Abs. 1 S. 2 erreicht werden[31]; das gilt insbesondere für unterhaltsrechtlichen Sonderbedarf. Insoweit ergibt sich **„aus den Umständen"** etwas **anderes**[32]. Entscheidend ist dabei die Sicht eines objektiven Betrachters der nach außen tatsächlich hervorgetretenen Wirtschaftsverhältnisse der Eheleute. Die von M in **Fall 21** in Anspruch genommenen Leistungen (allgemeiner Pflegesatz) waren ohne Rücksicht auf die Summe zwar eine angemessene Bedarfsdeckung, für die aber F aufgrund ihrer mangelnden Unterhaltsverpflichtung nicht gemäß § 1357 Abs. 1 S. 2 aufkommen muss.

---

29 **BGHZ 116, 184 ff. = JuS 1992, 345 f.**
30 BGHZ 116, 184, 187; 94, 1, 6: Gesundheit als „primärer und ursprünglicher Lebensbedarf".
31 Die unterhaltsrechtliche Leistungsfähigkeit zwischen Ehegatten wird nicht durch den eigenen angemessenen Unterhalt begrenzt; vgl. hierzu oben § 7 Rdnr. 147.
32 **BGHZ 116, 184, 188 f. = JuS 1992, 345 f.**; OLG Saarbrücken JuS 2001, 813.

2. Ausschluss der Mithaftung

Zweifelhaft ist, wann eine Selbstverpflichtung die Haftung des anderen Ehegatten **172** und ein Vertreterhandeln die eigene Haftung des Handelnden ausschließen. Unproblematisch sind Fälle ausdrücklichen Handelns. Die Haftungserweiterung des § 1357 Abs. 1 S. 2 entfällt (weil sich „aus den Umständen etwas anderes ergibt"), wenn ein Ehegatte deutlich macht, nur als Stellvertreter handeln oder nur sich selbst rechtsgeschäftlich verpflichten zu wollen. Zweifel bleiben bei schlüssigen Handlungsweisen: Der Ehemann schließt einen Behandlungsvertrag für das Kind „als Vater"[33]; „Hausfrauenkredit ohne Unterschrift des Ehemannes"[34]; Unterschrift eines Ehegatten mit dem Geburtsnamen[35]; schlichtes Handeln „in Vertretung" des anderen Ehegatten[36].

Ausgangspunkt muss m.E. die Überlegung sein, dass § 1357 Abs. 1 S. 2 stets dem **173** Eigengeschäft eines Gatten eine akzessorische Mitverpflichtung des Partners anfügt, und zwar ohne Rücksicht auf eine entsprechende Kenntnis des Geschäftsgegners. Das bedeutet, dass ein (in aller Regel gewolltes) Eigengeschäft des Handelnden allein keinen Ausschluss der Mithaftung begründen kann. Erforderlich ist, dass die „Umstände" des Falles die möglich erscheinende Mithaftung des Gatten ausschließen. Hierzu wird regelmäßig ausdrückliches Handeln geboten sein[37]. Anders liegt der Fall, wenn ein Ehegatte als Vertreter auftritt, gleichgültig, ob als Vertretener der andere Partner genannt wird oder nicht. Dem Geschäftsgegner ist hier klar, dass der vor ihm Stehende nicht Partei des Vertrages und damit auch nicht Haftender sein will. Er selbst lässt sich auf die Unsicherheit ein, seinen Vertragspartner nicht zu kennen. „Handeln als Vertreter" bedeutet demnach regelmäßig das Vorliegen solcher „Umstände", die eine Eigenhaftung nach § 1357 Abs. 1 S. 2 ausschließen[38].

Darüber hinaus fragt sich, ob ein solches Vertreterhandeln das Rechtsgeschäft nicht völlig von **174** § 1357 Abs. 1 ablöst mit der Folge, dass auch für den anderen Ehepartner mögliche Rechtsfolgen nur noch nach Vertretungsrecht und nicht mehr nach Maßgabe des § 1357 Abs. 1 S. 2 in Frage kommen. Bedeutung hat dies etwa bei fehlender Vertretungsmacht des Handelnden. Man wird diese Konsequenz zu ziehen haben. Es fehlt an der Grundvoraussetzung des § 1357 Abs. 1, nämlich an einem Eigengeschäft des Handelnden. Nur insoweit soll nach dem Zweck der Vorschrift dem Vertragsgegner ohne nähere Nachprüfung ein zweiter Schuldner zur Verfügung stehen. Handelt jemand in Vertretung, so wird er nicht im Rahmen des § 1357 Abs. 1 tätig.

---

33 KG FamRZ 1975, 423.
34 LG Aachen NJW 1980, 1472.
35 Staudinger-*Voppel* § 1357 Rdnr. 96.
36 BGHZ 94, 1, 3 f.
37 Ausnahmen bleiben denkbar, etwa: Ein Ehegatte kauft (ersichtlich) ein Geschenk für den anderen; hier soll nur der Handelnde verpflichtet werden.
38 **Anders** BGHZ 94, 1 ff.; verlangt wird dort eine „eindeutige Offenlegung des Ausschlusses der Mitverpflichtung"; daran zweifelnd etwa auch *Medicus/Petersen* Rdnr. 88.

VI. Rechtsfolgen

1. Gesamtschuldner- und Gesamtgläubigerschaft

175   **Fall 22:** Der mit F verheiratete M unterliegt beim Kauf einer Küchenmaschine einem nach § 119 Abs. 1 beachtlichen Irrtum. Während M an der Maschine gleichwohl Gefallen findet, möchte F anfechten.

Die Wirkungen eines Rechtsgeschäfts im Sinne des § 1357 Abs. 1 S. 1 sind **Gesamtschuldner-** und **Gesamtgläubigerschaft** der Ehegatten (§§ 421, 427; § 428). Hier ist vieles streitig, insbesondere: Welcher der Ehegatten kann gegenüber dem Geschäftsgegner Maßnahmen ergreifen, die sich aus Willensmängeln und Leistungsstörungen ergeben (z.B. §§ 119 ff., 286, 320 ff., 437)? Wirken die vom Vertragspartner gegenüber einem der Ehegatten abgegebenen Erklärungen auch gegen den anderen (z.B. Mahnung gemäß § 286 Abs. 1)? Haften die Gatten auch für Vertragsverletzungen des jeweils anderen Partners (§§ 311 Abs. 2, 280 Abs. 1)? Streitig ist schließlich auch, ob tatsächlich eine Gesamtgläubigerschaft (§ 428) oder eine Mitgläubigerschaft (§ 432) vorliegt.

176   Im Ausgangspunkt **einig** ist man sich über die Stellung der Ehegatten als **Gesamtschuldner**[39]. Umstritten sind die hieraus in concreto zu folgernden Konsequenzen. Teilweise werden die mit der Abwicklung des Rechtsgeschäfts verbundenen **Gestaltungsbefugnisse** (z.B. Anfechtung) ausschließlich dem Gatten zuerkannt, der das Rechtsgeschäft selbst abgeschlossen hat. Seinem Handeln soll jedoch Gesamtwirkung zukommen (für § 1357 Abs. 1 ergebe sich insoweit „aus dem Schuldverhältnis ein anderes", § 425 Abs. 1)[40]. Begründet wird dies mit dem Zweck der Vorschrift, die den Gläubiger vor den Konsequenzen unbekannter Schuldnermehrheiten bewahren wolle, und mit dem Grundsatz einer je und je selbstständigen Vermögensverwaltung der Ehegatten (rechtsgeschäftliche Gestaltungsbefugnisse nur für jenen, der seine Vermögenslage rechtsgeschäftlich beeinflusst, nicht dagegen für den, dessen Vermögen ausschließlich durch Gesetz, § 1357 Abs. 1, beansprucht wird). Bedenken ergeben sich aber schon aus der extremen Zuspitzung des Normzwecks auf externen Gläubigerschutz. Kern des § 1357 Abs. 1 bleibt die interne Sicherung der eherechtlichen Stellung des haushaltsführenden Gatten, selbst wenn dieser Zweck nach außen nicht in Anbindung an den „Haushalt" verwirklicht wird[41]. Auch dogmatisch ist die gezogene Konsequenz keineswegs zwingend. Die Ehegatten werden nicht nur mit Gesamtwirkung verpflichtet, sondern in gleichem Maße „durch solche Geschäfte [...] berechtigt". Diese Berechtigung erschließt sowohl den Erfüllungsanspruch wie alle sich aus dem Schuldverhältnis ergebenden Gestaltungsbefugnisse. Rechtsgeschäftliche und rechtsgeschäftsähnliche „Berechtigungen" unterliegen ihrerseits der Gesamtwirkung des § 1357 Abs. 1 S. 2[42]. Die Regeln über die Gesamtschuld sind nur auf der Grundlage

---

39 *Gernhuber/Coester-Waltjen* § 19 Rdnr. 52; *Schwab* Rdnr. 181; s. ferner Soergel-*Lipp* § 1357 Rdnr. 32 f.
40 *Gernhuber/Coester-Waltjen* § 19 Rdnr. 53; *Medicus/Petersen* Rdnr. 89.
41 Vgl. oben Fußn. 8.
42 I.E. ebenso Staudinger-*Voppel* § 1357 Rdnr. 80; MünchKomm-*Roth* § 1357 Rdnr. 41; mit weit. Nachweisen Soergel-*Lipp* § 1357 Rdnr. 34 f.

des § 1357 anwendbar: Insoweit ergibt sich „aus dem Schuldverhältnis ein anderes" im Sinne des § 425 Abs. 1, der die beschriebenen Wirkungen grundsätzlich nur in der Person des Gesamtschuldners eintreten lässt, bei dem die entsprechenden Tatsachen vorliegen. Gleiches gilt für das Rücktrittsrecht gemäß § 351. Alle rechtsgeschäftlich erheblichen Erklärungen gegenüber einem Gatten wirken im Rahmen dieser Vorschriften deshalb auch gegenüber dem anderen Partner. Die aus dem Rechtsgeschäft für den handelnden Teil resultierenden Befugnisse sind Berechtigungen auch des anderen. Jeder der Ehegatten kann sie (mit Wirkung für beide) geltend machen. In **Fall 22** kann F daher den von M abgeschlossenen Vertrag anfechten. Gleiches gilt für die Geltendmachung von Gewährleistungsrechten oder den Widerruf nach den Vorschriften des Verbraucherkreditrechts (§§ 495 Abs. 1, 355)[43].

Der Normzweck bestimmt die Stellung der Ehegatten auch als **Gesamtgläubiger** (§ 428). Der **mitberechtigte Ehepartner** hat einen **eigenen Anspruch** aus dem abgeschlossenen Rechtsgeschäft und nimmt im Falle einer gerichtlichen Geltendmachung eigene Rechte wahr. Wenn das Gesetz dem Schuldner (in aller Regel ohne dass er dies weiß) eine Mehrheit von Gläubigern gegenüberstellt (§ 1357 Abs. 1 S. 2), muss es diesem möglich sein, an einen der Ehegatten (regelmäßig an den ihm bekannten, geschäftsabschließenden Partner) mit **Wirkung für beide** zu leisten[44]. **177**

Gegenüber der herrschenden Ansicht wird teilweise geltend gemacht, die so verstandene „Mitberechtigung" entspreche nicht mehr Text, Dogmatik und Normsinn des § 1357 Abs. 1 S. 2 Halbs. 1. Der „andere Ehegatte" erwerbe **kein eigenes Recht**, sondern lediglich die Befugnis, ein **fremdes Recht** im **eigenen Namen** geltend zu machen (prozessual: gesetzliche Prozessstandschaft). **Gestaltungsrechte** könnten deshalb **nur** von dem **in eigener Person** rechtsgeschäftlich abschließenden Partner geltend gemacht werden. Dem anderen verbleibe entsprechend dem Rechtsgedanken der Akzessorietät eine Einrede analog § 770 Abs. 1[45]. Abgesehen von einzelnen rechtlichen Fragen ist aber zweifelhaft, ob Gesetzestext und dogmengeschichtliche Entwicklung für eine solche Interpretation der „Berechtigung" wirklich in Anspruch genommen werden dürfen. Wo der Gesetzgeber solches wollte, hat er anders formuliert (vgl. z.B. § 1368).

2. Zurechnungsfragen (Kenntnis, Irrtum, Verschulden)

Handelt jemand rechtsgeschäftlich mit Wirkungsmacht für einen anderen, fragt sich, auf **wessen Kenntnis** abzustellen ist, wenn es für bestimmte Rechtswirkungen auf „guten Glauben" (z.B. §§ 932 ff.) ankommt, oder wenn ein „Irrtum" (§§ 119 ff.) gerügt wird. Zu Recht nimmt die herrschende Lehre über § 166 hinausgehend an, dass auch bei fehlender Gutgläubigkeit des anderen Ehegatten ein Erwerb nach §§ 932 ff. scheitern muss[46]. Entscheidend für die Zurechnung ist letztlich der Gedanke, dass bei **178**

---

43 Dies ist **sehr strittig**; vgl. auch oben Fußn. 27 f. und sogleich im Anschluss; wie hier *Schwab* Rdnr. 184 f.; *Löhnig* FamRZ 2001, 135, 137 f. – Die Einhaltung der Vorschriften des Verbraucherkreditrechts auch gegenüber dem nach § 1357 Abs. 1 mit zu verpflichtenden Gatten verlangen LG Detmold NJW-RR 1989, 10; AG Elmshorn NJW-RR 1987, 457; AG Michelstadt NJW 1985, 205; zutreffend dagegen *Schanbacher* NJW 1994, 2335; Staudinger-*Voppel* § 1357 Rdnr. 75. Für die Kündigung durch den (nicht abschließenden) Ehegatten AG Neuruppin FamRZ 2009, 1221, 1222 li. Sp.

44 **Ebenso** die **h.M.**, vgl. Staudinger-*Voppel* § 1357 Rdnr. 78 mit weit. Nachweisen; Palandt-*Brudermüller* § 1357 Rdnr. 21; a.A. *Büdenbender* FamRZ 1976, 662, 667; *Roth* FamRZ 1979, 361 ff.

45 *Berger* FamRZ 2005, 1129 ff.

46 Zum gegenwärtigen Meinungsstand Soergel-*Lipp* § 1357 Rdnr. 36.

§ 1357 beide Ehegatten gleichermaßen in den Genuss der Leistung kommen. Derselbe Rechtsgedanke führt zu einer Anwendung des § 278 sowie zur Verneinung des Ehegatten als „Dritter" im Sinne des § 123 Abs. 1. Anderes gilt für die Anfechtbarkeit wegen Irrtums, denn hier kommt es (unabhängig von Verschulden) ausschließlich auf die Fehlerhaftigkeit des rechtsgeschäftlichen Willens an. Im Übrigen sind Ehegatten keine gegenseitigen Wissensvertreter. Eine Zurechnung entsprechend § 166 setzt hier voraus, dass den Umständen nach ein Ehegatte seinen Partner tatsächlich zum Vertreter in Wissenserklärungen bestellt hat. Auch aus § 1357 folgt hier nichts Gegenteiliges[47].

3. Dingliche Mitberechtigung

179   **Fall 23**[48]**:** M hat für den ehelichen Haushalt eine wertvolle Musikanlage erworben und aus eigenen Mitteln bezahlt (Lebensbedarfsdeckungsgeschäft im Sinne des § 1357 Abs. 1 S. 1). Später entsteht Streit darüber, wem die Anlage gehört[49].

Nach wie vor umstritten ist, ob die Mitberechtigung des § 1357 Abs. 1 S. 2 über eine schuldrechtliche Gesamtgläubigerschaft hinausgeht und zu **dinglicher Mitberechtigung** (Miteigentum) führt. Teilweise bejahen Rechtsprechung[50] und Schrifttum[51] eine derartige Rechtswirkung. Dies bedeutet, dass der rechtsgeschäftliche Übereignungstatbestand in der Person des einen Ehegatten (§§ 929 ff.) kraft Gesetzes zu (regelmäßig hälftigem) Miteigentum der Eheleute führt (§ 1008). Diese Auffassung hat nicht nur die Sympathie des Ergebnisses[52], sondern auch die besseren Gründe auf ihrer Seite. Demgegenüber wird darauf verwiesen, sie ließe sich mit der Systematik des Gesetzes und den hierdurch bedingten güterrechtlichen Auswirkungen kaum vereinbaren.

Der Text der Vorschrift ist nicht eindeutig, wenngleich die im Anschluss an die Mitverpflichtung genannte Berechtigung den Schluss auf eine bloß schuldrechtliche Gläubigerstellung nahelegt. Eine automatische dingliche Mitberechtigung kraft Gesetzes wird jedoch vor allem aus systematischen Gründen abgelehnt. Gestehe man § 1357 Abs. 1 S. 2 als einer Norm des allgemeinen Eherechts auch sachenrechtliche Wirkung zu, so führe dies bei vertraglicher Gütertrennung und gesetzlichem Güterstand (ebenfalls Gütertrennung, vgl. § 1363 Abs. 2 S. 1) entgegen dem güterrechtlichen System zu vielfachem Miteigentum. Bei vereinbarter Gütertrennung geschehe dies dem Willen der Parteien zuwider. Im gesetzlichen Güterstand werde der vorgesehene Zugewinnausgleich (§§ 1372 ff.) durch ehezeitlichen Miteigentumserwerb stark verkürzt; Kollisionen ergäben sich des Weiteren mit der Surrogationsvorschrift des § 1370[53].

---

47   BGHZ 122, 388, 390.
48   BGHZ 114, 74 ff. = JuS 1991, 960 f.
49   Z.B. im Rahmen der Vollstreckung gegen einen Ehegatten. Hierzu im Anschluss unter § 9.
50   OLG Schleswig FamRZ 1989, 88; LG Münster NJW-RR 1989, 391; LG Aachen NJW-RR 1987, 712.
51   *Schwab* Rdnr. 186; *Medicus*, Festschr. für Schwab (2005), S. 359, 371; Soergel-*Lipp* § 1357 Rdnr. 36 (in Einklang mit Voraufl. Soergel[12]-*Lange* § 1357 Rdnr. 23) mit weit. Nachweisen – **a.A.** aber die **überwiegende** Auffassung, vgl. z.B. *Schlüter* Rdnr. 89 mit weit. Nachweisen.
52   Volle „Mitberechtigung" bedeutet dingliche Teilhabe und nicht nur Inhaberschaft eines schuldrechtlichen Anspruchs auf Übereignung an den Ehegatten, vgl. *Schwab* Rdnr. 186.
53   Die Vorschrift wurde durch das ZuGewAusglÄndG aufgehoben (Art. 1 Nr. 4), vgl. unten § 11 Fußn. 2.

Leben die Eheleute in Gütergemeinschaft, so trete die Bildung von Miteigentum nach § 1357 Abs. 1 in Widerspruch zur Gesamthandsberechtigung nach §§ 1416 Abs. 1, 1419 Abs. 1[54].

Dem ist auch der **BGH** im Grundsatz **gefolgt**[55]. Für den vielleicht wesentlichsten Bereich der Vorschrift, nämlich für **Haushaltsgegenstände**, hat er seinen Standpunkt jedoch im Ergebnis stark eingeschränkt. Wer nach den §§ 929 ff. Eigentümer werden soll, bestimme sich nach dem Inhalt der dinglichen Einigung. In aller Regel will der Veräußerer dem vor ihm stehenden Geschäftspartner, dem er die Sache aushändigt und von dem er die Gegenleistung empfängt, Eigentum verschaffen. Dies heißt, dass bei Rechtsgeschäften des § 1357 grundsätzlich der handelnde Ehepartner Alleineigentümer wird. Auch hier komme allerdings **ein Handeln für den, den es angeht**, in Betracht. Dies bedingt jedoch, dass der Veräußerer kein gesteigertes Interesse an einer Eigentumsverschaffung gerade zu Gunsten des handelnden Gatten hat, dass der handelnde Teil zu Miteigentum erwerben will und dass er insoweit über Vertretungsmacht verfügt[56]. Nach Auffassung des BGH[57] soll sich („mangels entgegenstehender Umstände") bereits aus dem **Erwerb** von **Haushaltsgegenständen** all dies ergeben. Nach „allgemeinem Verständnis" gehörten derartige Gegenstände „den Eheleuten gemeinsam". Dafür spreche auch die Vorschrift des § 1357 selbst sowie § 8 Abs. 2 HausratsVO a.F. (heute § 1568b Abs. 2). Dogmatisch überzeugend ist es freilich nicht, wenn der BGH für die Auslegung der Willenserklärung auf angeblich im Gesetz angelegte Argumente zurückgreift, denen er zuvor gesetzliche Wirkung versagt hat.

Nach dieser Auffassung des BGH ist, falls das Alleineigentum des M nicht feststeht, im Ergebnis die Musikanlage in **Fall 23**, da es sich um einen Haushaltsgegenstand handelt (vgl. § 1568b Abs. 2), von M und F grundsätzlich zu Miteigentum erworben worden[58]. Angesichts des offenen Textes der Vorschrift sollte diese Rechtsfolge § 1357 Abs. 1 S. 2 unmittelbar entnommen werden. Was den Eheleuten hier versagt wird, erhalten sie (in ehefremder Weise) gegebenenfalls als Gesamtgläubiger gemäß § 430[59]. Im Übrigen erscheint für die Auslegung des § 1357 Abs. 1 der Schluss vom besonderen Güterrecht auf die güterrechtsunabhängigen Vorschriften nicht durchschlagend[60]. Ausnahmen von der grundsätzlich dinglichen Wirkung können sich aus den Umständen des Einzelfalls ergeben (§ 1357 Abs. 1 S. 2 Halbs. 2). Dafür (Alleineigentum des M) spricht in **Fall 23** die Tatsache, dass es sich um einen wertvollen Gegenstand handelt, den M ausschließlich mit eigenen Mitteln finanziert hat[61].

---

54 Dazu insbes. *Käppler* AcP 179 (1979), 245, 256 ff.
55 **BGHZ 114, 74 ff. = JuS 1991, 960 f.**
56 Eine solche wird man regelmäßig als schlüssig erteilt anzusehen haben; dahingestellt in BGH FamRZ 1991, 923, 924 re. Sp.
57 BGHZ 114, 74, 80 = JuS 1991, 960 f.
58 Zur Kritik gegenüber dem BGH und abweichenden Stimmen in der Literatur (grds. immer Alleineigentum des Handelnden) vgl. Staudinger-*Voppel* § 1357 Rdnr. 91 ff.
59 Andere, vgl. z.B. *Gernhuber/Coester-Waltjen* § 19 Rdnr. 58, wollen die interne Übereignungspflicht nach einer einseitig eingetretenen dinglichen Berechtigung dem Prinzip der Mittelsurrogation entsprechend auf § 1353 stützen. Diese Vorschrift ist richtigerweise im Rahmen des § 430 zu berücksichtigen („[…] soweit nicht ein anderes bestimmt ist").
60 Zum Verhältnis von (dinglich wirkendem) § 1357 Abs. 1 S. 2 und Eigentumsvermutung des § 1362 Abs. 1 S. 1 vgl. unten § 9 Rdnr. 194.
61 Zur Diskussion um diesen Surrogationsgrundsatz („wer zahlt, erwirbt") als allgemeine Erwerbsregel vgl. MünchKomm-*Roth* § 1357 Rdnr. 42.

§ 9 Eigentumsvermutungen

I. Überblick

1. Gläubigerschutz

180 Die Eigentumsverhältnisse am **beweglichen Sachvermögen** sind bei Ehegatten wie bei Lebenspartnern wegen des regelmäßig gemeinsamen Hausstandes für Außenstehende kaum durchschaubar. Nach der allgemeinen Vorschrift des § 1006 Abs. 1 S. 1 wird dem Rechtsverkehr für Gegenstände im Mitbesitz der Gatten[1] deren Miteigentum signalisiert. Das trifft schon angesichts der Gütertrennung des gesetzlichen Güterrechts (§ 1363 Abs. 2) oft nicht zu. Die undurchsichtige Eigentumslage lässt sich aber zusätzlich durch rechtsgeschäftliche Verfügungen der Gatten noch weiter verdunkeln. Eheleute können etwa, ohne an ihrem Mitbesitz erkennbar etwas zu ändern, sich gegenseitig gemäß §§ 929, 930 (wertvolle) Sachen übereignen und sie dadurch ihren jeweiligen Gläubigern entziehen[2]. Diesen Schwierigkeiten will **§ 1362 Abs. 1 S. 1** begegnen (für Lebenspartnerschaften vgl. § 8 Abs. 1 LPartG). Der schuldende Ehegatte wird zu Gunsten seiner Gläubiger als Eigentümer all jener beweglichen Sachen (widerlegbar) vermutet, die sich im Besitz eines oder beider Ehegatten befinden. Für seinen Anwendungsbereich schließt die Vermutung des § 1362 deshalb jene des § 1006 aus[3].

181 Die wesentlichste Funktion entfaltet § 1362 in der **Zwangsvollstreckung**, wenn der Gläubiger eines Ehegatten Gegenstände, die sich im Besitz eines oder beider Eheleute befinden, pfänden lässt (§ 803 ZPO). Bis zum Beweis des Gegenteils wird dieser Gegenstand als Eigentum des Schuldners und damit als taugliches Vollstreckungsobjekt vermutet. Diese Vermutung kann **nur** im Rahmen der **zwangsvollstreckungsrechtlichen Rechtsbehelfe** (Drittwiderspruchsklage gemäß § 771 ZPO) widerlegt werden. Ergänzt wird die Eigentumsvermutung des § 1362 BGB durch die **Gewahrsamsfiktion** des § 739 ZPO, um ohne Rücksicht auf die ehelichen Besitzverhältnisse die Durchführung der Zwangsvollstreckung zu gewährleisten (vgl. §§ 808, 809 ZPO).

182 Während § 1362 Abs. 1 lediglich den Gläubigern eines Ehegatten zur Verfügung steht, wirkt die Vermutung des **§ 1362 Abs. 2** (Sachen zum persönlichen Gebrauch der Gatten) auch **zwischen den Ehepartnern** selbst. Sie können sich auf diese Vorschrift also zu ihren eigenen Gunsten, etwa im Rahmen einer güterrechtlichen Auseinandersetzung oder zur Abwehr von Ansprüchen der Erben des Partners, berufen[4].

---

1 Zum Recht auf Mitbesitz nach § 1353 Abs. 1 S. 2 vgl. oben § 6 Rdnr. 117 ff.
2 Zur Übereignung gem. §§ 929, 930 vgl. oben § 6 Rdnr. 117.
3 Dazu aber näher unten Rdnr. 192 f.
4 Dass es auch hier um z.T. schwierige Abgrenzungsfragen gehen kann, zeigt OLG Nürnberg JuS 2001, 186: Dient eine wertvolle Damenhalskette (Wert 5000 €) ausschließlich dem persönlichen Gebrauch eines Gatten oder (auch) als Wertanlage? – Die Vermutungswirkung des § 1362 Abs. 2 endet nicht mit Eheauflösung, sondern erst mit der Vermögensauseinandersetzung der Gatten, BGHZ 2, 82 ff.

2. Verfassungsmäßigkeit

Strittig ist die Verfassungsmäßigkeit der Vorschrift. Der Vorwurf richtet sich nicht so **183** sehr gegen einen (isolierten) Verstoß gegen Art. 6 Abs. 1 GG als vielmehr gegen die schlechter stellende Ungleichbehandlung (Art. 3 Abs. 1 GG) im Vergleich zu nicht-ehelichen Partnerschaften[5]. Eine Lösung wurde und wird in der analogen Anwendung des § 1362 auch auf Formen solcher Lebensgemeinschaften gesehen[6]. Das Problem der undurchsichtigen Eigentumslage knüpft nicht gerade am Ehestatus, sondern (nur) an der Tatsache des gemeinschaftlichen Haushaltens an. Jedenfalls will § 1362 Abs. 1 nur dieser Situation Rechnung tragen. Das ergibt sich vor allem aus § 1362 Abs. 1 S. 2, wonach die Eigentumsvermutung nicht gilt, wenn die Ehegatten getrennt leben. Dieses **Getrenntleben** beschränkt sich auf den objektiven Befund einer rein **äußerlichen Trennung**[7]. Auf einen (Ehe ablehnenden) Willen der Gatten und auf statusrechtliche Konsequenzen (Recht zum Getrenntleben) kommt es nicht an. Trotzdem hat der **BGH** die **analoge Anwendbarkeit** des § 1362 auf **nichteheliche Lebensgemeinschaften** nunmehr **verneint**[8]. Nach Auffassung des Gerichts fehle es insoweit an einer planwidrigen Regelungslücke, weil der Gesetzgeber auch in jüngster Zeit von einer Ausdehnung der Vorschrift auf solche Lebensgemeinschaften bewusst abgesehen habe[9]. Eine Analogie sei der Rechtsprechung daher versagt. Allerdings lässt der BGH die **Verfassungsmäßigkeit** des § 1362 ausdrücklich **dahingestellt**[10]. Sie gegebenenfalls herbeizuführen, stünden dem Gesetzgeber mehrere Wege offen (Abschaffung oder Ausdehnung der Vorschrift), weshalb insoweit nur eine gesetzliche Neuregelung Abhilfe schaffen könne. – Der vom BGH entschiedene Fall unterstreicht die Bedenken gegen die Verfassungsmäßigkeit des § 1362: Das Paar hatte wenige Monate nach der Pfändung geheiratet. Trotz „nahtloser" Fortführung der das Gesetzesmotiv tragenden tatsächlichen Lebensgemeinschaft verschlechtert jetzt (nur) der Eheschluss die Rechtsposition (§ 1362; § 739 ZPO).

II. Eigentumsvermutung (§ 1362 Abs. 1) und Gewahrsamsfiktion (§ 739 ZPO)

1. Zwangsvollstreckung gegen einen Ehegatten

Fall 24[11]**:** Anlässlich ihres 10-jährigen Hochzeitstages überträgt M seiner Frau F schenkwei-   **184** se alle ihm gehörenden, sich in der ehelichen Wohnung befindlichen Gegenstände. In der Urkunde sind die Gegenstände einzeln aufgeführt. Später betreibt ein Gläubiger (G) des M die

---

5 Für Verfassungswidrigkeit *Brox* FamRZ 1981, 1125 ff.
6 Vgl. Palandt-*Brudermüller* § 1362 Rdnr. 1 i.V.m. Einl. v. § 1297 Rdnr. 28; Soergel-*Lipp* § 1362 Rdnr. 3 ff., 6; ferner etwa *Gernhuber/Coester-Waltjen* § 43 Rdnr. 7; *Harke* FamRZ 2006, 88, 91; *Roth* JZ 2007, 528.
7 Vgl. dazu näher unten Rdnr. 195.
8 **BGHZ 170, 187 ff.**; zustimmend z.B. MünchKomm/*Weber-Monecke* § 1362 Rdnr. 10.
9 So bei Überarbeitung des Zwangsvollstreckungsrechts (1997) sowie bei Erlass des LPartG; vgl. BGHZ 170, 187, 191 Tz. 14 ff. – Dazu und zum Diskussionsstand insgesamt Soergel-*Lipp* § 1362 Rdnr. 6.
10 BGHZ 170, 187, 195 Tz. 23.
11 **BGH NJW 1992, 1162 f. = JuS 1992, 698 f.**

> Zwangsvollstreckung in dessen Vermögen. G lässt fünf Bilder, die sich im ehelichen Wohnzimmer befinden, pfänden. Dem Vorbringen der F, wonach es sich um ihr Eigentum handele, und der Vorlage der Schenkungsurkunde misst der Gerichtsvollzieher keine Bedeutung bei.

Die Vorschrift des § 1362 Abs. 1 S. 1 ist eine ausschließlich zu Gunsten eines (dritten) Gläubigers wirkende Schutznorm. Ihre wichtigste Funktion entfaltet sie in der **Zwangsvollstreckung** gegen einen Ehegatten. Deutlich wird das, wenn man sich überlegt, welche Rechtsbehelfe der F in **Fall 24** zur Verfügung stehen, um ihr Eigentum vor dem Zugriff des Gläubigers ihres Mannes zu schützen.

185 Dem Gläubiger eines Ehegatten soll nur das Vermögen des schuldenden Gatten haften, nicht auch das des Partners. Soweit bewegliches Vermögen in Anspruch genommen wird, vollzieht sich die Haftung durch Pfändung (§ 803 Abs. 1 ZPO). Der beauftragte Gerichtsvollzieher nimmt die zu pfändende Sache in Besitz (§ 808 Abs. 1 ZPO) und stellt dabei nur auf den Gewahrsam des Schuldners ab (§ 808 Abs. 1 ZPO)[12]. Gehören diese Gegenstände tatsächlich nicht dem Schuldner (er hat sie sich etwa geliehen), so ist es **Sache des Eigentümers**, durch **Klage** gemäß **§ 771 ZPO** die Zwangsvollstreckung in sein Eigentum für unzulässig erklären zu lassen[13]. Dem Gläubiger eines Ehegatten erwachsen in dieser Situation aber besondere Schwierigkeiten. Denn an den zu pfändenden Gegenständen hat der Partner des Schuldners regelmäßig **Mitbesitz**. In diesem Fall kann eine Pfändung nur bewirkt werden, wenn jener „Dritte" zur Herausgabe der Sache bereit ist (§ 809 ZPO). Dies wird bei Ehegatten regelmäßig nicht der Fall sein.

2. Gewahrsamsfiktion (§ 739 ZPO)

186 Der mögliche Verstoß gegen § 809 ZPO (Nichtbeachtung fremden Gewahrsams) kann den Rechtsbehelf der **Vollstreckungserinnerung** gemäß **§ 766 ZPO** auslösen, weil dann die vom Gesetz vorgeschriebene **„Art und Weise der Zwangsvollstreckung"** und das „bei ihr zu beobachtende Verfahren" nicht eingehalten wurden[14]. Die F wird also (vgl. **Fall 24**) der Nichtbeachtung ihres **Mitgewahrsams** (§ 809 ZPO) mit der Erinnerung nach § 766 ZPO begegnen. Dem pfändenden Gläubiger kommt hier **§ 739 ZPO** zu Hilfe: Soweit zu seinen Gunsten die Vermutung des § 1362 ausgelöst wird, „gilt" für die Durchführung der Zwangsvollstreckung nur der schuldende Gatte als Gewahrsamsinhaber. Drei Dinge sind hier zu beachten:

- **Erstens:** Die Vorschrift des § 739 ZPO betrifft lediglich die **Durchführung** der Zwangsvollstreckung. Sie versagt dem Rechtsbehelf der Vollstreckungserinnerung

---

12 Publizitätswirkung des Besitzes, vgl. *Habersack*, Examens-Repetitorium Sachenrecht, [7]2012, Rdnr. 18. Es ist dem Gerichtsvollzieher weder möglich noch zumutbar, die Eigentumslage der sich im Besitz des Schuldners befindlichen Gegenstände zu klären. Zu Zweifelsfragen bei eindeutiger Rechtslage vgl. *Brox/Walker*, Zwangsvollstreckungsrecht, [9]2011, Rdnr. 234 i.V.m. Rdnr. 259.

13 **Ausschließliche Geltung** des Vollstreckungsrechts bei **begonnener**, aber noch **nicht beendeter Zwangsvollstreckung**, vgl. näher etwa für die Vollstreckungserinnerung (§ 766 ZPO) und Widerspruchsklage (§ 771 ZPO) *Brox/Walker*, Zwangsvollstreckungsrecht, [9]2011, Rdnr. 1189, 1405.

14 Zur Vollstreckungserinnerung, mit der die Art und Weise der Zwangsvollstreckung gerügt werden kann, näher *Brox/Walker*, Zwangsvollstreckungsrecht, [9]2011, Rdnr. 1160 ff.

(§ 766 ZPO) den Erfolg, soweit eine Verletzung der §§ 808, 809 ZPO geltend gemacht wird[15].

- **Zweitens:** Die Vorschrift des § 739 ZPO wirkt als **Fiktion** („gilt"). Sie ist **nicht widerlegbar**[16].
- **Drittens:** Die Verweisung auf § 1362 gilt deshalb nur insoweit, als es um die Voraussetzungen der **Anwendbarkeit** dieser Norm geht. Die (unwiderlegbare) Fiktion des § 739 ZPO knüpft an die Vermutungswirkung des § 1362 an[17].

Im Ausgangsfall (**Fall 24**) wird eine Vollstreckungserinnerung der F trotz ihres Mitgewahrsams keinen Erfolg haben, denn nach § 739 ZPO in Verbindung mit § 1362 Abs. 1 S. 1 gilt M als alleiniger Besitzer und Gewahrsamsinhaber der Bilder.

III. Vertiefung: „Besitz" der Ehegatten (§ 1362 Abs. 1 S. 1)

Nach § 1362 Abs. 1 S. 1 muss, um die Eigentumsvermutung zu Gunsten von Gläubigern auszulösen, sich die Sache „im Besitz eines Ehegatten oder beider Ehegatten" befinden. Das Gesetz lässt offen, welche **Art von Besitz** hier gemeint ist und in welchem **Zeitpunkt** dieser Besitz eines oder beider Ehegatten vorliegen muss.

> **Fall 25**[18]: Die Ehefrau F des Schuldners M war ein Jahr nach ihrer Eheschließung Erbin nach ihrem Vater geworden. Dieser hatte bei seiner Bank eine Münzsammlung deponiert. Als später gegen M ein Ermittlungsverfahren eingeleitet wurde, nahm die F die Münzen aus dem Schließfach der Bank und übergab sie einem Bekannten (B). Dieser überließ die Münzen schließlich der Beschlagnahmebehörde; mit F und ihrem Ehemann wollte er nichts mehr zu tun haben. Nach Aufhebung der Beschlagnahme griff ein Gläubiger des Ehemannes auf diese Münzsammlung zu, und zwar im Wege der Pfändung und Überweisung des angeblichen Herausgabeanspruchs des Ehemannes gegenüber der Beschlagnahmestelle.

Nach ganz überwiegender Auffassung setzt § 1362 Abs. 1 **gegenwärtigen Besitz** von Eheleuten voraus[19]. Genügend ist **mittelbarer Besitz**[20]. Aus § 1362 Abs. 1 folgt dann die Vermutung, dass der zu pfändende Herausgabeanspruch (§§ 846 ff. ZPO) nur dem Schuldner-Gatten zusteht.

Zweifelhaft war im entschiedenen Fall aber gerade dieser mittelbare Besitz. Zwar konnte die F (**Fall 25**) grundsätzlich mittelbare Eigenbesitzerin sein (die Beschlagnahmebehörde mittelt B, B mittelt seinerseits F; gestufter mittelbarer Besitz, § 871). B wollte mit F aber nichts mehr zu tun haben (Aufgabe des Besitzmittlungswillens und damit Beendigung des Besitzmittlungsverhältnisses). Dann hatte, als die Pfändung erfolgte, keiner der Eheleute Besitz an den Münzen.

---

15 Unberührt davon bleibt (selbstverständlich) die Eigentumslage. Sie geltend zu machen, steht die Drittwiderspruchsklage nach § 771 ZPO dem nicht schuldenden Eigentümer-Gatten zur Verfügung; dazu sogleich.
16 Die h.M. geht, weil die Folge der Vermutung tatsächlich richtig sein kann, von einer unwiderleglichen Vermutung aus, vgl. Staudinger-*Voppel* § 1362 Rdnr. 33; für das Ergebnis ist die rechtliche Einordnung belanglos.
17 Diese wird etwa nicht ausgelöst, wenn die Ehegatten getrennt leben, § 1362 Abs. 1 S. 2.
18 BGH FamRZ 1993, 668 ff.; Sachverhalt hier verkürzt und vereinfacht.
19 Etwa MünchKomm/*Weber-Monecke* § 1362 Rdnr. 16.
20 BGH FamRZ 1993, 668, 669 li. Sp.; MünchKomm-*Weber/Monecke* § 1362 Rdnr. 16; Staudinger-*Voppel* § 1362 Rdnr. 23.

188   Der BGH nimmt an, dass auch in diesem Fall (fehlender gegenwärtiger Besitz der Gatten) § 1362 Abs. 1 Anwendung finde, sofern als Eigentümer nur einer oder beide Ehegatten in Betracht kommen. Man wird dem BGH nach Sinn und Zweck des § 1362 Abs. 1 für die Fälle folgen können, in denen tatsächlich nur die Ehegatten als Eigentümer in Frage kommen können. Die Voraussetzung des Besitzes hat Bedeutung nur insoweit, als von ihr aus auf das Eigentum eines Ehegatten geschlossen (§ 1362 Abs. 1 gilt auch bei Fremdbesitz) und sich daran anknüpfend die Vermutung zu Gunsten des Schuldner-Gatten entfalten kann. Steht Eigentum der Ehegatten aber fest, dann hindert nichts, dem Gläubiger die (interne) Vermutungswirkung des § 1362 Abs. 1 zuzubilligen[21]. Im konkreten Fall konnte der Gläubiger deshalb den vermuteten (§ 1362 Abs. 1) Herausgabeanspruch des Ehemannes für sich reklamieren.

IV. Widerlegung der Eigentumsvermutung

1.   Drittwiderspruchsklage (§ 771 ZPO)

189   Die Vermutung des § 1362 Abs. 1 S. 1 hat der Ehegatte zu widerlegen, der sich gegenüber einem Gläubiger des Partners auf sein (Allein- oder Mit-)Eigentum an einer Sache beruft[22]. Dafür ist der volle Nachweis der Tatsachen erforderlich, aus denen sich die behauptete Rechtslage ergibt[23]. Hat die Zwangsvollstreckung gegen den Ehepartner bereits begonnen, so kann die Vermutung des § 1362 Abs. 1 nur in einem vollstreckungsrechtlichen Verfahren widerlegt werden. Dafür steht die **Drittwiderspruchsklage** des **§ 771 ZPO** zur Verfügung; in **Fall 24** muss F diese Klage erheben, will sie nicht Gefahr laufen, ihr Eigentum im Wege der Versteigerung der Bilder zu verlieren[24].

190   F kann (vgl. **Fall 24**) eine Schenkungsurkunde vorlegen, die allerdings an einem Formmangel leidet (§ 518 Abs. 1). Nur unter der Voraussetzung des § 518 Abs. 2 (Vollzug der Schenkung, §§ 929 ff.) wird sie deshalb Erfolg haben. Hier zeigt sich ein typischer Erwerbstatbestand unter Ehegatten bei Haushaltsgegenständen: Einigung gemäß § 929 S. 1 und Besitzmittlungsverhältnis nach §§ 930, 868. An Haushaltsgegenständen haben Ehegatten kraft Gesetzes (§ 1353 Abs. 1 S. 2) Mitbesitz, gleichgültig, in wessen Eigentum die Sachen stehen[25]. Dies bedeutet, dass der Nichteigentümer-Gatte seinen Mitbesitz als (unmittelbarer) Fremdbesitzer ausübt. Der Wille des Eigentümer-Gatten, auf der Grundlage dieses gesetzlichen Besitzmittlungsverhältnisses (§ 1353 Abs. 1 S. 2) nunmehr Besitzmittler sein zu wollen, genügt für eine Eigentumsübertragung nach §§ 929, 930. F selbst besitzt dann als unmittelbare und zugleich als mittelbare Eigenbesitzerin (§ 872)[26]. Die Drittwiderspruchsklage der F wird, weil die Schenkung vollzogen ist (§ 518 Abs. 2), Erfolg haben.

---

21 Näher dazu Soergel-*Lipp* § 1362 Rdnr. 11; krit. *Hohloch* Anm. zu LM Nr. 3 zu § 857.
22 Ist der nicht schuldende Ehegatte Miteigentümer, so genügt der Nachweis von Miteigentum, etwa Palandt-*Brudermüller* § 1362 Rdnr. 7.
23 Allg. Meinung, vgl. etwa Staudinger-*Voppel* § 1362 Rdnr. 45.
24 Eigentumsübergang kraft staatlichen Hoheitsakts (str.); vgl. *Brox/Walker*, Zwangsvollstreckungsrecht, ⁹2011, Rdnr. 405 ff.
25 Vgl. oben § 6 Rdnr. 117.
26 BGH FamRZ 1992, 409, 410 re. Sp.

2. Eigentumserwerb und Eigentumsfortbestand

Mit dem Nachweis des Eigentumserwerbes (eventuell vor Jahren) ist nicht auch schon **191** nachgewiesen, dass der widersprechende Ehegatte im Augenblick der Pfändung (noch) Eigentümer ist. Es fragt sich deshalb, ob die Widerlegung der Vermutung des § 1362 Abs. 1 auch den Nachweis des Fortbestandes der Eigentumslage verlangt. Entscheidend sind Sinn und Zweck des § 1362 Abs. 1. Die Vorschrift vermutet zu Gunsten des Gläubigers eines Ehegatten, der Schuldner sei mit Besitzerlangung eines oder beider Gatten Eigentümer der streitgegenständlichen Sache geworden (Besitzerwerb im Rahmen des § 929). Dieser Nachweis soll dem Gläubiger wegen der Unübersichtlichkeit und der tatsächlichen Vermischung des Mobiliarvermögens der Ehegatten erspart bleiben. Mit der Erwerbsvermutung des Schuldners sind die für einen Gläubiger aus der typisch ehelichen Situation resultierenden Gefahren aber beseitigt. Daher gilt umgekehrt: Steht einmal fest, dass der gepfändete Gegenstand zum Vermögen des anderen Gatten erworben wurde, so ist die von § 1362 Abs. 1 angestrebte Klärung einer unsicheren Eigentumslage erreicht. Es schließt sich daran keine weitere Vermutung etwa zu Gunsten einer späteren Übereignung an den schuldenden Gatten an. Für die **Widerlegung** des § 1362 Abs. 1 genügt deshalb der **Nachweis** von **Eigentumserwerb** des **nicht schuldenden Gatten**. Der **Fortbestand des Eigentums** in der Person dieses Gatten wird dann seinerseits **vermutet**[27].

3. Anwendbarkeit des § 1006

Die Vorschrift des § 1362 Abs. 1 ist Spezialnorm gegenüber § 1006[28]. Doch sind zwei **192** Fragen zu unterscheiden. Erstens: Ergreift die Vermutung des § 1362 Abs. 1 **sämtliche** sich im Besitz von Eheleuten befindlichen beweglichen Gegenstände? Zweitens: Kann im Rahmen der Widerlegung der Vermutung sich ein Ehegatte auf **§ 1006** stützen? Diese Unterscheidung wird wichtig, wenn man in **Fall 24** etwa annimmt, F habe die Gemälde nicht von ihrem Ehemann erhalten, sondern (als ihr Eigentum) bereits mit in die Ehe gebracht, oder wenn man daran denkt, dass in der oben angeführten Entscheidung[29] die Ehefrau (anders als in **Fall 25**) die Münzsammlung bereits vor Eheschluss geerbt hatte.

Die Vermutung des § 1362 Abs. 1 bezieht sich auf **alle** im Besitz der Gatten befindli- **193** chen **Gegenstände**, auf während der Ehe erworbene ebenso wie auf die, die von den Gatten mit in die Ehe gebracht wurden[30]. Hinsichtlich des **gegenwärtigen Besitzes** der Gatten schließt § 1362 Abs. 1 die Vorschrift des § 1006 Abs. 1 S. 1 aus und vermutet Alleineigentum des Schuldners (anstatt Miteigentum der Eheleute, § 1006 Abs. 1 S. 1). Diese Vermutung wird durch **den Nachweis vorehelichen Eigentumserwerbes wider- legt**. Hier hilft dem betreffenden Ehegatten aber **§ 1006 Abs. 2**[31]. War er vor Eheschluss Alleinbesitzer der von ihm in die Ehe eingebrachten Gegenstände, so knüpft

27 BGH FamRZ 1992, 409.
28 Staudinger-*Voppel* § 1362 Rdnr. 6. Vgl. oben Rdnr. 180.
29 BGH FamRZ 1993, 668; vgl. oben Fußn. 18.
30 BGH FamRZ 1992, 409 re. Sp.
31 BGH FamRZ 1992, 409, 410 li. Sp.

§ 1006 Abs. 2 an diesen früheren Besitz eine Vermutung für Eigenbesitz und damit für Alleineigentum dieses Ehegatten. Sie gilt für die Zeit des Eigenbesitzes und dauert nach (Allein-) Besitzverlust so lange fort, bis fremder Eigenbesitz begründet wird[32]. Kann der Eigentümer-Gatte gegenüber der Vermutung des § 1362 Abs. 1 nämlich nachweisen, dass er den in Anspruch genommenen Gegenstand bereits vor der Ehe erworben (besessen, § 1006 Abs. 2) hatte, so ist die diffuse Vermögenslage, vor der § 1362 Abs. 1 den Gläubiger schützen will, geklärt: Die Sache stand im Eigentum des anderen Partners; der Eheschluss allein konnte eine Änderung nicht bewirken; der Fortbestand des Eigentums des nicht schuldenden Partners wird vermutet. Ergibt sich das Eigentum des nicht schuldenden Gatten als Folge von § 1006 Abs. 2, so bleibt es Sache des Gläubigers, diese Vermutung zu entkräften.

In **Fall 25**[33] hat F die Münzsammlung aber erst **nach Eheschließung** erworben. Der BGH ist hier noch einen Schritt weiter gegangen und hat die **Vermutungswirkung** des **§ 1006 Abs. 2** auch auf den **Erbenbesitz gemäß § 857** ausgedehnt[34]. Ehefrau F hat als Erbin nach ihrem Vater dessen vor der Ehe bestehenden Besitz an den Münzen nach § 857 erhalten. Dieser Erbenbesitz ist „früherer Besitz" im Sinne des § 1006 Abs. 2, der dann die Eigentumsvermutung zu ihren Gunsten auslösen konnte.

V. Erwerb von Haushaltsgegenständen

194 Soweit in der Literatur von einer dinglichen Wirkung des § 1357 Abs. 1 ausgegangen wird[35], führt dies in den einschlägigen Fällen zur Annahme von Miteigentum der Ehegatten mit der Folge, dass schon der Nachweis des Erwerbs von Haushaltsgegenständen die Vermutung des § 1362 Abs. 1 widerlegen könnte[36]. Dieselbe Folge ergibt sich, wenn man mit dem BGH annimmt, dass, sofern besondere Umstände nicht hervortreten (§ 1357 Abs. 1 S. 2 Halbs. 2), jedenfalls bei Erwerb von Haushaltsgegenständen im Rahmen des § 1357 Abs. 1 die rechtsgeschäftlichen Übereignungserklärungen regelmäßig auf Erwerb zu hälftigem Miteigentum gerichtet sein sollen[37]. Aber selbst in diesen Fällen kann man eine Widerlegung des § 1362 Abs. 1 nicht allein durch den Nachweis des Erwerbs ehelicher Haushaltsgegenstände annehmen. Beide Vorschriften zählen (ohne normative Stufung) zum güterstandsunabhängigen, allgemeinen Ehevermögensrecht. Es kann nicht angenommen werden, dass bei einem solchen Normverhältnis eine der beiden Vorschriften (nämlich § 1362 Abs. 1) von vornherein weitgehend funktionslos sein soll[38].

---

32 BGHZ 64, 395 f.
33 BGH FamRZ 1993, 668; vgl. oben Rdnr. 187.
34 BGH FamRZ 1993, 668, 669 re. Sp.
35 Vgl. oben § 8 Rdnr. 179.
36 OLG Schleswig FamRZ 1989, 88 f.; LG Münster NJW-RR 1989, 391 ff.
37 BGHZ 114, 74 ff. = JuS 1991, 960 f.; vgl. oben § 8 Rdnr. 179.
38 Ebenso *Gernhuber/Coester-Waltjen* § 22 Rdnr. 16 i.V.m. Fußn. 44 ebendort; MünchKomm/*Weber-Monecke* § 1362 Rdnr. 23; *Baumgärtel/Prütting/Laumen*, Handbuch der Beweislast im Privatrecht, ³2011, § 1362 Rdnr. 7.

VI. Ausschluss der Vermutungswirkung

Die Vermutung des § 1362 Abs. 1 S. 1 gilt nicht, wenn die Ehegatten getrennt leben **195**
und sich die Sachen im Besitz des nicht schuldenden Partners befinden (§ 1362 Abs. 1
S. 2). Hier ist streitig, ob sich das „Getrenntleben" inhaltlich an die Ehescheidungsvor-
schriften (§ 1567 Abs. 1) anschließt[39] oder davon abweichend bestimmt werden muss[40].
Nach Sinn und Zweck der Regelung (Gläubigerschutz) kommt es für § 1362 Abs. 1
S. 2 auf die **äußere, tatsächliche Trennung** an. Dann besteht der die Vermutung tragende gemeinsame Haushalt nicht mehr; die Zuordnung einzelner Gegenstände an
die Personen der Gatten ist möglich. Auf das Merkmal der inneren Ablehnung der
ehelichen Lebensgemeinschaft (§ 1567 Abs. 1 S. 1) kommt es nicht an. Andererseits ist
für den Ausschluss der Vermutungswirkung eine klare räumliche Trennung erforderlich; ein Getrenntleben innerhalb der ehelichen Wohnung genügt daher nicht (anders
§ 1567 Abs. 1 S. 2).

---

39 In dieser Richtung *Gernhuber/Coester-Waltjen* § 22 Rdnr. 18; vgl. schon oben Rdnr. 183.
40 H.M.; z.B. MünchKomm/*Weber-Monecke* § 1362 Rdnr. 13 mit weit. Nachweisen.

Fünfter Teil

Gesetzliches Güterrecht (Zugewinngemeinschaft)

§ 10 Vinkuliertes Vermögen

I. Das Vermögen der Ehegatten: dingliche Zuordnung, Verwaltung, Verfügungsbefugnis

196 Die Zugewinngemeinschaft ist ihrer dinglichen Vermögenszuordnung nach gesetzliche **Gütertrennung**. Das von den Ehegatten eingebrachte wie das von ihnen während der Ehe erworbene Vermögen bleibt getrenntes Vermögen der einzelnen Gatten (§ 1363 Abs. 2 S. 1). Nur wo sie gemeinschaftlich erwerben, entsteht Gemeinschaftsvermögen. Dementsprechend verwalten die Ehegatten ihr Vermögen jeweils selbstständig (§ 1364 Halbs. 1). Dazu zählt auch die grundsätzlich ins Belieben des jeweiligen Eigentümer-Ehegatten gestellte Veräußerung seines Vermögens. Diese selbstständige Vermögensverwaltung ist nach § 1364 Halbs. 2 gewissen **Einschränkungen** unterworfen (§§ 1365–1369): Die Vermögenszuordnung bleibt unberührt, aber das Gesetz nimmt den Ehegatten hinsichtlich bestimmter Vermögensmassen („Gesamtvermögen" und Haushaltsgegenstände) die **Verpflichtungsfähigkeit** und die **Verfügungsbefugnis** (§§ 1365, 1369) und verweist sie insoweit auf die **Einwilligung** des anderen Partners. Man spricht von **vinkuliertem** (gebundenem) Vermögen. – Einwilligungsbedürftig sind nur **Rechtsgeschäfte** der Eheleute. Ungehindert verbleibt deshalb etwa Gläubigern die Möglichkeit der Zwangsvollstreckung in ein Ehegattenvermögen[1].

II. Verfügungen über das „Vermögen im Ganzen"

1. Gesamtvermögensgeschäfte

197 Das BGB gebraucht den Begriff des **„Gesamtvermögens"** (§ 311b Abs. 2: „künftiges Vermögen"; § 311b Abs. 3: „gegenwärtiges Vermögen"; § 1365 Abs. 1 S. 1: „Vermögen im Ganzen") nicht einheitlich. Es ist von Vorschrift zu Vorschrift zu entscheiden, ob die jeweilige Bestimmung tatsächlich ein Rechtsgeschäft über „das" Vermögen im Auge hat **(en bloc)** oder ob sie ihrem Sinn und Zweck nach auch dann anwendbar ist, wenn zwar nur ein (bestimmter) **einzelner Gegenstand**, der aber seinem Wert nach das gesamte beziehungsweise nahezu das gesamte Vermögen des Betreffenden ausmacht, übertragen werden soll.

---

1 BGH NJW 2006, 849, 850 li. Sp. – Dies entspricht der h.M., ist aber nicht unbestritten. Hierzu und zu Sinn und Zweck der §§ 1365, 1369 insgesamt krit. und (rechtspolitisch) instruktiv *Braun*, Festschr. für Musielak, 2004, S. 119 ff.

Fall 26: Ohne ihren Ehemann M zu kontaktieren, verkauft F ein ihr gehörendes Grundstück an den Makler L und lässt es ihm auf. In der Auflassungserklärung heißt es: „Die Verkäuferin versichert, damit nicht über ihr gesamtes oder nahezu gesamtes Vermögen zu verfügen." Wenige Wochen später erfährt L kurz vor der grundbuchlichen Umschreibung, dass das Grundstück etwa 95 % des Gesamtvermögens der F darstellt.

Ob § 1365 Abs. 1 nur eine Verfügung über das „ganze Vermögen" oder auch über einen Einzelgegenstand erfasst, richtet sich nach Sinn und Zweck der Regelung im Kontext des gesetzlichen Ehegüterrechts.

a) Gesamt- und Einzeltheorie

Das gesetzliche Güterrecht bedeutet Gütertrennung. Die Vorschrift des § 1365 ist **198** eine Ausnahmeregelung. Das System der Gütertrennung und die damit verbundene selbstständige Verfügungsbefugnis der Gatten (§ 1364) sprechen für eine Beschränkung auf Rechtsgeschäfte, die das „Gesamtvermögen" (en bloc) zum Inhalt haben. Nach der so genannten **Gesamttheorie**[2] fällt deshalb die Verfügung über einzelne oder gar einen einzigen Vermögensgegenstand nicht unter die Vorschrift des § 1365.

Eine andere Sichtweise ergibt sich aber, wenn man erwägt, weshalb die §§ 1365 ff. vin- **199** kuliertes Vermögen schaffen. Es geht um die Sicherung der **wirtschaftlichen Grundlage** von Ehe- und Familiengemeinschaft, und es geht um die Sicherung einer möglichen späteren **Zugewinnausgleichsforderung** (vgl. insoweit auch § 1385 Nr. 2)[3]. Eine diesbezügliche Gefährdung tritt aber auch dann ein, wenn Gegenstand des Rechtsgeschäfts nur ein **einzelner Vermögensgegenstand** ist, der den Wert des Vermögens ganz oder nahezu ganz ausschöpft. Mit diesem Argument nehmen Rechtsprechung und ganz herrschende Lehre an, dass Gesamtvermögensgeschäfte auch bei Verfügungen über Einzelgegenstände vorliegen können, so genannte **Einzeltheorie**[4]. Für sie spricht auch die Überlegung, dass Verpflichtungen zu einer Vermögensübertragung en bloc sehr selten sind und sich sachenrechtlich in dieser Form gar nicht durchführen lassen; der Anwendungsbereich des § 1365 Abs. 1 wäre nach der Gesamttheorie äußerst eingeschränkt.

b) Einzeltheorie – verbleibendes Restvermögen

Für die Einzeltheorie bleibt die Frage, wie groß das **Restvermögen** eines Ehegatten sein muss, **200** um ein Gesamtvermögensgeschäft auszuschließen. Nach den Grundsätzen der Rechtspraxis ist ein verbleibendes Restvermögen von 15 % (des ehemaligen Gesamtvermögens) nicht mehr unwesentlich, § 1365 daher ausgeschlossen[5]; bei größeren Vermögen (etwa ab 25 000 €) sind dafür 10 % ausreichend[6]. Das verbleibende Vermögen ist um die auf ihm ruhenden dinglichen Belastungen zu mindern[7]. Aber auch bei der Frage, ob der weggegebene Gegenstand (nahezu) das ge-

---

2 Zuletzt *Benthin* FamRZ 1982, 338 ff. insbes. mit Hinweis auf die veränderten Rollen der Ehegatten seit dem 1. EheRG.

3 Unbestritten und st. Rspr., z.B. BGHZ 77, 293, 296; lesenswert dazu (europäische Vorbilder und Gesetzgebungsgeschichte) *Boehmer* FamRZ 1959, 1 ff.

4 **Grundlegend und bestätigend BGHZ 35, 134 ff.; 43, 174 ff.; 64, 246 ff.; 123, 93 ff.**

5 BGHZ 77, 293, 299; bestätigend BGH NJW 2013, 1156 re. Sp. Tz. 11.

6 BGH NJW 1991, 1740.

7 BGHZ 77, 293, 296.

samte Vermögen des Verfügenden ausmacht, sind die auf ihm ruhenden dinglichen Belastungen (mindernd) zu berücksichtigen[8]. Unbeachtlich ist hingegen die erzielte Gegenleistung[9, 10].

Auch die **Bestellung** eines **Grundpfandrechts** kann die Voraussetzungen eines Gesamtvermögensgeschäfts erfüllen. Entscheidend ist auch hier eine **wirtschaftliche** Betrachtungsweise. Stellt das Grundstück das gesamte oder nahezu gesamte Vermögen dieses Ehegatten dar und **schöpft** das Grundpfandrecht (unter Beachtung bereits bestehender Belastungen) den **Verkehrswert** der Liegenschaft **aus („Ausschöpfungstheorie")**, liegt eine zustimmungsbedürftige Verfügung vor[11]. **Andererseits** kann ein bei Übereignung dem bisherigen Eigentümer bestelltes dingliches Recht (Wohnungsrecht) den Charakter eines Gesamtvermögensgeschäfts **ausschließen**, wenn die wirtschaftliche Bewertung dieses vorbehaltenen Rechts die oben genannte Grenze (15 % des Gesamtvermögens) erreicht[12]. – Bei der Bestimmung der durch ein Grundpfandrecht verursachten Wertminderung des Grundstücks („Ausschöpfung") ist zwischen den auf dem Grundstück **bereits ruhenden** und **neu zu bestellenden** Grundpfandrechten zu unterscheiden. Die im Zeitpunkt der Verfügung **bestehenden** Pfandrechte finden **nur insoweit Berücksichtigung** als sie durch das Vorliegen einer persönlichen Schuld des Eigentümers **valutiert** sind (auch die nicht akzessorische Grundschuld). Denn in Höhe der bereits getilgten Forderung steht dem Eigentümer regelmäßig ein Rückübertragungsanspruch zu. Für das **neu bestellte** Grundpfandrecht spielt die **Valutierung** hingegen **keine Rolle**. Denn dieses Pfandrecht ist auf die Sicherung künftiger Forderungen gerichtet und wird zu einem späteren Zeitpunkt regelmäßig voll valutieren[13]. Entscheidend für die Werteinbuße ist deshalb der **Nominalbetrag** der **dinglichen** Grundstückshaftung[14].

2. Zustimmungsbedürftigkeit und Schutz des Rechtsverkehrs

201   Nach der Einzeltheorie stellt die Grundstücksveräußerung der F in **Fall 26** ein Gesamtvermögensgeschäft im Sinne des § 1365 Abs. 1 dar. Der Fall macht aber ein weiteres Problem deutlich, das sich (erst) an **diese Theorie** anschließt, nämlich die Frage nach dem Schutz des **gutgläubigen Rechtsverkehrs.** Überträgt ein Ehegatte sein Vermögen „en bloc", weiß der Erwerber, dass über das „Vermögen im Ganzen" verfügt wird (§ 1365 Abs. 1). Wird lediglich ein einzelner Vermögensgegenstand übertragen, weiß der Geschäftspartner dagegen nicht, ob es sich hier um das ganze oder nahezu gesamte Vermögen des veräußernden Ehegatten handelt (vgl. die typische Urkundsklausel in **Fall 26**). Was der gesetzliche Güterstand (Gütertrennung, § 1363 Abs. 2 S. 1) und die eigenständige Verwaltungsbefugnis der Gatten (§ 1364) dem Rechtsverkehr versprechen (freie Verfügung), wird ihm durch die Einzeltheorie genommen (nicht erkennbares vinkuliertes Vermögen).

---

8   BGHZ 77, 293, 296 ff.

9   BGHZ 35, 134, 145; 43, 174, 176. Grund: Das Gesetz unterscheidet nicht zwischen entgeltlichem und unentgeltlichem Geschäft; § 1365 Abs. 2 wäre weitgehend gegenstandslos, weil eine unentgeltliche Vermögensübertragung (die dann allein von § 1365 Abs. 1 erfasst wäre) kaum jemals einer „ordnungsmäßigen Verwaltung" entspricht.

10   Diese wirtschaftliche Interpretation des „Vermögens" wird (ebenso schon die Einzeltheorie) vom Sinn des § 1365 Abs. 1 als einer **Schutznorm für Dritte** (Ehegatten) getragen – anders etwa § 311b Abs. 3, der dem Schutz des Handelnden (vor Übereilung) dient. Deshalb kann für die Beurteilung des Restvermögens auch nur auf gegenwärtiges Vermögen abgestellt werden, BGHZ 101, 225 ff. (Ausschluss von Arbeitseinkommen).

11   BGH NJW 1990, 112 ff. (Bestellung eines Wohnungsrechts); BGHZ 123, 93 ff. (Wohnungsrecht); BGH NJW 2011, 3783 f. (Grundschuldbestellung).

12   **Grundsätzlich BGH NJW 2013, 1156 ff.** mit Darstellung des Diskussionsstandes u. in Auseinandersetzung mit abweichenden Literaturansichten.

13   BGH NJW 2011, 3783 re. Sp.

14   Einschließlich **dinglicher Zinsen** und **Nebenleistungen** (§ 1191 Abs. 2), BGH NJW 2011, 3783 re. Sp. f.

a) Absolutes Veräußerungsverbot

Tatbestände des gutgläubigen Erwerbs (§§ 892, 932 ff.) nützen dem Erwerber hier nichts, denn **202** der Verfügende ist Berechtigter; ihm fehlt jedoch die **Verfügungsbefugnis**[15]. Auch eine analoge Anwendung der Gutglaubensvorschriften (§ 135 Abs. 2) scheidet aus, denn § 1365 Abs. 1 (ebenso § 1369) stellen **absolute Veräußerungsverbote** dar[16].

b) Subjektive Einzeltheorie

Um hier einen Ausgleich zu finden, der die Einzeltheorie im gesetzlichen System der **203** Gütertrennung hält (§§ 1363 Abs. 2, 1364), hat sich die höchstrichterliche Rechtsprechung dahin ausgesprochen, dass das objektive Vorliegen eines Gesamtvermögensgeschäfts allein für die Zustimmungsbedürftigkeit nicht genüge. Hinzukommen muss die **positive Kenntnis** des **Vertragspartners** von einem solchen Geschäft – zumindest von den Umständen, aus denen sich der Charakter des Gesamtvermögensgeschäfts ergibt, so genannte **subjektive Einzeltheorie**[17]. In **Fall 26** erhält L zwar Kenntnis über das Vorliegen eines Gesamtvermögensgeschäfts, die Frage ist nur, welcher **Zeitpunkt** für die **Gutgläubigkeit des Erwerbers** maßgeblich ist (L erhält Kenntnis nach Abschluss der Verträge – Kaufvertrag, Auflassung –, aber vor grundbuchlicher Umschreibung).

c) Zeitpunkt der Gutgläubigkeit

Dem Schutzzweck des § 1365 folgend (Sicherung der wirtschaftlichen Grundlagen **204** der Familie) nahm ein Teil der obergerichtlichen Judikatur an, guter Glaube müsse bis zur Vollendung des Rechtserwerbs vorliegen[18]. Diese Auffassung führt aber zu dogmatischen und sachlichen Spannungen. Nach § 1365 Abs. 1 ist sowohl das Verpflichtungsgeschäft zustimmungsbedürftig (S. 1) als auch – wo dafür die Zustimmung fehlt – das Erfüllungsgeschäft (S. 2). Der Mangel des Verpflichtungsgeschäfts, und **nur dieser Mangel**, wirkt sich – in Durchbrechung des Abstraktionsprinzips – auf das Erfüllungsgeschäft aus. Das bedeutet umgekehrt: Wo für das Verpflichtungsgeschäft eine Zustimmung nicht notwendig ist, kann ein daraus resultierender Mangel des Verfügungsgeschäfts nicht in Frage kommen (vgl. § 1365 Abs. 1 S. 2: „Hat er sich ohne Zustimmung des anderen Ehegatten verpflichtet, so [...]"). Entscheidend ist demnach, ob das **Verpflichtungsgeschäft** im Sinne der **subjektiven Einzeltheorie** der Zustimmung des Ehegatten bedurfte[19]. In **Fall 26** war L bei Abschluss des Kaufvertrages gutgläubig. Dieser Kaufvertrag war deshalb nicht zustimmungsbedürftig. Ein Mangel, der auf das Erfüllungsgeschäft „durchschlagen" könnte, existiert nicht. **Maßgeblich** ist also, dass der Erwerber bei **Abschluss** des **Verpflichtungsgeschäfts gutgläubig** ist. Spätere Kenntnis kann die Notwendigkeit einer Zustimmung (zum Erfüllungsgeschäft) nicht mehr auslösen. L erwirbt mit Eintragung zustimmungsfrei das Grundstück.

---

15 Zu **Berechtigung** und **Verfügungsbefugnis** vgl. *Habersack*, Examens-Repetitorium Sachenrecht, [7]2012, Rdnr. 140.
16 BGHZ 40, 218 ff. (einhellige Ansicht).
17 **Grundlegend BGHZ 43, 174, 176 ff.** u. jüngst erneut bestätigend **BGH NJW 2013, 1156 re. Sp. Tz. 10.** Zur notwendigen Kenntnis im Falle einer dinglichen Belastung (Bestellung eines Wohnungsrechts) bei einem bereits mit Grundpfandrechten belasteten Grundstück vgl. fortführend **BGHZ 123, 93 ff. = JuS 1993, 1062 f.:** Der Erwerber muss um den Gesamtvermögenscharakter des Grundstücks wissen, d.h. die Wertminderung durch die Grundpfandrechte kennen und wissen, dass das ihm bestellte Recht den Wert des Grundstücks aufzehrt („Ausschöpfungstheorie", vgl. schon oben Rdnr. 200).
18 OLG Saarbrücken FamRZ 1984, 587 f.
19 **BGHZ 106, 253 ff.**; bestätigend FamRZ 1990, 970, 971 re. Sp.

Für die vorgetragene Ansicht spricht auch folgende Überlegung: Stellt man für die Zustimmungsbedürftigkeit des Verfügungsgeschäfts auf die Gut- beziehungsweise Bösgläubigkeit im Zeitpunkt der Vollendung des Rechtserwerbs ab, so ist der veräußernde Ehegatte zwar eine wirksame Verpflichtung eingegangen (da zu diesem Zeitpunkt Gutgläubigkeit des Vertragspartners vorlag), die er (mangels Zustimmung) aber nicht erfüllen kann. Entweder man gewährt dann dem Dritten einen Schadensersatzanspruch, was die wirtschaftliche Grundlage der Familie ebenso sehr beeinträchtigen kann, oder man versagt (ohne gesetzliches Vorbild) dem Vertragspartner die Erfüllung eines bestehenden Anspruchs.

3. Ordnungsmäßige Verwaltung und Konvaleszenz

a) Ordnungsmäßige Verwaltung

205   Verweigert der Ehegatte seine Zustimmung zu einem Gesamtvermögensgeschäft im Sinne des § 1365 Abs. 1, so kann auf Antrag des anderen Gatten das Familiengericht die **Zustimmung ersetzen**, wenn das geplante Rechtsgeschäft einer „ordnungsmäßigen Verwaltung" entspricht (§ 1365 Abs. 2).

> **Fall 27:** Die Ehegatten F und M sind Miteigentümer eines Hausgrundstücks je zur Hälfte. Sie leben seit einigen Jahren getrennt; ein Ehescheidungsverfahren ist anhängig. F wohnt mit den beiden gemeinsamen Kindern im genannten Haus, das ihr zu alleiniger Nutzung zugewiesen ist. Sie ist nicht berufstätig und will ihren Miteigentumsanteil verwerten, um ihr Leben (mit den beiden Kindern) auf eine neue, selbstständige Grundlage zu stellen. M spricht sich gegen dieses Vorhaben aus und plädiert für einen späteren gemeinsamen Verkauf, weil der zu erwartende Erlös den Verkehrswert des Hauses nicht erreichen werde.

Bilden Ehegatten, die im gesetzlichen Güterstand leben, gemeinschaftliches Eigentum, so entsteht regelmäßig Bruchteilseigentum (§§ 1008 ff.; dazu die Verwaltungsvorschriften der §§ 741 ff.)[20]. Jeder Miteigentümer kann dann jederzeit die Aufhebung der Gemeinschaft verlangen (§ 749 Abs. 1), die, sofern eine Teilung der Vermögensgegenstände in Natur (§ 752) ausgeschlossen ist, durch Verkauf, bei Grundstücken durch Zwangsversteigerung geschieht (§ 753 Abs. 1 S. 1) – Teilungsversteigerung (§§ 180 ff. ZVG). In Gang gebracht wird dieses Verfahren durch einen Antrag (eines oder beider Ehegatten) auf Anordnung der Zwangsversteigerung zum Zwecke der Aufhebung der Gemeinschaft. Bildet das Miteigentum das gesamte oder nahezu das gesamte Vermögen des beantragenden Gatten, bedarf er hierfür der Zustimmung seines Ehepartners (entsprechend § 1365 Abs. 1)[21]. Verweigert sie dieser, so bleibt dem die Aufhebung betreibenden Ehegatten nur die Möglichkeit, Ersetzung der Zustimmung durch das Familiengericht gemäß § 1365 Abs. 2 zu beantragen.

206   Die Ersetzung der Zustimmung ist nur möglich, wenn das Rechtsgeschäft einer **ordnungsmäßigen Verwaltung** entspricht und der andere Ehegatte **ohne ausreichenden Grund** die Zustimmung verweigert. Ob eine ordnungsmäßige Verwaltung vorliegt, richtet sich – an Sinn und Zweck des § 1365 orientiert – nach dem **Familieninteresse**: „der Maßstab ist ein sorgsamer Wirtschafter, der die richtig verstandenen Bedürfnisse der Familie und deren wirtschaftliche Möglichkeiten im Auge hat"[22]. Das angestrebte Rechtsgeschäft darf also nicht nur aus der Sicht des betreibenden

---

20 Zu denkbaren anderen vermögensrechtlichen Folgen gemeinschaftlicher Zusammenarbeit (Ehegatteninnengesellschaft) vgl. oben § 5 Rdnr. 105 ff.

21 BayObLG FamRZ 1996, 1013, 1014 re. Sp.; BayObLG FamRZ 1985, 1040, 1041 li. Sp.

22 BayObLG FamRZ 1985, 1040, 1041 li. Sp.; bestätigend BayObLG FamRZ 1996, 1013 f.

Ehegatten „vernünftig" sein, sondern es müssen die Interessen auch des anderen sowie diejenigen der Kinder sorgsam abgewogen werden.

Im Falle einer Teilungsversteigerung hat das BayObLG[23] insbesondere auf einen Vergleich der wirtschaftlichen Verhältnisse vor und nach einer Aufhebung der Gemeinschaft abgestellt (jetzige und weiter zu erwartende Belastungen der Hauseigentümer; hinreichend gesicherter Unterhalt ohne Veräußerung; Belastung durch anschließende Mietzahlungen; Möglichkeiten einer ertragreichen Anlegung des Erlöses). Nur wenn dieser Vergleich „wesentliche Vorteile" für Familienmitglieder einerseits aufzeigt und unzumutbare Nachteile für andere ausgeschlossen sind, lässt sich von einer ordnungsmäßigen Verwaltung sprechen. In **Fall 27** genügt der Wunsch der F, sich eine eigene Lebensstellung zu schaffen, für die Annahme einer ordnungsmäßigen Verwaltung deshalb allein sicher nicht.

Auch die Frage, ob die Zustimmung (bei ordnungsmäßiger Verwaltung) **ohne ausreichenden** **207** **Grund** verweigert wird, ist nach den gesamten Umständen des einzelnen Falles zu entscheiden[24]. Eine grundlose Verweigerung liegt vor, wenn das geltend gemachte Vorbringen nicht durch § 1365 geschützt ist oder wenn trotz solcher Gründe dem anderen die Aufrechterhaltung der Bruchteilsgemeinschaft nicht angesonnen werden kann. Selbst wenn also F mit der Teilungsversteigerung verbundene persönliche und wirtschaftliche Vorteile für sich und die Kinder aufzeigen kann, so geschieht die derzeitige Zustimmungsverweigerung durch M nicht ohne ausreichenden Grund, wenn der F die Beibehaltung der Gemeinschaft (noch) zumutbar ist. Die Tatsache und die Dauer des Getrenntlebens der Ehegatten können sich dabei mindernd auf die Anforderungen der Zustimmungsersetzung auswirken[25].

b) *Konvaleszenz*

Umstritten ist die Rechtslage bei **Ende** der **Zugewinngemeinschaft** – insbesondere **208** durch Tod eines der Gatten – während des **Schwebezustandes** (§ 1366). Das Gesetz selbst schweigt; eine Lösung muss von Sinn und Zweck des Zustimmungserfordernisses ausgehen.

Stirbt der **zustimmungsberechtigte** Ehegatte, so wird das Rechtsgeschäft ex nunc wirksam. § 1365 Abs. 1 schützt den Ehegatten, nicht dessen Erben. Deshalb entfällt die Zustimmung nicht nur bei einem erbrechtlichen Ausgleich des Zugewinnes (§ 1371 Abs. 1), bei dem die Frage des § 1365 Abs. 1 ohnehin belanglos ist, sondern auch bei einer güterrechtlichen Lösung. Die Zustimmung zu einem genehmigungsbedürftigen Geschäft kann nur durch den Ehegatten erfolgen[26].

Stirbt der **vertragsschließende** Ehepartner, bleibt die Notwendigkeit einer Zustimmung grundsätzlich bestehen[27]. Strittig ist dagegen, ob Konvaleszenz eintritt, wenn der **zustimmungsberechtigte** Ehegatte **Erbe** des verstorbenen Partners wird. Der BGH hat dies für den Fall der bloßen Miterbschaft verneint, im Übrigen die Frage ausdrücklich offen gelassen[28]. Von einem Teil der Literatur und der obergerichtlichen Rechtsprechung wird Konvaleszenz auch bei Alleinerbschaft des Ehegatten verneint;

---

23 BayObLG FamRZ 1996, 1013 ff.
24 BayObLG FamRZ 1996, 1013, 1015 li. Sp.
25 BayObLG FamRZ 1996, 1013, 1015 li. Sp.
26 Allg. Meinung, z.B. MünchKomm-*Koch* § 1366 Rdnr. 32 f.; vgl. auch BGH FamRZ 1994, 819, 820 li. Sp. (Voraussetzung der Konvaleszenz: noch schwebende Unwirksamkeit).
27 Auch dies entspricht allg. Ansicht, MünchKomm-*Koch* § 1366 Rdnr. 34.
28 BGHZ 77, 293, 300.

§ 185 Abs. 2 S. 1 Fall 3 könne wegen des besonderen Schutzzwecks der eherechtlichen Verfügungsbeschränkungen weder direkt noch analog angewendet werden[29]. Damit wird der Schutzzweck der §§ 1365, 1369 aber überspannt. Mit dem Tod eines Ehegatten reduziert sich der tragende Normsinn regelmäßig ohnehin auf die Sicherung des Zugewinnausgleichs des Überlebenden. Wird der Ehegatte Alleinerbe und hat er die Möglichkeit der erbrechtlichen Haftungsbeschränkung verloren, so nimmt er nach dem erbrechtlichen Sukzessionsprinzip die vermögensrechtliche Position des Verstorbenen voll und ganz ein; die schwebend unwirksamen Rechtsgeschäfte konvaleszieren (§ 185 Abs. 2 S. 1 Fall 3)[30].

III. Verfügungen über Haushaltsgegenstände

209 Vinkuliertes Vermögen sind auch **Haushaltsgegenstände**. Gemäß § 1369 Abs. 1 kann ein Ehegatte nur mit Einwilligung des anderen über einen ihm gehörenden Haushaltsgegenstand verfügen und sich nur mit einer solchen Einwilligung zu einer Verfügung verpflichten. Auch hier ist eine Zustimmungsersetzung möglich (§ 1369 Abs. 2). Im Übrigen gelten die Vorschriften über Gesamtvermögensgeschäfte entsprechend (§ 1369 Abs. 3).

> **Fall 28:** F und M leben in angespannten Eheverhältnissen. M veräußert die von ihm in die Ehe eingebrachte Stereoanlage an D. F meint, „das könne M nicht bringen" und zieht aus der gemeinsamen Wohnung aus.

1. Anwendungsbereich des § 1369 (getrennt lebende Ehegatten)

210 Haushaltsgegenstände sind alle nicht überwiegend zu beruflichen oder privaten Zwecken angeschafften und gebrauchten (beweglichen) Gegenstände, so die gesamte Wohnungseinrichtung, der PKW, wenn er überwiegend gemeinsamen privaten Zwecken dient; andere Wertgegenstände, sofern es sich nicht um Wertanlagen handelt, auch Gegenstände für Fortbildung und Unterhaltung, soweit sie nicht ausschließlich zu persönlichen Zwecken eines Ehegatten angeschafft wurden.

211 Obgleich in die Ehe eingebrachtes Gut im alleinigen Eigentum des betreffenden Ehegatten verbleibt (§ 1363 Abs. 2 S. 1 Halbs. 1) und ihm die alleinige Verwaltung hierüber zusteht (§ 1364), konnte M **(Fall 28)** seine Stereoanlage (Haushaltsgegenstand) ohne Einwilligung der F nicht wirksam an D veräußern (§ 1369 Abs. 1). Eine Genehmigung (§§ 1369 Abs. 3, 1366 Abs. 1) scheidet nach Lage der Dinge aus; Verpflichtungs- wie Verfügungsgeschäft sind – bislang schwebend – jetzt endgültig unwirksam (§§ 1369 Abs. 3, 1366 Abs. 4). Auf Gutgläubigkeit des Dritten kommt es nicht an (absolutes Veräußerungsverbot, keine Anwendung des § 135 Abs. 2).

212 Umstritten ist, ob § 1369 auch im Falle des **Getrenntlebens** der Ehegatten anwendbar ist. Denn in dieser Situation kann jeder Ehegatte die ihm gehörenden Haushaltsge-

---

29 MünchKomm-*Koch* § 1366 Rdnr. 34 mit weit. Nachweisen (h.M.).

30 Ebenso Soergel[12]-*Lange* § 1366 Rdnr. 20, anders nunmehr Soergel[13]-*Czeguhn* § 1366 Rndr. 11; ferner OLG Celle NJW-RR 1994, 646 f. mit Darstellung des Streitstands.

genstände vom jeweils anderen herausverlangen (§ 1361a Abs. 1 S. 1)[31]. Ein „ehelicher Haushalt" (§ 1369 Abs. 1) besteht nicht mehr; die ratio legis spricht für eine grundsätzliche Lösung der Vinkulierung bei Getrenntleben (§ 1361a als lex specialis gegenüber § 1369 Abs. 3 in Verbindung mit § 1368)[32]. Demgegenüber wird geltend gemacht, dass die Trennung der Eheleute gerade ein besonderes Bedürfnis nach Verfügungsbeschränkungen hervorrufe[33]; die Verfügungsbeschränkung dauere trotz Verteilung der Haushaltsgegenstände gemäß § 1361a Abs. 1 an, solange der Güterstand der Zugewinngemeinschaft bestehe[34]. Durchschlagend sind diese Überlegungen jedoch nicht. Die Vinkulierung von Vermögen in der Zugewinngemeinschaft ist keine Konsequenz des gesetzlichen Güterstandes (§ 1364). Sie ist angesichts der gesetzlichen Gütertrennung eine Ausnahme, die ihre Begründung allein darin findet, einem bestehenden ehelichen Haushalt die Grundlagen zu sichern (§ 1369 Abs. 1). Die Auflösung des Haushalts zieht auch die Haushaltsgegenstände in die allgemeinen Koordinaten einer Gütertrennung; weitergehende Schutzzwecke (Überwindung von Ehekrisen) kennt das Gesetz in § 1369 nicht. Berechtigten Interessen der Ehegatten an Haushaltsgegenständen des jeweils anderen trägt nach Aufhebung der generellen Vinkulierung § 1361a Abs. 1 S. 2, Abs. 3 Rechnung, der die Ehegatten bei Uneinigkeit auf das Verfahren in Haushaltssachen verweist (§§ 111 Nr. 5, 200 Abs. 2 Nr. 1 FamFG). Allein dieses Verfahren regelt jetzt die Auseinandersetzung, und nur soweit hier dem anderen Gatten Haushaltsgegenstände zu überlassen sind, ist auf § 1369 Abs. 1 zurückzugreifen. In **Fall 28** könnte F das Veräußerungsverbot also nur noch geltend machen, soweit sie auf die von M weggegebenen Gegenstände zur Führung eines abgesonderten Haushalts angewiesen wäre (§ 1361a Abs. 1 S. 2).

2. Analoge Anwendung bei Verfügungen des Nichtberechtigten

Die Verfügungsbeschränkung des § 1369 Abs. 1 ergreift nur die dem verfügenden **213** Ehegatten selbst gehörenden Haushaltsgegenstände. Verfügt ein Ehegatte über Sachen **seines Partners**, bewendet es sich bei den allgemeinen Regeln mit der Möglichkeit gutgläubigen Erwerbs des Dritten. Dieses Ergebnis verblüfft: Über eigene Sachen kann ein Ehegatte nicht wirksam verfügen, wohl aber über die seines Partners. Es wird deshalb vielfach eine analoge Anwendung des § 1369 bei Verfügungen über Haushaltsgegenstände des anderen Ehegatten angenommen mit dem Hinweis auf die ratio legis (Sicherung des Familienhaushalts)[35]. Gegen diese Analogie bestehen aber Bedenken. Gesetzeswortlaut und systematischer Standort des § 1369 sind eindeutig: Es geht um eine güterrechtlich veranlasste Beschränkung der Verfügungsbefugnis des **Berechtigten** (§§ 1363 Abs. 2, 1364) und **nicht** um eine **Einschränkung** des **gutgläubigen Erwerbs** vom Nichtberechtigten. Sinn und Zweck der Regelung ist die Vinkulierung bestimmter Vermögensgegenstände vor dem Hintergrund der gesetzlichen Gütertrennung. Nicht Schutz des Familienhaushaltes um jeden Preis, sondern Schutz

---

31 Zu dieser Vorschrift selbst vgl. oben § 6 Rdnr. 120 f.
32 *Gernhuber/Coester-Waltjen* § 35 Rdnr. 57-59.
33 *Schwab* Rdnr. 250.
34 Soergel-*Czeguhn* § 1369 Rdnr. 2.
35 Palandt-*Brudermüller* § 1369 Rdnr. 1; *Schlüter* Rdnr. 120.

vor Gefahren des gesetzlichen Güterstandes ist Normzweck der Vorschrift. Wenn es nicht um ausschließlich güterrechtlich intendierte Verfügungsbeschränkungen ginge, wäre die unterschiedliche Regelung bei der vertraglichen Gütertrennung in der Sache nicht recht erklärbar – weshalb soll der Familienhaushalt bei der einen Art von Gütertrennung weniger schutzwürdig sein als bei der anderen? Es spricht also viel dafür, den Gutglaubenserwerb der §§ 932 ff. nicht im Wege einer entsprechenden Anwendung von güterrechtlichen Vorschriften einzuschränken. Schutz vor dinglichem Verlust bietet ohnehin regelmäßig § 935 (unfreiwilliger Verlust des Mitbesitzes in der Person des Eigentümer-Ehegatten); allerdings bleibt die schuldrechtliche Verpflichtung und ein sich daran möglicherweise anschließender Schadensersatzanspruch gegen den verfügenden Nichtberechtigten (§§ 435; 437 Nr. 3; 280 Abs. 1, 3; 283).

IV. Die Geltendmachung der Unwirksamkeit (Revokation)

214

> **Fall 29:** Der im gesetzlichen Güterstand lebende M übereignet ohne Wissen seiner Frau F dem Gläubiger G zur Sicherung eines Darlehens wertvollste Edelsteine, die sein nahezu gesamtes Vermögen ausmachen. G, der die Vermögenssituation des M genau kennt, stirbt wenig später an den Folgen eines Unfalls und wird von seiner Freundin X beerbt. Nach Eintritt des Sicherungsfalles hat diese gegen M einen rechtskräftigen, vollstreckbaren Titel erstritten und betreibt nun die Zwangsvollstreckung. Jetzt erfährt die inzwischen von M geschiedene F von der Angelegenheit und fragt nach ihren Rechten.

1. Das Revokationsrecht des übergangenen Ehegatten

a) Gesetzliche Prozessstandschaft

215 Verfügt ein Ehegatte ohne die notwendige Zustimmung seines Partners, so kann er selbst die aus der Unwirksamkeit der Verträge (vgl. §§ 1366 Abs. 4, 1369 Abs. 3) resultierenden Rechte geltend machen. Darüber hinaus steht auch dem **Ehepartner** gemäß § 1368 (in Verbindung mit § 1369 Abs. 3) ein **Revokationsrecht**[36] zu, falls ohne dessen „erforderliche Zustimmung" über das Vermögen „im Ganzen" (§ 1365 Abs. 1) oder über Haushaltsgegenstände (§ 1369 Abs. 1) verfügt wurde. Die Vorschrift des § 1368 begründet für diesen (materiell nicht berechtigten) Ehegatten eine **gesetzliche Prozessstandschaft** (hier: **Verfahrensstandschaft**), d.h. er kann alle Rechte, die sich aus der unwirksamen Verfügung für den verfügenden Gatten selbst ergeben **(fremde Rechte)**, im **eigenen Namen** und in jeder Verfahrensart geltend machen[37] – dagegen gewährt § 1368 dem zustimmungsberechtigten Ehegatten kein eigenes Recht[38].

---

36 Revocare, lat. = zurückrufen.
37 OLG Brandenburg FamRZ 1996, 1015 f.
38 Ganz h.L., etwa Soergel-*Czeguhn* § 1368 Rdnr. 5 f; *Gernhuber/Coester-Waltjen* § 35 Rdnr. 90, vgl. dort abweichende Ansichten (Fußn. 155). Eine wichtige Konsequenz dieser Verfahrensstandschaft behandelt BGHZ 143, 356, 360 ff.: Ein Revokationsrecht entfällt (trotz Bejahung des § 1365 Abs. 1), wenn der Dritte gegenüber dem gem. § 1368 geltend gemachten Anspruch mit einer Schuld des verfügenden Ehegatten aufrechnen kann. Weil der Anspruch nicht dem revozierenden, sondern dem verfügenden Gatten zusteht, ist die Gegenseitigkeit der Forderungen gewahrt (§ 387).

b) Rechte

In **Fall 29** ist die F deshalb auf mögliche Rechte des M verwiesen, die sie gemäß § 1368   **216**
dann im eigenen Namen geltend machen kann. Ein Gesamtvermögensgeschäft des M
nach § 1365 Abs. 1 lag vor; auch eine Sicherungsübereignung (und die schuldrechtliche Sicherungsabrede) stellen gegebenenfalls Rechtsgeschäfte im Sinne der Vorschrift dar[39]. Der revozierende Ehegatte ist nach § 1368 auf die sich „aus der **Unwirksamkeit der Verfügung**" ergebenden Rechte **beschränkt**. Er kann also nicht, wie der
handelnde Partner selbst, die aus der Unwirksamkeit des schuldrechtlichen Geschäfts
resultierenden Ansprüche, vor allem solche des Bereicherungsrechts, geltend machen.

Der sich in **Fall 29** aus der unwirksamen Übereignung ergebende Vindikationsan-   **217**
spruch (§ 985) muss „gegen den Dritten" (§ 1368), d.h. gegen den **Vertragspartner** des
verfügenden Gatten erhoben werden **(im Fall: G)**. Ausgeschlossen ist die Revokation
gegenüber dem Sonderrechtsnachfolger des „Dritten"; dieser wird zudem regelmäßig
gutgläubig erworben haben (§§ 932, 892; dann aber § 816 Abs. 1 gegen den Vertragspartner). Etwas anderes gilt gegenüber dem **Gesamtrechtsnachfolger**. Er tritt nach § 1922
Abs. 1 in die (mit dem Revokationsrecht belastete) rechtliche Stellung seines Vorgän-
gers ein; die F ist deshalb nicht gehindert, auch gegenüber der Erbin X zu revozieren.

c) Rechtskraftwirkung

Mit der Verfahrensstandschaft des § 1368 verbindet sich die Frage einer möglichen   **218**
Rechtskraftwirkung (Rechtskrafterstreckung) eines im Prozess zwischen dem Dritten
und dem verfügenden Gatten ergangenen Urteils. Kann die F in **Fall 29** noch gemäß
§ 1368 gegenüber X revozieren, wenn diese bereits einen rechtskräftigen Herausga-
betitel gegen M erstritten hat? Die ganz herrschende Meinung geht mit Recht davon
aus, dass weder das **gegen** einen der Gatten erstrittene, noch **für** einen von ihnen
günstige Urteil in Rechtskraft auch für den jeweils anderen erwächst. Das Gesetz
selbst schweigt. Wenn es aber keinen allgemeinen Grundsatz dahingehend gibt, dass
bei gesetzlicher Prozessstandschaft (Verfahrensstandschaft) notwendig eine Rechtskrafterstreckung anzunehmen sei[40], dann muss nach Sinn und Zweck des § 1368 eine
solche hier jedenfalls ausgeschlossen sein. Denn das Revokationsrecht des zustimmungsberechtigten Gatten wäre sonst ganz der (nachlässigen) Prozessführung des
Verfügenden ausgesetzt. Die F ist also durch das rechtskräftige Urteil gegen M nicht
gehindert, ihrerseits gegenüber X zu revozieren.

2. Zeitpunkt und Umfang des Revokationsrechts

a) Geltendmachung nach Eheauflösung

Das Revokationsrecht des § 1368 dient neben der Erhaltung der wirtschaftlichen   **219**
Grundlage der Familie auch der Sicherung des (künftigen) **Zugewinns**. Der zustimmungsberechtigte Gatte kann deshalb das Recht aus § 1368 auch noch **nach Eheauflösung** beanspruchen und geltend machen[41].

---

39 MünchKomm-*Koch* § 1365 Rdnr. 80 mit weit. Nachweisen.
40 Zur Problematik und zum Diskussionsstand *Schilken*, Zivilprozessrecht, ⁶2010, Rdnr. 1033 ff., insbes.
    1039 ff.
41 BGH NJW 1984, 609.

b) Drittwiderspruchsklage

220 Die sich aus §§ 1365 Abs. 1, 1369 Abs. 1 ergebenden Rechte können in **jeder Verfahrensart** geltend gemacht werden. Nachdem in **Fall 29** die Zwangsvollstreckung zwar begonnen hat, aber noch nicht beendet ist, muss F versuchen, die weitere Durchführung der Vollstreckungsmaßnahmen zu verhindern. Hierfür steht ihr die Drittwiderspruchsklage nach § 771 ZPO zur Verfügung[42]. Mit dieser Klage macht der Zustimmungsberechtigte sein **eigenes Recht** geltend, nämlich die **Vinkulierung** des Vermögensgegenstandes zu seinen Gunsten (§§ 1365 Abs. 1, 1369 Abs. 1)[43] – mit der Folge, dass die Zwangsvollstreckung in den Gegenstand für unzulässig erklärt wird. Befindet sich der Verfügungsgegenstand noch beim Ehegatten (so **Fall 29**), hat es damit sein Bewenden. Richtet sich die Drittwiderspruchsklage gegen die Pfändung beim Erwerber, gilt nichts anderes: Sie stoppt die Zwangsvollstreckung des Drittgläubigers und erst hieran schließt sich die Revokation gemäß § 1368 (gegen den Erwerber) an.

§ 11 Der Zugewinnausgleich

I. Systematische Orientierung

221 Der gesetzliche Güterstand ist (dinglich) **Gütertrennung** (§ 1363 Abs. 2 S. 1) verbunden mit einem **Ausgleich** des **ehezeitlichen Zugewinnes**, sobald der **Güterstand endet** (§ 1363 Abs. 2 S. 2). Für die Realisierung dieses Zugewinnausgleichs sieht das Gesetz zwei völlig unterschiedliche Formen vor. Endet der Güterstand durch den **Tod** eines Gatten, so ordnet § 1371 Abs. 1 zum Zwecke des Zugewinnausgleichs an, dass sich der gesetzliche Erbteil des überlebenden Ehegatten (§ 1931) um ein Viertel erhöht. Es ist dabei belanglos, wer von beiden Gatten während der Ehe den höheren Zugewinn erwirtschaftet hatte und damit „an sich" ausgleichspflichtig wäre (§ 1371 Abs. 1 Halbs. 2): so genannte **erbrechtliche Lösung** (pauschalierter Zugewinnausgleich). Die erbrechtliche Lösung kann der überlebende Partner nur unter den Voraussetzungen des § 1371 Abs. 2, Abs. 3 vermeiden, d.h. er wird entweder nicht Erbe oder er schlägt die Erbschaft aus. Dieser systematische Zusammenhang verbindet den Zugewinnausgleich im Todesfall vor allem mit dem Pflichtteilsrecht (§§ 2303 ff.) und ist im Wesentlichen dort zu behandeln[1]. Endet der Güterstand **„auf andere Weise"** (§ 1372), so wird der Zugewinnausgleich durch einen (schuldrechtlichen) Anspruch auf Ausgleich des hälftigen Zugewinnüberschusses realisiert (§ 1378 Abs. 1): so genannte **güterrechtliche Lösung**.

---

42 Ganz h.M., vgl. etwa Soergel-*Czeguhn* § 1368 Rdnr. 15.
43 In der Begründung anders *Brox* FamRZ 1961, 281, 285 re. Sp., der auf § 1368 abstellt.

1 Vgl. dazu *Lipp* Examens-Repetitorium Erbrecht, ³2013, § 21.

II. Das gesetzliche Grundmodell

1. Reformbestrebungen

Seit Inkrafttreten des gegenwärtigen gesetzlichen Güterrechts ist das Modell der **222**
„Zugewinngemeinschaft" teils grundsätzlich-struktureller Kritik ausgesetzt, teils werden einzelne Regelungen und Konsequenzen als überholt und ungerecht empfunden.
Der Gesetzgeber hatte sich deshalb zu einer **Reform** des **gesetzlichen Güterrechts**
entschlossen, die zum **1. September 2009** in Kraft trat[2]. Die Reform beschränkt sich
auf punktuelle Änderungen, die aber zum Teil von bisherigen grundsätzlichen Prinzipien der Ausgleichsberechnung abweichen; etwa die Einführung eines negativen
Anfangs- und Endvermögens, die Neubestimmung der Kappungsgrenze des § 1378
Abs. 2, erweiterte Auskunftspflichten sowie Änderungen bei Ansprüchen gegen Dritte (§ 1390). Die neuen Regelungen haben nicht immer zur erwünschten Klarheit geführt; mitunter sind sie auch über das rechtspolitisch verfolgte Ziel hinausgeschossen.
Die hiesige Darstellung wird darauf nur insoweit eingehen, als es für das grundsätzliche Verständnis vonnöten ist[3].

2. Der Ausgleichsmechanismus

Fall 30: M und F haben 1988 geheiratet; ein Ehevertrag wurde nicht geschlossen. Im Jahre **223**
2012 wird die Ehe geschieden (Rechtshängigkeit des Scheidungsantrages: Anfang 2011).
F selbst hat zu diesem Zeitpunkt kein nennenswertes Vermögen. Sie hatte aber zu Beginn des
Güterstandes Schulden in Höhe von 50 000 €, die sie aus Erwerbseinkünften während der
Ehe beglichen hat. M hatte zu Beginn des Güterstandes Grundbesitz, damals im Wert von
50 000 €. Der jetzige Wert beträgt 250 000 €.

Gemäß **§ 1378 Abs. 1** (Anspruchsgrundlage) kann die F eine Ausgleichsforderung
geltend machen, wenn der Zugewinn ihres früheren Ehemannes ihren eigenen Zugewinn übersteigt (§ 1378 Abs. 1).

a) „Zugewinn"

Zugewinn (§ 1373) ist der Betrag, um den das **Endvermögen** eines Gatten (§ 1375) **224**
dessen **Anfangsvermögen** (§ 1374) **übersteigt**. Dabei handelt es sich lediglich um eine
Rechengröße und nicht um eine reale (selbstständige) Vermögensmasse. Haben die
Ehegatten bei Eintritt in den Güterstand ein Verzeichnis über ihr Anfangsvermögen
nicht erstellt (so regelmäßig), wird vermutet, dass sie kein Anfangsvermögen hatten
(§ 1377 Abs. 3). In **Fall 30** steht ein Anfangsvermögen des M in Höhe von 50 000 €
fest, so dass sich sein Zugewinn rechnerisch auf 200 000 € beläuft. F hatte ein **negatives Anfangsvermögen** (Schulden), das durch ehezeitlichen Erwerb ausgeglichen
wurde.

---

2 Gesetz zur Änderung des Zugewinnausgleichs- und Vormundschaftsrechts vom 6.7.2009 **(ZuGew-
 AusglÄndG)** – BGBl. I S. 1696.
3 Zur Reform vgl. die Übersicht bei *Brudermüller* FamRZ 2009, 1185 ff. und die Übergangsvorschrift des
 Art. 6 Nr. 2 ZuGewAusglÄndG.

225 Während nach dem bis 1.9.2009 geltenden Recht bei der Bestimmung des Anfangsvermögens Verbindlichkeiten nur bis zur Höhe des Aktivvermögens zu berücksichtigen waren (§ 1374 Abs. 1 Halbs. 2 a.F.) - das Anfangsvermögen also nie geringer als Null sein konnte[4] – hat das nunmehr geltende Recht in diesem Punkt die Privilegierung des mit Schulden in die Ehe gehenden Partners revidiert. Auch der Zugewinn, der in der **Rückführung** der **zu Ehebeginn** bestehenden **Schulden** zum Ausdruck kommt, wird in die Ausgleichsrechnung mit einbezogen, **§ 1374 Abs. 3**: Bei Feststellung des Anfangsvermögens sind Verbindlichkeiten über die Höhe des vorhandenen Aktivvermögens hinaus abzuziehen **(negatives Anfangsvermögen)**. Für **Fall 30** bedeutet dies, dass F bei einem negativen Anfangsvermögen von 50 000 € durch die ehezeitliche Tilgung dieser Schulden einen Zugewinn in Höhe von 50 000 € erzielt hat. Der Zugewinnüberschuss für M (vgl. § 1378 Abs. 1) beträgt 150 000 €; F hätte danach eine Ausgleichsforderung in Höhe von 75 000 €.

b) Unechter Zugewinn

226 Ob es bei dieser Ausgleichsforderung zu Gunsten der F verbleiben kann, ist zweifelhaft. Das macht folgende Überlegung deutlich. Die Zugewinnausgleichsrechnung orientiert sich am nominellen Vermögen der Ehegatten. Hinter diesen Größen muss sich aber nicht stets eine tatsächliche Wertsteigerung verbergen (Ackerland wird als Baugebiet ausgewiesen), vielmehr kann der erhöhte nominelle Wert auch (lediglich) die allgemeine Teuerung (Kaufkraftschwund, Inflationsrate) zum Ausdruck bringen. Diese durch Erhöhung der allgemeinen Lebenshaltungskosten verursachte Teuerung des seiner Werthaltigkeit nach unveränderten Vermögens darf **nicht** dem **Zugewinnausgleich unterworfen** werden. Denn der Zugewinnausgleich muss das **Anfangsvermögen unberührt** lassen (§ 1373). Wird über den wirklichen Wertzuwachs hinaus auch die inflationäre Kostensteigerung ausgeglichen, so bedeutet dies tatsächlich einen Eingriff in das Anfangsvermögen des Verpflichteten[5]. Die Berechnung des Zugewinns hat deshalb in jedem Fall[6] von einem **inflationsbereinigten Anfangsvermögen** auszugehen. Es muss also ermittelt werden, welcher €-Betrag im Zeitpunkt der Beendigung des Güterstandes dem Wert des Anfangsvermögens (Eintritt in den Güterstand, § 1376 Abs. 1) entspricht. Diese Ermittlung erfolgt nicht für einzelne Gegenstände, sondern pauschal für das gesamte Anfangsvermögen eines Gatten. Sie geschieht anhand des vom Statistischen Bundesamt ermittelten Verbraucherpreisindex[7] nach folgender Formel (unter Einsatz der Werte für M in **Fall 30**):

$$\frac{\text{Anfangsvermögen bei Beginn des Güterstandes (50 000 €)} \times \text{Verbraucherpreisindex bei Ende des Güterstandes (110,7)}^{8}}{\text{Verbraucherpreisindex bei Beginn des Güterstandes (70,8)}}$$

---

4 BGHZ 61, 385 ff. = JuS 1974, 258; ferner BGH NJW 1984, 434.
5 Heute einhellige Ansicht; **grundlegend BGHZ 61, 385 ff. = JuS 1974, 258.**
6 Für **während** der Ehe erworbene und nach **§ 1374 Abs. 2** dem **Anfangsvermögen** zuzurechnende Gegenstände gilt der für den Erwerbszeitpunkt maßgebliche Indexwert; BGHZ 101, 65 ff. **= JuS 1988, 230.**
7 BGHZ 61, 385 ff. = JuS 1974, 258.
8 Die Preisindizes finden sich regelmäßig in den Kommentaren, z.B. Palandt-*Brudermüller* § 1376 Rdnr. 31; für den hiesigen Fall: 1988 (70,8); 2011 (110,7); Basisjahr 2005 (=100). Den Bewertungszeitpunkt bestimmt im Falle der **Scheidung** (abweichend von § 1376 Abs. 2) die **Rechtshängigkeit** des **Scheidungsantrags**, vgl. § 1384 – näher unten Rdnr. 238 ff., 240.

Für M ergibt sich danach (beschränkt auf den Wert vor Komma) in **Fall 30** ein einzusetzendes Anfangsvermögen von 78 177 € [50 000 × 110,7 / 70,8] und damit ein Zugewinn in Höhe von 171 823 €. Für F ergibt sich ein Zugewinn in Höhe von 50 000 € (Schuldentilgung, § 1374 Abs. 3) und damit auf Seiten des M ein Zugewinnüberschuss in Höhe von 121 823 € (171 823 € – 50 000 €). F hat eine Ausgleichsforderung von 60 911 €.

c) Indexierung negativen Anfangsvermögens

Die Güterrechtsnovelle von 2009 ließ mit dem neu eingeführten § 1374 Abs. 3 (nega- **227** tives Anfangsvermögen) die Frage entstehen, ob und unter welchen Umständen auch ein **negatives Anfangsvermögen** mit Hilfe der **Verbraucherpreisindizes** auf den Zeitpunkt des Zugewinnausgleichs „hochzurechnen" sei. Die Gesetzesmaterialien nehmen hierzu nicht Stellung. Die überwiegende Meinung bejaht die Indexierung von negativem Anfangsvermögen – im Wesentlichen mit zwei Argumenten: Eine Indexierung von Schulden habe bereits nach altem Recht mittelbar durch die Verrechnung des Aktivvermögens mit den bestehenden Verbindlichkeiten stattgefunden (vgl. § 1374 Abs. 1; entspricht § 1374 Abs. 1 Halbs. 2 a.F.[9]). Nach Abschaffung des § 1374 Abs. 1 Halbs. 2 a.F. (Abzug von Verbindlichkeiten nur bis zur Höhe des Aktivvermögens; kein negatives Anfangsvermögen) und der Einführung des § 1374 Abs. 3 sei es deshalb nur konsequent, die Indexierung auf negatives Anfangsvermögen insgesamt auszudehnen[10].

Richtig ist, dass schon bisher durch die Verrechnung von Schulden und aktivem Anfangsvermögen eine inzidente Indexierung dieser Verbindlichkeiten vonstatten ging. Das macht folgendes Beispiel deutlich.

Ehemann M habe bei einem Anfangsvermögen von 100 000 € Verbindlichkeiten in Höhe von 50 000 €. Sein Endvermögen betrage 250 000 €. Ehefrau F besaß weder Anfangs- noch Endvermögen. Bei einer unterstellten 10%-Indexierung ergibt sich ein Ausgleichsanspruch für F in Höhe von 97 500 €; Anfangsvermögen M: 100 000 € – 50 000 € = 50 000 €; 10%-Indexierung: 55 000 €; Zugewinn M: 250 000 € – 55 000 € = 195 000 € (ist zugleich Zugewinnüberschuss, § 1378 Abs. 1); Ausgleich F: 195 000 € : 2 = 97 500 €. – Das gleiche Resultat ergibt sich, wenn man (der Verdeutlichung halber) die beiden Rechnungsposten aus M's Anfangsvermögen getrennt indexiert: 110 000 € – 55 000 € = 55 000 €.

Die negativen Rechnungsfaktoren werden also ebenfalls indexiert[11]. Nach altem Recht war dies allerdings nur denkbar, solange das Anfangsvermögen nicht unter Null sank (§ 1374 Abs. 1 Halbs. 2 a.F.). Auf diese Art und Weise wurde letztlich immer nur positives Vermögen indexiert – und damit im Ergebnis der durch die Indexierung verfolgte Zweck erreicht, nämlich die rechnerische Erhöhung des (positiven) Anfangsvermögens und damit eine Verringerung des Zugewinns um den entsprechenden Inflationsanteil.

Bei einem jetzt nach § 1374 Abs. 3 zu berücksichtigenden negativen Anfangsvermögen kehrt sich die Indexierung freilich in das Gegenteil dessen, was mit ihr ursprüng-

---

9 Dazu näher etwa *Götsche* ZFE 2009, 404, 406 f.
10 *Götsche* ZFE 2009, 404, 407; *Kogel* NJW 2010, 2025, 2027.
11 So ausdrücklich auch BGH FamRZ 1990, 256, 258.

lich und immer noch bezweckt wird. Die Indexierung produziert bei negativem Anfangsvermögen gerade einen „unechten" Zugewinn und führt im Ergebnis deshalb zu einem Eingriff in das Anfangsvermögen. Auch dafür ein Beispiel.

Ehefrau F habe – wie oben – keinen Zugewinn (kein Anfangs-, kein Endvermögen). Ehemann M habe ein negatives Anfangsvermögen in Höhe von 100 000 €. Diese Schuld stelle nach 10 Jahren das (ansonsten ebenfalls unveränderte) Endvermögen des M dar. Indexiert man das Anfangsvermögen – wie oben – mit 10%, so erhält man ein rechnerisch verbindliches negatives Anfangsvermögen von -110 000 €, dem ein negatives Endvermögen von -100 000 € gegenübersteht. Man erhält einen Zugewinn(-überschuss) in Höhe von 10 000 € und kommt damit zu einer Ausgleichsforderung der F in Höhe von 5 000 €.

Deutlich wird, dass der rechnerische Zugewinn ausschließlich auf der Indexierung, d.h. gerade auf dem Kaufkraftverlust beruht, also den Inflationsanteil als Zugewinn ausweist und damit zum Ausgleich unechten „Zugewinns" führt. Diesen Ausgleich im Einzelfall mit Hilfe der Kappungsgrenze des § 1378 Abs. 2 S. 1 vermeiden zu wollen, ist verfehlt[12], weil diese Grenze nur für „echten" Zugewinn zur Verfügung steht. Im Ergebnis muss deshalb eine **Indexierung** von einem (endgültig) **negativen Anfangsvermögen** ausscheiden.

3. Bestimmung des Anfangsvermögens

228 **Fall 31:** F macht nach Ende des gesetzlichen Güterstandes durch Ehescheidung Zugewinnausgleich auf der Basis folgender Angaben geltend. Ihr ehemaliger Mann hatte bei Trennung der Partner ein Vermögen von jedenfalls 25 000 € (von M auch für den späteren Zeitpunkt der Scheidung bestätigt). Ob er darüber hinaus Vermögen besaß oder nach Trennung erwarb, weiß F nicht. Sein Anfangsvermögen (vor 15 Jahren) ist ihr nicht bekannt; ein Vermögensverzeichnis wurde nicht erstellt. Vor vier Jahren hatte er 35 000 € als Erbschaft nach seinem Vater erhalten und vor zwei Jahren seiner Freundin X, deretwegen die Ehe letztlich gescheitert ist, 35 000 € geschenkt, um ihr damit den Kauf einer Eigentumswohnung zu ermöglichen. Sie (F) habe kein Anfangsvermögen besessen. Gegenwärtig verfüge sie über ein Sparguthaben in Höhe von 25 000 €, Ergebnis eines erfolgreichen Abends in der Spielbank.

Anfangsvermögen ist das – abzüglich bestehender Verbindlichkeiten – bei Eintritt in den gesetzlichen Güterstand vorhandene **Vermögen**[13] (§§ 1374 Abs. 1, 1376 Abs. 1); im Zweifel wird ein Anfangsvermögen von Null vermutet (§ 1377 Abs. 3). Der Ausgleich des hälftigen Zugewinnüberschusses basiert auf der Vorstellung, dass das während der Ehe von jedem einzelnen Gatten erworbene Vermögen (Zugewinn, § 1363 Abs. 2 S. 2, § 1373) von der Arbeit und Leistung **beider Ehegatten** getragen wird (Grundgedanke: der nicht erwerbstätige, haushaltsführende Partner ermöglicht dem anderen erwerbswirtschaftliche Einkünfte, die allein dessen Vermögen steigern).

a) Privilegierter Erwerb (§ 1374 Abs. 2)

229 **Ausgehend** vom Sinn des güterrechtlichen Ausgleichs soll während der Ehe erworbenes Vermögen, das ersichtlich in **keinem Zusammenhang** mit einer **gemeinsamen Lebensleistung** der Gatten steht, nicht als ausgleichspflichtiger Zugewinn verbucht werden. Nach § 1374 Abs. 2 wird dieses Vermögen dem Anfangsvermögen des jeweiligen Ehegatten zugeschlagen[14].

---

12 In diesem Sinne *Kogel* NJW 2010, 2025, 2027.
13 Seit 1.9.2009 **auch negatives** Anfangsvermögen, vgl. oben Rdnr. 224, 225.
14 Auch hier muss der **unechte Zugewinn** eliminiert werden, vgl. oben Fußn. 6.

In **Fall 31** hat M nach seinem Vater 35 000 € geerbt. Dieser reale Zugewinn wird rech- **230** nerisch neutralisiert, indem § 1374 Abs. 2 Erbschaften dem Anfangsvermögen zuord- net. F hat während der Ehezeit einen Spielbankgewinn in Höhe von 25 000 € erzielt, und man könnte daran denken, nach Sinn und Zweck des Zugewinnausgleichs auch auf andere, in § 1374 Abs. 2 zwar nicht genannte, aber – wie der Spielbankgewinn der F – ersichtlich in keinem Bezug zu einem ehelichen Zusammenwirken stehende Vermögenszuwächse § 1374 Abs. 2 entsprechend anzuwenden[15]. F hätte dann keinen Zugewinn erzielt. Der BGH hält demgegenüber mit Recht **§ 1374 Abs. 2** für eine **abschließende Regelung**[16]. Diese Vorschrift wird zwar vom Grundgedanken getragen, dass ehezeitliche Vermögenszuwächse dann der Ausgleichspflicht zu entziehen sind, wenn sie in **keinem Zusammenhang** mit der **ehelichen Lebens- und Wirtschaftsge- meinschaft** stehen, sondern dem Ehegatten von **dritter Seite** aufgrund **persönlicher Beziehungen** mit dem Zuwendenden zufließen. Aber diesem Zweck trägt § 1374 Abs. 2 nur in begrenztem Maße Rechnung. Nur Erwerb von **Todes wegen**, Erwerb mit Rücksicht auf ein **künftiges Erbrecht**, **Schenkungen** und **Ausstattungen** stellen privi- legierten Erwerb dar. Der Gesetzgeber trägt dem materiellen Anliegen hier formal Rechnung: Für die genannten Arten des Vermögenserwerbs trifft der Ausgleichs- gedanke der Zugewinngemeinschaft typischerweise nicht zu – das muss aber auch hier nicht so sein[17]. Es sind Gründe der Rechtssicherheit, die für einen **formalen Ordnungscharakter** des § 1374 Abs. 2 sprechen[18]. Ohne Rücksicht, ob im Einzelfall die Erwerbsvorgänge des § 1374 Abs. 2 tatsächlich dem tragenden Gesetzeszweck entsprechen, unterfallen sie als privilegierter Erwerb dem Anfangsvermögen. Um- gekehrt bleiben andere Erwerbsarten, auch wenn bei ihnen ausnahmsweise der mate- rielle Regelungsgedanke des § 1374 Abs. 2 zum Vorschein kommt, von der Privilegie- rung ausgeschlossen. Der Spielbankgewinn der F bildet daher ausgleichspflichtigen Zugewinn. Für eine Modifizierung des Ausgleichsergebnisses steht bei **grober Un- billigkeit** die **Härteklausel** des **§ 1381** zur Verfügung[19].

Ob für **personenbezogene** Ausgleichsleistungen etwas anderes gelten soll[20], ist zwei- **231** felhaft. Schadensersatzrenten etwa wegen Minderung der Erwerbsfähigkeit treten an die Stelle der nicht mehr (vollständig) zur Verfügung stehenden Arbeitskraft. Wes- halb der Partner im Falle der Ehescheidung zwar die Früchte seiner Arbeitskraft, nicht aber entsprechende Surrogate sollte teilen müssen, lässt sich sachlich nicht hin- reichend rechtfertigen.

---

15 So *Schwab* FamRZ 1984, 429, 435 li. Sp. (wohl aber nicht für den hiesigen Spielbankgewinn); vgl. fer- ner unten Fußn. 20.
16 **Grundlegend BGHZ 68, 43 ff. = JuS 1977, 407** (Lottogewinn); seither st. Rspr.
17 Ermöglicht ein Ehegatte dem anderen etwa die Pflege seiner Eltern und wird dieser deshalb zum Alleinerben eingesetzt, dann beruht die anfallende Erbschaft des Partners durchaus auf einer gemein- samen Lebensleistung. Ähnliches gilt, wenn ein Ehegatte seine Schwiegereltern betreut, die daraufhin ihr Kind als Erben einsetzen.
18 Vgl. BGHZ 68, 43 ff. = JuS 1977, 407 („schematische Lösung" im Interesse der Rechtssicherheit). Dass materiellen Anliegen auf diese Weise Rechnung getragen werden kann, ist kein Einzelfall; das zeigt etwa auch die Vorschrift des § 181 (formale Ordnungsvorschrift).
19 BGHZ 68, 43 ff. = JuS 1977, 407.
20 So *Schwab* Rdnr. 277.

232 Von der Frage einer analogen Ausdehnung des § 1374 Abs. 2 zu unterscheiden ist die (stets gegebene) Möglichkeit einer **Gesetzesauslegung**. Auf diesem Wege hat der BGH eine **Lebensversicherungssumme** als privilegierten Erwerb im Sinne des § 1374 Abs. 2 beurteilt[21].

Ausgangspunkt der Überlegungen ist, dass nach herrschender Ansicht die beim Tode des Versicherungsnehmers dem Bezugsberechtigten anfallende Versicherungssumme (§§ 328, 331 Abs. 1) **keine Schenkung** (§ 516 Abs. 1) des Versprechensempfängers an den Dritten darstellt. Es **fehle** insoweit an der Voraussetzung einer Zuwendung **„aus (dem) Vermögen"** des Schenkers. Nur die vom Versicherungsnehmer bezahlten Prämien stammten aus dessen Vermögen; darauf beschränke sich deshalb die Schenkung. Die **Versicherungssumme** selbst erwirbt der Bezugsberechtigte unmittelbar aus dem Vermögen des Versicherers (§§ 328 Abs. 1, 331 Abs. 1)[22]. – Andererseits fällt nach ständiger Rechtsprechung des BGH das über §§ 328 Abs. 1, 331 Abs. 1 erworbene Vermögen **nicht** in den **Nachlass**[23]. Deshalb wird die Versicherungssumme weder als Schenkung noch im Wege des Erbgangs erworben (vgl. § 1374 Abs. 2).

Zu Recht wendet der BGH hier im Wege der (teleologischen) **Auslegung** § 1374 Abs. 2 aber dann an, wenn ein **Erwerbstatbestand** vorliegt, der sich nach Sinn und Zweck dieser Regelung als **Anwendungsfall** eines der **dort genannten Erwerbsvorgänge** darstellt. Ausgelegt wird also etwa der Rechtsbegriff „Erwerb von Todes wegen". Ihm (beziehungsweise dem „Erwerb mit Rücksicht auf ein künftiges Erbrecht") ist im konkreten Fall **auch** der Erwerb einer **Lebensversicherungssumme** gemäß §§ 328 Abs. 1, 331 Abs. 1 zuzuordnen: Der Erwerbsvorgang hat seinen Grund im eingetretenen **Todesfall** des Zuwendenden. Darüber hinaus bestand eine **besondere persönliche Beziehung** zwischen Erwerberin und Zuwendendem (Mutter, Sohn) und **kein Zusammenhang** des Erwerbs mit der **ehelichen Lebens- und Wirtschaftsgemeinschaft**[24, 25].

233 Auch Zuwendungen des § 1374 Abs. 2 sind allerdings dann auszugleichen, wenn es sich um **Einkünfte** handelt (§ 1374 Abs. 2 a.E.). Das Gesetz geht von der Vorstellung aus, dass Zuwendungen, die (nach den Umständen oder der Bestimmung des Zuwendenden) zum **Verbrauch** durch den Empfänger (oder durch beide Ehegatten) vorgesehen sind, im Endvermögen eines Gatten nicht mehr erscheinen. Die Privilegierung des § 1374 Abs. 2 dient demgegenüber dazu, gerade nicht zu verbrauchende Zuwendungen (Vermögensbildung) am Ende des Güterstandes zu sichern. Diese Sicherung sollen „Einkünfte" nicht genießen. Wurden beispielsweise einem Ehegatten von seinen Eltern 5000 € für eine Weltreise geschenkt, so handelt es sich um Einkünfte, weil es Sinn des Geschenks war, verbraucht zu werden[26]. Wird auf die Weltreise verzichtet und befinden sich die geschenkten 5000 € im Endvermögen, sind sie auszugleichen.

---

21 BGH NJW 1995, 3113 ff.: Während der Ehe hatte die Ehefrau als Bezugsberechtigte einer Lebensversicherung ihres Sohnes aus erster Ehe bei dessen Unfalltod eine Versicherungssumme erhalten.
22 BGH FamRZ 1976, 616 f.
23 Dazu ausf. *Lipp*, Examens-Repetitorium Erbrecht, ³2013, § 7 Rdnr. 189 ff.
24 Anders etwa der Fall, wenn die Lebensversicherung aus steuerrechtlichen Gründen oder zur Deckung eines Kreditgeschäfts abgeschlossen wurde (Tod nur „äußerer Anlass des Erwerbsvorganges").
25 Gleiches gilt (Anwendung des § 1374 Abs. 2), wenn nach dem Willen des Gesetzgebers durch Vorschriften außerhalb des § 1374 Abs. 2 ein güterrechtlicher Ausgleich ausgeschlossen sein soll. So die Anrechte des Versorgungsausgleichs, auch wenn ein solcher tatsächlich nicht stattgefunden hat, vgl. §§ 1 Abs. 1, 2 Abs. 4 VersAusglG (zur alten Regelung BGH NJW 1995, 523 f.).
26 Hierzu und zur Abgrenzung gegenüber **Vermögensbildung** vgl. BGHZ 101, 229 ff.

b) Zuwendungen unter Ehegatten

Ehegatten können sich Vermögenswerte auf der Grundlage sämtlicher (schuld-) **234** rechtlicher Erwerbsgründe zuwenden. Derartiges, während der Ehe etwa im Rahmen eines entgeltlichen Vertrages erworbene Vermögen unterfällt (selbstverständlich) dem Zugewinnausgleich. Strittig hingegen ist, ob Zuwendungen unter Ehegatten, die dem Normtext des § 1374 Abs. 2 zwar unterfallen, also einer Entgeltlichkeit ermangeln (Schenkung) oder doch „besonderen" Charakter haben (unbenannte Ehegattenzuwendungen) tatsächlich auch als privilegierter Erwerb dieses Partners zählen und damit nicht ausgleichspflichtig sein sollen.

Schenkungen zwischen **Ehegatten** nimmt der Normtext des § 1374 Abs. 2 von einer **235** Privilegierung nicht aus. Gleichwohl beschränkt der BGH die Anwendung der Vorschrift auf Leistungen von **dritter Seite**[27]. Denn § 1374 Abs. 2 erfasse nur Zuwendungen, die durch enge persönliche Beziehungen veranlasst seien und dem Empfänger unter Ausschluss des Ehepartners allein zugute kommen sollen[28].

Abgesehen davon, dass der BGH hier seinen eigenen „starren, schematischen" Standpunkt zu Gunsten teleologischer Erwägungen im Einzelfall aufgibt, ist nicht recht zu sehen, weshalb eine Schenkung unter Eheleuten nicht allein dem Beschenkten zugute kommen sollte. Im Übrigen sprechen Gesetzgebungsgeschichte, Systematik sowie Sinn und Zweck der Regelung **für eine Anwendung** des § 1374 Abs. 2 auch auf („echte") Ehegattenschenkungen[29].

Zu Recht lehnen BGH und Schrifttum dagegen die Privilegierung einer **unbenannten** **236** **Ehegattenzuwendung** ab. Sie wird vom Normtext (und vom Normzweck) des § 1374 Abs. 2 nicht erfasst und unterfällt dem Zugewinnausgleich[30].

Der BGH hat seine ablehnende Haltung zuletzt auf Zuwendungen unter Ehegatten **237** mit **Rücksicht auf ein künftiges Erbrecht** ausgedehnt[31]. Dagegen ist erneut zu sagen, dass das Gericht mit seiner sehr apodiktischen Auslegung gegen die von ihm selbst propagierte „schematische" Gesetzeslösung des § 1374 Abs. 2 verstößt[32]. Daneben wäre die getroffene allgemeine Aussage zu Ehegattenzuwendungen im Hinblick auf ein künftiges Erbrecht in concreto auch nicht notwendig gewesen. Denn die Zuwendung war lediglich Teil eines gegenseitigen „Übergabevertrages", entsprach also nicht dem der Vorschrift zu Grunde liegenden „klassischen" Typus der einseitigen Zuwendung. Methodisch und inhaltlich wäre es überzeugender gewesen, das für den konkreten Fall richtige Ergebnis über eine **Gesetzesauslegung** zu finden[33].

---

27 **BGHZ 101, 65, 70 = JuS 1988, 230**; bestätigend BGH FamRZ 2010, 2057, 2058 li. Sp.
28 BGHZ 101, 65, 70.
29 Das habe ich versucht in JuS 1993, 89, 90 f. näher darzulegen. Wie hier MünchKomm-*Koch* § 1374 Rdnr. 23 mit weit. Nachweisen; ferner *Schwab*, Schenkung unter Ehegatten – eine verdächtige Sache?, in: Festschr. für M.-M. Hahne (2012), S. 175 ff.
30 Dazu auch unten Rdnr. 252.
31 BGH FamRZ 2010, 2057 f.
32 Vgl. oben Rdnr. 235.
33 Vgl. oben Rdnr. 232.

4. Bestimmung des Endvermögens

a) Zeitpunkt des Zugewinnausgleichs

238 Zugewinnausgleich kann mit dem **Ende** des gesetzlichen **Güterstandes** geltend gemacht werden (§ 1378 Abs. 3 S. 1). Wird der Ausgleich im Zusammenhang mit einem **Scheidungsverfahren** beansprucht, so handelt es sich um eine so genannte Folgesache, die gleichzeitig und zusammen mit der Scheidungssache verhandelt und entschieden werden kann (Verbund) – § 137 Abs. 1, Abs. 2 S. 1 Nr. 4 FamFG. Voraussetzung dafür ist, dass die Folgesache rechtzeitig, d.h. spätestens zwei Wochen vor der mündlichen Verhandlung im erstinstanzlichen Scheidungsverfahren anhängig gemacht wird (§ 137 Abs. 2 S. 1 FamFG). Auch in diesem Fall kann unter bestimmten Umständen das güterrechtliche Folgeverfahren abgetrennt werden (§ 140 FamFG). Oben in **Fall 31** wurde also die Folgesache entweder nicht rechtzeitig geltend gemacht oder das Familiengericht hat sie vom Scheidungsverfahren abgetrennt.

239 Ausnahmsweise kann bereits **vor Ende des Güterstandes** der Ausgleich des Zugewinns verlangt werden (vorzeitiger Zugewinnausgleich). Nach § 1385 kann der **ausgleichsberechtigte Ehegatte** bei dreijährigem Getrenntleben oder illoyalem Vermögensgebaren des anderen Partners unter vorzeitiger Aufhebung der Zugewinngemeinschaft Antrag auf vorzeitigen Zugewinnausgleich stellen. Das Gleiche gilt, wenn eine **solche Handlung** zu **befürchten** und dadurch eine **erhebliche Gefährdung** des Ausgleichsanspruchs zu **besorgen** ist (§ 1385 Nr. 2). In entsprechender Anwendung des § 1385 kann nach § 1386 **jeder Ehegatte** die **vorzeitige Beendigung** des Güterstandes verlangen. In beiden Fällen tritt mit Rechtskraft der Entscheidung Gütertrennung ein (§ 1388).

b) Bewertungsstichtag

240 Für die Berechnung des Endvermögens stellt **§ 1376 Abs. 2** auf den Zeitpunkt der **Beendigung des Güterstandes** ab. Davon gibt es jedoch **wesentliche Ausnahmen.** Wird der Zugewinnausgleich für den Fall der **Ehescheidung** geltend gemacht, so ist für die Berechnung der Zeitpunkt der **Rechtshängigkeit** (§§ 261 Abs. 1, 253 Abs. 1 ZPO) des Scheidungsantrages maßgebend (§ 1384 statt § 1376 Abs. 2). Es könnte also durchaus sein, dass M **(Fall 31)** in der Zeit zwischen Trennung und Rechtshängigkeit des Scheidungsantrages weiteres ausgleichspflichtiges Vermögen erworben hatte. Eine Vorverlagerung des Berechnungszeitpunktes gilt auch in Fällen des **vorzeitigen Zugewinnausgleichs** und der **vorzeitigen Aufhebung der Zugewinngemeinschaft** (§ 1387).

Trotz der Vorverlegung des **Berechnungszeitpunktes** auf den Zeitpunkt der Rechtshängigkeit des Scheidungsantrags (§ 1384) beziehungsweise des Antrags auf vorzeitigen Zugewinnausgleich oder vorzeitige Aufhebung der Zugewinngemeinschaft (§ 1387) entsteht die **Ausgleichsforderung** erst mit **Ende des Güterstandes** (§ 1378 Abs. 3 S. 1). Hier öffnete das bisherige Recht die Tür für Manipulationen des Ausgleichsschuldners, indem es Vermögensminderungen während dieser Zwischenzeit nicht ausschloss und die **Ausgleichsforderung** gemäß § 1378 Abs. 2 S. 1 auf die Höhe des bei **Güterstandsende** (nach Abzug der Verbindlichkeiten) **vorhandenen** Vermögens beschränkt ist. Die Neufassung des § 1384 erklärt nun – um solchen Manipulationen vorzubeugen – den Zeitpunkt der Rechtshängigkeit des Scheidungsantrages sowohl für die **Berechnung** wie für die **Höhe der Ausgleichsforderung** als maßgeblich.

c) Bewertungsmaßstab

241 Der Bewertung des Endvermögens ist der **objektive Verkehrswert** des einzelnen Gegenstandes zugrunde zu legen.

Besonders umstritten war in jüngster Zeit die Bewertung von **freiberuflichen Praxen** (Steuerberater, Ärzte, Rechtsanwälte). Ausgangspunkt der inzwischen bestätigten höchstrichterlichen Rechtsprechung ist die Berücksichtigung einer solchen Praxis mit ihrem vollen Wert beim Zugewinnausgleich[34]. Neben den Substanzwert der Praxis tritt deshalb auch der immaterielle, aber vermögensrechtlich ins Gewicht fallende so genannte Goodwill, der als Bewertungsfaktor allerdings nur insoweit maßgeblich ist, als es sich um den übertragbaren Goodwill handelt (und nicht den, der an der individuellen Person des Inhabers und dessen persönlichem Einsatz anknüpft). Der BGH hat zur wertmäßigen Ermittlung dieses Goodwill die modifizierte (auf den Einzelfall abstellende) Ertragswertmethode für maßgeblich erklärt[35]. Sie sieht als wesentliche Punkte der Bewertung die **Absetzung** eines **Unternehmerlohnes** und der **latenten Ertragssteuern** vor. – Im Übrigen gilt für die Bestimmung des Endvermögens derselbe Grundsatz wie für die Berechnung des Anfangsvermögens. Gemäß § 1375 Abs. 1 S. 1 ist Endvermögen eines Gatten sein Aktivvermögen bei Beendigung des Güterstandes abzüglich bestehender Verbindlichkeiten. In **Fall 31** sind das bislang festgestellte Endvermögen des M 25 000 €.

Entsprechend der **Neuregelung** des § 1374 Abs. 3, der ein negatives Anfangsvermögen anerkennt, soll durch § 1375 Abs. 1 S. 2 nun auch ein **negatives Endvermögen** in die Ausgleichsberechnung eingestellt werden. Nach der Neuregelung sind Verbindlichkeiten über die Höhe des Vermögens hinaus abzuziehen (§ 1375 Abs. 1 S. 2). Das sichert einen Zugewinn bei **ehezeitlicher Schuldentilgung** auch dann, wenn das Endvermögen negativ ist. Die sich aus der Einführung von negativem Anfangs- und Endvermögen möglicherweise ergebende Situation, dass sich ein Ehegatte (noch höher) **verschulden muss**, um die **Ausgleichsforderung begleichen** zu können[36], **schließt** § 1378 Abs. 2 S. 1 aus. Danach wird die Ausgleichsforderung auf den Wert des bei Güterstandsende nach Abzug der Verbindlichkeiten **vorhandenen Vermögens** beschränkt (Kappungsgrenze der Ausgleichsforderung). – Im Beispielsfall (Fußn. 36) hat F also keine Ausgleichsforderung: Zwar hat M einen Zugewinn in Höhe von 30 000 € erzielt. Aber sein rechnerisches Endvermögen ist negativ, so dass bei Güterstandsende kein Vermögen „vorhanden" ist (zur Berücksichtigung illoyaler Vermögensminderungen in einem solchen Fall sogleich unten Rdnr. 243).

242

d) Korrektur des Endvermögens

Wie eine Korrektur des Anfangsvermögens bei privilegiertem Erwerb notwendig ist, muss unter Umständen auch das Endvermögen rechnerisch korrigiert werden. Das ist der Fall bei bestimmten (illoyalen) **Vermögensminderungen** während der Ehe (**§ 1375 Abs. 2**), sofern ihnen der andere Gatte nicht zugestimmt hat und sie nicht länger als zehn Jahre vor Beendigung des Güterstandes vorgenommen worden sind (§ 1375 Abs. 3). Gemäß § 1375 Abs. 2 Nr. 1 ist danach in **Fall 31** der Betrag von 35 000 €, den M seiner Freundin geschenkt hat, (rechnerisch) seinem Endvermögen zuzuschlagen.

243

Dem Endvermögen von dann 60 000 € steht ein Anfangsvermögen von 35 000 € (§§ 1377 Abs. 3, 1374 Abs. 2) gegenüber, so dass sich für M ein Zugewinn in Höhe von 25 000 € ergibt. Gleiches gilt für F. Mangels eines Zugewinnüberschusses auf einer Seite scheidet ein Ausgleichsanspruch aus. **Problematisch** ist die **Korrektur des Endvermögens** des M (Zuschlag von 35 000 €), wenn es

---

34 BGHZ 188, 249, 255 Tz. 24; 188, 283, 288 Tz. 17.
35 **BGHZ 188, 283 ff.** mit weit. Nachweisen.
36 Beispiel, F: Zugewinn 0; M: Zugewinn 30 000 € (Anfangsvermögen: -40 000 €; Endvermögen: 10 000 € bei Schulden in Höhe von 20 000 €, d.h. rechnerisches Endvermögen: -10 000 €). Daraus ergäbe sich eine Ausgleichsforderung in Höhe von 15 000 €.

sich dabei um die durch die **Erbschaft erhaltene Geldsumme** handelt. Denn § 1375 Abs. 2 soll **zugewinnrelevantes** Vermögen vor illoyalen Minderungen und damit die Ausgleichsforderung des § 1378 Abs. 1 sichern. Ein nach § 1374 Abs. 2 dem Anfangsvermögen zuzurechnender Betrag soll aber dem Zugewinn gerade entzogen sein. Im Ergebnis wird man deshalb ein und dieselbe Summe nicht zugleich nach § 1374 Abs. 2 und nach § 1375 Abs. 2 behandeln können. In diesem Fall (was der Sachverhalt dahingestellt sein lässt) käme § 1375 Abs. 2 Nr. 1 nicht zur Anwendung; M hätte keinen Zugewinn erzielt und seinerseits eine Ausgleichsforderung in Höhe von 12 500 €.

e) Auskunftsansprüche

244 Wenn Ehegatten sich gegenseitig über die Höhe ihrer Vermögen im Unklaren lassen, ist eine korrekte Wertermittlung des Zugewinns nicht möglich. Das Gesetz unterwirft die Gatten deshalb einer **Auskunftspflicht** – dies aber **bislang** lediglich hinsichtlich des **Endvermögens**, und zwar **nach Beendigung** des Güterstandes (§ 1379 Abs. 1 S. 1 a.F.; BGHZ 82, 132 ff.).

Nach **neuer Rechtslage** kann Auskunft über das Vermögen des anderen Partners **bereits** mit dem **Antrag** auf Scheidung, Eheaufhebung (wie bisher) **sowie** auf vorzeitigen Zugewinnausgleich und auf vorzeitige Aufhebung der Zugewinngemeinschaft verlangt werden (§ 1379 Abs. 1). **Erweiternd** richtet sich dieser Anspruch auf Auskunft über das „**Vermögen**" des anderen Gatten, soweit es für die Berechnung von **Anfangs- und Endvermögen** maßgeblich ist (§ 1379 Abs. 1 S. 1 Nr. 2). Daneben kann Auskunft über das Vermögen zum Trennungszeitpunkt verlangt werden (§ 1379 Abs. 1 S. 1 Nr. 1). Nach neuem Recht kann bereits bei **Getrenntleben** Auskunft über das Vermögen zum Zeitpunkt der Trennung verlangt werden (§ 1379 Abs. 2).

245 In **Fall 31** wird M daher gemäß § 1379 Abs. 1 S. 1 (Ende des Güterstandes durch Ehescheidung) Auskunft über sein Vermögen zum Trennungszeitpunkt (Nr. 1) und insoweit zu geben haben als dies für die Berechnung des Anfangs- und Endvermögens maßgeblich ist (Nr. 2). Aus verfahrensrechtlicher Sicht wird der Antrag auf Auskunftserteilung zweckmäßigerweise mit dem Antrag auf Zugewinnausgleich verbunden (Stufenantrag, § 254 ZPO). Es muss dann vorab über die Auskunftserteilung (§ 1379 Abs. 1) – erste Stufe – und sodann den Zugewinnausgleich (§ 1378 Abs. 1) durch Teilentscheidung entschieden werden.

Umstritten ist ein Auskunftsanspruch über **illoyale Vermögensminderungen** im Sinne des § 1375 Abs. 2 S. 1. Der BGH hat sich jetzt einer vermittelnden Meinung angeschlossen[37]. Danach gilt: § 1379 Abs. 1 S. 1 **umfasst auch** einen Anspruch auf Auskunft über **illoyale Vermögensminderungen** (§ 1375 Abs. 2 S. 1). Allerdings muss der Auskunftsberechtigte **konkrete Tatsachen** (wie bisher nach § 242) vortragen, die eine solche Vermögensminderung nahelegen. Das gilt – so der BGH – jedenfalls dann, wenn Auskunft auch über Vermögensbewegungen **vor dem Trennungszeitpunkt** begehrt wird[38]. Zu dieser einschränkenden Auslegung sieht sich der BGH insbesondere auch durch **§ 1375 Abs. 2 S. 2** veranlasst: Nur dann, wenn das Endvermögen eines Ehegatten unter den Angaben für den Zeitpunkt der Trennung liegt, ist es Sache dieses Ehegatten, darzulegen und zu beweisen, dass dieser abweichende, niedrigere Vermögensstand nicht auf illoyalen Minderungen beruht[39].

---

37 **BGHZ 194, 245 ff.**; zum Diskussionsstand dort, S. 253 Tz. 31 ff.
38 BGHZ 194, 245, 254 Tz. 37 ff.
39 BGHZ 194, 245, 255 Tz. 40 f.

5. Ansprüche gegen Dritte

a) Begrenzung der Ausgleichsforderung durch das vorhandene Vermögen

> **Fall 32:** Vgl. oben **Fall 31**. F habe keinen Zugewinn erzielt. M habe keine Erbschaft erhalten; **246**
> sein Endvermögen beträgt 5000 € bei bestehenden Verbindlichkeiten in Höhe von 10 000 €.
> Seiner Freundin hat er 35 000 € unentgeltlich zugewendet, um diesen Betrag (in der Ehekrise)
> möglichen Ansprüchen der F zu entziehen.

Hier steht einem Zugewinn von Null bei F ein rechnerischer Zugewinn des M nach
§ 1375 Abs. 1 S. 1, S. 2 (5000 € – 10 000 € = -5000 €) in Verbindung mit § 1375 Abs. 2
Nr. 3 (35 000 €) in Höhe von 30 000 € gegenüber, woraus sich eine Ausgleichsforderung über 15 000 € ergäbe (§ 1378 Abs. 1).

Diese Ausgleichsforderung der F stößt allerdings an die **Kappungsgrenze** des § 1378 **247**
Abs. 2 S. 1[40]. Die endgültige Grenze für eine Ausgleichsforderung ist daher grundsätzlich ein Endvermögen von Null. Allerdings **erhöht** sich diese Grenze bei **illoyalen Vermögensverschiebungen** im Sinne des § 1375 Abs. 2 S. 1 um den danach hinzuzurechnenden Betrag (**§ 1378 Abs. 2 S. 2**).

Danach bestätigt sich in **Fall 32** ein Ausgleichsanspruch der F in Höhe von 15 000 €: Vom Aktivvermögen des M (5000 €) sind die gesamten Verbindlichkeiten (10 000 €) abzuziehen, so dass
ein negatives Endvermögen in Höhe von -5000 € besteht (§ 1375 Abs. 1 S. 2). Rechnerisch hinzutreten 35 000 € (§ 1375 Abs. 2 S. 1 Nr. 3) mit dem Ergebnis eines Endvermögens in Höhe von
30 000 €. Daraus ergibt sich eine Ausgleichsforderung von 15 000 €. Die Kappungsgrenze des
§ 1378 Abs. 2 S. 1 wird durch den neu eingeführten **§ 1378 Abs. 2 S. 2** korrigiert, so dass sich im
Falle des § 1375 Abs. 2 S. 1 (hier: 35 000 €) die maßgebliche Grenze für den Ausgleichsanspruch
um den Betrag der illoyalen Vermögensminderung erhöht. – Nach dem (unglücklichen) Wortlaut des Gesetzestextes wäre diese Summe der ansonsten verbindlichen Grenze von Null zuzuschlagen. Das würde allerdings die Kappungsgrenze bei negativem Endvermögen unberechtigter
Weise erhöhen (in **Fall 32** ergäbe sich ein Ausgleichsanspruch von 17 500 €). Maßgeblich für den
Erhöhungssockel muss aber das **rechnerisch ermittelte Endvermögen** des Ausgleichsschuldners
sein (hier -5000 €). Die illoyale Vermögensverschiebung soll neutralisiert werden; der Schuldner
aber nicht schlechter gestellt werden als er ohne die Vermögensminderung stünde.

b) Anspruch gegen Dritte

Das Gesetz gibt einem ausgleichsberechtigten Gatten, dessen Partner sein Endver- **248**
mögen in der Absicht, ihn zu benachteiligen, vermindert hat, auch einen Anspruch
gegen den **Dritten**[41]. Voraussetzung dafür ist, dass die Ausgleichsforderung das noch
vorhandene Vermögen des Schuldners übersteigt, § **1390 Abs. 1 Nr. 1** und **Nr. 2**. Es
handelt sich um eine Rechtsfolgenverweisung[42]. Der Anspruch aus § 1390 Abs. 1 verjährt in drei Jahren nach Beendigung des Güterstandes (§§ 195, 1390 Abs. 3 S. 1).

Den **Umfang** des Anspruchs bestimmen die Regeln des **Bereicherungsrechts**, § 1390 **249**
Abs. 1, S. 2 (insbesondere § 818 Abs. 3 für § 1390 Abs. 1 S. 1; vgl. aber §§ 819, 818 Abs. 4

---

40 Vgl. oben Rdnr. 242.
41 Die Benachteiligungsabsicht (§ 1375 Abs. 2 Nr. 3) muss leitendes Motiv gegenüber dem anderen Gatten gewesen sein, BGH NJW 2000, 2347, 2348 re. Sp.
42 Soergel-*Kappler/Kappler* § 1390 Rdnr. 21.

für § 1390 Abs. 2). Maximale Höhe der Forderung gegen den Dritten ist der Wert der unentgeltlichen Zuwendung.

Während nach **bisherigem Recht** der Zugriff auf den Dritten **erst** möglich war, wenn ein Ausgleichsanspruch gegen den Partner entfiel, kann nach § **1390 Abs. 1 S. 1, S. 4** sofort gegen Partner und Dritten als **Gesamtschuldner** vorgegangen werden: Die Höhe der Ausgleichsforderung der F (**Fall 32:** 15 000 €) übersteigt das nach Abzug der Verbindlichkeiten tatsächlich vorhandene Vermögen des M. F kann deshalb von der Freundin 15 000 € verlangen.

250 Umstritten ist, ob die Neufassung des § 1390 dem Dritten lediglich das konkrete Ausfallrisiko infolge fehlenden Vermögens des Ausgleichsschuldners aufbürdet[43] oder auch ihn in voller Höhe in Anspruch nimmt[44]. Die erste Meinung beruft sich auf den zu weit gefassten Wortlaut der Vorschrift und bemüht Sinn und Zweck des bisherigen § 1390 a.F. Allerdings wurde die damalige Einschränkung[45] nicht nur gestrichen, sondern auch die frühere Schranke des § 1378 Abs. 2 a.F. ist durch dessen Neufassung (§ 1378 Abs. 2 S. 2) in den hiesigen Fällen obsolet geworden. Angesichts dessen und des klaren Wortlauts des Gesetzes ist von der **vollen Haftung** des **Dritten** neben dem Ausgleichsschuldner auszugehen[46].

6. Unbenannte Ehegattenzuwendungen im gesetzlichen Güterrecht – zugleich Anrechnung von Vorausempfängen

251 Bei den „unbenannten" Ehegattenzuwendungen handelt es sich um Zuwendungen unter den Ehegatten auf einer spezifisch familienrechtlichen Grundlage (familienrechtlicher Vertrag sui generis)[47]. Ihr Zweck ist nicht die einseitige Bereicherung des anderen Partners, sondern eine Verwendung in **Verwirklichung** der **ehelichen Lebensgemeinschaft**[48]. Der Sache nach handelt es sich um dasselbe Rechtsverhältnis, wie es auch der Ehegattenmitarbeit zugrunde liegt[49]. Dass vor allem die höchstrichterliche Rechtsprechung Ehegattenmitarbeit und Ehegattenzuwendungen als unterschiedliche Rechtskategorien wertet, liegt in der Auffassung des BGH begründet, wonach Arbeitsleistungen nicht „zugewendet" werden könnten[50]. Ebenso wie der Ausgleich von Ehegattenmitarbeit findet die Frage der Erstattung von unbenannten Ehegattenzuwendungen ihren rechtspraktisch wesentlichen Ort bei vereinbarter Gütertrennung[51]. Deshalb geht es an dieser Stelle nur um die Fragen, die sich bei solchen Ehegattenzuwendungen gerade im Zusammenhang mit dem **gesetzlichen Güterrecht** ergeben.

---

43 So z.B. Palandt-*Brudermüller* § 1390 Rdnr. 6: Beträgt das Schuldnervermögen 80, die Höhe der Ausgleichsforderung 100 und die Drittzuwendung 50, so soll der Dritte nur bis zu 20 in Anspruch genommen werden können.

44 So *Büte* FuR 2008, 105, 111 re. Sp.; *ders.* NJW 2009, 2776, 2779 li. Sp.

45 § 1390 Abs. 1 a.F.: „Soweit einem Ehegatten gemäß § 1378 Abs. 2 eine Ausgleichsforderung nicht zusteht, [...]".

46 Der Schutzwürdigkeit des Dritten wird durch die Verweisung auf das Bereicherungsrecht Rechnung getragen.

47 **BGHZ 84, 361, 367**; ferner etwa BGH NJW 1989, 1920, 1922 li. Sp.

48 Z.B. BGH FamRZ 1990, 600, 601 re. Sp.; vgl. dazu aber auch unten § 13 Rdnr. 283 ff., 289.

49 Vgl. oben § 5 Rdnr. 102 ff., 110.

50 BGHZ 82, 354, 357; 84, 361, 365; 101, 229, 233 – modifizierend aber jetzt BGHZ 142, 137 ff.

51 Daher auch dort die nähere dogmatische Darstellung, vgl. unten § 13 Rdnr. 283 ff.

a) Berücksichtigung beim Anfangsvermögen (§ 1374 Abs. 2)

BGH[52] und ganz überwiegendes Schrifttum[53] **lehnen** eine **Privilegierung** von unbe- **252** nannten Zuwendungen durch Hinzurechnen zum Anfangsvermögen gemäß § 1374 Abs. 2 **ab**. Dies zu Recht[54], denn es handelt sich um keine Schenkungen[55]. Vielmehr geht es um einen Erwerb für die Gemeinschaft der Ehegatten. Gegen die Anwendung dieser Vorschrift spricht auch die formale Rechtsstruktur des § 1374 Abs. 2[56]. Treten weitere Umstände nicht hinzu, bilden Vermögenssteigerungen durch unbenannte Ehegattenzuwendungen ebenso wie jene durch Ehegattenmitarbeit Rechnungsposten bei der Bestimmung des jeweiligen Zugewinns.

b) Schuldrechtlicher Ausgleich oder abschließende Regelung des Güterrechts

Eine andere Frage ist, was zu gelten hat, wenn Ehegattenzuwendungen vom jeweili- **253** gen Partner **zurückgefordert** werden. Für die rechtliche Behandlung stellen sich hier dieselben systematischen Erwägungen wie für den Ausgleich von Ehegattenmitarbeit[57]. Der BGH lehnt, soweit der Zuwendungsgrund **familienrechtlicher** Natur ist, hier wie dort einen gesonderten **schuldrechtlichen** Rückforderungsanspruch **ab** und sieht den **güterrechtlichen** Ausgleich als **abschließend** an[58]. Damit gibt es im Bereich des gesetzlichen Güterrechts, ausgenommen die selten anwendbare Vorschrift des § 1383, **keinen dinglichen Zugriff** (Rückforderung) auf während der Ehe im Wege einer unbenannten Zuwendung geleistete Gegenstände. Nur im Fall eines extrem unbilligen Ergebnisses des güterrechtlichen Ausgleichs („schlechthin unzumutbar") stellt der BGH eine Korrektur über §§ 313, 242 (Wegfall der Geschäftsgrundlage oder unzulässige Rechtsausübung) in Aussicht. Eine solche Situation wurde in einem Fall in Erwägung gezogen, in welchem der ein Hausgrundstück (Miteigentum) zuwendende Ehegatte auf Grund beantragter Teilungsversteigerung nach den güterrechtlichen Regeln mit dem Verlust seiner vor allem zur Altersvorsorge der Ehegatten erworbenen Wohnung (ohne Aussicht auf Ersatz) rechnen musste[59]. Dies bedeutet, dass unbenannte Ehegattenzuwendungen – nicht privilegierter Erwerb im Sinne des § 1374 Abs. 2 – stets nur als Rechnungsposten in die Bestimmung des Zugewinnausgleichs nach §§ 1372 ff. eingehen.

Gegen diese Auffassung spricht aber, dass sachlich gleich liegende Probleme unterschiedlich be- **254** handelt werden. Während der BGH bei der Ehegattenmitarbeit eine schuldrechtliche (Innengesellschaft) und eine güterrechtliche Ausgleichsform anerkennt[60], reduziert er bei Ehegattenzuwendungen mögliche Ansprüche allein auf das Güterrecht. In beiden Fällen geht es aber um eine

---

52 **Grundlegend BGHZ 82, 227, 234 = JuS 1983, 830.**
53 Statt vieler Palandt-*Brudermüller* § 1374 Rdnr. 15.
54 Und zwar in Abgrenzung zur Ehegattenschenkung (**anders** aber insoweit die Rspr. des **BGH**, vgl. oben Rdnr. 235); näher *Lipp* JuS 1993, 89, 93 li. Sp.
55 Näher unten § 13 Rdnr. 286 f.
56 Vgl. oben Rdnr. 230.
57 Vgl. oben § 5 Rdnr. 99 ff., 102.
58 **BGHZ 82, 227 ff. = JuS 1983, 830; BGHZ 115, 132 ff. = JuS 1991, 961**; aus der obergerichtlichen Judikatur etwa OLG München FamRZ 2002, 393, 394 re. Sp.
59 BGHZ 68, 299, 304 ff.; bestätigt in BGHZ 82, 227, 236 f. = JuS 1983, 830 und BGHZ 115, 132, 138 f. = JuS 1991, 961.
60 Vgl. oben § 5 Rdnr. 105 ff.

Leistung auf Grund gegenseitigen Einvernehmens der Gatten in und zur Verwirklichung ihrer Lebensgemeinschaft. Dem sollte eine einheitliche Lösung folgen[61].

Darüber hinaus ist die „abschließende" Wirkung des güterrechtlichen Ausgleichs aber in Zweifel zu ziehen. Schuldrechtliche Ansprüche bleiben unberührt[62]. Ein durchschlagender Grund, familiär oder ehelich intendierte Leistungen einem schuldrechtlichen Rück- oder Ausgleichsanspruch zu entziehen, besteht nicht. Der Zugewinnausgleich soll als ehegüterrechtlicher Ausgleich das von den Ehegatten während des Güterstandes **endgültig erworbene** Vermögen an dessen Ende aus **güterrechtlicher Sicht** korrigieren, nicht aber anderweitige, besondere schuldrechtlich begründete, wenngleich aus ehe- oder familienrechtlichen Zusammenhängen resultierende Rückforderungsansprüche der Ehegatten kassieren[63]. Für sie gilt dasselbe wie für sonstige schuldrechtliche Ansprüche. Besteht ein solcher Rückforderungsanspruch, so handelt es sich um einen eigenständigen Anspruch, der als Rechnungsposten in das zu bestimmende Endvermögen der Gatten einzubeziehen ist – als Forderung auf der einen und Verpflichtung auf der anderen Seite[64].

c) Vorausempfänge (§ 1380)

255   **Fall 33:** M und F haben 1995 geheiratet; sie leben im gesetzlichen Güterstand. M besaß ein Anfangsvermögen von 200 000 €, F keines. Während der Ehe hat F den Haushalt geführt und die beiden gemeinsamen Kinder versorgt. Im Jahre 2000 haben die Eheleute ein Hausgrundstück zu je hälftigem Miteigentum erworben, das als Familienheim genutzt wurde. Den Kaufpreis (250 000 €) hat allein M aufgebracht (Zins und Tilgung). Im Jahre 2012 zieht F aus der ehelichen Wohnung aus. – Güterrechtliche Ausgleichsansprüche, wenn das Hausgrundstück (Endvermögen beider Gatten) jetzt 400 000 € wert ist und F dem M ein ehezeitlich erworbenes Vermögen in Höhe von 50 000 € geschenkt hatte?

Die allgemeine Bestimmung der güterrechtlichen Situation ergibt in **Fall 33** eine Ausgleichsforderung zu Gunsten des M in Höhe von 100 000 € (Zugewinn F: 200 000 €[65]; Zugewinn M: 0). F hatte dem M jedoch bereits während der Ehe 50 000 € geschenkt. Dabei handelt es sich um einen so genannten **Vorausempfang (vorweggenommener Zugewinnausgleich)** im Sinne des § 1380 Abs. 1. Die Vorschrift bestimmt, dass ehezeitliche Zuwendungen an den Gatten auf die Ausgleichsforderung anzurechnen sind, sofern eine solche Anrechnung vom Zuwendenden (einseitig) bestimmt wurde[66] (§ 1380 Abs. 1 S. 1). Bei erheblichen unentgeltlichen Zuwendungen ist im Zweifel von einer Anrechnungsbestimmung auszugehen (§ 1380 Abs. 1 S. 2). Danach werden die dem M geschenkten 50 000 € anzurechnen sein. Dies macht eine **zweite Berechnung** der Ausgleichsforderung notwendig[67], bei der die Zuwendung gemäß § 1380 Abs. 2

---

61 Dazu unten § 13 Rdnr. 292 ff.
62 **Grundlegend BGHZ 47, 157, 161**; das gilt auch für die Rückforderung von Schenkungen, BGHZ 87, 147 ff.
63 Zur Frage einer abschließend güterrechtlichen Regelung ferner Soergel-*Grziwotz* § 1372 Rdnr. 8 mit weit. Nachweisen.
64 Zum Problem näher *Lipp* JuS 1993, 89, 94 f.
65 Wert des Miteigentumsanteils; ebenso bei M.
66 Maßgebend ist der Zeitpunkt der Zuwendung; später kommt nur eine vertragliche Anrechnungsabrede in Betracht.
67 Die Darstellung folgt der neueren BGH-Rspr, vgl. **grundlegend BGHZ 82, 227 ff. = JuS 1983, 830** (mit ausf. Rezension von *Holzhauer*) – Fortführung von **BGHZ 65, 320 ff.** und **BGHZ 68, 299 ff.**

S. 1 mit dem Wert im Zuwendungszeitpunkt (§ 1380 Abs. 2 S. 2) dem Zugewinn des zuwendenden Gatten (F) hinzugerechnet wird. Gleichzeitig vermindert sich das Endvermögen des Empfängers um den Wert der Zuwendung[68].

Danach ergibt sich im Beispielsfall ein Zugewinn der F in Höhe von 250 000 € (200 000 € + Zuwendung), bei M verbleibt es bei einem Zugewinn von Null. Die neue Ausgleichsforderung des M beläuft sich auf nunmehr 125 000 €.

Auf diese neu berechnete Ausgleichsforderung ist die gemachte Zuwendung gemäß § 1380 Abs. 1 S. 1 anzurechnen, d.h. M hat im Ergebnis eine Ausgleichsforderung in Höhe von 75 000 € (125 000 € – 50 000 €). Die Vorschrift des § 1380 bewirkt also die hälftige Rückerstattung einer ehezeitlichen Zuwendung.

Der Anrechnungsregel des § 1380 unterfallen auch **unbenannte Ehegattenzuwendungen**[69]. Damit taucht die Frage auf, ob nicht die von M an F erbrachte (unbenannte) Ehegattenzuwendung (Verschaffung hälftigen Miteigentums)[70] ebenfalls in Anrechnung gebracht werde muss. Das ist zu verneinen. Denn Anrechnung findet nur **zu Gunsten** des **ausgleichspflichtigen** Ehegatten statt (§ 1380 Abs. 1 S. 1: „Auf die Ausgleichsforderung [...]")[71]. Das bedeutet, dass durch die erste (allgemeine) Feststellung der Zugewinnlage auch die Zuwendungen bestimmt werden, die dann (in einem zweiten Schritt) der Ausgleichung unterfallen. **256**

An diesem Berechnungs- und Ausgleichsverfahren ändert sich auch nichts im Falle so genannter **überschießender Zuwendungen.** Hat in **Fall 33** F dem M etwa einen Betrag von 300 000 € geschenkt, so bedeutet die Anrechnung, dass dieser Wert auf eine Ausgleichsforderung von 250 000 € (§ 1380 Abs. 2: 200 000 € + Zuwendung in Höhe von 300 000 €: 2) anzurechnen ist. Das ist nicht vollständig möglich, weil M im Wege der Zuwendung mehr erhalten hat als ihm nach Güterrecht zustünde (überschießende Zuwendung). Hier kann eine Anrechnung nur bis zur Höhe der Ausgleichsforderung erfolgen (250 000 € – 300 000 €); im Übrigen (also in Höhe von 50 000 €) bleibt die Zuwendung unberücksichtigt[72]. **257**

III. Dem Zugewinnausgleich entzogenes Vermögen

Dem Zugewinnausgleich unterfallen grundsätzlich **alle** vermögenswerten Positionen, die Ehegatten am Stichtag innehaben, einschließlich der persönlichen Gegenstände und der Gebrauchsgegenstände des täglichen Lebens[73]. **Ausnahmen** bestehen für Vermögensgegenstände, die Sonderregeln unterfallen. Dazu zählen vor allem während der Ehe erworbene Anrechte, die dem **Versorgungsausgleich** unterliegen (§ 2 Abs. 4 **258**

---

68 BGHZ 82, 227, 234 f.
69 BGH FamRZ 2001, 413, 414 li. Sp.
70 Eine solche Zuwendung ist hier gegeben; zur Begründung unten § 13 Rdnr. 286 f.
71 **BGHZ 82, 227, 234 = JuS 1983, 830; BGHZ 115, 132, 138 = JuS 1991, 961.**
72 Auch daraus folgt nicht ohne Weiteres ein Ausgleich nach § 313, vgl. BGHZ 115, 132, 139 f. – Die **Ausgleichsrichtung kehrt sich** über § 1380 also **nicht um!**
73 BGH FamRZ 1981, 239 re. Sp.; FamRZ 1984, 144, 145 re. Sp.

VersAusglG)[74]. Hierzu rechnen ferner Haushaltsgegenstände, die der Verteilung nach dem Verfahren der **§§ 200 ff. FamFG** unterfallen[75]. Das gilt nach Sinn und Zweck dieses Verfahrens aber nur, soweit Gegenstände tatsächlich nach diesen Vorschriften dem jeweils anderen Ehegatten zu überlassen sind, also für Gegenstände, die im gemeinsamen Eigentum der Gatten stehen (§ 1568b Abs. 1) oder für die gemeinschaftliches Eigentum vermutet wird (§ 1568b Abs. 2)[76]. Vom Zugewinnausgleich ausgenommen sind auch die Gegenstände, die Ehegatten durch **Ehevertrag** (§ 1408) oder im Wege einer **Scheidungsfolgenvereinbarung** (§ 1378 Abs. 3 S. 2) dem Zugewinnausgleichsverfahren entzogen haben.

---

74 Das gilt in doppelter Weise: Ausgeglichen werden diese Anrechte nur bei Ehescheidung, § 1587: „[…] zwischen den geschiedenen Ehegatten […]“ (also auch kein güterrechtlicher Ausgleich bei anderweitiger Beendigung des Güterstandes), und in diesem Falle sind die Vorschriften des VersAusglG leges speciales. – Zur Reform des Versorgungsausgleichsrechts vgl. unten § 17 Rdnr. 376 f.
75 **BGHZ 89, 137 ff.**
76 Haushaltsgegenstände, die im Alleineigentum der Gatten stehen, unterliegen grundsätzlich dem Zugewinnausgleich.

Sechster Teil

Vertragliches Güterrecht

§ 12 Ehevertrag und Güterrechtsregister

I. Die Vertragsgüterstände des Bürgerlichen Gesetzbuchs

Das gesetzliche Güterrecht der Zugewinngemeinschaft ist subsidiäres Güterrecht. Es **259** gilt nur, sofern die Ehegatten einen anderen Güterstand „nicht durch Ehevertrag" (§ 1363 Abs. 1) vereinbart haben. Das Bürgerliche Gesetzbuch stellt den Ehegatten als **Vertragsgüterstände** die **Gütertrennung** (§ 1414) und die **Gütergemeinschaft** (§§ 1415–1518) zur Verfügung[1].

Neben diese beiden herkömmlichen Vertragsgüterstände ist durch ein Abkommen **260** zwischen Frankreich und Deutschland seit **1.5.2013** der neue **deutsch-französische Wahlgüterstand** der **Wahl-Zugewinngemeinschaft** getreten[2]. Durch das Gesetz zu diesem Abkommen vom 15.3.2012[3] wurde nach § 1518 ein neues Kapitel 4 „Wahl-Zugewinngemeinschaft" eingefügt. Die dort neu aufgenommene Vorschrift des § 1519 („Vereinbarung durch Ehevertrag") verweist inhaltlich auf die Regelung der Wahl-Zugewinngemeinschaft durch das deutsch-französische Abkommen vom 4.2.2010.

Der neue deutsch-französische Wahlgüterstand soll Probleme im Rechtsverkehr (etwa beim Grundstückserwerb) entschärfen, die sich aus den unterschiedlichen nationalen Güterstandsmodellen ergeben (Frankreich: Errungenschaftsgemeinschaft; Deutschland: Zugewinngemeinschaft). Der Güterstand entspricht im Wesentlichen der deutschen Zugewinngemeinschaft (Gütertrennung mit Zugewinnausgleich bei Beendigung des Güterstandes). Jeder Ehegatte verwaltet, nutzt und verfügt über sein Vermögen allein – vorbehaltlich näherer Verfügungsbeschränkungen (Haushaltsgegenstände; „Rechte, durch die die Familienwohnung sichergestellt wird")[4].

Der Güterstand der Wahl-Zugewinngemeinschaft steht Ehegatten offen, auf deren Güterstand deutsches oder französisches Sachrecht Anwendung findet[5]. Das Abkommen gilt zunächst 10 Jahre und wird – bei ausbleibender Kündigung eines Vertragsstaats – nach Ablauf dieser 10 Jahre stillschweigend auf unbestimmte Zeit verlängert[6]. Jeder Mitgliedstaat der Europäischen Union kann dem Abkommen beitreten[7].

---

1 Dazu im Folgenden § 13 und § 14.
2 Abkommen zwischen der Bundesrepublik Deutschland und der Französischen Republik über den Güterstand der Wahl-Zugewinngemeinschaft vom 4.2.2010.
3 BGBl. II S. 178; ab S. 180 findet sich dort das Abkommen.
4 Art. 4 und Art. 5 des Abkommens.
5 Art. 1 des Abkommens.
6 Art. 20 Abs. 3 des Abkommens.
7 Art. 21 des Abkommens.

II. Ehevertrag

1. Beschränkte Vertragsfreiheit und persönliche Voraussetzungen

a) Schranken der Vertragsfreiheit

261 Der Abschluss eines Ehevertrages ist den Ehegatten jederzeit möglich, ebenso dessen Aufhebung oder Änderung (§ 1408 Abs. 1). Einen Ehevertrag können die Partner bereits vor Eheschließung vereinbaren; das ergibt sich aus dem Wortlaut des § 1408 Abs. 1 („[...] insbesondere auch nach der Eingehung der Ehe [...]") und wird von § 2276 Abs. 2 (Verbindung von Erb- und Ehevertrag zwischen Verlobten) vorausgesetzt[8].

262 Im Bereich des Güterrechts herrscht **beschränkte Vertragsfreiheit**. Wo die Grenze zu ziehen ist, ist umstritten. Dem Gesetz lässt sich in **§ 1409** nur ein **Verweisungsverbot** entnehmen, d.h., nicht mehr geltende oder ausländische Güterstände können nicht durch bloße Benennung des Güterstandes **(Globalverweisung)** rechtswirksam vereinbart werden[9]. Die Vorschrift des § 1409 betrifft also nur die äußere Gestaltung von Eheverträgen[10]. Eine spezifische Beschränkung inhaltlicher Art ergibt sich daraus nicht, weshalb grundsätzlich nichts im Wege steht, dem heutigen BGB unbekannte Güterstände in wörtlicher Wiedergabe der einzelnen Vorschriften zu vereinbaren[11]. Eine Beschränkung der inhaltlichen Gestaltungsfreiheit lässt auch § 1408 nicht erkennen[12]. Einigkeit besteht sonach jedenfalls darin, dass das Gesetz einen numerus clausus im strengen Sinne (bloße Typenwahl) nicht kennt. Ehegatten ist es unbenommen, in den gewählten Güterstand abändernd einzugreifen (spezieller Ehevertrag)[13].

263 Aber auch der Typus des „Ehevertrages" (§ 1408) überwindet nicht die **allgemeinen, zwingenden** Schranken für Rechtsgeschäfte: begrenzte Zahl der absoluten Rechte, Bildung von Gesamtgut, Universalsukzession, Unwirksamkeit vertraglicher Verfügungsbeschränkungen. Wo letztlich die Grenze der Vertragsfreiheit im Ehegüterrecht liegt, hängt vom Verhältnis eines so verstandenen § 1408 und der Regelung des § 1409 ab. Sieht man in § 1408 die maßgebliche, nicht verfügbare Beschränkungsnorm, so lässt sich güterrechtliche Disposition (auch die des § 1409) nur in den **institutionellen Möglichkeiten** des BGB verwirklichen[14]. Erkennt man dagegen in § 1409 eine insoweit bestehende besondere güterrechtliche Öffnung, so können Ehegatten auch nur beschränkt verfügbare (aber dem BGB bekannte) Rechtsinstitute und Rechtsfolgen (z.B. Gesamtgutsbildung) auch außerhalb der vom geltenden Recht geregelten güterrechtlichen Typen (z.B. in Form der ehemaligen Errungenschaftsgemeinschaft) vereinbaren.

---

8 Wirksamkeit tritt erst mit Eheschließung ein („Rechtsbedingung"), vgl. BayObLGZ 1957, 49, 51; für güterrechtsabhängige Eintragungen ins Grundbuch vgl. § 33 GBO.
9 Etwa: „Die Ehegatten vereinbaren Errungenschaftsgemeinschaft" (§§ 1519 ff. a.F.).
10 Soergel-*Althammer* § 1409 Rdnr. 2.
11 Soergel-*Althammer* § 1409 Rdnr. 2.
12 *Gernhuber/Coester-Waltjen* § 32 Rdnr. 21.
13 So können Ehegatten die güterrechtlichen Folgen einer Errungenschaftsgemeinschaft weitgehend durch eine speziell gestaltete Gütergemeinschaft erreichen.
14 So insbes. Soergel-*Althammer* Vor § 1408 Rdnr. 19 ff.; jetzt auch *Gernhuber/Coester-Waltjen* § 32 Rdnr. 21 f. und die h.M.

b) Form und persönliche Voraussetzungen

Der Ehevertrag unterliegt dem **Formzwang**. Erforderlich sind **gleichzeitige Anwesen-** **264** **heit** beider Teile und **notarielle Beurkundung** (§ 1410; §§ 8 ff. BeurkG). Die persönlichen Voraussetzungen regelt § 1411: Ein beschränkt Geschäftsfähiger (§ 1411 Abs. 1 S. 1) bedarf der Zustimmung des gesetzlichen Vertreters. Das Gleiche gilt für einen Betreuten (§ 1411 Abs. 1 S. 2) bei angeordnetem Einwilligungsvorbehalt (§ 1903). In letzterem Falle und bei bestehender Vormundschaft ist ferner unter Umständen die Genehmigung des Betreuungs- beziehungsweise des Familiengerichts erforderlich (§ 1411 Abs. 1 S. 3). Der beschränkt Geschäftsfähige kann einen Ehevertrag nur selbst abschließen (§ 1411 Abs. 1 S. 4).

Für einen geschäftsunfähigen Ehegatten schließt der gesetzliche Vertreter – mit Ausschluss der Möglichkeit der Begründung oder Aufhebung einer Gütergemeinschaft – den Vertrag (§ 1411 Abs. 2 S. 1); im Falle eines betreuten Geschäftsunfähigen ist zusätzlich die Genehmigung des Betreuungsgerichts erforderlich.

2. Richterliche Inhaltskontrolle

In jüngerer Zeit beschränken sich Eheverträge vielfach nicht mehr darauf, lediglich **265** die güterrechtlichen Verhältnisse der Ehegatten zu regeln. Aufgenommen werden vor allem auch **Bestimmungen** für den Fall der **Ehescheidung**, insbesondere über den nachehelichen Unterhalt (§§ 1570 ff.) und den Versorgungsausgleich (§ 1587 in Verbindung mit dem VersAusglG). Grundsätzlich unterliegen sowohl die nacheheliche Unterhaltspflicht wie der Versorgungsausgleich der privatautonomen Disposition der Vertragsparteien (§ 1585c, § 1408 Abs. 2). Aber auch diese ehevertragliche Dispositionsfreiheit besteht nur in den allgemeinen Grenzen vertraglicher Freiheit; auch Eheverträge unterliegen der **Inhaltskontrolle** (§ 138) und einer **Rechtsausübungskontrolle** nach Treu und Glauben (§ 242; vgl. ferner § 8 Abs. 1 VersAusglG). Daraus ergibt sich ein oft nur schwer lösbares Spannungsverhältnis zwischen dem Grundsatz der Ehevertragsfreiheit einerseits und dem Gedanken güterrechtlicher Teilhabe (§§ 1371 ff.) und nachehelicher Solidarität (§§ 1570 ff., VersAusglG) andererseits.

a) Ehevertragliche Selbstbestimmung der Partner

Fall 34[15]: F, die ein schwerbehindertes Kind hat und deshalb keiner Erwerbstätigkeit nach- **266** geht, lernt M kennen, von dem sie schwanger wird. Vor Eheschließung wird ein Ehevertrag geschlossen, in dem Gütertrennung vereinbart und der Versorgungsausgleich ausgeschlossen wird. Zugleich verzichten M und F gegenseitig auf nachehelichen Unterhalt. Später wird die Ehe geschieden. F, die die elterliche Sorge für das gemeinsame Kind erhielt, macht trotz der Ehevereinbarung nachehelichen Unterhalt gegen M geltend.

Das BVerfG sah im oben wiedergegebenen Fall die Rechte der F aus Art. 2 Abs. 1 in **267** Verbindung mit Art. 6 Abs. 4 GG verletzt. Ehegatten können ihre rechtlichen Beziehungen durch einen Ehevertrag gestalten. Die Wahrnehmung ihrer Interessen in privatautonomer Selbstbestimmung (Art. 2 Abs. 1 GG) setzt allerdings voraus, dass die

---

15 BVerfG FamRZ 2001, 985; vgl. ferner BVerfG FamRZ 2001, 343 ff.

wesentlichen **Bedingungen einer Selbstbestimmung** tatsächlich vorliegen und nicht von vorneherein ein Vertragspartner aus der **Situation der Unterlegenheit** heraus den Vertrag schließt. Werden einem Vertragspartner durch den Ehevertrag in einem besonderen Maße Lasten aufgebürdet und zeigen sich die Verhandlungspositionen der Parteien derart ungleich, dass einer der Partner den Vertragsinhalt de facto einseitig bestimmt, dann muss dies Anlass für die Fachgerichte sein zu überprüfen, ob die jeweils andere Vertragspartei in ihrem Recht auf **Schutz vor unangemessener Benachteiligung** durch den Ehevertrag verletzt wird (Art. 2 Abs. 1 GG). Wird der Ehevertrag im Zusammenhang mit einer Schwangerschaft geschlossen, so hat die Frage nach einer unangemessenen Benachteiligung der Frau insbesondere auch den **Anspruch einer Mutter auf Schutz und Fürsorge** der staatlichen Gemeinschaft nach Art. 6 Abs. 4 GG zu beachten. Diese inhaltliche Überprüfung haben die Zivilgerichte in Anwendung der privatrechtlichen Generalklauseln der §§ 138, 242 vorzunehmen.

268   Das BVerfG geht in seiner Rechtsprechung[16] davon aus, dass eine **Situation der Unterlegenheit** regelmäßig dann herrscht, wenn sich eine schwangere, nicht verheiratete Frau vor die Alternative gestellt sieht, das Kind entweder ledig und allein aufziehen zu müssen oder nur durch einen sie stark belastenden Ehevertrag den Vater des Kindes zur Übernahme elterlicher Mitverantwortung bewegen zu können[17]. Die Sorge um die eigene Existenz und die Sorge um das Kind können die Frau einer Drucksituation aussetzen, die privatautonomes Handeln im Sinne von Art. 2 Abs. 1 in Verbindung mit Art. 6 Abs. 4 GG nicht mehr gewährleistet. Vielmehr wird ihr aufgrund einer (von vorneherein) unterlegenen Position der Inhalt des Ehevertrages weitgehend einseitig aufoktroyiert. In einer Schwangerschaft sieht das BVerfG allerdings lediglich ein Indiz für eine solche Vertragsunterlegenheit, die durch andere Faktoren, wie Vermögenslage und berufliche Ausbildung der Schwangeren ausgeglichen werden kann. Daneben ist die konkrete Familiengestaltung, die die Ehegatten ihrem Vertrag zugrunde legen, zu beachten. Eine nicht hinnehmbare Benachteiligung wird vor allem dort naheliegen, wo ein Ehepartner auf seine gesetzlichen Ansprüche verzichtet und sich durch Übernahme der Haushaltstätigkeit und Kindererziehung eigener Erwerbseinkünfte begibt. In **Fall 34** steht dem Verzicht der F auf sämtliche güterrechtlichen und nachehelichen Unterhalts- wie Versorgungsansprüche keine adäquate Belastung des M gegenüber. Als Alleinverdienender wurde er von Ansprüchen der F auf Zugewinn- und Versorgungsausgleich entlastet; dass er selbst jemals nacheheliche Unterhaltsansprüche gegen F, auf die er vertraglich verzichtete, haben würde, war ganz unwahrscheinlich. Der insoweit vom BVerfG festgestellte Verstoß gegen Art. 2 Abs. 1, Art. 6 Abs. 4 GG muss von den Fachgerichten allerdings nach **zivilrechtsdogmatischen Kategorien** bewältigt werden.

b) Zivilrechtliche Wirksamkeits- und Ausübungskontrolle

269   Der BGH ging zunächst von voller Vertragsfreiheit im Bereich des Ehevertragsrechts aus. Gültigkeitsschranken sah er in den §§ 134, 138 und nahm Sittenwidrigkeit und damit Nichtigkeit eines Unterhaltsverzichts dann an, wenn die Vertragsparteien die

---

16 **Grundlegend BVerfG FamRZ 2001, 343 ff.**
17 BVerfG FamRZ 2001, 343, 346.

aus der Ehe resultierenden Familienlasten objektiv zum Nachteil der Sozialhilfeträger geregelt hatten[18]. Im Übrigen konnte, bei grundsätzlicher Aufrechterhaltung der Vertragsfreiheit, ein Partner gehindert sein den Unterhaltsverzicht geltend zu machen (§ 242), wenn sich die im Zeitpunkt des Vertragsschlusses gegebenen Umstände so entwickelt hatten, dass namentlich Kindesinteressen eine Geltendmachung verboten[19]. Die neuere Judikatur des BVerfG gab Anlass, diese Rechtsprechung zu überprüfen und hieraus die Konsequenzen für das Ehevertragsrecht allgemein zu formulieren[20].

Der BGH hält daran fest, dass die Regelungen über den nachehelichen Unterhalt, über Zugewinnausgleich und Versorgungsausgleich der **vertraglichen Disposition** der Ehegatten unterliegen. Ein unverzichtbares Minimum an Scheidungsfolgen zugunsten eines Ehegatten kennt das Gesetz nicht. Für die Frage der Unwirksamkeit ehevertraglicher Bestimmungen ist eine **Gesamtschau** der **Vereinbarungen**, der **Einkommens- und Vermögenssituation** der Ehegatten, der **konkreten Gestaltung des Ehe- und Familienlebens** sowie der **Folgen für die Kinder** erforderlich (Wirksamkeitskontrolle, § 138)[21]. Diese Gesamtbewertung hat darauf zu achten, dass der **Schutzzweck des nachehelichen Folgenrechts** nicht dadurch unterlaufen wird, dass durch eine **evident einseitige** und durch die **konkrete Gestaltung** der ehelichen Lebensverhältnisse **nicht gerechtfertigte** Lastenverteilung derart einschneidende Belastungen entstehen, die für den betroffenen Partner – bei verständiger Würdigung der gegenseitigen Interessen und des Wesens der Ehe – als unzumutbar erscheinen. **Subjektiv** sind die von den Ehegatten mit den Vereinbarungen **verfolgten Zwecke** und **Beweggründe** zu berücksichtigen. Zu fragen ist also, warum ein Ehegatte auf Rechte des gesetzlichen Scheidungsfolgenrechts verzichtet und was den anderen bewogen hat, eine solche ehevertragliche Regelung einzugehen beziehungsweise einzufordern. **270**

Schwierig zu beurteilen kann im Rahmen einer solchen Wirksamkeitskontrolle die nach § 138 Abs. 1 erforderliche **verwerfliche Gesinnung** des begünstigten Ehegatten sein. Der BGH lehnt eine auf die objektive-einseitige Lastenverteilung gestützte tatsächliche Vermutung für die subjektive Seite der Sittenwidrigkeit ab[22]. Allenfalls ein Indiz könne hier zum Ausdruck kommen[23]. Erforderlich ist nach BGH eine „**subjektive Imparität**", wie sie infolge einer sozialen, wirtschaftlichen Abhängigkeit, der Ausnutzung einer Zwangslage oder der intellektuellen Unterlegenheit eines Partners zum Ausdruck kommen könne[24]. **271**

Unzumutbarkeit für den betroffenen Gatten liegt umso näher, je stärker die Vertragsbestimmungen in den Kernbereich des Scheidungsfolgenrechts eingreifen. Um diesen **Kernbereich** näher zu bestimmen, hat der BGH eine **Rangfolge im Scheidungsfolgenrecht** entwickelt. - Für das **Unterhaltsrecht** gilt: Höchste Priorität genießt der Betreuungsunterhalt (§ 1570) gefolgt von Krankheitsunterhalt (§ 1572) und Unterhalt wegen Alters (§ 1571). Nachrangig erscheint die Unterhaltspflicht wegen Erwerbs- **272**

---

18 BGHZ 86, 82, 88.
19 BGH FamRZ 1997, 873, 874.
20 **Grundlegend BGHZ 158, 81 ff.** – Der BGH hat diese Rspr. inzwischen des Öfteren bestätigt; mit grds. Diktion jüngst **BGH NJW 2013, 457 ff.**
21 BGHZ 158, 81, 100; BGH NJW 2013, 457, 458.
22 BGHZ 178, 322, 333 Tz. 29 ff.
23 BGH NJW 2013, 457, 460 Tz. 27.
24 BGH NJW 2013, 457, 460 Tz. 27; NJW 2013, 380, 382 Tz. 24.

losigkeit (§ 1573) sowie die Tatbestände des § 1578 Abs. 2 Var. 1, Abs. 3[25]. Am ehesten verzichtbar sind Aufstockungs- und Ausbildungsunterhalt (§§ 1573 Abs. 2, 1575). Der **Versorgungsausgleich** steht auf der Stufe des Altersunterhalts. Der **Zugewinnausgleich** steht der ehevertraglichen Disposition am weitesten offen[26].

273 Die richterliche Inhaltskontrolle von Eheverträgen hat demnach zunächst eine **Wirksamkeitskontrolle** (§ 138) für den **Zeitpunkt des Vertragsabschlusses** vorzunehmen[27]. Sittenwidrigkeit ist regelmäßig nur zu bejahen, wenn durch den Ehevertrag Partien aus dem Kernbereich des Scheidungsfolgenrechts abbedungen wurden, ohne dass im Sinne der genannten Gesamtschau anderweitiger Ausgleich geschaffen wird[28].

274 Erweist sich danach der Ehevertrag als wirksam, ist im Wege richterlicher **Ausübungskontrolle** zu prüfen, ob der Begünstigte seine Rechtsmacht missbraucht (§ 242), indem er sich nunmehr auf den Ausschluss bestimmter gesetzlicher Scheidungsfolgen beruft. Entscheidend dafür ist, ob sich im **Zeitpunkt der Ehescheidung** eine evidente Belastung des betroffenen Vertragspartners ergibt, weil die Entwicklung der Ehe- und Familienverhältnisse von dem ursprünglich zugrunde gelegten Gestaltungsplan der Gatten deutlich abgewichen ist. Die Frage nach der Unzumutbarkeit solcher Belastungen hat sich auch hier an der Rangstufung des gesetzlichen Scheidungsfolgenrechts zu orientieren. Im Falle missbräuchlicher Rechtsausübung ist nicht von der Unwirksamkeit der Vertragsklausel auszugehen. Der Richter hat vielmehr nach den Grundsätzen einer Vertragsanpassung bei **Wegfall der Geschäftsgrundlage** (§ 313) die den berechtigten Belangen der Parteien entsprechende Rechtsfolge zu bestimmen, um die **ehebedingten Nachteile** für den Betroffenen auszugleichen[29].

Eine solche, von der **richterlichen Ausübungskontrolle** (§ 242) zu beachtende Abweichung der tatsächlichen Entwicklung vom geplanten Eheverlauf kann auch die **Erkrankung** eines Ehegatten während der Ehe sein[30]. Entscheidend soll nach dem BGH dabei **nicht** sein, ob die **Krankheit** und die damit einhergehende Erwerbsunfähigkeit selbst **ehebedingt** sind, sondern ob sich die **daraus ergebende** wirtschaftliche Situation als ein **ehebedingter Nachteil** erscheint[31]. Denkbar könnte dies etwa sein, wenn die ehevertragliche Gestaltung (u.a. Ausschluss des Versorgungsausgleichs) darauf fußte, dass die im Augenblick des Vertragsschlusses ausgeübte Erwerbstätigkeit auch in Zukunft ausgeübt werde, um eine hinlängliche Alterssicherung zu schaffen.

3. Verbindung mit Erbvertrag

275 Den Abschluss eines Ehevertrages nutzen Gatten häufig, um damit weitere Vereinbarungen, insbesondere erbrechtlicher Art, zu verbinden. Das Gesetz trägt diesem Anliegen in § 2276 Abs. 2 Rechnung, indem es bei Abschluss eines Ehe- und Erbvertrages die Form des Ehevertrages für genügend erklärt. Allerdings bleiben trotz der

---

25 Krankenvorsorge- und Altersvorsorgeunterhalt (als ein Bedarfskriterium).
26 Dazu ausdr. die Entscheidung BGH NJW 2013, 457 ff.
27 Vgl. oben Rdnr. 270.
28 Regelmäßig (aber nicht notwendig) etwa bei Ausschluss des Betreuungsunterhalts; regelmäßig nicht bei Ausschluss des Zugewinnausgleichs.
29 BGH NJW 2005, 139 ff. – Dabei hat sich das Gericht umso stärker an den gesetzlichen Scheidungsfolgen zu orientieren, je tiefer der Vertrag in den Kernbereich dieses gesetzlichen Scheidungsfolgenrechts eingreift.
30 BGH NJW 2008, 1080 ff.
31 BGH NJW 2008, 1080, 1084 li. Sp. – im konkreten Fall verneint.

Verbindung in einer Urkunde und des oft vorliegenden wirtschaftlichen Zusammenhangs beide Verträge rechtlich selbstständig. Die Bedeutung und Konsequenz dieser rechtlichen Trennung zeigt

> **Fall 35:** Die miteinander verlobten F und M haben vor dem Notar in einer Urkunde einen Ehe- und Erbvertrag geschlossen, in dem sie Gütertrennung vereinbart und sich gegenseitig als Erben eingesetzt haben. Dabei handelte für M dessen Bruder B als Vertreter. Zwei Jahre nach Eheschließung will M den B als Erben einsetzen und ein Grundstück, das im Wesentlichen sein ganzes Vermögen ausmacht, veräußern.

M kann den B wirksam als Erben einsetzen, sofern er nicht durch vertragsmäßige erbrechtliche Verfügung zu Gunsten der F daran gehindert ist (§ 2289 Abs. 1 S. 2). Das setzt einen wirksamen Erbvertrag voraus, den der **Erblasser** (M) aber nur **persönlich** schließen kann (§ 2274). Daran fehlt es in **Fall 35**, weil M vertreten wurde. Auch § 2276 Abs. 2, der hier die für den Ehevertrag vorgeschriebene Form ausreichen lässt[32], hilft nicht weiter, denn § 2274 betrifft nicht die Form, sondern den Abschluss des Vertrages, die Willenserklärung selbst. Die Vorschrift gilt deshalb auch bei Verbindung mit einem Ehevertrag. Die Unwirksamkeit des Erbvertrages hat aber nicht auch die Unwirksamkeit des Ehevertrages (in **Fall 35** mit der Konsequenz des § 1365) zur Folge. Beide Verträge folgen trotz einheitlicher Urkunde ihren jeweils eigenen rechtlichen Bestimmungen. Entsprechend anwendbar ist aber § 139, wenn beide Verträge nach dem Willen der Parteien tatsächlich eine wirtschaftliche Einheit bilden[33]; das ergibt sich nicht schon aus der Zusammenfassung in einer Urkunde[34]. An Hinweisen für eine wirtschaftliche Einheit fehlt es im obigen Fall; M kann deshalb den B als Erben einsetzen und sein Grundstück (ohne Zustimmung der F) veräußern.

III. Das Güterrechtsregister

1. Grundgedanke

Das Güterrechtsregister hat für die Wirksamkeit des Ehevertrages und damit für die güterrechtlichen Beziehungen der Ehegatten untereinander keinerlei Bedeutung. Das Register hat nur die rechtsgeschäftlichen Beziehungen zwischen **Ehegatten** und **Dritten** im Auge. Grundgedanke des Registerschutzes ist: Der allgemeine Rechtsverkehr muss und darf sich auf das vom Gesetz vorgesehene güterrechtliche „Normalbild", den gesetzlichen Güterstand, einstellen. Weichen die Ehegatten davon durch interne Vereinbarung (Ehevertrag) ab, so ist dieses Rechtsgeschäft zwar wirksam. Soweit sich daraus aber güterrechtliche Beschränkungen, etwa hinsichtlich der Verfügungsbefugnis über eigenes Vermögen, ergeben, können diese Einwendungen Dritten gegenüber nur vorgebracht werden, wenn die (neue) güterrechtliche Lage bei Abschluss des Rechtsgeschäfts im Güterrechtsregister ausgewiesen oder dem Dritten

276

---

32 Hier ist Vertretung möglich.
33 OLG Stuttgart FamRZ 1987, 1034; Soergel-*Althammer* § 1408 Rdnr. 6. Vgl. auch BGHZ 29, 129, 132; im konkreten Fall hat der BGH die Anwendung des § 139 aber wegen der speziellen gesetzlichen Aufhebungstatbestände bei Erbvertrag und Gütergemeinschaft abgelehnt.
34 Soergel-*Wolf*, [13]2002, § 2276 Rdnr. 15.

positiv bekannt war (§ 1412 Abs. 1 Halbs. 1). Dasselbe gilt, wenn Ehegatten die im Güterrechtsregister verlautbarte Regelung aufheben oder ändern (§ 1412 Abs. 2).

2. Eintragungsfähige Tatsachen

277 **Fall 36:** Die Eheleute M und F haben den gesetzlichen Güterstand der Zugewinngemeinschaft ausgeschlossen. Ihr Antrag, den Ausschluss in das Güterrechtsregister einzutragen, wurde vom Amtsgericht[35] abgelehnt.

Die Entscheidung des Amtsgerichts scheint auf den ersten Blick unverständlich, denn M und F haben das getan, was § 1412 Abs. 1 als eintragungsfähige Tatsache benennt: Ausschluss des gesetzlichen Güterstandes. Trotzdem ist die Entscheidung nicht unüberlegt[36]. Sinn des § 1412 ist **Schutz des Rechtsverkehrs**, nicht die Regelung der internen güterrechtlichen Situation. Eingetragen werden soll die Güterstandsänderung deshalb nur, weil sich hieraus mögliche **Einwendungen** gegen **Rechtsgeschäfte mit Dritten** ergeben. Wo der Rechtsverkehr aus der Güterrechtsänderung Einwendungen nicht zu gewärtigen hat, ist der Zweck und damit der Normbereich des § 1412 nicht berührt. Mit dem Ausschluss des gesetzlichen Güterstandes **(Fall 36)** tritt zwischen M und F Gütertrennung ein (§ 1414). Aus dieser Änderung ergeben sich für Dritte aber keinerlei rechtsgeschäftlich ungünstige Auswirkungen. Im Gegenteil: die Verfügungsbeschränkungen des gesetzlichen Güterstandes (§§ 1365 ff.) entfallen.

278 Die Diskrepanz zwischen dem Normtext des § 1412 Abs. 1 und dem gegenwärtigen Güterrecht (Rechtsfolgen bei Ausschluss des gesetzlichen Güterstandes) ist historisch bedingt. Die Vorschrift des § 1412 datiert aus einer Zeit, in der gesetzlicher Güterstand die „Verwaltung und Nutznießung" (des Frauengutes durch den Ehemann) war[37]. Danach konnte der Ehemann ohne Zustimmung seiner Frau weitgehend allein über deren Vermögen verfügen[38]. Wurde dieser (gesetzliche) Güterstand aufgehoben[39], ergaben sich mit Wegfall des Alleinverfügungsrechts des Ehemannes maßgebliche Einwendungen im Sinne des § 1412.

279 Die höchstrichterliche Rechtsprechung hat angesichts dieser geschichtlich bedingten Wirkungsverschiebung die **Funktion des Güterrechtsregisters** modifiziert. Dem Register kommt heute nicht mehr ausschließlich Schutzfunktion für den Rechtsverkehr zu, sondern es dient ganz allgemein der **Transparenz güterrechtlicher Verhältnisse**[40]. Eintragungsfähig ist deshalb jede güterrechtliche Tatsache, die die Rechtsstellung der Ehegatten zu Dritten (positiv oder negativ) beeinflussen kann. Der Ausschluss des gesetzlichen Güterstandes ist somit eintragungsfähig.

---

35 Zur Zuständigkeit und zum registerrechtlichen Verfahren vgl. §§ 1558 ff. i.V.m. §§ 374 ff. FamFG (§ 374 Nr. 5 FamFG).
36 Ausgangsfall von BGHZ 66, 203 ff. = JuS 1977, 48 ff.
37 §§ 1363–1431 a.F.
38 §§ 1363, 1373, 1376 a.F.
39 So auch die urspr. Fassung des heutigen § 1412: „Wird [...] die Verwaltung und Nutznießung des Mannes ausgeschlossen [...], so können einem Dritten gegenüber [...]" (§ 1435 a.F.).
40 BGHZ 66, 203, 207 (Publikationsfunktion) = JuS 1977, 48 ff.

3. Negative Publizität

Der Schutz des Güterrechtsregisters ist kein positiver, d.h. der Rechtsverkehr kann **280**
nicht darauf vertrauen, dass die Eintragungen im Register tatsächlich richtig sind[41].
Das Vertrauen richtet sich hier lediglich darauf, dass eine **nicht eingetragene** Tatsache
auch **nicht vorliegt** (negative Publizität)[42]. Was diese negative Publizität bedeutet,
zeigt

> **Fall 37:** Der unerkannt geisteskranke M und seine Ehefrau F vereinbaren Gütertrennung.
> Eintragung im Güterrechtsregister erfolgt. Später (nach Gesundung des M) heben M und F
> diese Gütertrennung auf und vereinbaren den gesetzlichen Güterstand; diese Güterrechts-
> änderung wird nicht eingetragen. F verkauft und übereignet nun an X ein ihr gehörendes
> Grundstück, das im Wesentlichen ihr gesamtes Vermögen ausmacht. M macht die Unwirk-
> samkeit der Verfügung geltend.

F kann als Eigentümerin über ihr Grundstück verfügen, sofern sich nicht aus dem
(wirksam vereinbarten) gesetzlichen Güterstand Beschränkungen ergeben. Hier beruft sich M auf die §§ 1368, 1365 Abs. 1[43]. Allerdings war der Übergang zum gesetzlichen Güterstand aus dem Güterrechtsregister nicht zu ersehen, und deshalb könnte
M gehindert sein, die ihm gegen den Dritten (X) zustehenden Einwendungen (§ 1365
Abs. 1) geltend zu machen (§ 1412 Abs. 2 in Verbindung mit Abs. 1). M und F haben gegenüber der im Güterrechtsregister eingetragenen Regelung (Gütertrennung)
ihre vermögensrechtlichen Beziehungen im Sinne der Zugewinngemeinschaft geändert. Weil **diese Änderung** keine Eintragung gefunden hat, können **aus ihr** auch
keine Einwendungen hergeleitet werden. Aus diesem **negativen Schutz** für Dritte
folgt aber nicht, dass auf den tatsächlichen Eintrag im Register vertraut werden darf,
und einen dahingehenden positiven Schutz gewährt das Register gerade nicht. Es
kommt also darauf an, welcher Güterstand zwischen M und F (vor Vereinbarung der
nicht eingetragenen Zugewinngemeinschaft) **wirklich herrschte**. Das war, weil der
Ehevertrag (Gütertrennung) unwirksam war (§§ 104 Nr. 2, 105 Abs. 1), der gesetzliche Güterstand (§ 1363 Abs. 1). M kann also, wenn auch nicht aus der Änderung,
so doch aus dem ursprünglich bereits vorliegenden gesetzlichen Güterstand Einwendungen im Sinne des § 1365 Abs. 1 erheben – Folge der bloß negativen Publizität des
§ 1412.

---

41 So der positive Registerschutz etwa des Grundbuchs (§§ 891, 892).
42 Die gleiche (negative) Schutzwirkung äußert das Handelsregister, § 15 HGB.
43 Dazu ausführlich oben § 10 Rdnr. 215 ff.

§ 13 Gütertrennung

I. Eintritt der Gütertrennung

281 Ehegatten leben in Gütertrennung, wenn sie dies durch Ehevertrag vereinbart haben (§§ 1408, 1410). Auch dann tritt subsidiär Gütertrennung ein, wenn der gesetzliche Güterstand ausgeschlossen oder aufgehoben wird (§ 1414 S. 1) und ebenso, wenn sich der Ausschluss oder die Aufhebung auf den Zugewinnausgleich oder die Gütergemeinschaft bezieht (§ 1414 S. 2). Die Vorschrift des § 1414 ist aber lediglich eine Auslegungsregel[1].

II. Rechtsfolgen und Hauptprobleme

282 Der Eintritt vertraglicher Gütertrennung bewirkt (gegenüber dem gesetzlichen Güterstand) keine Veränderung der dinglichen Vermögenszuordnung (auch der gesetzliche Güterstand ist Gütertrennung, § 1363 Abs. 2). Folge ist vielmehr, dass es für die Ehegatten bei den allgemeinen vermögensrechtlichen Ehewirkungen sein Bewenden hat (§§ 1357, 1362)[2]. Die Beschränkungen der Verwaltungsbefugnis beim gesetzlichen Güterrecht (§§ 1364 ff.) und der Ausgleich des ehelichen Zugewinns bei Ende des Güterstandes (§§ 1371 ff.) entfallen. Die Ehegatten können frei über ihr Vermögen verfügen; ein irgendwie gearteter Vermögensausgleich findet auch bei Trennung und Ehescheidung nicht statt. Die Teilhabe am Vermögen des Partners besteht in einem gesetzlichen Erbrecht (§ 1931) und reduziert sich gegebenenfalls auf einen Pflichtteilsanspruch (§ 2303 Abs. 2). Unberührt lässt das Güterrecht aber alle Ausgleichs- und Beteiligungsformen, die sich aus dem allgemeinen Eherecht ergeben. Aufgrund der fehlenden (gesetzlichen) Teilhabe am Vermögen des jeweils anderen Partners war und ist es deshalb gerade die Gütertrennung, auf deren Boden sich die güterrechtsunabhängigen Institute von Ehegattenmitarbeit[3] und **unbenannter Ehegattenzuwendung** entwickelt haben.

1. Unbenannte Ehegattenzuwendungen

283 **Fall 38**[4]: M und F haben 1988 geheiratet und ehevertraglich Gütertrennung vereinbart. M besaß bei Eheschließung ein ansehnliches Vermögen; F war vermögenslos. Im Jahre 1993 erwarben die Ehegatten ein (dann als Familienheim genutztes) Hausgrundstück zu je hälftigem Miteigentum. Der Kaufpreis in Höhe von 200 000 € (und angefallene Zinsen) wurden allein von M aufgebracht. F war während der Ehe nicht berufstätig; sie versorgte den Haushalt und die beiden 1993 und 1995 geborenen gemeinsamen Kinder. Im Jahre 2009 zog F aus der gemeinsamen Wohnung aus und lebt seit 2011 mit D zusammen. Daraufhin widerrief M gegenüber F „seine Schenkung" und verlangte Rückübertragung ihres hälftigen Hauseigentums an ihn. Im Gegensatz zu M besitzt F außer ihrem Miteigentumsanteil am Haus kein weiteres nennenswertes Vermögen. Der Wert des Hausgrundstücks beträgt 300 000 €.

---

1 MünchKomm-*Kanzleiter* § 1414 Rdnr. 1.
2 Vgl. oben §§ 8, 9.
3 Wegen des Zusammenhangs von Ehegattenmitarbeit und Erwerbstätigkeit der Ehegatten (§ 1356 Abs. 2) siehe zur Ehegattenmitarbeit die Darstellung oben § 5 Rdnr. 99 ff.
4 Ähnlich BGH NJW 1989, 1986 ff. mit Zusammenfassung der Rspr.

a) Widerruf einer Schenkung[5]

M kann in **Fall 38** von F gemäß § 812 Abs. 1 S. 2 Halbs. 1 Rückübertragung des hälfti- **284** gen Eigentumsanteils verlangen, wenn eine Schenkung vorlag, die er seiner Frau ge- genüber (§ 531 Abs. 1) wirksam widerrufen hat (§§ 530 Abs. 1, 531 Abs. 2)[6].

Dass M nicht selbst seiner Frau unmittelbar Eigentum verschafft hat (sondern der an M und F übereignende Dritte), hindert eine Schenkung des hälftigen Eigentums durch M nicht[7]. Entschei- dend ist der Wille der Parteien. Hier sollte F der Anteil am Hausgrundstück selbst zukommen. Es genügt für die Annahme einer Schenkung (Zuwendung), wenn ein Ehegatte den Eigentum- serwerb beider Teile finanziert (so genannte mittelbare Schenkung)[8].

Eine Schenkung (einseitige, freigiebige Zuwendung) scheidet aus, wenn eine Ver- **285** pflichtung zur Leistung bestand. Das ist insbesondere der Fall, wenn die Zuwendung unterhaltsrechtlich geschuldet war (§§ 1360, 1360a). Auch wenn die Unterhaltsver- pflichtung des M die Deckung des Wohnbedarfs der Familie mitumfasste, so war doch jedenfalls die Verschaffung von Miteigentum durch das Unterhaltsrecht nicht ge- boten[9].

Eine **Schenkung** ist aber aus anderen Gründen zu **verneinen**. Schenkung bedeutet die **286** Einigkeit beider Teile darüber, dass eine (objektiv) **einseitige** und (subjektiv) **unent- geltliche** Zuwendung eines Vermögensgegenstandes erfolgen soll[10]. Rechtsprechung und Schrifttum verneinen eine Schenkung deshalb, wenn sich Ehegatten etwas zu- wenden, um damit nach **ihrer Vorstellung** einen Beitrag zur **gemeinsamen Verwirkli- chung** der **ehelichen Lebensgemeinschaft** zu erbringen (§ 1353 Abs. 1 S. 2)[11]. Die Zu- wendung erfolgt hier nicht, um den anderen Ehegatten einseitig und unentgeltlich zu bereichern, sondern um mit ihm zusammen auf der Basis dieser Zuwendung die Fa- milien- und Ehegemeinschaft fernerhin zu fördern[12]. Es handele sich in diesen Fällen um eine so genannte **unbenannte Ehegattenzuwendung**[13]. Nach neuerer Ansicht des BGH liege hier „im Regelfall" zwar objektiv eine unentgeltliche Bereicherung vor, im Innenverhältnis werde sie von den Ehegatten subjektiv jedoch nicht als eine Schenkung (unentgeltlich) anerkannt[14]. Die Anwendung von Schenkungsrecht schei- det hier deshalb regelmäßig aus.

---

5 Ein geltend gemachter Schenkungswiderruf ist regelmäßig Auslöser für die begriffliche Abgrenzung zwischen Ehegattenschenkung und unbenannter Ehegattenzuwendung; instruktiv die Fallgestaltung in BGH FamRZ 1992, 293 ff.; ferner BGH FamRZ 1993, 1297 ff.
6 Auch Schenkungen unter Ehegatten unterliegen der Widerrufsvorschrift des § 530 (keine Sonderrege- lung durch Scheidungsfolgenrecht, §§ 1579, 1381), BGHZ 87, 145 ff. = JuS 1983, 716.
7 Vgl. § 516 Abs. 1: „[…] aus seinem Vermögen […]".
8 BGH NJW 1989, 1986, 1987 li. Sp.; Soergel-*Mühl/Teichmann*, [12]1998, § 516 Rdnr. 10.
9 BGH NJW 1966, 2401; FamRZ 1984, 980, 981.
10 Zum Schenkungsbegriff Soergel-*Mühl/Teichmann*, [12]1998, § 516 Rdnr. 11 ff.
11 **Grundlegend BGHZ 82, 227, 230 f. = JuS 1983, 830.**
12 BGHZ 129, 259, 263 f. = JuS 1995, 937: „Nach dem erkennbaren Willen des Zuwenders soll die Leis- tung nicht zu einer den Empfänger einseitig begünstigenden und frei disponiblen Bereicherung füh- ren, sondern sie soll auf Dauer der Ehegemeinschaft dienen und damit auch von deren Bestand ab- hängig sein […]"; der Fall selbst behandelt eine Drittzuwendung, dazu unten Rdnr. 296 ff.
13 Die Bezeichnung geht zurück auf *Lieb*, Die Ehegattenmitarbeit im Spannungsfeld zwischen Rechtsge- schäft, Bereicherungsausgleich und gesetzlichem Güterrecht, 1970, S. 124 f.
14 **Grundlegend BGHZ 116, 167, 174 = JuS 1992, 611 f.**; vgl. ferner BGHZ 129, 259, 263 = JuS 1995, 937.

287 Die begrifflich-dogmatische Grenzziehung zwischen unbenannter Ehegattenzuwendung und Schenkung ist in der Rechtspraxis noch schillernd und unsicher[15]. Während der BGH nach „Entdeckung" der unbenannten Zuwendung auch geringste Bezüge zu einer ehelichen Lebensgemeinschaft ausreichen ließ, um Unentgeltlichkeit und damit eine Schenkung zu verneinen[16], ist die höchstrichterliche Judikatur unter dem Eindruck insbesondere erbrechtlich-drittschützender Vorschriften zurückhaltender geworden und geht nunmehr von einer „objektiven Unentgeltlichkeit" auch der Ehegattenzuwendung aus[17]. Wesentlich für die Abgrenzung zur Schenkung ist freilich allein das subjektive, rechtsgeschäftliche Einigsein über die Unentgeltlichkeit. „Entgeltlichkeit" liegt vor, wenn der Zuwendungsempfänger seinerseits durch eine gegenseitige Verpflichtung, eine Bedingung oder durch die Bestimmung eines Rechtszwecks zu einer als Ausgleich für die Zuwendung aufgefassten (nicht notwendig vermögensmäßigen) Leistung veranlasst werden soll[18]. Bloße Motive oder Erwartungen reichen allerdings nicht aus. – Liegt im konkreten Fall tatsächlich eine Schenkung vor, kann sie widerrufen werden, wenn ein entsprechender Widerrufsgrund gegeben ist (§ 530). Ehewidriges Verhalten, insbesondere Ehebruch, löst allein einen solchen Widerrufsgrund nicht aus; hinzutreten müssen besondere Umstände[19]. Im obigen **Fall 38** fehlt es an der subjektiven Unentgeltlichkeit der Zuwendung. Die Zuwendung des Miteigentumsanteils erfolgt im Bewusstsein beider Partner, dass das Haus als Grundlage des Ehe- und Familienlebens dienen soll, dessen rechtliche und tatsächliche Gestaltung auch von F als Zuwendungsempfängerin zu leisten ist (§§ 1353 Abs. 1, 1356 Abs. 1). Im Übrigen würden im Falle einer Schenkung der Auszug der F und das spätere Zusammenleben mit D einen Widerruf nicht rechtfertigen.

b) Ehegatten als „Eigenheim-Gesellschaft"

288 Halten Ehegatten ein Hausgrundstück in Miteigentum, so besteht zwischen ihnen eine Bruchteilsgemeinschaft (§§ 741 ff.). In Rechtsprechung und Literatur wird angenommen, dass Ehegatten dieses „Halten und Verwalten" ihres Grundeigentums (konkludent) als Zweck einer Gesellschaft im Sinne des § 705 vereinbaren können[20]. Abgesehen davon, ob dies ohne Verwerfungen

---

15 Der Wortlaut jedenfalls älterer notarieller Urkunden ist dafür nicht ausschlaggebend, weil früher „mangels Problembewusstseins" alle ehelichen Zuwendungen als Schenkungen bezeichnet wurden, BGH FamRZ 1990, 600; 1993, 1297; OLG München FamRZ 2002, 393, 394 li. Sp. Was von den Ehegatten gewollt war, muss also durch **Auslegung** ermittelt werden.

16 Kennzeichnend etwa BGHZ 87, 145, 146: „Zuwendungen unter Ehegatten sind in der Regel keine Schenkungen im Sinne der §§ 516 ff. BGB. Sie dienen vielmehr der ehelichen Lebensgemeinschaft und gestalten sie aus" oder BGH FamRZ 1992, 293, 294 li. Sp.: „Hieraus ergibt sich, daß eine Zuwendung unter Ehegatten, der die Vorstellung oder Erwartung zugrunde liegt, daß die ehel. Lebensgemeinschaft Bestand haben werde, oder die sonst um der Ehe willen als Beitrag zur Verwirklichung oder Ausgestaltung, Erhaltung oder Sicherung der ehel. Lebensgemeinschaft erbracht wird und die hierin ihre Geschäftsgrundlage hat, keine Schenkung, sondern eine ehebedingte Zuwendung ist"; ebenso BGH NJW 1997, 2747 re. Sp.

17 Seit BGHZ 116, 167 ff. = JuS 1992, 611 f. (ergangen zu § 2287; dazu unten Rdnr. 294); dem folgend MünchKomm-*Koch*, ⁶2012, § 516 Rdnr. 62. – Der Schenkungsbegriff kennt keine „objektive Unentgeltlichkeit", vielmehr muss es sich objektiv um eine einseitige Zuwendung (Bereicherung) handeln. Solchenfalls mag ein Indiz für eine subjektive Unentgeltlichkeit vorliegen, aber nicht mehr; vgl. dazu Soergel-*Mühl/Teichmann*, ¹²1998, § 516 Rdnr. 11, 12.

18 Z.B. *Fikentscher/Heinemann*, ¹⁰2006, § 76 II 1 (Rdnr. 973); Soergel-*Mühl/Teichmann*, ¹²1998, § 516 Rdnr. 12 und 13 ff.

19 BGH NJW 1999, 1623; FamRZ 1985, 351.

20 BGH NJW 1982, 170 ff. = JuS 1982, 300.

mit dem Eherecht vereinbar ist[21], ergibt sich aus dem Gesellschaftsrecht aber kein Anspruch auf Rückgabe oder Übernahme des Gesellschaftsvermögens. Man könnte allenfalls in besonders gelagerten Fällen an ein Übernahmerecht (analog § 737, § 140 Abs. 1 S. 2 HGB) gegen Ausgleichszahlung denken. Aber die Voraussetzungen einer solchen (in der gesellschaftsrechtlichen Literatur jetzt wohl überwiegend gebilligten[22]) Übernahmemöglichkeit (bei einer zweigliedrigen Gesellschaft) werden allein durch das Ende der ehelichen Lebensgemeinschaft nicht geschaffen. Auch die Konstruktion der Ehegatteninnengesellschaft verfehlt hier das Ziel, weil es dort um eine Teilhabe am Alleinvermögen des anderen Ehegatten geht[23], nicht um die Rückabwicklung einer tatsächlich erfolgten Beteiligung.

c) Familienrechtlicher Vertrag sui generis

Zuwendungen unter Ehegatten, die der planmäßigen Verwirklichung der ehelichen Lebensgemeinschaft dienen (Leistung auf die Ehegemeinschaft), werden um der Ehe willen erbracht. Rechtliche Basis einer solchen Zuwendung ist ein **familienrechtlicher Vertrag sui generis**[24]. Scheitert die Ehe, so entfällt nach Auffassung des BGH die **Geschäftsgrundlage** dieses Vertrages, und es kann ein Ausgleich nach Maßgabe des § 313 in Betracht kommen[25]. Voraussetzung dafür ist, dass die Beibehaltung der durch die Zuwendung geschaffenen Vermögensverhältnisse für den leistenden Ehegatten unzumutbar ist. Einen Anspruch auf (dingliche) Rückübertragung lehnt der BGH allerdings auch bei Gütertrennung grundsätzlich ab. Nur in außerordentlich gelagerten Fällen sei dies zu erwägen[26]. In Betracht kommt regelmäßig nur eine **Ausgleichszahlung**[27]. Die Unzumutbarkeit der gegenwärtigen Vermögenslage ist durch eine **Gesamtwürdigung** der Umstände festzustellen, die „Beurteilungselemente aus Vergangenheit, Gegenwart und Zukunft"[28] einschließt: Dauer der Ehe; Alter der Gatten bei Scheidung; erbrachte Leistungen des begünstigten Ehegatten im Rahmen der Lebensgemeinschaft (§ 1356), so Erziehung und Pflege der Kinder, Haushaltsführung, Ehegattenmitarbeit; eigener finanzieller Einsatz des Begünstigten; Höhe der eingetretenen und noch vorhandenen Vermögensmehrung; weiteres Vermögen der Gatten; Altersabsicherungen. Diese Abwägung muss auch bei Gütertrennung berücksichtigen, dass eine angemessene Beteiligung der Gatten am gemeinsam während der Ehe Erarbeiteten „dem Charakter der ehelichen Lebensgemeinschaft als einer Schicksals- und damit auch Risikogemeinschaft entspricht"[29].

Diese Rechtsprechung darf nicht missverstanden werden. Denn die Ausführungen des BGH könnten dazu verleiten, eine der Sache nach quasigüterrechtliche Teilhabe anzunehmen, die bei der Gütertrennung vertraglich gerade ausgeschlossen sein soll. Die Teilhabe am gemeinsam Erarbeiteten als Ausdruck der ehelichen Schicksalsge-

289

---

21 Dazu *K. Schmidt* JuS 1982, 300.
22 Vgl. Palandt-*Sprau* § 737 Rdnr. 1 mit weit. Nachweisen.
23 Vgl. oben § 5 Rdnr. 99, 105 ff.
24 **Grundlegend BGHZ 84, 361, 364 f.**; ferner BGHZ 116, 167, 169 f. = JuS 1992, 611 f.
25 **Grundlegend BGHZ 82, 227, 231 f., 236 f. = JuS 1983, 830** (für Zugewinngemeinschaft); **BGHZ 84, 361, 368** (Gütertrennung).
26 BGH NJW 1989, 1986, 1987 re. Sp. – dazu oben § 11 Fußn. 55 (abschließende Regelung des gesetzlichen Güterrechts).
27 BGH NJW 1989, 1986, 1987 re. Sp.
28 BGH ebenda.
29 BGHZ 84, 361, 368; ferner BGH NJW 1989, 1986, 1988 li. Sp.

meinschaft kann hier nur den **Bestand** der **güterrechtsunabhängigen**, bereits vollzogenen **Ehegattenzuwendung** meinen, nicht einen (etwa aus § 1353 Abs. 1 abzuleitenden) erst zu realisierenden Ausgleichsanspruch eines Gatten. Auch an dieser Stelle erweist sich so die Notwendigkeit, die unbenannte Zuwendung als nicht bereits durch das Güterrecht erledigt und ausgeglichen anzusehen[30].

290 In **Fall 38** wird man eine Unzumutbarkeit des Fortbestandes der bisherigen Vermögensverhältnisse für M nach den Kriterien des BGH nicht annehmen können. Die Ehe hatte bis zur Trennung zwanzig Jahre Bestand. F versorgte während dieser Zeit den Haushalt und betreute über fünfzehn Jahre die gemeinsamen Kinder. Während M weiteres Vermögen besitzt, stellt der Eigentumsanteil am Haus für F den einzigen Vermögenswert dar, so dass auch der inzwischen gestiegene Wert des Hauses einen Ausgleichsanspruch schwerlich rechtfertigt.

291 Die Rechtsprechung des BGH sieht sich einer in jüngster Zeit immer stärker werdenden Kritik gegenüber, die sich zum Teil gegen die „unbenannte Ehegattenzuwendung" als besonderes familienrechtliches Institut insgesamt wendet[31]. Daran ist richtig, dass es der Rechtsprechung bisher nicht gelungen ist, dem von ihr angenommenen familienrechtlichen Vertrag sui generis hinreichend begrifflich-dogmatische Konturen zu verleihen. Am zutreffenden Ausgangspunkt dieser Judikatur ändert dies jedoch nichts. Der BGH hat bislang die Frage, was (positiver) Inhalt dieses „familienrechtlichen" Vertrages sein soll, nicht beantwortet. Denn mit der Lösung über die Lehre von der Geschäftsgrundlage wird die „Verwirklichung der Ehe" in den Bereich des vorvertraglichen Motivs verwiesen. Nimmt man den Grundgedanken des BGH aber ernst, dass nämlich die schuldrechtlichen Geschäftstypen (Schenkung) wegen eben des Merkmals der Verwirklichung der ehelichen Lebensgemeinschaft nicht einschlägig sind, dann muss andererseits dieses Merkmal auch den positiven Inhalt des besonderen familienrechtlichen Vertrages sui generis kennzeichnen. Ginge es lediglich um die Geschäftsgrundlage, wäre diese „Erfindung" des BGH in der Tat überflüssig. Denn nichts hindert, die „Ehe" als Geschäftsgrundlage eines schuldrechtlichen Aktstypus anzunehmen. Doch darum geht es – entgegen der Kritik – nicht. Es geht vielmehr um spezifisch eherechtlich gelagerte Tatbestände: Ehegatten verwirklichen (unter Einsatz z.T. erheblicher Vermögensmittel) planend ihre Lebensgemeinschaft. Sie sprechen zukünftiges Verhalten ab (Berufstätigkeit, Haushalt etc.) im Wissen, dass das erstrebte Ziel ohne die jeweils korrespondierenden Beiträge des Partners nicht zu erreichen ist. Entscheidend für die rechtliche Einordnung der „unbenannten Ehegattenzuwendung" ist es dann allerdings, die zugrunde liegende eherechtliche causa begrifflich auf **jene Tatbestände** zu **beschränken**, die sich durch eben einen solchen **rechtsgeschäftlichen Gehalt** auszeichnen. Hier gilt das Gleiche wie für die Ehegattenmitarbeit. Man sollte in diesem besonderen familienrechtlichen Vertrag sui generis eine Form des **„gegenseitigen Einvernehmens"** der Ehegatten im Sinne des § 1356 Abs. 1 erkennen[32]. Der BGH schlägt diesen eherechtlichen Weg um den Preis der Ver

---

30 Mit Folgen auch für den gesetzlichen Güterstand, vgl. oben § 11 Rdnr. 253 f.
31 MünchKomm-*Koch* Vor § 1363 Rdnr. 20 ff., 23 mit weit. Nachweisen.
32 Vgl. oben § 5 Rdnr. 77 ff., 84 f. und 109 f. (Ehegattenmitarbeit).

mischung von Geschäftsinhalt und Geschäftsgrundlage aus[33]. Was auf den Typus des Geschäfts einwirkt (Entgeltlichkeit/Unentgeltlichkeit) ist Sache des Geschäftsinhalts und kann nicht Geschäftsgrundlage sein[34]. Der Grund für diese Abgrenzungsschwierigkeiten wurde von der Rechtsprechung selbst gelegt, nämlich die begrifflich unscharfe und ausufernde Festlegung der „unbenannten Zuwendung"[35]. Dies führt aber – dogmatisch zweifelhaft – dazu, dass der BGH schuldrechtliche Handlungsformen, insbesondere die Schenkung, immer schon dann ablehnt, wenn sie in einem auch nur irgendwie gearteten subjektiven Kontext mit der Ehegemeinschaft stehen[36]. Überzeugender ist hier die Annahme eines schuldrechtlichen Handlungstypus auf der Geschäftsgrundlage einer fortbestehenden Ehe.

d) Bereicherungsrechtlicher Ausgleich

Der BGH lehnt einen bereicherungsrechtlichen Ausgleich generell ab[37]. Das geschieht für die condictio ob rem (§ 812 Abs. 1 S. 2 Halbs. 2) m.E. zu Unrecht[38]. Denn dieser Kondiktionstatbestand bietet mit dem „nach dem Inhalt des Rechtsgeschäfts bezweckte(n) Erfolg" die Möglichkeit einer rechtsbegrifflichen Klarlegung der „unbenannten" Zuwendung und einer familienrechtsdogmatischen Einordnung sui generis, und zwar im Sinne des dargelegten „gegenseitigen Einvernehmens" (§ 1356 Abs. 1).

292

Man kann die Zweckverfehlung nicht mit dem Argument verneinen, der beabsichtigte Erfolg sei, weil etwa das Familienheim tatsächlich gebaut oder Miteigentum erworben wurde, auch eingetreten[39]. Der von den Ehegatten bei unbenannten Zuwendungen verfolgte Zweck ist nicht ein bestimmter Grundbuchstand, sondern die Verwirklichung ihrer Lebensgemeinschaft (§§ 1353 Abs. 1, 1356) durch die je und je getroffenen Dispositionen, und zwar auch – so insbesonde-

---

33 Kennzeichnend z.B. BGH FamRZ 1992, 293, 294 li. Sp.: „Unentgeltlichkeit fehlt nicht nur dann, wenn der Zuwendung eine Leistung des Zuwendungsempfängers gegenübersteht, [...], sondern auch [...], wenn die Zuwendung [...] die Geschäftsgrundlage hat, daß dafür eine [...] Leistung bewirkt wird [...] Hieraus ergibt sich, daß eine Zuwendung [...], der die [...] Erwartung zugrunde liegt, dass die ehel. Lebensgemeinschaft Bestand haben werde, [...] eine ehebedingte Zuwendung ist"; zum Problem bereits oben § 5 Rdnr. 110 (Ehegattenmitarbeit).

34 Dazu bereits *Lipp* JuS 1993, 89, 95 f.; dem Text zustimmend *Walker*, Rückabwicklung gemeinschaftsbezogener Zuwendungen nach dem Scheitern der Gemeinschaft, in: Festschr. für H. Rüßmann (2013), S. 355, 358; ebenso auch *Schwab*, Schenkung unter Ehegatten – eine verdächtige Sache?, in: Festschr. für M.-M. Hahne (2012), S. 175, 178 f.

35 Vgl. oben Rdnr. 287; ferner etwa BGH NJW 1989, 1986, 1987 li. Sp.: „Es kommt (sc.: für eine unbenannte Zuwendung) auch nicht darauf an, ob die Zuwendung gerade der Schaffung eines Familienheims diente; ausreichend sind auch andere Beweggründe, wie der Einsatz von Kapital zur Alterssicherung oder Vermögensbildung in der Hand des begünstigten Ehegatten [...]. Wesentliches Merkmal [...] ist regelmäßig nur, dass die Leistungen [...] nicht auf einem bestimmten schuldrechtlichen Grund [...] beruhen, sondern der Verwirklichung der ehelichen Lebensgemeinschaft zu dienen bestimmt sind."

36 Zweifelhaft deshalb etwa die haftungsmäßig günstige Organisation des Familienvermögens als unbenannte Zuwendung, BGH NJW-RR 1990, 386 f.; zirkelschlussartig die dortige Begründung des BGH.

37 BGHZ 82, 227, 231 = JuS 1983, 830; BGHZ 115, 261, 264. Ablehnend auch ein Großteil des Schrifttums, etwa MünchKomm-*Koch* Vor § 1363 Rdnr. 26.

38 Ebenso *Walker*, oben Fußn. 34, S. 359.

39 So aber die höchstrichterliche Rspr., etwa BGHZ 84, 361, 363: „Daß der Kläger es nicht bewohnte, ändert nichts daran, daß ein **Familienwohnheim**, wie von den Parteien mit ihren Leistungen bezweckt, **geschaffen** worden ist" oder BGHZ 115, 261, 264; vgl. aber auch unten Fußn. 40. – Stark **relativierend** jetzt allerdings BGHZ 184, 190, 206 Tz. 50; vgl. unten Rdnr. 298.

re beim Familienheim – mit Wirkung für die Zukunft und auf Dauer[40]. Geht es aber um den „Zweck" einer gegenwärtig und in Zukunft zu verwirklichenden Lebensgemeinschaft, so hängt eine Anwendung des § 812 Abs. 1 S. 2 Halbs. 2 davon ab, ob dieser Erfolg nach dem Inhalt des Rechtsgeschäfts mit der Zuwendung erreicht werden sollte.

Davon geht der **BGH jetzt** bei der Rückforderung von Zuwendungen in einer **nicht-ehelichen Lebensgemeinschaft** aus[41]. Die tragenden Gründe dieser **geänderten Rechtsprechung** gelten in **gleicher Weise** für **unbenannte Ehegattenzuwendungen** – jedenfalls bei Gütertrennung. Auf die materielle Parallelität weist auch der BGH selbst ausdrücklich hin[42].

293   Das „Rechtsgeschäft" im Sinne des § 812 Abs. 1 S. 2 Halbs. 2 verlangt eine synallagmatische Verknüpfung zwischen Leistung und dem damit erstrebten Zweck. Die Zweckerreichung ist Geschäftsinhalt, nicht nur Geschäftsgrundlage, und der erstrebte Erfolg muss nach der Vorstellung der Beteiligten nur im Zusammenwirken zwischen Zuwendung des einen und einem – schuldrechtlich nicht fixierbaren[43] – Verhalten des Empfängers im Sinne eines do ut des möglich sein. Ausgehend von einem familienrechtlichen Vertrag sui generis spricht viel für die Annahme eines solchen Rechtsgeschäfts im Sinne der condictio ob rem. Beschränkt man die unbenannten Zuwendungen im dogmatisch gebotenen Umfang[44], wird man für sie gegenüber der Ehegattenschenkung[45] schon die objektiv einseitige (objektiv unentgeltliche) Zuwendung zu verneinen haben. Denn es kann nicht davon gesprochen werden, dass in den vorliegenden Fällen nur von einer Seite (**Fall 38:** M) eine Leistung erbracht wird. Es korrespondiert bereits der Zuwendung selbst eine Leistung (Verhalten) des anderen Partners: Der vermögensmäßigen Beteiligung steht der gegenwärtige und zukünftige Einsatz des anderen für die eheliche Lebensgemeinschaft gegenüber. Schon der gemeinschaftliche Erwerb ist an die Bereitschaft des anderen zu absprachegemäßer Eheführung (Haushaltsführung und Versorgung der Kinder) gebunden (§ 1356 Abs. 1). Dieser Ehegatte erbringt seinerseits eine Leistung[46]. Auch **objektiv liegt** deshalb **eine Schenkung nicht vor.** Für die Abwicklung des familienrechtlichen Vertrages steht dann die condictio ob rem zur Verfügung, für die Abwicklung schuldrechtlicher Handlungsformen auf der Geschäftsgrundlage der Ehe § 313.

---

40 Bezeichnend daher auch die Wertungsdissonanzen in der Rspr.; vgl. gegenüber oben Fußn. 39 in derselben Entscheidung BGHZ 84, 361, 364: „Dem Kläger sollte das Haus nach Fertigstellung zur **Mitbenutzung** als **Familienwohnheim** bereitstehen und er sollte durch die Bestellung eines ‚Wohnrechts' [...] gesichert werden".
41 **BGHZ 177, 193 ff.** – Vgl. unten § 15 Rdnr. 332.
42 BGHZ 177, 193, 203 Tz. 27; „[...] Die gleiche (eherechtsunabhängige) Situation besteht aber in der faktischen Lebensgemeinschaft. [...]"
43 Zum Anwendungsbereich der condictio ob rem vgl. *Medicus/Petersen* Rdnr. 691.
44 Vgl. oben Rdnr. 291.
45 Vgl. oben Rdnr. 287.
46 Dabei kann es sich um Sach- wie um Dienstleistungen handeln. Auch dass es um einen Vermögensgegenstand geht, ist nicht erforderlich, etwa Soergel-*Mühl/Teichmann*, [12]1998, § 516 Rdnr. 12; vgl. schon oben bei Fußn. 18.

2. Unbenannte Ehegattenzuwendungen außerhalb des Eherechts

Der Standpunkt der Rechtsprechung, wonach unbenannte Ehegattenzuwendungen **294**
„in der Regel" objektiv unentgeltlich seien[47], hängt eng mit der Frage nach der rechtlichen Behandlung solcher Zuwendungen außerhalb des Familienrechts zusammen.
Das gilt vor allem für erbrechtliche Fallgestaltungen, wie **Fall 39** deutlich macht:

> **Fall 39**[48]: S, Sohn aus erster Ehe des M, hat seinen Vater auf Grund eines Erbvertrages allein
> beerbt. Gegenüber F, der überlebenden Witwe (zweite Ehefrau des Vaters), macht S geltend,
> M habe zu seinen Lebzeiten der F hohe Vermögenswerte in der Absicht geschenkt, ihn als
> Vertragserben zu benachteiligen. F hingegen beruft sich auf eine unbenannte Ehegattenzu-
> wendung.

S kann gegen F einen Anspruch auf Herausgabe der Zuwendungen nach bereicherungsrechtlichen Vorschriften geltend machen, wenn seitens des M eine **beeinträchtigende Schenkung** vorlag (§ 2287 Abs. 1). Der Schenkungsbegriff des § 2287 entspricht
dem der §§ 516 ff., und der BGH hatte zu entscheiden, ob – weil unbenannte Zuwendungen keine Schenkungen darstellen – sie deshalb auch nicht die Tatbestände
der erbrechtlichen Schutzvorschriften erfüllen[49]. Hier interpretierte die höchstrichterliche Rechtsprechung die unbenannte Ehegattenzuwendung als grundsätzlich **objektiv unentgeltlich**[50] und leitete vornehmlich daraus die Anwendung der erbrechtlichen
Schutzvorschriften ab[51]: Im **Erbrecht** seien unbenannte Zuwendungen **wie Schenkungen** zu behandeln. Das Ergebnis überzeugt in dieser Allgemeinheit nicht, insbesondere nicht als begriffslogische Ableitung aus einer (wenn auch nur grundsätzlich)
objektiven Unentgeltlichkeit von Ehegattenzuwendungen[52]. Es geht um eine entsprechende Anwendung als Folge des besonderen Sinn und Zwecks der erbrechtlichen
Vorschriften[53]. Grund dafür ist der Schutz von Erben und Pflichtteilsberechtigten.
Die einschlägigen Vorschriften wollen verhindern, dass Vermögen des Erblassers am
Nachlass vorbeigesteuert wird, um so bestehende erbrechtliche Positionen zu umge-
hen. Eine Umgehungsmöglichkeit soll auch durch entsprechende Zuwendungen unter Ehegatten nicht geschaffen werden. In **Fall 39** müssen nach der Rechtsprechung
des BGH deshalb trotz des Wortlauts („Schenkung") auch für den Fall einer unbenannten Ehegattenzuwendung die näheren Voraussetzungen eines Anspruchs nach
§ 2287 Abs. 1 geprüft werden.

Man wird aber auch hier zu einer differenzierten Sicht kommen müssen. Nur wo es sich wirklich **295**
um einseitige Vermögenszuwendungen handelt, denen nach der Rechtsprechung des BGH das
subjektive Bewusstsein der Unentgeltlichkeit fehlt[54], kommt eine teleologische Ausdehnung der

---

47 Vgl. oben Rdnr. 287.
48 In Anlehnung an die **Leitentscheidung BGHZ 116, 167 ff. = JuS 1992, 611 f.**
49 Außer § 2287: §§ 2113, 2205, 2325, 2288. Gleiches gilt für § 822: BGHZ 142, 300 ff. = JuS 2000, 402 f.
50 BGHZ 116, 167, 170 ff. = JuS 1992, 611 f.
51 BGHZ 116, 167, 174 = JuS 1992, 611 f.
52 Dazu im Vorangehenden Rdnr. 293.
53 So abstützend auch BGHZ 116, 167, 174 f. = JuS 1992, 611 f.
54 Nach Art einer remuneratorischen Schenkung. Richtigerweise handelt es sich dann aber tatsächlich
    um eine Schenkung, denn die Zuwendung ist zwar bezogen auf ein bestimmtes Verhalten des Empfän-
    gers, steht aber subjektiv (auf der Ebene des Geschäftsinhalts) damit in keinem rechtlichen Zusam-
    menhang.

Vorschriften in Betracht[55]. Für die hier als spezifisch eherechtlich aufgefassten Zuwendungen unter Gatten Gleiches anzunehmen, besteht kein Anlass. Weder Text noch Sinn der Vorschrift (des § 2287 Abs. 1) rechtfertigen eine derartige Beschränkung der Verfügungsfreiheit des Erblassers noch eine entsprechende Benachteiligung des überlebenden Ehegatten. Denn den Beteiligten ging es in diesen Fällen nicht um eine manipulative Nachlasssteuerung. Die besondere familienrechtliche causa verdrängt hier das Schenkungsrecht ebenso wie die Vereinbarung einer speziellen güterrechtlichen causa (z.B. von Gütergemeinschaft). Ob darüber hinaus schenkungsrechtliche Tatbestände (gemischte Schenkung) vorliegen, bedarf „entsprechender Feststellungen des Tatrichters"[56].

3. Ehebezogene Drittzuwendungen

296   In Ausdehnung seiner Rechtsprechung zur unbenannten Ehegattenzuwendung ist der BGH schließlich noch weiter gegangen. Die dort entwickelten Rückgaberegeln sollten auch auf Zuwendungen von dritter Seite (insbesondere Schwiegereltern) Anwendung finden, wenn mit der Zuwendung eine **Förderung** der **ehelichen Lebensgemeinschaft** bezweckt war[57].

Der BGH hatte seine Rechtsprechung noch zusätzlich dadurch kompliziert, dass er bei gesetzlichem Güterstand der Ehegatten einen Rückgabeanspruch des Dritten dann für ausgeschlossen hielt, wenn das eigene Kind des Zuwenders seinerseits über den Zugewinnausgleich jedenfalls zum Teil („angemessen") aus der Zuwendung profitierte[58].

Aber diese Lösung überzeugte schon deshalb nicht, weil es bei Drittzuwendungen an einem besonderen familienrechtlichen Verhältnis fehlt, das die Grundlage eines (familienrechtlichen) Vertrages sui generis sein könnte[59]. Die Ausdehnung der noch immer unsicheren Handhabung der „unbenannten Ehegattenzuwendung" geschah hier auch ohne Not, denn die unentgeltliche Zuwendung des Dritten zur Verwendung für die eheliche Lebensgemeinschaft stellt regelmäßig eine Schenkung dar mit einer sich gegebenenfalls daran anschließenden Auflage (§ 525) oder einer Zweckvereinbarung (§ 812 Abs. 1 S. 2 Halbs. 2) oder beruhend auf der Geschäftsgrundlage, für die (fortdauernde) Lebensgemeinschaft eingesetzt zu werden[60].

297   Der BGH hat mit seinem Urteil vom 3.2.2010 **(BGHZ 184, 190 ff.)** eine geradezu radikale **Kehrtwendung** vollzogen, die im Ergebnis der wissenschaftlich geäußerten Kritik so gut wie vollständig Rechnung trägt. Danach ist davon auszugehen, dass Schwiegerelternzuwendungen, die mit Rücksicht auf eine beabsichtigte oder (weiter-)

---

55   Richtiger und einfacher wäre es, das zeigt auch dieser Zusammenhang, in solchen Fällen von einer Schenkung mit einer wie im konkreten Fall auch immer ehebezogenen Geschäftsgrundlage auszugehen.

56   Zutreffend BGHZ 116, 178 ff., 182: ggf. helfen hinsichtlich der subjektiven Voraussetzungen tatsächliche Vermutungen (auffälliges Missverhältnis von Leistung und Gegenleistung), BGHZ 116, 178, 183.

57   **BGHZ 129, 259 ff.**; ferner BGH FamRZ 1998, 669; OLG Brandenburg FamRZ 2009, 117.

58   BGHZ 129, 259, 266 f.

59   Kritisch deshalb das Schrifttum: Soergel-*Mühl/Teichmann*, ¹²1998, § 516 Rdnr. 35 f.; MünchKomm-*Koch* Vor § 1363 Rdnr. 24; *Tiedtke* JZ 1996, 201 (zu BGHZ 129, 259 ff.); *Lipp* JZ 1998, 908 (zu BGH FamRZ 1998, 669).

60   So in der rechtlichen Begründung OLG München FamRZ 2004, 196 f., freilich eine Schenkung nach Maßgabe der BGH-Rspr. verneinend. Näher dazu die in Fußn. 59 gen. Literatur; zur Frage eines Erstattungsanspruchs des Schwiegervaters wegen Ausrichtung einer „Traumhochzeit" und Scheitern der Ehe nach wenigen Tagen vgl. *Lipp* JuS 1999, 847.

bestehende Ehe ihres Kindes geleistet werden, **regelmäßig Schenkungen** im Sinne des § 516 Abs. 1 darstellen[61]. Auf sie finden (unabhängig von den speziellen Rückforderungstatbeständen des Schenkungsrechts) die Grundsätze über den **Wegfall der Geschäftsgrundlage** Anwendung[62]. Für einen möglichen Ausgleichsanspruch der Schwiegereltern ist das Ergebnis des **Zugewinnausgleichsverfahrens** im Innenverhältnis der Eheleute **belanglos**[63]. **Aufgegeben** hat der XII. Senat schließlich auch seine Auffassung, wonach in Fällen vorliegender Art **Bereicherungsansprüche** nach Maßgabe der **condictio ob rem (§ 812 Abs. 1 S. 2 Halbs. 2)** grundsätzlich ausscheiden müssten[64]. Voraussetzung dafür ist allerdings eine Zweckvereinbarung im Sinne dieser Vorschrift[65].

Die Bedeutung der Entscheidung dürfte **über den konkreten Fall** deutlich **hinausgehen**; der BGH stellt (obiter) damit seine Rechtsprechung zur Ablehnung der condictio ob rem bei unbenannten Zuwendungen unter Ehegatten in Frage[66]. Und er hält – entgegen seiner bisherigen Judikatur – **bereicherungsrechtliche Ausgleichsansprüche** (§ 812 Abs. 1 S. 2 Halbs. 2) auch bei erbrachten **Arbeitsleistungen** für möglich[67]. Bislang ging der Senat davon aus, bei Arbeitsleistungen sei mangels Vermögenssubstanz eine „Zuwendung" im Sinne des Bereicherungsrechts nicht möglich[68]. **298**

§ 14 Gütergemeinschaft

I. Die dingliche Zuordnung des Ehegattenvermögens

1. Die Vermögensmassen in der Gütergemeinschaft

Vereinbaren Gatten ehevertraglich (§ 1408) Gütergemeinschaft (§§ 1415 ff.), so verschmelzen dadurch die beiden bisher getrennten Einzelvermögen zu einem einzigen Gesamtvermögen, § 1416 Abs. 1 S. 1 **(Gesamtgut)**. Im Wege der **Universalsukzession** (§ 1416 Abs. 2 Halbs. 2) bildet sich **Gesamthandsvermögen** (§§ 1416 Abs. 2 Halbs. 1, 1419 Abs. 1). Ihm unterfällt auch, was Ehegatten nach Abschluss des Vertrages erwerben (§ 1416 Abs. 1 S. 2). **299**

Vom Gesamtgut scheidet sich das **Vorbehaltsgut** (§ 1418), das den Eheleuten weiterhin als je eigenes Vermögen zugeordnet bleibt (§ 1418 Abs. 1, Abs. 3). Vorbehaltsgut ist alles, was Ehegatten durch **Ehevertrag** zu Vorbehaltsgut erklären (§ 1418 Abs. 2 **300**

---

61 BGHZ 184, 190, 196 Tz. 24.
62 BGHZ 184, 190, 196 f. Tz. 25 ff.
63 BGHZ 184, 190, 198 ff. Tz. 31-46.
64 BGHZ 184, 190, 205 f. Tz. 49 ff.
65 Dazu und zur Abgrenzung gegenüber einem schuldrechtlichen Geschäftstypus auf der Geschäftsgrundlage des Fortbestands der Ehe oben Rdnr. 293. – Insofern begrifflich und dogmatisch „unsauber" Leitsatz c der Entscheidung: Liegt tatsächlich eine „Schenkung" vor (unentgeltliche Zuwendung), ist eine Zweckvereinbarung i.S.d. § 812 Abs. 1 S. 2 Halbs. 2 (synallagmatischer Verknüpfung von Leistungen) ausgeschlossen.
66 BGHZ 184, 190, 206 Tz. 50; vgl. auch oben Rdnr. 292 i.V.m. Fußn. 39.
67 BGHZ 184, 190, 207 Tz. 55.
68 Vgl. auch unten § 15 Rdnr. 335; auf diese Abweichung zu früheren Stellungnahmen geht die Entscheidung ausdrücklich aber nicht ein.

Nr. 1)[1]. Gegenüber Dritten wirkt dieser Vorbehalt aber nur bei Eintragung ins Güterrechtsregister (§ 1418 Abs. 4)[2].

301 Kraft Gesetzes vom Gesamtgut ausgeschlossen bleibt das **Sondergut** (§ 1417 Abs. 1). Der Grund dafür liegt in seiner **rechtsgeschäftlichen Unübertragbarkeit** (§ 1417 Abs. 2). Was rechtsgeschäftlich nicht übertragen werden kann, soll auch der Universalsukzession des § 1416 nicht unterfallen. Zum Sondergut zählen insbesondere nicht abtretbare Forderungen (§§ 399, 400), Nießbrauch (§ 1059 S. 1), nicht übertragbare Gesellschaftsanteile (§ 719), Persönlichkeitsrechte.

302 Die unterschiedlichen Vermögensmassen gewinnen rechtliche Bedeutung vor allem, wenn es um die **Verwaltung** (Verfügung) und die **Haftung** von Vermögensgegenständen geht.

2. Güterrechtliche Universalsukzession und gesellschaftsrechtliches Gesamthandsvermögen

303 **Fall 40:** F und M haben 1995 geheiratet. Sie betrieben damals gemeinsam eine dem M gehörende kleine Wäscherei. Nach dem Aufblühen des Geschäfts vereinbaren sie im Jahre 2005 Gütergemeinschaft. Später soll die Wäscherei als OHG, von M und F als Gesellschaftern getragen, fortgeführt werden.

Ehegatten sind grundsätzlich wie Dritte bei der Gestaltung ihrer Rechtsverhältnisse frei und können sich der von der Rechtsordnung zur Verfügung gestellten Handlungstypen in vollem Umfang bedienen. M und F können deshalb durch Abschluss eines Gesellschaftsvertrages (§ 105 Abs. 3 HGB, § 705) eine von ihnen gewünschte OHG gründen (§ 105 Abs. 1, § 1 Abs. 2 HGB). Schwieriger ist die Frage, ob und wie die Ehegatten ihre mit Abschluss des Ehevertrages ins Gesamtgut gefallene (§ 1416) Wäscherei in die zu gründende neue Gesamthandsgemeinschaft (§ 719) einbringen können.

Eine ältere Ansicht[3] ging davon aus, dass das von den Ehegatten in die Gesellschaft eingebrachte Vermögen nach wie vor dem Gesamtgut angehöre. Weil sowohl Gesellschaft wie Gesamtgut den Ehegatten zur gesamten Hand zustünden, blieben die Gegenstände des Gesellschaftsvermögens grundsätzlich immer auch zugleich Objekte des Gesamtguts. Es herrsche lediglich eine faktische Trennung zwischen Privat- und Gesellschaftsvermögen[4]. Für den Fall, dass Gesamtgut und Gesellschaftsvermögen unterschiedlichen Verwaltungsregeln (insbesondere Vertretungsordnungen) unterlägen, wurde angenommen, dass die Gegenstände des Gesellschaftsvermögens aus dem Gesamtgut ausscheiden und dort durch die Gesellschaftsanteile ersetzt werden sollten (mittelbare Verknüpfung von Gesamtgut und Gesellschaftsvermögen)[5].

---

1 Auf diesem Wege können Ehegatten für sich beispielsweise eine (vertragliche) Errungenschaftsgemeinschaft bestimmen.
2 Zum Güterrechtsregister oben § 12 Rdnr. 276 ff.
3 *Gildemeister* ZHR 54 (1904), 99 ff.
4 *Gildemeister* ebenda, S. 111 ff.
5 *Gildemeister* ebenda, S. 141 f.

Der BGH[6] ist dem entgegengetreten. Ein und derselbe Gegenstand könne nicht zugleich mehreren Gesamthandsgemeinschaften zugeordnet werden[7]. Es sei auch nicht möglich, von einem selbstständigen Bestand gesellschaftsrechtlicher Mitgliedschaftsrechte (Gesellschaftsanteile) innerhalb des Gesamtguts auszugehen, weil sich notwendigerweise im Gesamtgut alle Vermögensgegenstände vereinigten (so genannte Verschmelzungstheorie)[8]. Um diese Vermögenseinheit zu lösen, seien gütergemeinschaftlich verbundene Ehegatten darauf verwiesen, die in die Gesellschaft einzubringenden Vermögensgegenstände im Wege des **Ehevertrages** als **Vorbehaltsgut** zu deklarieren und so aus dem Gesamtgut zu nehmen (§ 1418 Abs. 2 Nr. 1)[9].

Auch die neuere Literatur lehnt eine rechtliche Zugehörigkeit von Vermögensgegenständen sowohl zum Gesamtgut wie zum Gesellschaftsvermögen ab (**Zweckverschiedenheit** der Gemeinschaften)[10]. Sie wendet sich aber auch gegen die Verschmelzungstheorie des BGH. Zu Recht wird darauf hingewiesen, dass die eheliche Gütergemeinschaft lediglich eine vermögensrechtliche Zuordnung näher ausgestalte, während der Anteil des Gesellschafters darüber hinaus von der personalen Struktur der Gesellschaft geprägt sei. Bei Personalgesellschaften könne deshalb die personenrechtliche Qualität des Gesellschaftsanteils nicht in der bloß vermögensrechtlichen Zuordnung des Gesamtguts aufgehen[11]. Die Ehegatten könnten daher allein durch **Gesellschaftsvertrag** eine OHG und Gesellschaftsvermögen bilden. Durch den Abschluss des Gesellschaftsvertrages werde **Sondergut** im Hinblick auf das einzubringende Vermögen gebildet (§ 1417), weil der Anteil an einer Personengesellschaft grundsätzlich **nicht übertragbar ist** (§ 719 Abs. 1)[12]. Die Nichtübertragbarkeit des Gesellschaftsanteils beruht auf Gesetz, weshalb auch kein Verstoß gegen § 1417 Abs. 2 vorliegt. Nach zutreffender Ansicht können F und M deshalb, ohne einen weiteren Ehevertrag abzuschließen, eine OHG bilden.

304

II. Verwaltung des Gesamtguts

Ehegatten sollen nach § 1421 im Ehevertrag bestimmen, ob einer von ihnen allein (§§ 1422 ff.) oder ob beide gemeinschaftlich (§§ 1450 ff.) das Gesamtgut verwalten. Wird eine Bestimmung nicht getroffen, gilt gemeinschaftliche Verwaltung (§ 1421 S. 2).

305

---

6 **BGHZ 65, 79 ff. = JuS 1977, 376 ff.** (ausf. Rezension von *Reuter/Kunath*).
7 BGHZ 65, 79, 82 f. = JuS 1977, 376 ff.
8 BGH ebenda.
9 BGHZ 65, 79, 81, 85.
10 *Reuter/Kunath* JuS 1977, 376, 377 f. mit weit. Nachweisen.
11 *Reuter/Kunath* JuS 1977, 376, 379 f.
12 *Reuter/Kunath* JuS 1977, 376, 380 f.; dagegen aber BGHZ 65, 79, 84. Zum gegenwärtigen Diskussionsstand vgl. MünchKomm-*Kanzleiter* § 1416 Rdnr. 8 ff., 10.

1. Verwaltung durch einen Ehegatten

306 Bestimmen Ehegatten einen von ihnen zum Verwalter des Gesamtguts, so ist dieser berechtigt, das Gesamtgut in **Besitz zu nehmen** und darüber zu **verfügen** (§ 1422 S. 1). Ähnlich wie im gesetzlichen Güterstand[13] ist diese weite Verwaltungs- und Verfügungsbefugnis durch **vinkulierte Geschäfte**, die der Zustimmung des anderen bedürfen, eingeschränkt. Verfügt der Verwaltende ohne die erforderliche Zustimmung, kann der andere Gatte ein Revokationsrecht geltend machen (§ 1428)[14]. Das Revokationsrecht schließt sich zum Teil an identische Tatbestände wie in der Zugewinngemeinschaft an (§ 1423: Geschäfte über das Gesamtgut im Ganzen)[15], zum Teil werden sie ausgeweitet (§ 1424: Geschäfte über Grundstücke; § 1425: Geschenke aus dem Gesamtgut). Eine wesentliche Rolle bei der rechtlichen Beurteilung von unzulässigen Verfügungen des Alleinverwalters spielen auch hier der gute Glaube des Dritten und die damit zusammenhängende Bedeutung einmal des Güterrechtsregisters, zum anderen des Grundbuchs. Das zeigt

> **Fall 41:** M und F (vgl. oben **Fall 40**) haben Alleinverwaltung des Gesamtguts durch M vereinbart. Eintragung ins Güterrechtsregister ist erfolgt. Einige Zeit später verkauft und übereignet M, um Investitionsmittel für die Wäscherei zu gewinnen, ein Grundstück der Eheleute an X. F verlangt Rückgabe des Grundstücks. X verweist auf das Grundbuch, in dem M (noch) als Alleineigentümer eingetragen ist.

a) *Vinkulierte Geschäfte*

307 F kann gemäß § 1428 ohne Mitwirkung des allein verwaltenden Ehegatten (§ 1428 Halbs. 2) Rückgabe des Grundstücks verlangen (§ 985), wenn M ohne ihre Zustimmung nicht über das Grundstück verfügen konnte (§ 1424 S. 1 Halbs. 1). Trotz seines Alleinverwaltungsrechts (§ 1422) konnte M über Grundstücke des Gesamtguts nicht allein verfügen, er bedurfte der vorherigen Zustimmung („Einwilligung", § 183 S. 1), § 1424 S. 1[16].

b) *Gutgläubiger Erwerb vom Verwalter*

308 Zum Teil wird geltend gemacht, dass ein gutgläubiger Erwerb ausscheiden müsse, weil sich hier (wie in §§ 1365, 1369) der gute Glaube des Dritten auf die fehlende Verwaltungs-, d.h. Verfügungsbefugnis beziehe und insoweit grundsätzlich kein Rechtsschutz bestehe[17]. Richtig ist, dass bei § 1365 eine Berufung auf § 892 Abs. 1 S. 2 (Verfügungsbeschränkung des Berechtigten) nicht möglich ist, denn es handelt sich um ein absolutes gesetzliches Verfügungsverbot; § 892 gewährt Gutglaubensschutz aber nur bei Beschränkungen zu Gunsten bestimmter Personen. Richtigerweise kann für § 1424

---

13 Dazu oben § 10.

14 Vgl. die Parallele zu § 1368 und die entsprechende Anwendung der §§ 1366 Abs. 1, 3, 4; 1367 (§ 1427 Abs. 1).

15 Hier stellen sich dieselben Fragen wie bei § 1365. Die rechtliche Behandlung folgt auch hier der **subjektiven Einzeltheorie**, vgl. oben § 10 Rdnr. 199, 203.

16 F hat auch nicht gem. §§ 1427 Abs. 1, 1366 Abs. 1 genehmigt, sondern mit dem Rückgabeverlangen schlüssig die Genehmigung verweigert. Der Vertrag ist deshalb unwirksam (§§ 1427 Abs. 1, 1366 Abs. 4).

17 *Gernhuber/Coester-Waltjen* § 38 Rdnr. 71.

eine solche absolute Beschränkung nicht angenommen werden. Einmal beruht diese Beschränkung nicht auf Gesetz, sondern auf Ehevertrag, und auch dieser Ehevertrag schränkt hier nicht die Verfügungsbefugnis eines Alleinberechtigten ein, sondern weist bei Gesamtberechtigung eine Verwaltungskompetenz zu[18]. Die herrschende Ansicht nimmt deshalb mit Recht an, dass bei einer nicht gestatteten Verfügung gemäß § 1424 das **fehlende Alleineigentum** des Verwalters zu überwinden ist[19]. Dies ist der Normbereich des § 892 Abs. 1 S. 1. Damit kommt in **Fall 41** ein Gutglaubenserwerb des Dritten gemäß § 892 Abs. 1 in Betracht. In diesem Zusammenhang stellt sich dann die Frage, wie die Kollision der beiden öffentlichen Register (Güterrechtsregister: Gütergemeinschaft; Grundbuch: Alleineigentum des M) zu lösen ist – verdrängt § 1412 den sachenrechtlichen Registerschutz? Man wird sagen müssen: Vorrang hat der Schutz des **Grundbuchs**. Dafür spricht das Recht der Gütergemeinschaft selbst (vgl. § 1416 Abs. 3)[20], aber auch die Überlegung, dass das Grundbuch als spezielleres (objektbezogenes) Grundstücks- und mit öffentlichem Glauben ausgestattetes Register dem Güterrechtsregister (mit bloß negativer Publizitätswirkung[21]) vorzugehen hat[22]. Die unterlassene Einsichtnahme in das Güterrechtsregister wird zwar grobe Fahrlässigkeit begründen. Weil § 892 Abs. 1 S. 1 gutgläubigen Erwerb aber nur bei Kenntnis ausschließt, ist Eigentumserwerb des Dritten (hier: X) möglich.

c) *Bereicherungsrechtliche Rückforderung*

Nach § 1424 S. 1 Halbs. 2 kann sich ein allein verwaltungsberechtigter Ehegatte auch nicht zu einer Grundstücksveräußerung aus dem Gesamtgut wirksam verpflichten. Anders als § 1368[23] beschränkt § 1428 die Rechte des revozierenden Gatten nicht auf die sich „aus der Unwirksamkeit der Verfügung" ergebenden Ansprüche, sondern gestattet ihm, „das Recht" geltend zu machen. Unter **§ 1428** fallen deshalb auch **bereicherungsrechtliche Rückgabeansprüche**[24]. F kann daher nach § 812 Abs. 1 S. 1 Alt. 1 Rückübereignung des Grundstücks verlangen – hier als ein gemeinschaftliches Recht. **309**

d) *Haftung der Ehegatten*

Auch die Haftung gütergemeinschaftlich verbundener Ehegatten geht vom Grundsatz aus, dass für die Verbindlichkeiten jedes Gatten dessen Vermögen den Gläubigern zur Verfügung steht. Folgerichtig haften Vorbehalts- und Sondergut für die jeweils von den Ehegatten für ihre Person eingegangenen Verpflichtungen. Weil jeder Ehegatte aber zugleich einen Anteil am Gesamtgut hat, dies aber in gesamthänderischer Verbundenheit mit dem anderen (§ 1419 Abs. 1), fragt es sich, inwieweit den Gläubigern der einzelnen Partner auch Gegenstände des Gesamtguts haften. Das trifft zu, soweit es sich um eine **Gesamtgutsverbindlichkeit** handelt (§ 1437 Abs. 1). **310**

---

18 Weitere Überlegungen dazu bei *G. Lüke* JuS 1986, 464, 466.
19 Soergel-*Althammer* § 1422 Rdnr. 14 mit ausf. Nachweisen.
20 So insbes. *G. Lüke* JuS 1986, 464, 466 li. Sp.
21 Vgl. oben § 12 Rdnr. 280.
22 Ebenso die ganz überwiegende Literatur, vgl. *G. Lüke* JuS 1986, 464, 466 mit weit. Nachweisen.
23 Vgl. oben § 10 Rdnr. 216.
24 Soergel-*Althammer* § 1428 Rdnr. 7.

311 Als Gesamtgutsverbindlichkeiten bestimmt das Gesetz alle Verpflichtungen des Ehegatten, der das Gesamtgut verwaltet (§ 1437 Abs. 1 Alt. 1) und grundsätzlich auch alle Verpflichtungen des anderen Gatten, soweit sich aus den §§ 1438 bis 1440 nichts anderes ergibt (§ 1437 Abs. 1 Alt. 2). Danach begründen keine Gesamtgutsverbindlichkeiten: Rechtsgeschäfte des nicht verwaltenden Gatten, sofern sie nicht „für das Gesamtgut wirksam" sind (§ 1438 Abs. 1; Wirksamkeit in den Fällen der §§ 1429, 1431, 1434 und 1357); erbschaftliche Verbindlichkeiten des nicht verwaltenden Gatten, sofern die Erbschaft nicht ins Gesamtgut fällt (§ 1439); Verbindlichkeiten, die der nicht verwaltende Gatte für sein Vorbehalts- oder Sondergut begründet (§ 1440 S. 1). Für die **Zwangsvollstreckung** in das **Gesamtgut** ist bei Alleinverwaltung ein Titel gegen den allein verwaltenden Gatten erforderlich und ausreichend (§ 740 Abs. 1 ZPO).

312 Neben der Haftung jedes einzelnen Gatten mit Vorbehalts- und Sondergut für eigene Schulden und der Haftung des Gesamtguts für Gesamtgutsverbindlichkeiten begründet § 1437 Abs. 2 S. 1 eine Haftung des verwaltenden Ehegatten für die Gesamtgutsverbindlichkeiten des anderen Partners als Gesamtschuldner, also eine Haftung auch mit Vorbehalts- und Sondergut.

313 Von der Haftung Dritten gegenüber ist der interne Ausgleich unter den Gatten zu trennen. Soweit er Gesamtgutsverbindlichkeiten betrifft, findet sich die Regelung in § 1441.

2. Gemeinschaftliche Verwaltung

314 Bei gemeinschaftlicher Gesamtgutsverwaltung herrscht **Gesamtberechtigung** (§ 1450 Abs. 1 S. 1). Ausnahmen gelten bei Verhinderung eines Ehegatten (§ 1454) und bei besonderen Einzeltatbeständen (§ 1455). Verfügt ein Ehegatte ohne erforderliche Zustimmung des anderen (§ 1453), ist gutgläubiger Erwerb des Dritten nach den allgemeinen Vorschriften (§§ 892, 932 ff.) möglich. Die Verfügung über bewegliche Sachen wird aber regelmäßig an § 935 scheitern (§ 1450 Abs. 1 S. 2; anders bei Alleinverwaltung: § 1422 S. 1).

315 Eine Gesamtgutsverbindlichkeit wird durch **Rechtsgeschäfte** eines Ehegatten nur begründet, wenn der andere zugestimmt oder ohne Zustimmung wirksam für das Gesamtgut handeln konnte (§ 1460 Abs. 1). In diesem Fall können Gläubiger der Gatten auf das Gesamtgut zugreifen (§ 1459 Abs. 1). Eine scharfe Haftung sieht § 1459 Abs. 2 vor, der an jede Gesamtgutsverbindlichkeit (also auch beispielsweise für deliktische Schadensersatzansprüche gegen einen der Gatten!) eine **persönliche Gesamtschuldnerhaftung** der Eheleute knüpft. Zur **Vollstreckung** in das **Gesamtgut** ist ein Titel gegen beide Ehegatten erforderlich (§ 740 Abs. 2 ZPO).

§ 15 Vermögensauseinandersetzung bei der nichtehelichen Lebensgemeinschaft

I. Vermögenszuwendungen im Rahmen einer nichtehelichen Lebensgemeinschaft – Orientierung

Das Zusammenleben nicht miteinander verheirateter Personen führt – im Gegensatz zur Ehe – zu **keiner statusrechtlichen** Verfestigung persönlicher und vermögensrechtlicher Beziehungen[25]. Für nichteheliche Lebensgemeinschaften scheiden deshalb eigenständige personen- oder vermögensrechtliche Regelungen – vergleichbar den §§ 1353 ff., 1363 ff. – aus. Den Partnern stehen zur Gestaltung ihrer internen Vermögensbeziehungen Schuld- und Sachenrecht in vollem Umfang zur Verfügung. Auf diese **(allgemeinen)** Rechtsbereiche bleiben die Beteiligten aber auch im Falle der **Trennung** und **Vermögensauseinandersetzung** beschränkt. Es ist heute weitgehend unstrittig, dass in dieser Situation weder eine direkte noch eine analoge Anwendung eherechtlicher Vorschriften (Unterhaltsrecht, Verteilung von Haushaltsgegenständen, Versorgungsausgleich, Güterrecht) in Betracht kommt[26]. Keine besonderen rechtlichen Schwierigkeiten bereitet danach die Abwicklung von Vermögenszuwendungen, die sich die Partner tatsächlich auf spezifisch schuldrechtlichen Grundlagen leisten. Dies allerdings festzustellen, ist häufig problematisch. Zum einen werden ausdrückliche oder hinreichend schlüssig dokumentierte Vereinbarungen im Streitfall regelmäßig fehlen. Zum anderen aber stellt sich – in tatsächlicher Hinsicht mit den Zuwendungen unter Ehegatten durchaus vergleichbar – die Frage, wie Leistungen zu qualifizieren sind, deren Sinn nicht die einseitige Bereicherung des Partners, sondern die **Verwirklichung der nichtehelichen Lebensgemeinschaft** war. Die Problematik verdeutlicht

316

Fall 42[27]**:** M und F leben seit Jahren miteinander in nichtehelicher Lebensgemeinschaft, und zwar in einem dem M gehörenden Einfamilienhaus. Zur Renovierung und Instandsetzung des Hauses haben M und F jeweils erhebliche finanzielle Mittel und Arbeitsleistungen erbracht. Als M die Beziehung abbricht, fordert F unter näherer Darlegung von M Rückzahlung der 60 000 €, die sie zur Sanierung des Hauses beigesteuert hatte; ihre dafür aufgebrachten Arbeitsleistungen beziffert sie auf 20 000 €. Ferner will sie 15 000 € geltend machen als Ausgleich dafür, dass sie den gemeinsamen Haushalt geführt und M während einer länger andauernden Krankheit gepflegt und verköstigt habe. Außerdem hatte F vor einigen Monaten das Girokonto des M (belastet mit 6000 €) ausgeglichen, um anschließend gemeinsam mit ihm einen Kredit aufzunehmen, der dem M dazu diente, einen beruflich dringend benötigten PKW zu erwerben. Für Zins und Tilgungsraten gegenüber der Bank war bis zur Trennung allein F aufgekommen. Diese finanziellen Hilfen verlangt sie nun als Darlehen zurück.

---

25 Das gilt jedenfalls solange eine Familie nicht gegründet wird. Zum verfassungsrechtlichen Begriff der „Familie" (Art. 6 Abs. 1 GG) vgl. oben § 2 Rdnr. 20 ff.; zur nichtehelichen Partnerschaft ebenda Rdnr. 11 ff.

26 Vgl. nur MünchKomm-*Wellenhofer* Nach § 1302 Rdnr. 22. – Eine entsprechende Anwendung eherechtlicher Vorschriften kann dort in Frage kommen, wo es nicht um statusrechtliche Folgen geht, sondern allein das faktische Zusammenleben den Zweck der Regelung trägt (vgl. dazu näher oben § 2 Rdnr. 11 f.). – Vereinzelt wurde eine Analogie zum Verlöbnisrecht vorgeschlagen, *Evans-v. Krbek* JA 1979, 236 ff.

27 In Anlehnung an OLG München FamRZ 1980, 239 f., BGH NJW 1981, 1502 f. und BGHZ 177, 193 ff.

In **Fall 42** muss man grundsätzlich **unterscheiden** zwischen den vermögensrelevanten Leistungen der F, die sie als **Beitrag** und zum **Zweck** der **Verwirklichung ihrer Lebensgemeinschaft mit M** erbracht hat, und jenen, die allein für den **Interessenbereich des anderen Teils** (M) bestimmt waren. Zu den ersteren rechnen die Aufwendungen für die Hausrenovierung, die Haushaltsführung sowie Pflege und Verköstigung des M während seiner Krankheit. Dem zweiten Bereich sind der Ausgleich des Girokontos des M und die sich anschließende Finanzierung des von M erworbenen PKW zuzuschlagen.

II. Leistungen in Verwirklichung der Lebensgemeinschaft

1. Rückforderung nach Schenkungsrecht

317 Eine Vermögenszuwendung an den Partner einer nichtehelichen Lebensgemeinschaft, deren Sinn darauf gerichtet ist, als **Beitrag zur Lebensgemeinschaft** die gegenwärtige und zukünftige Partnerschaft zu verwirklichen, ist der Sache nach mit einer so genannten **unbenannten Ehegattenzuwendung** vergleichbar[28]. Wie diese dient sie nicht der einseitigen Bereicherung des Zuwendungsempfängers, sondern wird in der Vorstellung geleistet, dass sie auch dem zuwendenden Teil – durch die aktuelle und zukünftige Verwirklichung der Lebensgemeinschaft – zugute kommen werde. Aus diesem Grund scheidet hier ebenso wie bei einer unbenannten Ehegattenzuwendung ein Rückforderungsanspruch nach Schenkungsrecht (§§ 530 Abs. 1, 531 Abs. 2) aus. Eine **Schenkung** im Sinne des § 516 Abs. 1 **liegt hier nicht vor**[29].

2. Vergütungsansprüche für Dienstleistungen

318 F hatte in dem **Fall 42** zugrunde liegenden Sachverhalt ihren Ausgleichsanspruch für die **Haushaltsführung** etc. auf § 612 Abs. 1 gestützt. Das OLG München hat das zu Recht abgelehnt, denn ein (stillschweigendes) Arbeitsverhältnis liegt bei solchen Dienstleistungen typischerweise nicht vor. Zwar sind zwischen Partnern einer nichtehelichen Lebensgemeinschaft Arbeits- und Dienstverträge ebenso wenig wie zwischen Ehegatten ausgeschlossen. Voraussetzung ist aber eine entsprechende Übereinkunft, als Dienstverpflichteter abhängige Arbeitsleistungen (gegen Vergütung) erbringen zu wollen. Das ist bei Haushaltstätigkeiten und Pflegediensten im Rahmen einer Lebensgemeinschaft regelmäßig nicht der Fall. Denn hier stehen die persönlichen Beziehungen und der Wille, die Lebensgemeinschaft in eben dieser Form zu verwirklichen, derart im Vordergrund, dass sowohl die Vorstellung eines irgendwie gearteten Direktionsrechts wie die Erwartung einer gesonderten taxmäßigen Vergütung (vgl. § 612 Abs. 2) damit nicht in Einklang zu bringen sind. Die Beteiligten stehen sich gleichberechtigt gegenüber. In der gemeinschaftlichen Gestaltung der persönlichen Beziehungen werden die Beiträge des einen als durch die des anderen abgegolten

---

28 So ausdr. jetzt auch BGHZ 177, 193 Tz. 15 f.
29 Zur Begründung im Einzelnen vgl. oben § 13 Rdnr. 284–287.

empfunden – ohne dass es auf objektive vermögensmäßige Äquivalenz ankommt[30]. Eine besondere Vergütung für Dienstleistungen in Verwirklichung der Lebensgemeinschaft ist ausgeschlossen.

3. Gesellschaftsrechtlicher Ausgleich

a) „Gesellschaftsvertrag"

Das Vorbild eines **gesellschaftsrechtlichen** Ausgleichs für Zuwendungen im Rahmen einer nichtehelichen Lebensgemeinschaft war die Rechtsprechung zur so genannten Ehegatteninnengesellschaft[31]. Ähnlich wie dort[32] stellt sich auch hier die Frage, ob im konkreten Fall tatsächlich von einer (konkludenten) **rechtsgeschäftlichen Vereinbarung** ausgegangen werden kann, und es stellt sich weiterhin die Frage nach den **inhaltlichen Voraussetzungen**, die an den „Zweck" dieser Vereinbarung zu stellen sind. Denn eine generelle gesellschaftsrechtliche Auskleidung der nichtehelichen Lebensgemeinschaft wird ganz überwiegend abgelehnt. Es fehle vielfach bereits an verifizierbaren rechtsgeschäftlichen Elementen, die den Schluss auf einen gesellschaftsrechtlichen Willen der Beteiligten erlaubten. Vor allem aber sei es nicht möglich, die **„Verwirklichung der Lebensgemeinschaft"** als solche zum **Zweck** eines gesellschaftsrechtlichen Zusammenschlusses zu erheben. Allenfalls eine darüber hinausgehende Zweckverfolgung könne einer gesellschaftsrechtlichen Regelung zugänglich sein[33].

319

Der BGH hat sich von der (sachlichen) Orientierung an der Ehegatteninnengesellschaft im Laufe seiner Rechtsprechung gelöst. Während zunächst streng auf das tatbestandliche Vorliegen eines Gesellschaftsvertrages abgestellt wurde, dessen Zweck ein über die Förderung des persönlichen Verhältnisses hinausgehender Vermögenserwerb zu sein habe[34], ließ der BGH später die näheren Voraussetzungen eines gesellschaftsrechtlichen Ausgleichs dahingestellt[35] und betonte schließlich deutlicher die **Unterschiede zur Ehegatteninnengesellschaft**[36]. Danach sollte für einen solchen Ausgleichsanspruch weder ein ausdrücklich noch ein stillschweigend abgeschlossener Gesellschaftsvertrag notwendig sein. Die Regeln der **§§ 730 ff.** könnten vielmehr „unabhängig davon" eine **entsprechende Anwendung** finden[37]. Auch der Gedanke, wonach bei Ehegatten eine gesellschaftsrechtliche Bewertung grundsätzlich nur in Betracht komme, wo es um eine **Zweckverfolgung jenseits** der Grenze der Verwirklichung der Lebensgemeinschaft gehe, könne für nichteheliche Lebensgemeinschaften **nicht** herangezogen werden. Denn dem maßgeblichen Grund dieser Begrenzung für Eheleute,

320

---

30 Plastisch das OLG München FamRZ 1980, 239, 240 li. Sp.: „Keiner erwartet eine Bezahlung; vielmehr halten sich nach der Überzeugung und dem Willen der Partner auf Grund der zwischen ihnen bestehenden Gemeinschaft die beiderseitigen Leistungen die Waage." – Etwas anderes kann für Mitarbeit im Betrieb des anderen Partners gelten, wenn diese in Erwartung eines (z.B. erbrechtlichen) Vermögensausgleichs geschieht.

31 Näher *Lipp* AcP 180 (1980), 537, 567 ff.; MünchKomm-*Wellenhofer* Nach § 1302 Rdnr. 61 ff.

32 Vgl. oben § 5 Rdnr. 105 ff.

33 *Lipp* AcP 180 (1980), 537, 568 f.; MünchKomm-*Ulmer*, ⁵2009, Vor § 705 Rdnr. 81 i.V.m. 74.

34 BGH FamRZ 1965, 368 f.; aus diesem Grunde wurde in der damaligen Entscheidung die Sittenwidrigkeit (§ 138 Abs. 1) des Gesellschaftsvertrages verneint.

35 **BGHZ 77, 55 ff. = JuS 1980, 679 f.**

36 BGHZ 84, 388, 390.

37 BGHZ 84, 388, 390.

nämlich den (verpflichtenden) eherechtlichen Vorschriften (§§ 1353 Abs. 1, 1356, 1360), komme bei nichtehelich Zusammenlebenden gerade keine Bedeutung zu[38].

321 In Fortführung dieser Rechtsprechung wurde und wird vereinzelt angenommen, das **Zusammenleben** selbst (miteinander Wohnen und gemeinsames Wirtschaften) könne ein hinlänglicher „Zweck" im Sinne des § 705 sein[39]. Dagegen sprechen aber vor allem die daraus folgenden vermögensrechtlichen Konsequenzen. Wird „Gemeinsames Wirtschaften" in nichtehelicher Partnerschaft zum Gesellschaftszweck erhoben, dann kommt dies der Vereinbarung eines „Güterstandes" außerhalb des Eherechts gleich mit der naheliegenden Folge, dass bei entsprechender Aufgabenteilung zwischen den Partnern ein Anspruch auf „Zugewinnausgleich" gemäß §§ 730 ff. nicht leicht von der Hand zu weisen wäre und die nichteheliche Lebensgemeinschaft eine „güterrechtliche" Absicherung weit über eine Gütertrennungs-Ehe hinaus erfahren würde[40].

322 **Neuerdings** hat der **jetzt** für die Frage einer gesellschaftsrechtlichen Bindung **zuständige** BGH-Senat allerdings **in Abkehr** zur genannten Auffassung zu Recht deutlich gemacht, dass **auch** bei einer **nichtehelichen Lebensgemeinschaft** für die Annahme eines gesellschaftsrechtlichen Ausgleichs **zumindest** ein **schlüssig vereinbarter** „Gesellschafts"-Vertrag notwendige Voraussetzung sei (Rechtsbindungswille)[41]. **Bestätigt** wurde freilich gleichzeitig, dass – anders als bei Ehegatten – die Annahme eines Gesellschaftsvertrages bei nichtehelichen Partnern **nicht voraussetze**, dass ein über den **typischen Rahmen** der Lebensgemeinschaft **hinausgehender Zweck** verfolgt werde[42].

b) „Gesellschaftsvermögen"

323 Ein gesellschaftsrechtlicher Ausgleich (Innengesellschaft) kommt **nur** in Betracht, soweit ein **„Gesellschaftsvermögen"** gebildet wurde, das **über** die **Trennung der Partner** hinaus Bestand hat. Unbeachtlich sind deshalb die während des Zusammenlebens erlangten und **verbrauchten Zuwendungen** (laufende wirtschaftliche Beiträge), die – gleichgültig, wie die Gemeinschaft ausgestaltet war – nicht ausgleichsfähig sind. Das gilt vor allem für (überschießende) Unterhaltsbeiträge und sonstige Leistungen in Verwirklichung der Gemeinschaft, die im Laufe der Beziehung ihre **Zweckerfüllung gefunden haben.** Das gilt auch dann, wenn auf Grund solcher Dispositionen (bleibende) einseitige Vermögenssteigerungen für einen der Partner möglich waren. Deshalb kann, wenn F in **Fall 42** auf eine Erwerbstätigkeit verzichtet hat, sie (als Ausgleich für ihre Haushaltstätigkeit) nicht im Wege eines gesellschaftlichen Ausgleichs („gemeinsames Erwirtschaften") auf den Zugewinn ihres ehemaligen Partners zugreifen[43]. Voraussetzung für einen Ausgleich in entsprechender Anwendung der §§ 730 ff. ist daher immer, dass sich der **Zweck einer Leistung nicht** in ihrer Gewährung und Entgegennahme allein **in und für die bestehende Lebensgemeinschaft erschöpft** (kein „Verbrauch"). Anderenfalls wird ein über die Beendigung der Partnerschaft hinausreichendes „Gesellschaftsvermögen" von vornherein nicht gebildet[44].

---

38 BGHZ 84, 388, 391; ebenso BGHZ 142, 137, 146 f.; OLG Schleswig FamRZ 2002, 96, 97 li. Sp.
39 So noch MünchKomm⁴-*Wacke* Nach § 1302 Rdnr. 18; tendenziell wohl auch *Schwab* Rdnr. 983.
40 Ebenso jetzt MünchKomm-*Wellenhofer* Nach § 1302 Rdnr. 61; dazu sogleich im Folgenden und unten Rdnr. 325.
41 BGHZ 165, 1, 10; bestätigt in BGHZ 177, 193, 199 Tz. 18; 183, 242, 249 Tz. 22.
42 BGHZ 177, 193, 200 Tz. 20; 183, 242, 249 Tz. 22. – Dazu aber **beachtenswert** unten **Rdnr. 326.**
43 Wohl nach wie vor einhellige Auffassung, etwa MünchKomm-*Wellenhofer* Nach § 1302 Rdnr. 57, 61 ff.
44 Hier zeigt sich der **Unterschied** zur **güterrechtlich verfassten Ehe**, wo ein solcher Ausgleich **kraft Gesetzes** stattfindet (§§ 1363 ff.).

Denkbar ist, dass die Lebenspartner tatsächlich gemeinschaftliches Bruchteilsvermö- **324** gen (§§ 1008 ff., 741 ff.) gebildet haben[45]. Dann stehen die besonderen Absprachen der Beteiligten oder die Vorschriften über die Auseinandersetzung einer Gemeinschaft vorrangig zur Verfügung. Im konkreten Fall kann aber auch dann die analoge Anwendung der §§ 730 ff. den Partnern im Rahmen der gesellschaftsrechtlichen Auseinandersetzung etwaige Ansprüche auf Wertersatz, Rückgabe von Gegenständen (§ 732) und Verlustausgleich (§ 735) geben[46].

Ein Ausgleich nach den gesellschaftsrechtlichen Vorschriften kommt aber auch bei **325** einer **dinglich einseitigen** Vermögensbildung in Betracht. Schwierigkeiten bereitet hier freilich die interne („gesellschaftsrechtliche") Einbindung der entsprechenden Vermögensobjekte, die den Ausgleich rechtfertigen soll. Das hängt mit der Überlegung zusammen, ob und inwieweit eine im Ergebnis zwar einseitige, aber doch in „Verwirklichung der Lebensgemeinschaft" geschaffene Vermögenssteigerung Gegenstand einer (gesonderten) schuldrechtlichen Absprache sein kann – im Gegensatz zum gemeinschaftlichen Entschluss der Aufnahme einer nichtehelichen Lebensgemeinschaft als solcher. Hier hindert der höchstpersönlich-intime Charakter einer Lebensgemeinschaft, von dem auch die mit ihr in engem Zusammenhang stehenden vermögensrelevanten Leistungen beeinflusst werden[47]. Dann aber wird es schwierig zu entscheiden, wann die vermögensrechtliche Komponente ein solches Gewicht erhält, dass ihr gegenüber die personalen Bezüge zur Lebensgemeinschaft zurücktreten. Wer das „gemeinsame Haushalten und Wirtschaften" als einen von der personalen Sphäre der Partner ablösbaren Gesellschaftszweck akzeptiert[48], sieht sich nicht nur den oben geltend gemachten „güterrechtlichen" Bedenken gegenüber[49], sondern muss als Konsequenz des Gesellschaftsvertrages auch eine schuldrechtliche Verpflichtung der Partner zur „Beitragsleistung" und Zweckerreichung annehmen (§ 705) – ein Ergebnis, das – insbesondere von den Partnern selbst – kaum akzeptiert werden dürfte.

Der **BGH** hat seine Rechtsprechung dahin konkretisiert, dass der Erwerb zu **Alleineigentum** eines Lebenspartners nicht grundsätzlich gegen eine „gemeinschaftliche" Vermögensbildung spreche, wenn es um eine **gemeinsame Wertschöpfung** gehe, zu der der andere Partner einen **wesentlichen Beitrag** geleistet habe[50]. Den Partnern muss es mit dem Erwerb eines Vermögensgegenstands darum zu tun sein, einen – jedenfalls **wirtschaftlich** gesehen – **erheblichen gemeinschaftlichen Wert** zu schaffen (**gemeinschaftliche Wertschöpfung** unter Einsatz **erheblicher Beiträge**, z.B. Erwerb von Grundstücken, Errichten von Häusern, Aufbau eines Unternehmens[51]), den sie während des Zusammenlebens nicht nur gemeinschaftlich nutzen wollten, sondern der ihnen nach **ihrer Vorstellung** auch **gemeinschaftlich gehören** sollte[52].

---

45 Vgl. BGH FamRZ 2008, 1828 f. (Bruchteilseigentum an einem Grundstück).
46 So im Fall OLG Schleswig FamRZ 2002, 96 f., wo die erworbene Immobilie nach Beendigung der Lebensgemeinschaft mit Verlust verkauft wurde.
47 OLG Düsseldorf FamRZ 1979, 581 f.; OLG München FamRZ 1980, 239, 240 li. Sp.; Soergel[12]-*Lange* Bd. 7, Anhang Nehel LG Rdnr. 12 mit weit. Nachweisen. – Zur Problematik vgl. auch oben Rdnr. 320 f.
48 In Betracht ziehend *Schwab* Rdnr. 983.
49 Vgl. oben Rdnr. 321.
50 BGH NJW 1992, 906 f.
51 BGHZ 84, 388, 390 f.
52 **Grundlegend BGHZ 77, 55 ff. = JuS 1980, 679 f.**

326 Für die Annahme einer solchen **gemeinschaftlichen Vorstellung** genügt eine bloße Zuwendung nicht. Maßgebend ist eine **Gesamtwürdigung** aller Umstände der konkreten Situation (erbrachte Leistungen, geschaffener Vermögenswert, sonstige finanzielle Verhältnisse der Partner etc.)[53]. Die **Absicht** einer **gemeinsamen Wertschöpfung** trägt dann nach Auffassung der Rechtsprechung regelmäßig auch die notwendige (schlüssige) **gesellschaftsrechtliche Absprache** zwischen den Partnern. Hier kommt der Feststellung einer **Zweckverfolgung über** den **typischen Rahmen** einer **Lebensgemeinschaft hinaus** nun auch nach Ansicht des BGH eine **erhebliche** (indizielle) **Bedeutung** zu: **Fehle** es daran, sei am erforderlichen (gesellschaftsrechtlichen) **Rechtsbindungswillen zu zweifeln**. Es müsse dann davon ausgegangen werden, dass die Leistung zwar zur **gemeinschaftlichen Benutzung** (während der Partnerschaft), **nicht** aber zu einer **gemeinsamen Wertschöpfung** (über den Bestand der Lebensgemeinschaft hinaus) erfolgt sei[54].

327 Hat zur gemeinschaftlichen Wertschöpfung der andere **wesentlich beigetragen** (durch Geldmittel oder im persönlichen Einsatz, z.B. Renovierung einer Wohnung), so hat ein Ausgleich in Analogie der §§ 730 ff. zu erfolgen. Im Übrigen gelte: „Bei einer nichtehelichen Lebensgemeinschaft stehen die persönlichen Beziehungen derart im Vordergrund, daß sie auch das die Lebensgemeinschaft betreffende vermögensmäßige Handeln der Partner bestimmen […]Wenn die Partner nicht etwas besonderes […] geregelt haben, werden dementsprechend persönliche und wirtschaftliche Leistungen nicht gegeneinander aufgerechnet". Deshalb scheide ein nachträglicher, darüber hinausgehender Ausgleichsanspruch grundsätzlich aus[55].

c) Höhe des Ausgleichsanspruchs

328 Soweit nach diesen Grundsätzen Gesellschaftsrecht zur Anwendung gelangt, ist ein Ausgleich **entsprechend §§ 730 ff.** zu gewähren. Die Höhe dieses Ausgleichsanspruchs soll sich – da es nur um eine analoge Anwendung gehe – nicht nach Köpfen (§§ 722, 734), sondern nach der jeweils unterschiedlichen **Quote des einzelnen Beitrags** zur gemeinschaftlichen Wertschöpfung richten[56].

329 In **Fall 42** stellt der bis zur Trennung von F **allein finanzierte PKW-Erwerb** des M keine gesellschaftsrechtlich auszugleichende Wertschöpfung dar. Es fehlt dafür schon an der Qualität eines „Gesellschaftsvermögens". Denn F und M hatten nicht die Absicht, mit dem Erwerb des PKW einen – zumindest wirtschaftlich – „gemeinschaftlichen Wert zu schaffen, der von ihnen nicht nur für die Dauer der Partnerschaft gemeinsam benutzt, sondern nach ihrer Vorstellung ihnen auch gemeinsam gehören sollte"[57]. Vielmehr sollte das Fahrzeug allein dem M zustehen, der es aus beruflichen Gründen auch (weitgehend) allein genutzt hat. – Auch die Zuwendungen der F für die **Neugestaltung des Wohnhauses** sind nach Gesellschaftsrecht nicht ausgleichsfähig. M und F hatten sich insoweit auf die Verwirklichung des typischen Inhalts einer Lebensgemeinschaft beschränkt. Auf der Grundlage der höchstrichterlichen Judikatur wurden die Leistungen der F zwar zu gemeinschaftlicher Mitbenutzung, nicht aber in der gemeinsamen Absicht einer über die Dauer der Partnerschaft hinausgehenden Wertschöpfung erbracht. Es fehlt deshalb am notwendigen rechtsgeschäftlichen Bindungswillen: Kein Indiz für einen schlüssig vereinbarten Gesellschaftsvertrag, weil nicht über den Rahmen der nichtehelichen Lebensgemeinschaft hinausgehend, und auch keine ausdrückliche Regelung.

---

53 BGH FamRZ 2003, 1542 f.
54 BGHZ 177, 193, 201 Tz. 22; 183, 242, 249 Tz. 22.
55 BGHZ 77, 55, 58 = JuS 1980, 679 f.
56 BGHZ 84, 388, 392.
57 BGH NJW 1981, 1502, 1503 li. Sp. – ausf. Rezension der Entscheidung bei *Lipp* JuS 1982, 17 ff.

4. Bereicherungsrechtlicher Ausgleich

Mir selbst scheint – parallel zur Problematik der unbenannten Ehegattenzuwendungen[58] – ein bereicherungsrechtlicher Ausgleich vorzugswürdig[59]. Die Hauptschwierigkeit der Leistungen in Verwirklichung einer Lebensgemeinschaft liegt in der sachlich kaum trennbaren **Verbindung von personaler und vermögensmäßiger** Ebene[60], die auf dem Boden der jüngsten BGH-Rechtsprechung im Bereich des Gesellschaftsrechts zu genau denselben Untiefen und Bewertungsproblemen führt wie die Rechtsprechung zur Ehegatteninnengesellschaft[61]. Wo eine solche inhaltliche Verklammerung nicht besteht, gibt es keinen Grund, die allgemeinen rechtsgeschäftlichen und schuldrechtlichen Regeln nicht zur Anwendung zu bringen, und – wo der rechtsgeschäftliche Tatbestand vorliegt – eine Verpflichtung zur Förderung des gemeinschaftlichen Zwecks anzunehmen (§ 705). Wenn eine gesellschaftsrechtliche Bewertung solcher Leistungen ex post möglich ist, dann muss es den Beteiligten auch möglich sein, eine derartige schuldrechtlich-verpflichtende Rechtsgestaltung von Anfang an bewusst oder schlüssig zu wählen. Damit steht man aber vor der Entscheidung, entweder unter Inkaufnahme sachlicher Verwerfungen die vermögensrechtliche Seite von ihrer personalen Grundlage zu lösen oder personal-vermögensmäßige Sachverhalte, wie sie das Eherecht in §§ 1353 Abs. 1 S. 2, 1356 beschreibt[62], schuldrechtlichen (und vollstreckbaren?) Ansprüchen zu öffnen[63]. Diese Grenze ist überschritten, wo die „Verwirklichung einer nichtehelichen Lebensgemeinschaft" zum „Gesellschaftszweck" avanciert. Insoweit scheint mir durch das Eherecht nach wie vor eine abschließende Regelung getroffen (mit der dortigen Konsequenz des § 120 Abs. 3 FamFG)[64]. Im Übrigen hat der BGH diesen Sachzusammenhang (jedenfalls mittelbar) inzwischen anerkannt und die von mir im Jahre 1980 aufgezeigte Lösung eines bereicherungsrechtlichen Ausgleichs über die condictio ob rem nunmehr selbst eingeschlagen (vgl. unten Rdnr. 332). **330**

Leistungen **in Verwirklichung einer Lebensgemeinschaft** stehen in Korrespondenz mit den jeweiligen Beiträgen des anderen Partners. Sie werden erbracht, weil auch der andere seinen Beitrag zur Partnerschaft erbringt (vgl. **Fall 42**: einerseits Hausgrundstück und finanzieller Beitrag, andererseits finanzielle Zuwendung und Arbeitsleistungen). Sie finden ihren (Rechts-)Grund in der gegenwärtig gelebten (gemeinschaftliches Wohnen) und zukünftig erwarteten Lebensgemeinschaft. Dass eine nichteheliche Lebensgemeinschaft jederzeit einseitig beendet werden kann, ändert am Zweck dieser Leistungen, die Partnerschaft im Vertrauen auf ihren Fortbestand (bis auf weiteres) zu sichern, nichts. Der **bezweckte Erfolg** der Zuwendung ist die damit verbundene **gegenwärtige und künftige Verwirklichung der Lebensgemeinschaft**. Dieser Zweck ist **331**

---

58 Vgl. oben § 13 Rdnr. 292 ff.
59 Das habe ich erstmals in AcP 180 (1980), 537, 575 ff. näher darzulegen versucht.
60 Ebenso Soergel[12]-*Lange* Bd. 7, Anhang Nehel LG Rdnr. 12.
61 Vgl. oben § 5 Rdnr. 105 ff.
62 So die expliziten Hinweise in BGHZ 177, 193, 200 Tz. 20.
63 Das ist die Konsequenz der BGH-Rspr., die diesen personalen Bereich, weil hier eherechtliche Vorschriften nicht hindern, dem Schuldrecht öffnet, vgl. BGHZ 177, 193, 200 Tz. 20, und Folge der beschriebenen Tendenz in der neueren Literatur, vgl. oben Rdnr. 321.
64 Vgl. *meinen* Beitrag in AcP 180 (1980), 537, 569 f.; ferner MünchKomm-*Ulmer*, [5]2009, Vor § 705 Rdnr. 81 i.V.m. 74.

schuldrechtlich nicht fassbar; ein (durchsetzbarer) Anspruch auf Leistung scheidet aus. Gleichwohl wird nicht „grundlos" geleistet. Das erhellt schon daraus, dass mit der Zuwendung regelmäßig eine Änderung der dinglichen Rechtsinhaberschaft verbunden ist, die eines Rechtsgrundes bedarf, um Bestand haben zu können. Das erhellt aber auch daraus, dass man anderenfalls unterstellen würde, die Partner einer nichtehelichen Lebensgemeinschaft wüssten nicht, „warum" sie solche Zuwendungen tätigten. Verwirklichung der **Partnerschaft** und **Zuwendung** sind im Sinne einer **Zweckvereinbarung** (Rechtsgrundabrede) miteinander verbunden (§ 812 Abs. 1 S. 2 Halbs. 2). Diese Kondiktionsart steht richtigerweise nur dort zur Verfügung, wo es um Abreden geht, die den allgemeinen schuldrechtlichen Geschäftstypen nicht nur zufällig entzogen sind, sondern ihnen gar nicht unterfallen können, weil sie einen Gegenstand, ein Verhalten zum Inhalt haben, das schuldrechtlich verpflichtend nicht geregelt werden kann, freilich auch nicht dem Verdikt der Sittenwidrigkeit unterfällt[65].

Zerbricht die Lebensgemeinschaft, kann der intendierte Erfolg nicht mehr eintreten. **Verbleibt** beim anderen Partner eine **wesentliche Bereicherung** aus einer derartigen Zuwendung, kann deshalb grundsätzlich ein Ausgleich verlangt werden[66]. So fördert das Bereicherungsrecht eine klare und engere begriffliche Fassung der inhaltlich wirklich personal ausgerichteten Zuwendungen. Im Übrigen handelt es sich um Leistungen an die Person des Partners, die den allgemeinen schuldrechtlichen Regeln folgen.

332   Einen Ausgleichsanspruch **nach § 812 Abs. 1 S. 2 Halbs. 2** (condictio ob rem) hat nunmehr **auch** der **BGH** unter ausdrücklicher Aufgabe seiner bisherigen ständigen Rechtsprechung **anerkannt**[67]. Von der erforderlichen, konkreten **Zweckvereinbarung** im Sinne des § 812 Abs. 1 S. 2 Halbs. 2 (Leistung auf Bestand und Verwirklichung der Lebensgemeinschaft) ist auszugehen, wenn der Zuwendungsempfänger den Zweck der Leistung erkennt und sie widerspruchslos entgegennimmt.

333   Nach diesen Grundsätzen wird F gegen M in **Fall 42** einen Anspruch gemäß § 812 Abs. 1 S. 2 Halbs. 2 auf Rückzahlung von 60 000 € geltend machen können. Hinweise dafür, dass sich die Zuwendung (in dieser Höhe) nicht als Wertzuwachs bei M (Wegfall der Bereicherung, § 818 Abs. 2, Abs. 3) niedergeschlagen hat, liegen hier nicht vor.

334   In Fortsetzung seiner geänderten Rechtsprechung hatte der BGH jüngst über Auseinandersetzungsansprüche bei Beendigung einer nichtehelichen Lebensgemeinschaft durch den **Tod** des **zuwendenden Partners** zu entscheiden[68]. Obwohl es auch hier um eine „gemeinschaftsbezogene Zuwendung" ging (Leistung auf die Lebensgemeinschaft, vgl. oben Rdnr. 331), **lehnte** der BGH mit Recht einen bereicherungsrechtlichen Ausgleich (§ 812 Abs. 1 S. 2 Halbs. 2) **ab**. Der von den Partnern **bezweckte Erfolg** (Verwirklichung der Lebensgemeinschaft unter Einsatz und in gemeinschaftlicher Teilhabe am konkreten Vermögensgegenstand) **ist in diesem Fall eingetreten**[69]. Durch den Tod des Partners hat die Lebensgemeinschaft ihr **natürliches Ende** in einer bis dahin **andauernden Zweckerreichung** gefunden. – Etwas anderes kann aber gelten, wenn die Lebensgemeinschaft durch den Tod des Zuwendungsempfängers aufgelöst wurde.

---

65   Vgl. die Literaturhinweise oben § 13 Fußn. 43.
66   Näher dargelegt in AcP 180 (1980), 537, 580 ff.; ebenso OLG Karlsruhe NJW 1994, 948 f.
67   **Grundlegend BGHZ 177, 193, 201 Tz. 24 ff.**
68   **BGHZ 183, 242 ff.** – ein über den hiesigen Zusammenhang hinaus instruktiver Fall.
69   BGHZ 183, 242, 253 Tz. 35.

5. Wegfall der Geschäftsgrundlage

Lässt sich (bei Leistung auf die Verwirklichung der Lebensgemeinschaft) eine kon- **335** krete Zweckvereinbarung (§ 812 Abs. 1 S. 2 Halbs. 2) nicht nachweisen oder erfolgt der Vermögenszuwachs beim Partner nicht aufgrund einer (Vermögens-)„Zuwendung"[70] (so nach Auffassung des BGH bei Arbeitsleistungen), kommt ein **Ausgleich** nach dem Vorbild des (familienrechtlichen) **Kooperationsvertrages** auf der Grundlage der Regeln über den **Wegfall der Geschäftsgrundlage** in Betracht (§ 313)[71]. Auch insoweit ist der BGH von seiner früheren Rechtsprechung, die einen solchen Ausgleich durchgehend abgelehnt hat[72], nunmehr ausdrücklich abgewichen. Maßgebend ist – wie bei Ehegattenzuwendungen in vereinbarter Gütertrennung – eine **Gesamtabwägung** aller Umstände des Einzelfalls[73].

In **Fall 42** wird F also nach entsprechender Darlegung auch einen Ausgleich für ihre Arbeitsleistungen verlangen können.

Entsprechend den Ausführungen zu einem bereicherungsrechtlichen Ausgleich (vgl. oben Rdnr. **336** 334) **entfällt** bei Beendigung der Lebensgemeinschaft durch den **Tod** des **zuwendenden Partners** auch ein Ausgleich nach den Regeln über den **Wegfall der Geschäftsgrundlage**. Denn diese Grundsätze kommen, sofern Abweichendes nicht vereinbart oder nach den konkreten Umständen ersichtlich ist, nur bei einem Scheitern der Lebensgemeinschaft zur Anwendung, nicht bei ihrer Beendigung durch Tod des Partners[74]. – In diesem Sinne ist bei Fehlen weiterer Hinweise auch eine Vertragsklausel auszulegen, die eine Rückgabe der Zuwendung bei Beendigung der Lebensgemeinschaft vorsieht[75].

III. Leistungen an die Person des Partners

Leistungen, deren (Geschäfts-)Zweck **nicht** die gemeinschaftliche Verwirklichung der **337** Lebensgemeinschaft ist, sondern die der **Person des Partners** zukommen sollen, sind allein **schuldrechtlich** zu beurteilen. Es kann sich um eine Schenkung, um ein Darlehen oder eine Geschäftsbesorgung handeln – möglicherweise auf der Geschäftsgrundlage einer bestehenden Lebensgemeinschaft. Laufende Vertragsbeziehungen sind dann anzupassen, Ausgleichs- und Rückzahlungen im Lichte des § 313 zu prüfen. Der BGH nimmt auch bei solchen Zuwendungen (nach seiner Rechtsprechung: außerhalb der Vorstellung, gemeinschaftliche Werte zu schaffen[76]) an, dass, sofern Absprachen der Partner nicht vorliegen, grundsätzlich **kein Ersatzanspruch** bestehe[77]. Begründet wird dies damit, dass entsprechende Zuwendungen oder Schuldenaufnah-

---

70 BGH: Übertragung von **Vermögenssubstanz.**
71 **BGHZ 177, 193, 209 Tz. 41 ff.**
72 Etwa BGH FamRZ 2004, 94.
73 Zu den Abwägungskriterien vgl. oben § 13 Rdnr. 289.
74 BGHZ 183, 242, 250 f. Tz. 26. – Denkbar bleibt ein Anspruch bei Tod des Zuwendungsempfängers, vgl. ebenda Tz. 27.
75 Vgl. BGHZ 183, 242, 251 f.
76 Vgl. oben Rdnr. 325.
77 So BGH NJW 1981, 1502 f. für einen Aufwendungsersatzanspruch nach § 670; vgl. dort S. 1503 li. Sp.: „Haben [...] die Partner unter sich nichts besonderes geregelt, so ist in einer Lebensgemeinschaft grundsätzlich davon auszugehen, daß persönliche und wirtschaftliche Leistungen der Partner nicht miteinander abgerechnet, sondern ersatzlos von demjenigen Partner erbracht werden sollen, der dazu in der Lage ist [...]."

men im „gemeinsamen Interesse" erfolgt seien[78]. Der BGH hat deshalb einen Aufwendungsersatzanspruch wegen der Zahlungen auf ein Girokonto des Partners (vgl. **Fall 42**) ebenso verneint[79] wie einen Gesamtschuldnerausgleich (§ 426 Abs. 1) hinsichtlich der bislang vom Partner allein getragenen Rückzahlungsraten aus einem gemeinsam zu Gunsten des anderen aufgenommenen Darlehen[80]. Erst für die Zeit **nach Trennung** soll ein Ausgleichsanspruch möglich sein. – Diese strikte Ablehnung eines Anspruchs für Leistungen während der Partnerschaft findet keine gesetzliche Stütze. Steht das entsprechende Schuldverhältnis fest, so entscheiden die einschlägigen Regelungen über etwaige Ausgleichsforderungen. Bestehen solche, dann fragt sich allenfalls, ob der Empfänger wegen der Geschäftsgrundlage einer bestehenden Lebensgemeinschaft nach Treu und Glauben (§ 242) oder weil den Umständen nach „ein anderes" bestimmt war (§ 426 Abs. 1 S. 1) davon ausgehen konnte, auch im Trennungsfall werde ein solcher Anspruch nicht erhoben[81].

338 In **Fall 42** wird demnach zu prüfen sein, welcher Rechtsgrund den Zahlungen der F (Kontoausgleich, PKW-Finanzierung) zugrunde lag. Sind für (schlüssige) Vereinbarungen keine Hinweise ersichtlich, kann für den Ausgleich des Kontos (6000 €) eine Schenkung in Betracht kommen[82], für die Innenbeziehung der (gesamtschuldnerischen) PKW-Finanzierung (§§ 421, 427) die Bestimmung eines „anderen" im Sinne des § 426 Abs. 1 S. 1 bis zum Zeitpunkt der Trennung, so dass die F insoweit keinen Ausgleich erhalten wird.

339 Fälle einer Gesamtschuld, die die Partner eingehen, um persönlich-individuelle Interessen eines Beteiligten sicher zu stellen **(Fall 42)**, sind von jenen zu **unterscheiden**, in denen es um Verpflichtungen geht, die sie im **gemeinsamen Interesse** zur **Finanzierung ihrer Lebensgemeinschaft** eingehen (typisch: gemeinschaftlicher Abschluss eines Mietvertrages)[83]. Auch hier liegt im Außenverhältnis eine Gesamtschuld vor, die im Innenverhältnis grundsätzlich zu einem Gesamtschuldnerausgleich führt (§ 426 Abs. 1 S. 1). Erbringt hier ein Partner im Außenverhältnis allein die geschuldete Leistung, weil nach den Umständen des Einzelfalls (Aufgabenverteilung in der Gemeinschaft) nur er dazu wirtschaftlich in der Lage ist, so wird man grundsätzlich annehmen müssen, dass ein **Gesamtschuldenausgleich** für die **während der Zeit der Lebensgemeinschaft** erbrachten Leistungen ausscheidet, weil durch die Umstände (BGH: „aus der Natur der Sache") „ein anderes bestimmt ist" (§ 426 Abs. 1 S. 1)[84].

78 BGH NJW 1981, 1502, 1503 li. Sp./re. Sp.
79 BGH NJW 1981, 1502 f.
80 BGHZ 77, 55, 57 ff. = JuS 1980, 679 f.
81 Anders wiederum BGH NJW 1997, 3371 in Bestätigung seiner bisherigen Rspr. – freilich ohne nähere Begründung dafür, weshalb eine entsprechende Geschäftsgrundlage ausgeschlossen sein soll (die Begründung beschränkt sich auf die Verneinung eines „gemeinschaftlich geschaffenen Wertes").
82 Das hängt aber auch von den hier nicht näher beschriebenen finanziellen Verhältnissen der F ab: Durfte M – auch angesichts der jederzeit möglichen Auflösung der nichtehelichen Lebensgemeinschaft – wirklich davon ausgehen, F wolle ihm diesen Betrag endgültig zuwenden oder ihn etwa lediglich unentgeltlich „vorschießen"?
83 Vgl. etwa BGH FamRZ 2010, 542 ff.
84 BGH FamRZ 2010, 542 ff. Dieselbe faktische Situation des Innenverhältnisses erlaubt hier zutreffender Weise eine Parallele zur ehelichen Lebensgemeinschaft, BGH ebenda, 543 li. Sp.; zur „Überlagerung" des Gesamtschuldausgleichs durch die nichteheliche Lebensgemeinschaft ferner BGH FamRZ 2010, 277, 279 li. Sp. – Zu dieser Frage im Fall einer ehelichen Lebensgemeinschaft BGH FamRZ 1995, 216 ff.

Siebenter Teil

Scheidungsfolgen

§ 16 Geschiedenenunterhalt

I. Zur Systematik

In ungestörter Ehe sind Gatten einander gegenseitig zum Familienunterhalt verpflichtet[1] und müssen zur Deckung des angemessenen Unterhalts grundsätzlich auf
ihr gesamtes Vermögen zurückgreifen (§ 1360)[2]. Während der Trennungsphase wandelt sich der Anspruch auf Familienunterhalt in ein Nebeneinander von Ansprüchen
auf Ehegatten- und Kindesunterhalt (§ 1361, §§ 1601 ff.)[3].

340

Mit **Ehescheidung endet** die **Unterhaltspflicht**. Ab diesem Zeitpunkt hat **jeder Ehegatte selbst für seinen Unterhalt aufzukommen.** – So jedenfalls der Ausgangspunkt
der gesetzlichen Regelung, der durch die **Reform des nachehelichen Unterhaltsrechts**
(in Kraft getreten am 1.1.2008) und die Neufassung des § 1569 unterstrichen wurde:
„Nach der Scheidung obliegt es jedem Ehegatten, selbst für seinen Unterhalt zu sorgen" **(§ 1569 S. 1)**. Dementsprechend ist das nacheheliche Unterhaltsrecht als Ausnahme formuliert. Unterhalt soll ein geschiedener Ehegatte von seinem früheren
Partner **nur** in **bestimmten Fällen** verlangen können: Nämlich dann, wenn er zur eigenen Deckung seines Lebensbedarfs nicht in der Lage ist und seine **Unterhaltsbedürftigkeit** (§§ 1569 S. 2, 1577) aus einem **vom Gesetz besonders hervorgehobenen** (§ 1569
S. 2), sich **zeitlich an die Ehescheidung** anschließenden Tatbestand der §§ **1570 ff.** resultiert (besonderes Unterhaltsrechtsverhältnis). In der Rechtspraxis steht dabei im
Vordergrund, ob einem bisher nicht oder nur zum Teil berufstätigen Ehegatten zur
Sicherung seines Unterhalts die Aufnahme einer Erwerbstätigkeit zugemutet werden
kann. Das Gesetz geht davon grundsätzlich aus (vgl. §§ 1569 S. 1, 1574 Abs. 1) und
formuliert im Anschluss daran besondere nacheheliche Unterhaltstatbestände als
Ausnahmen von der **generellen Erwerbsobliegenheit** (vgl. §§ 1571, 1572, 1573 Abs. 1
jeweils a.E. und § 1576 S. 1). Voraussetzung eines Anspruchs ist darüber hinaus die
Leistungsfähigkeit des Verpflichteten (§ 1581).

Verfahrensrechtlich ist zu beachten, dass für den erforderlichen **Lebensbedarf** (Maß
des Unterhalts, § 1578) und die **Bedürftigkeit** infolge eines an die Scheidung anknüpfenden **besonderen Unterhaltstatbestandes** der **Antragsteller** darlegungs- und be-
weispflichtig ist (Anspruchsvoraussetzungen). Die **fehlende Leistungsfähigkeit** ist von
dem **in Anspruch Genommenen** darzulegen und zu beweisen (anspruchshindernde
Einrede). Diesem verfahrens- und falltypischen Aufbau im Unterhaltsrecht folgt die
anschließende Darstellung.

---

1 Vgl. oben § 7 Rdnr. 138 ff., 143 ff.
2 Ausgenommen der Fall eines vorrangig verpflichteten Verwandten (§ 1608 Abs. 1 S. 2), vgl. oben § 7
Rdnr. 147.
3 Vgl. oben § 7 Rdnr. 152 ff.

II. Reform des nachehelichen Unterhaltsrechts

341   Das Gesetz zur Änderung des Unterhaltsrechts **(UÄndG)** vom 21.12.2007[4], das am 1.1.2008 in Kraft getreten ist, hat für das nacheheliche Unterhaltsrecht zu erheblichen strukturellen **Änderungen** geführt. Maßgebliches Motiv der Reform war eine verstärkte Durchsetzung des Grundsatzes der **nachehelichen Eigenverantwortlichkeit**. Im Wesentlichen sind es vier Punkte, die im Rahmen dieser Darstellung zu nennen sind[5].

342   **Erstens**: Starke Eingriffe hat die Reform beim **Betreuungsunterhalt** (§ 1570) mit sich gebracht. Zunächst hat sie zu einer weitgehenden Gleichstellung von betreuenden geschiedenen (§ 1570 Abs. 1 S. 1) und betreuenden nichtehelichen Elternteilen (§ 1615l Abs. 2 S. 3) geführt: Der betreuende Elternteil erhält für die **ersten drei Jahre nach Geburt** des Kindes Betreuungsunterhalt, d.h. während dieser Zeit existiert für ihn grundsätzlich **keine Erwerbsobliegenheit** (so genannter Basisunterhalt)[6].

Nach so gut wie einhelliger Ansicht wurde durch die **Drei-Jahre-Regelung** das bisherige, von der höchstrichterlichen Rechtsprechung entwickelte „Altersphasenmodell" für den weiteren Bezug von Betreuungsunterhalt abgelöst[7]. Der Gesetzgeber wollte für den Betreuungsunterhalt **ab** dem **vierten Lebensjahr** dem **Einzelfall** entscheidendes Gewicht beimessen und hat dafür eine kind- und elternbezogene Billigkeitsregel geschaffen (§ 1570 Abs. 1 S. 2, 3; Abs. 2). In der Rechtspraxis zeigte sich demgegenüber zunächst die Tendenz zu einem modifizierten „Altersphasenmodell": generell erhöhte Betreuungsbedürftigkeit eines Kindes bis zum Ende der zweiten Grundschulklasse[8], dem aber der **BGH** in seiner **ersten wegweisenden** Entscheidung zum (neuen) Betreuungsunterhalt **entgegengetreten** ist[9].

Das Gericht unterstreicht einerseits den (lediglich) dreijährigen Basisunterhalt des betreuenden Elternteils, den dieser in freier Entscheidung und ohne jede Erwerbsobliegenheit in Anspruch nehmen kann. Die sich daran anschließende – **als Ausnahmeregelung** gefasste – Verlängerungsmöglichkeit aus Billigkeitsgründen (§ 1570 Abs. 1 S. 2, Abs. 2) verlange aber andererseits „**regelmäßig** keinen abrupten Wechsel von der elterlichen Betreuung zu einer Vollzeiterwerbstätigkeit" und gestatte nach Maßgabe konkreter kind- und elternbezogener Gründe (§ 1570 Abs. 1 S. 3, Abs. 2) einen „**gestuften Übergang** bis hin zu einer Vollzeiterwerbstätigkeit"[10]. Beachtlich ist, dass mit der Ablösung des bisherigen, allein nach dem Alter des Kindes gestuften Modells eine wichtige Konsequenz für die **Darlegungs-** und **Beweislast** fortgefallen beziehungsweise sich verändert hat: Wer sich auf das Modell berufen konnte, schob damit die Darlegungs- und Beweislast (für das Vorliegen einer Ausnahme) dem Gegner zu oder konnte doch geminderte Darlegungs-

---

4   BGBl. I S. 3189.

5   Zur Entwicklung der bisherigen Rspr. und wissenschaftlichen Diskussion seit der Reform vgl. etwa den Überblick bei *Maurer* FamRZ 2008, 2157 ff. und den Berichtsaufsatz *Niepmann/Schwamb* NJW 2013, 662 ff.

6   Vgl. BGH FamRZ 2008, 1739, 1748.

7   Zu diesem sog. „0-8-15-Modell" etwa BGH FamRZ 2006, 846, 847 re. Sp.: grds. keine Erwerbsobliegenheit bei Kindern unter 8 Jahren (Beendigung der 2. Grundschulklasse); zwischen 8 und 11 Jahren Erwerbsobliegenheit nach Einzelfallumständen; zwischen 11 und 15 Jahren in der Regel Teilzeitbeschäftigung; ab 15 Jahren grds. Vollzeiterwerbstätigkeit.

8   OLG München FamRZ 2008, 1945 f.; vgl. zu überobligationsmäßiger Erwerbstätigkeit in diesem Zshg. auch BGHZ 175, 182 ff.

9   **BGHZ 180, 170**, 176 Tz. 19, 180 Tz. 28 („im Hinblick auf den eindeutigen Willen des Gesetzgebers nicht haltbar"). Zum Betreuungsunterhalt auch unten Rdnr. 361.

10   BGHZ 180, 170, 177 Tz. 22 (Hervorhebungen nur hier); BGHZ 193, 78, 88 Tz. 23.

gründe für sich in Anspruch nehmen. Heute ist nach dem Gesetz davon auszugehen, dass den betreuenden Elternteil nur bis zu einem Kindesalter von drei Jahren keine weitere Darlegungs- und Beweislast trifft. Ab dem vollendeten dritten Lebensjahr hat er dagegen alle Umstände konkret nachzuweisen, die eine Verlängerung des Unterhaltsanspruchs tragen sollen[11].

Festzuhalten bleibt, dass der Gesetzgeber mit der Neuregelung des § 1570 Abs. 1 den **Vorrang** der **persönlichen Kindesbetreuung** durch einen Elternteil gegenüber anderen kindgerechten Betreuungsmöglichkeiten ab Vollendung des **dritten Lebensjahres** des Kindes **aufgegeben** hat. Diese Altersgrenze wird (zweifelhaft) als verfassungsmäßig angesehen (Art. 6 Abs. 2 GG), weil ein Kind ab diesem Alter gemäß § 24 Abs. 1 SGB VIII einen Anspruch auf Besuch einer Tageseinrichtung habe[12]. Der **BGH** hat diese Rechtsauffassung inzwischen **bestätigt** und auf die dem Gesetzgeber „im Hinblick auf das Kindeswohl zustehende Einschätzungsprärogative" hingewiesen, mit der er von einer vor der Unterhaltsrechtsreform allein für nichteheliche Kinder geltenden Regelung Gebrauch gemacht habe[13].

Wo die Möglichkeit einer kindgerechten Fremdbetreuung tatsächlich nicht besteht, eröffnet sich eine Verlängerung des Unterhalts aus **kindbezogenen Gründen** (§ 1570 Abs. 1 S. 2, S. 3)[14]. In jedem Fall aber sind die **individuellen Umstände** entscheidend, sie sind **darzulegen** und vom Unterhaltsberechtigten notfalls **zu beweisen**. Dabei sind keine „überzogenen Anforderungen" an die notwendigen Darlegungen zu stellen[15]. Entscheidend ist der **Einzelfall**. Die schematische Anknüpfung lediglich an das Alter des Kindes (und ein davon abgeleiteter weiterer Betreuungsbedarf; modifiziertes Altersphasenmodell) ist nach der neuen Regelung nicht mehr „haltbar"[16].

Zweitens: Die Unterhaltsrechtsreform hat ferner die bislang nur für einzelne Unterhaltstatbestände vorgesehene **zeitliche Befristung** konzentriert und in **§ 1578b Abs. 2** auf **alle Unterhaltsansprüche ausgedehnt**. Für Unterhaltsansprüche, denen eine Befristung bereits immanent ist (z.B. dreijähriger Betreuungsunterhalt, § 1570 Abs. 1), ist die Regelung ohne Auswirkung.   343

Drittens: Wichtige Korrekturen und Vereinfachungen hat die Neuregelung des **Ranges mehrerer konkurrierender Unterhaltsberechtigter** gegenüber dem Unterhaltsschuldner nach der jetzt einheitlichen Vorschrift des **§ 1609** gebracht[17].   344

Als **viertes** (strittiges) Thema des neuen Unterhaltsrechts ist auf das **Übergangsrecht** hinzuweisen. Gemäß **§ 36 EGZPO** gilt das neue Unterhaltsrecht ab **1.1.2008** für **alle** (auch vor diesem Zeitpunkt geschlossenen) **Ehen**. Lediglich Unterhaltsleistungen, die   345

---

11 So auch ausdr. BGHZ 180, 170, 177 f. Tz. 23; dies nachdrücklich bestätigend BGH FamRZ 2011, 1375, 1376 Tz. 15.
12 In diesem Sinne auch BVerfG FamRZ 2007, 965, 969 ff.
13 **BGHZ 193, 78, 85 Tz. 18.**
14 Umstritten ist, ob und in welchem Maße der betreuende Elternteil auf die Hilfe betreuungswilliger Verwandter zurückgreifen muss. Der BGH geht davon aus, dass auch ein verlässliches Betreuungsangebot des Unterhaltspflichtigen grds. wahrzunehmen und auch die Hilfe von Verwandten (Großeltern) nach Billigkeitsgesichtspunkten zu berücksichtigen ist – BGHZ 193, 78, 86 Tz. 19, S. 87 Tz. 22.
15 Die bisherige Rspr. zusammenfassend BGHZ 193, 78, 86 Tz. 20 f.
16 BGHZ 180, 170, Tz. 28; bestätigend BGH FamRZ 2011, 1375, 1376 Tz. 16 ff. und BGHZ 193, 78, 86 Tz. 19.
17 Hierzu näher unten Rdnr. 368 f.

vor dem 1.1.2008 fällig geworden sind und Unterhaltsansprüche zwischen Ehegatten, die nach dem bis zum 30.6.1977 geltenden Recht geschieden wurden, richten sich nach bisherigem Recht (§ 36 Nr. 7 EGZPO). Im Übrigen können bereits **bestehende Titel** abgeändert werden, wenn die **gesetzliche Neuregelung selbst** zu einer wesentlichen Änderung führt und eine Abänderung dem anderen Teil unter dem Gesichtspunkt des Vertrauensschutzes zumutbar ist (§ 36 Nr. 1 EGZPO). Ob bei erstmaliger Titulierung nach dem 1.1.2008 ein ähnlicher Vertrauensschutz in Betracht kommt (das Gesetz sieht dies nicht vor), ist umstritten[18].

III. Maß und Berechnung des Lebensbedarfs

1. Das Maß des nachehelichen Lebensbedarfs

346 Unterhalt bedeutet **Deckung des Lebensbedarfs**. Ein solcher Lebensbedarf **existiert immer** und für **jeden Menschen**. Für einen möglichen Unterhaltsanspruch ist die Bestimmung dieses Lebensbedarfs in concreto **grundlegende Voraussetzung**. Denn an diese Feststellung schließt sich dann die Frage an, ob der Bedarf auch **in eigener Person gedeckt** werden kann (durch Erwerbstätigkeit und Vermögen); mit anderen Worten, ob der Betroffene **überhaupt bedürftig ist**.

347 Die Höhe (Maß) des Unterhalts wird durch den **gesamten Lebensbedarf** des Berechtigten bestimmt (§ 1578 Abs. 1 S. 2). Woran sich dieser Lebensbedarf auszurichten hat, bestimmt § 1578 Abs. 1 S. 1. Zunächst ist es der durch die **ehelichen Lebensverhältnisse** geprägte Lebensstandard, der das Maß des Unterhalts umreißt. Der Lebensbedarf umfasst auch Aus- und Fortbildungsmaßnahmen sowie sozialversicherungsrechtliche Belange (§ 1578 Abs. 2, Abs. 3)[19].

348 Unterhalt als **Deckung des Lebensbedarfs** ist von der **Vermögensbildung abzugrenzen**. Was Gatten (während ihrer Ehe) hierfür zurücklegen oder investieren, bleibt für die Bestimmung des ehelichen Lebensstandards außer Betracht. Dabei ist aber zu beachten, dass nicht jede Rücklage und nicht jeder Vermögenserwerb auch „Vermögensbildung" im unterhaltsrechtlichen Sinne darstellt. So ist der Erwerb eines Familienheims keine Vermögensbildung, sondern Deckung des Wohnbedarfs; um unterhaltsrechtliche Bedarfsdeckung geht es auch, wo für die Anschaffung teurer Gegenstände der Lebenshaltung (z.B. PKW) gespart wird.

2. Bestimmung des nachehelichen Lebensbedarfs

a) Ehezeitlich „prägende" Einkommensverhältnisse

349 Soweit für den Maßstab des Unterhalts die **ehelichen Lebensverhältnisse** (§ 1578 Abs. 1 S. 1) ausschlaggebend sind, können für die Bestimmung des nachehelichen Unterhaltsanspruchs nur die Faktoren herangezogen werden, die die ehelichen Lebens-

---

18 BGH FamRZ 2011, 1381, 1383 li. Sp. – Zur Frage der Verfassungsmäßigkeit des § 36 EGZPO vgl. *Maurer* FamRZ 2008, 2157, 2167 f.

19 Zum **Ende** des nachehelichen Unterhaltsanspruchs vgl. die Vorschriften der **§§ 1586-1586b**, insbes. den Übergang der Unterhaltsverpflichtung auf die Erben als **Nachlassverbindlichkeit** (§ 1586b Abs. 1).

verhältnisse „**geprägt**" haben[20]. Das sind die **während der Ehe** den Lebensstandard beider Gatten **dauerhaft** und **nachhaltig** bestimmenden **Einkommens- und Vermögensverhältnisse**, soweit sie zur Deckung des laufenden Lebensunterhalts bestimmt waren. Als **nachhaltig** für den Lebensunterhalt zur Verfügung stehendes Einkommen kommt nur das **Nettoeinkommen** der Ehegatten in Betracht, das um gewisse Abzüge (z.B. berufsbedingte Aufwendungen, Kindesunterhalt) zu bereinigen ist (so genanntes **bereinigtes Nettoeinkommen**). Diese Einkommen der beiden Ehegatten stellen den Unterhaltsbedarf nach den ehelichen Lebensverhältnissen dar, der den geschiedenen Partnern grundsätzlich hälftig zur Verfügung steht **(Halbteilungsgrundsatz)**.

b) Der maßgebliche Zeitpunkt – Verfassungswidrigkeit der „wandelbaren" ehelichen Lebensverhältnisse

Der **maßgebliche Zeitpunkt** für die Ermittlung dieses nach den „ehelichen Lebens-   **350** verhältnissen" zu bestimmenden Bedarfs war nach früherer ständiger BGH-Rechtsprechung und allgemeiner Meinung im Schrifttum der **Zeitpunkt der Rechtskraft der Ehescheidung**[21].

Von dieser Auffassung war die höchstrichterliche Judikatur in jüngerer Zeit zunehmend abgerückt und hat die Anknüpfung der Bedarfsbestimmung an das bislang geübte **Stichtagsprinzip** für „**überholt**" erklärt[22]. Entscheidend sei, dass § 1578 Abs. 1 **keine Lebensstandardgarantie** begründe. Das nacheheliche Unterhaltsrecht wolle den geschiedenen Unterhaltsgläubiger wirtschaftlich nicht besser stellen als er bei fortbestehender Ehe stehen würde[23]. Die „ehelichen Lebensverhältnisse" stellten sich demnach als „**wandelbare**" Parameter dar[24]. Auf der Grundlage dieser Rechtsprechung hatte der BGH für die zeitlich nach der Trennung beziehungsweise Scheidung (neu) zu bestimmenden „ehelichen Lebensverhältnisse" folgende Grundsätze formuliert.

Einkommensminderungen und **Neuverpflichtungen** des Unterhaltsschuldners sind insoweit **bedarfssenkend** zu berücksichtigen, als sie der Unterhaltsgläubiger auch bei (noch) bestehender Ehe hätte **mittragen müssen** (etwa die Geburt eines Kindes des Unterhaltsschuldners)[25]. In die Bedarfsermittlung einbezogen hat der BGH schließlich auch die Unterhaltsverpflichtung gegenüber einem neuen Ehegatten[26]. Das gelte umgekehrt für solche Erwerbsminderungen nicht, die der Unterhaltsschuldner infolge einer Verletzung seiner Erwerbsobliegenheit selbst zu verantworten habe und die leichtfertig und mutwillig den Anspruch des Berechtigten gefährden. In diesem Fall sei weiterhin vom bisherigen Einkommen (fiktive Einkünfte) auszugehen[27].

Einkommenssteigerungen sollen **bedarfserhöhend** wirken, wenn diese zusätzlichen Einkünfte bereits in den „ehelichen Lebensverhältnissen" „**angelegt**", d.h. „mit hoher Wahrscheinlichkeit" bereits während der Ehe zu erwarten waren und deshalb „**eheprägend**" sind[28]. Bejaht wurde das beispielsweise für die nach Ehescheidung erfolgte Regelbeförderung eines Beamten oder den erwarteten und voraussehbaren Berufseinstieg nach einer bei Ehescheidung gerade abge-

---

20 BGH FamRZ 1986, 780, 781 re. Sp.
21 Statt aller Palandt-*Brudermüller* § 1578 Rdnr. 12.
22 BGHZ 175, 182, Tz. 44; dort zugleich Nachweise zur Entwicklung der jüngeren Rspr.
23 BGHZ 153, 358, 366 ff.; 175, 182 Tz. 43 f.
24 BGHZ 171, 206 Tz. 21 mit weit. Nachweisen.
25 BGHZ 175, 182 Tz. 43.
26 BGHZ 177, 356, 367 ff.; dazu unten Rdnr. 351.
27 BGHZ 175, 182 Tz. 45.
28 Z.B. BGH NJW 1988, 2034 ff.

schlossenen oder kurz vor dem Abschluss stehenden Ausbildung oder bei Eintritt des Rentenbezugs[29]. **Nicht zu berücksichtigen** seien dagegen Einkommenssteigerungen infolge eines „**Karrieresprungs**" nach dem Trennungs- oder Scheidungszeitpunkt[30].

351 Auf dieser Grundlage der „wandelbaren" ehelichen Lebensverhältnisse hat der BGH seit dem Jahr 2008 die unterhaltsrechtliche **Konkurrenz** zwischen **geschiedenem** und **neuem Ehegatten** des Unterhaltsverpflichteten nach der so genannten **Drittelmethode** entschieden[31].

Danach wird bereits die **Bedarfsermittlung** (§ 1578) des geschiedenen Partners nach Maßgabe der neuen Verhältnisse (erneute Eheschließung des Unterhaltsschuldners) bestimmt. Der unterhaltsrechtliche Bedarf müsse sich stets am **verfügbaren Einkommen** orientieren. Deshalb seien nacheheliche Veränderungen (Verbesserungen oder Minderungen auf Seiten des Berechtigten wie Verpflichteten) zu berücksichtigen. Eine Grenze finde die Bedarfsanpassung erst bei vorwerfbarem Verhalten (dann fiktives Einkommen)[32]. Ein solches Verhalten könne in einer erneuten Eheschließung aber nicht gesehen werden; die geschiedene und die neue Ehe des Unterhaltsschuldners seien rechtlich gleichwertig. Einen grundsätzlichen Vorrang des geschiedenen Ehegatten kenne das nacheheliche Unterhaltsrecht nicht. – Im Falle mehrerer Berechtigter müsse deshalb der „Halbteilungsgrundsatz" zu einer **Drittelbeteiligung** fortentwickelt werden[33]. Die anrechenbaren Einkommen aller drei Beteiligten seien zu addieren und durch drei zu teilen. Dieser Betrag stelle dann den unterhaltsrechtlichen Bedarf des Einzelnen dar, auf den sein eigenes Einkommen anzurechnen sei. Allerdings fand diese Methode **nur zulasten** des **ehemaligen Ehegatten** Anwendung – nicht, wenn die Drittelmethode infolge eines hohen Einkommens des neuen Ehepartners zu einer unterhaltsrechtlichen Verbesserung des geschiedenen Gatten geführt hätte (vgl. unten Rdnr. 352). **Rechtssystematisch** gab diese Rechtsprechung die vom Gesetz vorgesehene getrennte Prüfungsabfolge von Bedarfsermittlung gemäß § 1578 einerseits und der Bestimmung der Leistungsfähigkeit des Unterhaltsschuldners nach § 1581 andererseits auf.

352 Diese neuere, vielfach kritisierte Rechtsprechung des BGH hat das **BVerfG** für **verfassungswidrig** erklärt[34]: Der BGH überschreite mit seiner Rechtsprechung zu den „wandelbaren ehelichen Lebensverhältnissen" und der daraus entwickelten Drittelmethode die Grenzen richterlicher Rechtsfortbildung und verstoße deshalb gegen Art. 2 Abs. 1 GG in Verbindung mit dem Rechtsstaatsprinzip des Art. 20 Abs. 3 GG[35]. – Mit seinem Urteil vom 7.12.2011 hat der **BGH** nunmehr **seine** für verfassungswidrig erklärte **Rechtsprechung aufgegeben** und ist zu seiner früheren Ansicht einer **stichtagsbezogenen Bedarfsermittlung zurückgekehrt**[36]. Bedarfsrelevant sind demnach grundsätzlich alle **bis zur Rechtskraft der Scheidung** eintretenden Umstände, einschließlich der Verpflichtungen zu weiterem Kindesunterhalt und zum Unterhalt gegenüber der Mutter eines nichtehelichen Kindes gemäß § 1615l[37]. Auch **nach rechtskräftiger Scheidung** eintretende Einkommensveränderungen können bedarfsrelevant sein, wenn sie **mit der Ehe in Zusammenhang** stehen, „gleichsam in ihr angelegt

---

29 BGH FamRZ 1986, 148 f.
30 BGHZ 175, 182 Tz. 46.
31 BGHZ 177, 356 ff.; zuletzt noch einmal ausführlich dargestellt und auf die Kritik eingehend BGHZ 183, 197 ff.
32 BGHZ 177, 356, 367 Tz. 30.
33 BGHZ 177, 356, 370 Tz. 39.
34 **BVerfG FamRZ 2011, 437 ff.**
35 BVerfG FamRZ 2011, 437, 440 Tz. 43 ff., 441 Tz. 55 ff., 442 Tz. 62 ff.
36 **BGH NJW 2012, 384, 386 ff.**
37 BGH NJW 2012, 384, 386 Tz. 18-20.

waren, oder [...] bei Fortbestand der Ehe auch deren Verhältnisse geprägt hätten"[38]. Dazu rechnet ein nicht vorwerfbarer Einkommensrückgang (z.B. unverschuldete Arbeitslosigkeit, Eintritt des Rentenalters); entgegen früherer BGH-Rechtsprechung dagegen nicht die Unterhaltsverpflichtungen gegenüber einem neuen Ehegatten, nachehelich geborenen Kindern oder der Splittingvorteil aus einer neuen Ehe[39]. – Berücksichtigung finden diese Umstände erst im Rahmen der Prüfung der **Leistungsfähigkeit des Verpflichteten** (§ 1589) und bei Verteilung der zur Verfügung stehenden Unterhaltsmittel nach der **gesetzlichen Rangfolge** (§ 1609)[40]. Wenn in causa diese Billigkeitsprüfung der Leistungsfähigkeit (§ 1581) anhand einer „Dreiteilung" geschieht, ist aus Rechtsgründen nichts zu erinnern[41].

c) Bewertung von Familienarbeit (Haushaltsführung, Kindererziehung)

Im Zusammenhang mit der Frage, welche **Tätigkeiten** der Ehegatten für die „**ehelichen Lebensverhältnisse" prägend** waren, muss auch beantwortet werden, ob nur eine bereits während der Ehe ausgeübte **Erwerbstätigkeit** heranzuziehen ist. Wesentliche Auswirkungen hat das für den Unterhaltsanspruch eines Ehegatten, der sich im Verlauf der Ehe ganz oder zu einem wesentlichen Teil der **Haushaltsführung** und der **Kindererziehung** gewidmet hat und erst nach der Trennung oder Scheidung (wieder) Erwerbseinkünfte erzielt. Das macht der folgende **Fall 43** deutlich.

353

> **Fall 43:** Die Eheleute F und M wurden nach 15-jähriger Ehe geschieden. Mit Eheschließung hatte F ihre Berufstätigkeit aufgegeben und sich fortan der Haushaltsführung und der Betreuung der beiden gemeinsamen Kinder gewidmet. Nach der Ehescheidung verdient sie aufgrund einer angemessenen Erwerbstätigkeit 750 €/mtl. netto. Ihr geschiedener Mann hat ein unterhaltsrechtlich relevantes Einkommen von 1500 €/mtl.

Der BGH ging lange Zeit davon aus, dass sich der für § 1578 Abs. 1 maßgebliche Lebensstandard allein nach den **während der Ehe** wirklich **erzielten Einkünften** richte. Eine nach Trennung aufgenommene Erwerbstätigkeit hat er nur dann mit herangezogen, wenn „die Aufnahme oder Ausweitung der Erwerbstätigkeit bereits in der Ehe geplant und angelegt war und damit auch ohne die Trennung erfolgt wäre" – also „prägend" im Sinne des § 1578 war[42]. Der wirtschaftliche Wert der **Haushaltsführung** und der **Kinderbetreuung** des nicht erwerbstätigen Gatten blieb deshalb als die „ehelichen Lebensverhältnisse" nicht prägend außer Betracht. Nach dieser Auffassung steht in **Fall 43** den Einkünften des M kein die ehelichen Lebensverhältnisse prägendes Einkommen der F gegenüber, d.h. der für § 1578 entscheidende Lebensstandard der Eheleute richtet sich allein nach dem Einkommen des M (1500 €). Als Unterhaltsbedarf für F ergibt sich nach dem Halbteilungsgrundsatz ein Betrag in Höhe von 750 € (1500 €: 2). Auf diesen Bedarf muss sich F ihr selbst erzieltes Einkommen in Höhe von 750 € anrechnen lassen, so dass sie im Ergebnis gegenüber M keinen Unterhaltsanspruch hat (so genannte **Anrechnungsmethode**). Anders stellt sich die Rechtslage dar, wenn F bereits während der Ehe berufstätig war. Das für den Lebensunterhalt zur

354

---

38 BGH NJW 2012, 384, 386 Tz. 23.
39 BGH NJW 2012, 384, 387 Tz. 26, 27.
40 Im Einzelnen vgl. BGH NJW 2012, 384, 388 Tz. 36 ff.
41 BGH NJW 2012, 384, 389 Tz. 42.
42 BGHZ 148, 105, 111.

Verfügung stehende („prägende") Gesamteinkommen der Gatten beträgt dann 2250 €; daraus ergibt sich für F ein Unterhaltsbedarf von 1125 €. Bringt man davon ihr eigenes Einkommen (750 €) in Abzug, verbleibt ein noch zu deckender Bedarf und damit ein Unterhaltsanspruch in Höhe von 375 € (so genannte **Additionsmethode**[43]).

355 Den Bedenken gegen die bislang geübte Anrechnungsmethode hat der BGH nunmehr jedenfalls in den Fällen Rechnung getragen, in denen der berechtigte Ehegatte nach der Trennung oder Ehescheidung tatsächlich ein Einkommen erzielt oder erzielen kann. In diesem Fall seien die erzielten Einkünfte als **Surrogat** des wirtschaftlichen Wertes der bisher in der Ehe erbrachten Leistungen im **Haushalt** und bei der **Kindererziehung** zu betrachten. Dieses Einkommen ist deshalb nach der Differenz- beziehungsweise Additionsmethode für die Bestimmung des Lebensbedarfs nach den „ehelichen Lebensverhältnissen" im Sinne des § 1578 mitzuberücksichtigen[44]. Ausschlaggebender Gesichtspunkt für diese Rechtsprechungsänderung ist die Wertung des Gesetzgebers, wonach die in **Familie und Haushalt** erbrachten Tätigkeiten **gleichwertig** neben die **Erwerbseinkünfte** des anderen Partners treten (§§ 1356, 1360 S. 2, 1606 Abs. 3 S. 2) und deshalb auch die ehelichen Lebensverhältnisse entscheidend mitprägen[45]. Eine unterhaltsrechtliche Berücksichtigung nachehelich erzielter Einkünfte hat auch dann zu erfolgen, wenn diese Einkünfte nicht auf einer Erwerbstätigkeit beruhen, die von den Ehegatten bereits planend ins Auge gefasst waren[46].

d) *Objektive Bestimmung*

356 Der Umfang des Lebensbedarfs kann **subjektiv**, also nach den tatsächlich geübten Verhältnissen der Eheleute (sparsam; verschwenderisch) oder **objektiv** nach Maßgabe der zur Verfügung stehenden finanziellen Mittel bestimmt werden. Für die Bemessung des Unterhaltsbedarfs nach § 1578 ist auf einen **objektiven**, vom Standpunkt eines **vernünftigen Betrachters** aus als angemessen erscheinenden Lebensstandard abzustellen[47]. Die Grundlage dafür bilden die bereinigten Nettoeinkommen der Eheleute (vgl. oben Rdnr. 349).

IV. Bedürftigkeit des Berechtigten

357 Ist der Umfang des Unterhaltsbedarfs im Sinne des § 1578 festgestellt, muss als **zweite Prüfungsstation** eines Unterhaltsanspruchs die Frage stehen, ob dieser Bedarf **vom Betroffenen** selbst **gedeckt** werden kann (§ 1569 S. 1). **Nur** wenn das **nicht der Fall**, der geschiedene Ehegatte also **bedürftig** ist, kommt ein Unterhaltsanspruch in Betracht (§ 1569 S. 2). Selbst wenn daher ein nachehelicher Unterhaltatbestand der

---

43 Zum gleichen Ergebnis führt die **Differenzmethode**, die die prägenden Einkommen saldiert und aus der verbleibenden Differenz den Unterhalt ermittelt; im obigen Beispiel: (1500 € – 750 €) : 2 = 375 €.
44 **Grundlegend BGHZ 148, 105, 120 = JuS 2001, 1123, 1125.**
45 Die frühere Rspr. des BGH auf der Grundlage der Anrechnungsmethode wurde vom BVerfG als gegen Art. 6 Abs. 1 und Art. 3 Abs. 2 GG verstoßend gewertet; BVerfG FamRZ 2002, 527 ff.= JuS 2002, 816 f. Gleichzeitig hat das BVerfG den vom BGH eingeschlagenen Weg als mögliche, der verfassungsrechtlichen Gleichwertigkeit von Familienarbeit und Erwerbstätigkeit Rechnung tragende Unterhaltsbemessung bestätigt.
46 BVerfG FamRZ 2002, 527, 529 f.
47 Vgl. BGH FamRZ 2007, 1532, 1534 re. Sp.

§§ 1570 ff. vorliegt und die (volle) Aufnahme einer Erwerbstätigkeit nicht verlangt werden kann, **scheidet ein Anspruch aus**, sofern sich der frühere Ehegatte aus sonstigen Einkünften und aus seinem Vermögen[48] **selbst** unterhalten kann (§ 1577 Abs. 1)[49] – **Bedürftigkeit** des Anspruchstellers. Die Verwertung des **Vermögensstammes** (nicht der Einkünfte und Nutzungen des Vermögens) steht unter dem Vorbehalt der Wirtschaftlichkeit und Billigkeit (§ 1577 Abs. 3)[50].

Unglücklich gefasst ist die Anrechnungsvorschrift des **§ 1577 Abs. 2**. Während § 1577 Abs. 1 zum Ausdruck bringt, dass Einkünfte des berechtigten Gatten aus einer von ihm zu erwartenden und angemessenen Erwerbstätigkeit (§ 1574 Abs. 2) voll anzurechnen sind, trifft § 1577 Abs. 2 **(nur)** für **nicht zumutbare Einkünfte** eine differenzierte Regelung. Dabei kommt es nicht darauf an, inwieweit der Verpflichtete den von ihm geschuldeten „vollen Unterhalt" leistet, sondern lediglich, inwieweit der **volle Unterhaltsbedarf des Berechtigten** im Sinne des §§ 1578, 1578b **gedeckt** wird (durch den vom Pflichtigen geschuldeten Unterhalt und die anrechenbaren Erwerbseinkünfte aus zumutbarer Arbeit des Berechtigten)[51]. Es gilt der Grundsatz, dass ein Verpflichteter durch die Einkünfte aus **nicht zumutbarer** Tätigkeit des Unterhaltsberechtigten solange **nicht entlastet** wird (also keine Minderung der Bedürftigkeit eintritt), solange diese Einkünfte den **vollen Unterhaltsbedarf** des Berechtigten **nicht übersteigen** – gleichgültig, ob der volle Unterhaltsbedarf nicht erreicht wird, weil der Schuldner (des „vollen Unterhalts") seiner Verpflichtung nicht nachkommt, oder weil (bei eingeschränkter Leistungsfähigkeit) die Verpflichtung des Schuldners den vollen Unterhaltsbedarf gar nicht erreicht.

Hat beispielsweise die geschiedene F einen Unterhaltsbedarf von 600 € monatlich und ist M wegen eingeschränkter Leistungsfähigkeit zur Zahlung von monatlich 300 € verpflichtet, so haben Einkünfte der F aus nicht angemessener (oder nicht zu erwartender) Tätigkeit bis zu einem Betrag von 300 € keine Auswirkung auf die Zahlungspflicht des M (§ 1577 Abs. 2 S. 1). – Bezahlt der voll unterhaltspflichtige M (600 €) der F lediglich 300 €, so hindert ein Einkommen der F aus nicht angemessener (oder nicht zu erwartender) Tätigkeit bis zu 300 € diese ebenfalls nicht, von M weiterhin den vollen Betrag, also auch die noch ausstehenden 300 € zu verlangen (§ 1577 Abs. 2 S. 1).

Erst dann, wenn Einkünfte aus unterhaltsrechtlich nicht zumutbarer Tätigkeit den (vollen) **Lebensbedarf übersteigen**, erfolgt eine Anrechnung des **Überschusses** gemäß § 1577 Abs. 2 S. 2 (Beachtung der wirtschaftlichen Verhältnisse und nach Billigkeit). Die Rechtspraxis rechnet den Betrag in aller Regel zur Hälfte an[52]. – § 1577 Abs. 2 S. 2 regelt die Anrechnungsfrage so genannter überobligationsmäßiger Tätigkeit allein für die Person des **Berechtigten**. Entsprechendes gilt aber auch für überobligationsmäßige Einkünfte beim **Unterhaltspflichtigen** (z.B. weitere Erwerbstätigkeit nach Erreichen der gesetzlichen Regelaltersgrenze). Rechtliche Grundlage für eine Anrechnung nach Billigkeit ist hier § 242[53].

358

---

48 Auch Nutzungen (§ 100) des Vermögens.
49 Eine **selbstständige Bedeutung** für die Beurteilung einer Erwerbsobliegenheit kommt § 1577 Abs. 1 in den Fällen des (neu formulierten) § 1570 und des § 1575 zu. Im Übrigen ist diese Frage auch im Rahmen der Begründung des Unterhaltsanspruches zu prüfen („soweit").
50 BGH NJW 1985, 909, 911 (Zugewinn).
51 BGH FamRZ 1983, 146, 148 re. Sp. f.
52 Etwa OLG Saarbrücken NJW-RR 2006, 869 ff. – Nur dieser **anrechenbare Teil** ist auch bei der **Bedarfsermittlung** (§ 1578) zu berücksichtigen, BGH FamRZ 2005, 1154, 1157 re. Sp.
53 BGHZ 188, 50, 55 Tz. 17.

V. Unterhaltsrechtsverhältnisse

359   **Fall 44:** Die sehr vermögende Unternehmerin F hatte ihren Fremdsprachensekretär M geheiratet. Mit Eheschluss gab dieser seine Erwerbstätigkeit auf. Die dreijährige, kinderlose Ehe war ausgesprochen luxuriös geführt worden. M übte auch im Haushalt keine wesentlichen Tätigkeiten aus und hatte monatlich ca. 5000 € zu seiner freien Verfügung. Nach der Scheidung könnte M nur eine Anstellung als Schreibkraft aufnehmen, was er jedoch nicht akzeptiert. Als nach einem Jahr ein angemessener Arbeitsplatz in Aussicht steht, vermag M aufgrund gesundheitlicher Beschwerden die angebotene Stelle nicht anzunehmen und ist über Jahre hinweg arbeitsunfähig krank. F hat inzwischen wieder geheiratet. Unterhaltsrechtliche Lage?

Der Unterhaltsanspruch eines geschiedenen Ehegatten beruht auf dem Rechtsgedanken der **nachehelichen Solidarität** und lässt sich deshalb auch mit dem scheidungsrechtlichen Zerrüttungsprinzip (§ 1565 Abs. 1) in Einklang bringen[54]. **Grundlegende Voraussetzung** eines Anspruchs und zugleich **dritter Prüfungsschritt** ist jetzt die Feststellung, ob die vorhandene Bedürftigkeit eines geschiedenen Gatten durch eines der in §§ **1570 ff.** enumerativ **aufgezählten** Unterhaltsrechtsverhältnisse **ausgelöst** ist (vgl. § 1569 S. 2).

360   Eine Unterhaltsberechtigung nach der Ehe kann sich herleiten aus der Pflege oder Erziehung eines gemeinschaftlichen[55] Kindes, so genannter **Betreuungsunterhalt** (§ 1570), aus **Altersgründen** (§ 1571), aus Gründen von **Krankheit** oder **Gebrechlichkeit** (§ 1572), wegen **Erwerbslosigkeit** (§ 1573 Abs. 1), wegen ehebedingter **Aus-** und **Weiterbildungsdefizite** (§ 1575) und aus **Billigkeitsgründen** (§ 1576). Schließlich kann Unterhalt verlangt werden, soweit das Einkommen aus angemessener Erwerbstätigkeit und andere Unterhaltstatbestände den vollen Unterhalt nicht abdecken (**Aufstockungsunterhalt**, § 1573 Abs. 2).

361   Der konkrete Unterhaltstatbestand muss grundsätzlich im **Zeitpunkt der Ehescheidung** vorliegen (so genannter **Einsatzzeitpunkt**). Unterhalt wegen Alters, wegen Krankheit oder Erwerbslosigkeit kann also grundsätzlich nur verlangt werden, wenn Alter, Krankheit oder Erwerbslosigkeit im Zeitpunkt der Ehescheidung bereits vorliegen (ausdrücklich §§ 1571 Nr. 1, 1572 Nr. 1). Allerdings können einzelne Unterhaltstatbestände in **zeitlicher Aufeinanderfolge** auftreten, so dass sich etwa an Jahre des Betreuungsunterhalts ein Unterhaltsanspruch wegen Alters oder Krankheit anschließen kann (vgl. § 1571 Nr. 2, § 1572 Nr. 2) – so genannter **Anschlussunterhalt**.

Eine **Ausnahme** vom Einsatzzeitpunkt der Ehescheidung galt bis zum Inkrafttreten des **UÄndG** am 1.1.2008[56] für den **Betreuungsunterhalt** nach § **1570**. Nach der alten Fassung gewährte die Vorschrift nachehelichen Unterhalt „solange und soweit [...] wegen der Pflege oder Erziehung eines gemeinschaftlichen Kindes" eine Erwerbstätigkeit nicht erwartet werden konnte. Die Pflegenotwendigkeit (Einsatzzeitpunkt) konnte sich noch Jahre nach der Ehescheidung und auch bei einem volljährigen Kind (Unfall) ergeben. Die **Neufassung** wirft insoweit Zweifel auf. Denn nach § 1570 Abs. 1 S. 1 gibt es Unterhalt „wegen Pflege oder Erziehung" grundsätzlich nur noch

---

54 Verfassungsmäßigkeit deshalb bejaht von BVerfGE 57, 361 ff. = JuS 1982, 208 ff.
55 Bei einem nicht gemeinschaftlichen Kind kann allenfalls ein Anspruch nach § 1576 gegeben sein; BGH NJW 1984, 1538, 1540 re. Sp. (Pflegekind).
56 UÄndG vom 21.12.2007 (BGBl. I S. 3189).

(„mindestens") für **drei Jahre nach Geburt des Kindes**. Im Anschluss daran sind nur „Verlängerungen" dieses Anspruchs möglich (§ 1570 Abs. 1 S. 2, 3; Abs. 2). Nach dem Wortlaut der Vorschrift ist es deshalb fraglich, ob ein später auftretender, erstmaliger Betreuungsbedarf noch eine „Verlängerung" dieses Unterhaltsanspruchs auslösen kann[57]. Bejaht man dies, so lässt sich ein entsprechender Anspruch jedenfalls nur auf **kindbezogene** Billigkeitsgründe im Sinne des § 1570 Abs. 1 S. 2, S. 3 oder auf **elternbezogene** Gründe nach § 1570 Abs. 2 stützen und bedarf des individuellen Nachweises seitens des Anspruchstellers[58].

In **Fall 44** kommt eine Unterhaltsberechtigung für M nach den §§ 1570 bis 1572 nicht in Betracht, allerdings ein Anspruch gemäß **§ 1573 Abs. 1**, weil er zum Zeitpunkt der Ehescheidung **(Einsatzzeitpunkt)** keine **angemessene Erwerbstätigkeit** finden kann. Die Erwerbsobliegenheit des geschiedenen Ehegatten beschränkt sich auf eine solche Tätigkeit (§ 1574 Abs. 1). Die **Angemessenheit** einer Erwerbstätigkeit richtet sich in erster Linie nach den persönlichen Fähigkeiten (Ausbildung, Alter, Gesundheitszustand). Nach der Neufassung des § 1574 Abs. 2 ist Maßstab für die Angemessenheit aber auch die frühere Tätigkeit des geschiedenen Gatten, wohingegen die „ehelichen Lebensverhältnisse" kein eigenständiges Beurteilungskriterium einer angemessenen Tätigkeit mehr sind. Sie finden nur noch in eine Gesamt-Billigkeitsabwägung Eingang (§ 1574 Abs. 2 S. 1 in Verbindung mit S. 2). Zur Sicherung einer angemessenen Tätigkeit können Aus-, Fortbildungs- oder Umschulungsmaßnahmen notwendig sein; dem betreffenden Ehegatten obliegt dann die Wahrnehmung solcher Angebote (§ 1574 Abs. 3). Wird im Anschluss an einen vom Partner finanzierten höheren Ausbildungsstandard Unterhalt nach § 1573 Abs. 1 verlangt, so bleibt für die Frage der Angemessenheit die jetzt erreichte Qualifikation außer Betracht (§ 1575 Abs. 3). – Im **Fall 44** wird man sagen müssen, dass die Stelle einer Schreibkraft nicht einer angemessenen Erwerbstätigkeit für M entspricht, so dass dem M grundsätzlich ein Unterhaltsanspruch nach § 1573 Abs. 1 zusteht.

362

Der Anspruch nach **§ 1573 Abs. 1** gerät angesichts des Grundgedankens der je und je eigenständigen Unterhaltssicherung durch die geschiedenen Gatten selbst (§ 1569) nicht selten in Kollision mit dem vom einzelnen Ehegatten zu tragenden (allgemeinen) **Arbeitsplatzrisiko**. Was vor der Unterhaltsrechtsreform spezialgesetzlich geregelt war (so für den hiesigen Unterhalt wegen Erwerbslosigkeit gemäß § 1573 Abs. 5 a.F.), gilt seit 1.1.2008 für **jeden Unterhaltsanspruch**: die Möglichkeit der Herabsetzung des Unterhaltsbedarfs auf den „angemessenen Lebensbedarf" (§ 1578b Abs. 1) und der zeitlichen Begrenzung des Unterhaltsanspruchs (§ 1578b Abs. 2)[59]. Das bedeutet in **Fall 44**, dass sich an das (eventuell zeitlich begrenzte) nach einem Jahr weggefallene Unterhaltsrechtsverhältnis gemäß § 1573 Abs. 1 ein weiterer Unterhaltstatbestand nach § 1572 Nr. 4 anschließt.

363

Der konkrete Sachverhalt in **Fall 44** legt es nahe, eine **Herabsetzung des Lebensbedarfs** nach § 1578b Abs. 1 zu prüfen (und zu bejahen). Die Textfassung, die von der Herabsetzung auf den **„angemessenen Lebensbedarf"** (im Verhältnis zum Lebensbedarf nach den „ehelichen Lebensverhältnissen", § 1578 Abs. 1) spricht, ist unglücklich. Gemeint ist damit, dass sich der Bedarf

---

57 Vgl. BGHZ 180, 170, 183 Tz. 41 („einheitlicher Unterhaltsanspruch"); im genannten Sinne aber (allerdings ohne nähere Begründung) Palandt-*Brudermüller* § 1570 Rdnr. 7.

58 Ebenso BGHZ 180, 170, 180 Tz. 29; 193, 78, 86 Tz. 19 ff. – vgl. dazu oben Rdnr. 342. – Eine „Verlängerung" nach § 1570 Abs. 2 wird allgemein nur in unmittelbarem Anschluss an den Basisunterhalt nach Abs. 1 für möglich gehalten.

59 Eine starre zeitliche Begrenzbarkeit im Hinblick auf die „Dauer der Ehe" (vgl. § 1578b Abs. 2 S. 2 i.V.m. Abs. 1 S. 3) gibt es nicht. Die neuere BGH-Rspr. deutet für die Begrenzbarkeit auf eine Ehedauer von 15 Jahren hin. Jedenfalls gewinnt ab einer 10-jährigen Ehedauer der Gesichtspunkt einer dauerhaften Unterhaltsgarantie immer stärkeres Gewicht, so dass nur erhebliche Gesichtspunkte im Einzelfall eine Begrenzung rechtfertigen werden; vgl. BGH FamRZ 2004, 1357, 1360 re. Sp.

(oberhalb des Existenzminimums) am **vorehelichen Lebensstandard** des Berechtigten orientieren soll[60]. Ehebedingte Nachteile für die eigene Erwerbstätigkeit sind in der Person des M ebenso wenig zu erkennen wie besondere Leistungen für den gemeinsamen Haushalt oder für gemeinsame Kinder (§ 1578b Abs. 1 S. 2, 3) **Zugleich** kommt eine **zeitliche Begrenzung** auch dieses Anspruchs in Betracht (§ 1578b Abs. 3).

Eine Beschränkung oder Versagung des Unterhalts wegen **Unbilligkeit** (§ 1579) scheidet in **Fall 44** dagegen aus[61].

VI. Leistungsfähigkeit des Verpflichteten

364   Ein Anspruch auf nachehelichen Unterhalt besteht nur, wenn der **Verpflichtete leistungsfähig** ist. Während Unterhaltsbedarf (§ 1578 Abs. 1), Bedürftigkeit (§§ 1569 S. 1, 1577) und besonderer Unterhaltstatbestand (§§ 1570 ff.) **Anspruchsvoraussetzungen** sind, ihr **Nachweis** also dem **Anspruchsteller** obliegt, ist es Sache des **Anspruchsgegners** darzulegen und zu beweisen, dass er **mangels Leistungsfähigkeit** zur Zahlung des Unterhalts (in der geforderten Höhe) nicht in der Lage ist. Der **vierte Schritt** in der unterhaltsrechtlichen Anspruchsprüfung ist also die Prüfung einer anspruchshindernden **Einrede**.

365   Leistungsfähigkeit des in Anspruch Genommenen **entfällt**, soweit durch die Zahlung der eigene angemessene Unterhalt des Verpflichteten (oder der von vor- und gleichrangig berechtigten Personen) gefährdet sein würde, so genannter **Mangelfall (§ 1581 S. 1)**. Tritt diese Situation ein (Opfergrenze), braucht Unterhalt nur insoweit geleistet zu werden, „als es mit Rücksicht auf die Bedürfnisse und die Erwerbs- und Vermögensverhältnisse der geschiedenen Gatten der Billigkeit entspricht" (§ 1581 S. 1). Das **Gesetz** selbst gibt allerdings **keinen Hinweis**, wann das Maß des „**eigenen angemessenen Unterhalts**" im Sinne der Vorschrift unterschritten wird. Lange Zeit war deshalb strittig, ob dafür auf die „ehelichen Lebensverhältnisse" des § 1578 Abs. 1 abzustellen oder ob die Grenze des so genannten Selbstbehalts nach § 1603 Abs. 1 (großer Selbstbehalt) oder gar jene nach § 1603 Abs. 2 (notwendiger Selbstbehalt) maßgeblich sei. In einer Leitentscheidung hatte der BGH die Frage zunächst dahin entschieden, dass für die Haftungsgrenze des § 1581, deren Überschreiten die Billigkeitsprüfung eröffnet, der **eheangemessene Unterhalt** des **§ 1578 Abs. 1 S. 1** entscheidend sei[62]. Verhindert werden sollte dadurch, dass zwar der Unterhaltsberechtigte nach wie vor einen Anspruch nach Maßgabe der ehelichen Lebensverhältnisse (§ 1578 Abs. 1) habe, der Verpflichtete aber (wegen minderer Vermögenseinnahmen) unter dieses Niveau absinke. Diese Rechtsprechung hat der BGH dahin **modifiziert**, dass die Festlegung des Unterhaltsbedarfs nach § 1578 Abs. 1 **keine** unveränderte **Lebensstandardgarantie** bedeute. Vielmehr **senke** eine vom Verpflichteten nicht verschuldete und nicht illoyal herbeigeführte Vermögensminderung (z.B. Erwerbslosigkeit) **bereits** den an § 1578

---

60 BGH NJW 1986, 2832, 2834 re. Sp.
61 Ein solcher Grund könnte **hier** allenfalls wegen der nur **dreijährigen Ehedauer** gegeben sein (§ 1579 Nr. 1). Nach der Rspr. des BGH ist eine „kurze Dauer" regelmäßig bis zu einer Ehezeit von 2 Jahren anzunehmen, bei über 3 Jahren dagegen regelmäßig zu verneinen, vgl. Palandt-*Brudermüller* § 1579 Rdnr. 7.
62 BGHZ 109, 72, 83.

Abs. 1 ausgerichteten **Unterhaltsbedarf** des Berechtigten in gleicher Weise wie er diese Minderung als Ehegatte zu tragen hätte[63]. Die **Leistungsfähigkeit** im Sinne des § 1581 wird in diesem Fall **nicht berührt**[64].

Äußerste Grenze der Leistungsfähigkeit ist das Existenzminimum im Sinne des Sozialhilferechts[65]. Im Übrigen liegt diese Grenze nach der neueren BGH-Rechtsprechung regelmäßig **zwischen** dem „**notwendigen**" Selbstbehalt des § 1603 Abs. 2 und dem „**angemessenen**" Selbstbehalt des § 1603 Abs. 1[66]. Die Höhe der Selbstbehalte lässt sich den in der Praxis verbreiteten Tabellenwerken entnehmen[67].

366

VII. Ausschluss bei grober Unbilligkeit (Härteklausel)

Liegen alle Voraussetzungen eines Unterhaltsanspruchs vor, so entfällt ein solcher gleichwohl, wenn und soweit die Inanspruchnahme des Verpflichteten **grob unbillig** wäre (§ 1579). Diese Prüfung hat vor allem im Auge, ob der berechtigte ehemalige Ehegatte sich während der Ehe (schwerer) **Verfehlungen** gegenüber seinem Partner schuldig gemacht hat oder ihm sonstiges **schwerwiegendes persönliches** oder **wirtschaftliches Fehlverhalten** vorzuwerfen ist. Der Unterhaltsanspruch kann dann versagt, herabgesetzt oder zeitlich begrenzt werden.

367

VIII. Mehrere Berechtigte

Hat sich ein unterhaltspflichtiger geschiedener Ehegatte **erneut verheiratet** oder (und) ist er **weiteren Personen** (Kindern) **unterhaltspflichtig**, so entsteht – weil regelmäßig nicht alle Unterhaltsberechtigten in voller Höhe befriedigt werden können **(Mangelfall, § 1581)** – die Frage nach etwaigen **vorrangig Berechtigten**. Hinsichtlich dieser Rangfolge hat das UÄndG ebenfalls erhebliche **Änderungen** gebracht.

368

1. Rangfolge

Das **bisherige Recht** hatte bei Wiederheirat des Verpflichteten einerseits das Rangverhältnis zwischen **jetzigem** und **geschiedenem** Ehegatten geregelt (§ 1582 a.F.), andererseits in § 1609 a.F. die **Rangfolge** zwischen **Verwandten** des Verpflichteten (vor allem dessen Kinder) und dem (jetzigen und früheren) **Ehegatten** bestimmt. – Nach **neuer** Rechtslage wird die **Rangfolge** bei „mehreren Unterhaltsberechtigten" **einheitlich** in § 1609 konzentriert und festgelegt. Danach gilt:

369

- **Ersten Rang** genießen die so genannten „**privilegierten**" Kinder im Sinne des § 1603 Abs. 2 (unverheiratete minderjährige und ihnen gleichgestellte Kinder) – **absoluter Vorrang** nach neuem Recht.

---

63 **BGHZ 166, 351 ff.**; vgl. dazu bereits oben Rdnr. 350. Zu (weiterhin) bedarfsrelevanten nachehelichen Änderungen oben Rdnr. 352.
64 BGHZ 166, 351, 363 Tz. 29.
65 BGHZ 111, 194 ff.
66 BGHZ 166, 351 ff.
67 Nach der sog. **Düsseldorfer Tabelle** (Stand: 1.1.2013) beträgt dieser angemessene Selbstbehalt i.S.d. § 1581 1100 € – unabhängig von einer Erwerbstätigkeit des Verpflichteten.

- An **zweiter Stelle** stehen **Elternteile**, die **ein Kind** des Verpflichteten **betreuen** und deshalb unterhaltsberechtigt sind oder im Falle einer Ehescheidung unterhaltsberechtigt (§ 1570) wären. Gleichgültig ist, ob der betreuende Elternteil ein früherer Ehegatte, der jetzige (Ehe-)Partner oder der nicht mit dem Verpflichteten zusammenlebende Elternteil eines Kindes ist (vgl. § 1615l). Ihnen stehen Ehegatten und geschiedene Gatten gleich, wenn die Ehe von „langer Dauer" war oder ist[68].

- An **dritter Rangstelle** stehen die (jetzigen und geschiedenen) **Ehegatten**, die **kein Kind betreuen**, denen auf dem **vierten Rang** die **nicht privilegierten Kinder** folgen[69].

2. Rechtsfolgen und Mangelfall

370   Konsequenz der unterhaltsrechtlichen Rangfolge ist, dass – falls der Schuldner mangels Leistungsfähigkeit nicht alle Unterhaltsansprüche erfüllen kann (Mangelfall) – Angehörige des **besseren** Rangs **vollständig** befriedigt werden, bevor nachrangig Berechtigte Unterhalt erhalten. Danach sind etwa zunächst die Unterhaltsansprüche **sämtlicher („privilegierter") Kinder** des Verpflichteten **zu erfüllen** (§ 1609 Nr. 1), bevor ein betreuender Elternteil Unterhaltsleistungen erhält (§ 1609 Nr. 2). Schwierigkeiten treten auf, wenn die **Verteilungsmasse** nicht ausreicht, um den Bedarf von **gleichrangig Unterhaltsberechtigten** zu decken. In diesem Fall ist aus den einzelnen (unterschiedlich hohen) Bedarfen **(Einsatzbeträge)** eine Gesamtsumme zu bilden **(Gesamtbedarf)**. Der einzelne Unterhaltsanspruch ergibt sich dann nach folgender Formel:

$$\frac{\text{Einsatzbetrag} \times \text{Verteilungsmasse}}{\text{Gesamtbedarf}}$$

3. Die so genannte Hausmann-Rechtsprechung

371   Heiratet der einem gemeinsamen Kind oder (und) seinem ehemaligen Partner **barunterhaltspflichtige** geschiedene Ehegatte erneut, dann fragt sich, ob und inwieweit seine Kinder beziehungsweise der geschiedene Partner einen **Rollentausch** des **Unterhaltspflichtigen** in seiner neuen Ehe hinnehmen müssen (Haushalt statt Erwerbstätigkeit) mit der Folge, dass der Barunterhalt mangels Einkünften nicht mehr geleistet werden kann.

372   Die autonome Gestaltung des innerehelichen Verhältnisses (§ 1356) durch die Gatten selbst genießt den Schutz der Verfassung (Art. 6 Abs. 1 GG)[70]. Diese Freiheit wirkt aber grundsätzlich nur im Verhältnis der Ehegatten untereinander und kann deshalb **nicht** von der bestehenden **unterhaltsrechtlichen Verantwortung** gegenüber einer früheren Familie **entlasten**. Zu dieser Elternverantwortung (Art. 6 Abs. 2 GG) zählt auch die Sicherstellung des Barunterhalts in den Grenzen der Leistungsfähigkeit (§ 1603)[71]. Die Ehegestaltungsfreiheit (§ 1356 Abs. 1) kann deshalb eine durch innerehelichen

---

68   Eine „lange Ehedauer" ist nach früherer Praxis in aller Regel für eine Ehe ab 15 Jahren angenommen worden. Eine rein zeitlich ausgerichtete Bestimmung der „Ehedauer" ist nach neuem Recht nicht mehr möglich, weil diese Feststellung auch mit Blick auf ehebedingte Nachteile i.S.d. § 1578b Abs. 1 S. 2, S. 3 zu treffen ist.

69   Zu der weiteren Rangfolge vgl. § 1609 Nr. 5-7.

70   Vgl. oben § 2 Rdnr. 10.

71   BVerfG NJW 1985, 1211 re. Sp.

Rollentausch eintretende Leistungsunfähigkeit nicht rechtfertigen. Auch die Betreuung eines Kindes in der zweiten Ehe ändert nichts an der unterhaltsrechtlichen Gleichrangigkeit aller minderjähriger Kinder (§ 1609 Nr. 1), für die der Unterhaltspflichtige verantwortlich ist. Der neue Ehepartner hat deshalb bei Ausübung seiner Erwerbstätigkeit auf die Belange des anderen, zu denen auch dessen Unterhaltspflicht zählt, Rücksicht zu nehmen (§ 1356 Abs. 2 S. 2) und den haushaltsführenden Gatten soweit zu entlasten, dass er im Wege eines **zumutbaren Nebenerwerbs** die Beiträge seiner Unterhaltsverpflichtung erwirtschaften kann[72]. Diese für unterhaltsberechtigte minderjährige Kinder aus einer früheren Ehe entwickelten Grundsätze hatte der BGH wegen des nach altem Recht bestehenden Gleichrangs (§ 1609 Abs. 2 a.F.) auch für einen unterhaltsberechtigten früheren Ehepartner übernommen[73]. Heute gilt das Gewicht dieses Arguments der verfassungsrechtlichen Unterhaltsverantwortung nach Art. 6 Abs. 2 GG für (insoweit stets nachrangige) Ehegatten (§ 1609 Nr. 2, Nr. 3) nicht mehr. Eine **Grenze** kann dort liegen, wo der Rollentausch – bei Abwägung der beidseitigen Interessen – von dem Unterhaltsberechtigten hinzunehmen ist, weil der Wechsel zu einem **deutlich günstigeren Familienunterhalt** in der **neuen Ehe** des Verpflichteten führt[74]. Aber **auch dann** obliegt es dem Unterhaltspflichtigen, über seine Rolle im Haushalt der gegenwärtigen Ehe hinaus seine Leistungsfähigkeit „in vollem Umfang auszuschöpfen" und nach den gegebenen Umständen einer Nebentätigkeit nachzugehen[75].

Müssen unterhaltsberechtigte Kinder aus früherer Ehe den Rollentausch von der Erwerbstätigkeit zur Haushaltsführung hinnehmen, so ist der **Unterhalt der Kinder** nach der so genannten **Hausmann-Rechtsprechung** zu ermitteln. Dabei ist zu fragen, ob der eigene Selbstbehalt des Schuldners (vgl. § 1603 Abs. 2) durch seinen Anspruch auf Familienunterhalt in der neuen Ehe gesichert ist. Trifft dies zu, stehen Einkünfte aus seiner Nebentätigkeit ausschließlich den unterhaltsberechtigten Kindern aus früherer Ehe zur Verfügung. Allerdings hatte der BGH die Obliegenheit zur Nebenerwerbstätigkeit durch eine **fiktive Kontrollberechnung** beschränkt: Nebenerwerbstätigkeit müsse nur insoweit aufgenommen werden, um die unterhaltsberechtigten Kinder aus der früheren Ehe nicht schlechter zu stellen, als sie stehen würden, wäre es zu einem Rollentausch nicht gekommen (und der Unterhaltspflichtige müsste von diesen Einkünften sonstige gleichrangige Unterhaltspflichten und seinen Selbstbehalt bestreiten). Diese Rechtsprechung hat der BGH **aufgegeben**[76]. Entscheidend ist allein die **tatsächliche Leistungsfähigkeit** nach den **konkreten Verhältnissen** in der neuen Ehe. Dies kann dann unter Berücksichtigung der Obliegenheit zu einer Nebenerwerbstätigkeit und des Einsatzes von Taschengeld auch zu einer Besserstellung der (minderjährigen) unterhaltsberechtigten Kinder führen; auch deshalb, weil sich der Unterhaltsbedarf minderjähriger Kinder stets nach den Einkommensverhältnissen des Barunterhaltspflichtigen richtet.

373

---

72 BGH NJW 1996, 1815, 1816 li. Sp.
73 BGH NJW 1996, 1815, 1816 li. Sp.
74 BGH NJW 1996, 1815, 1816; diese Rspr. bestätigend BGHZ 169, 200, 204 Tz. 13 f.; BGHZ 183, 197, 213 f. Tz. 46–48.
75 BGHZ 169, 200, 205 f. Tz. 17.
76 BGHZ 169, 200, 207 ff. Tz. 23-27.

§ 17 Versorgungsausgleich

I. Grundlagen

374 Grundidee des Versorgungsausgleichs ist – in Anlehnung an den Zugewinnausgleich – die hälftige Teilung der während der Ehe von den Gatten erworbenen Versorgungsanrechte im Falle der Ehescheidung. Im Hintergrund steht die (gesetzliche) Vorstellung von der ehelichen Lebensgemeinschaft auch als einer Versorgungsgemeinschaft, getragen von dem Gedanken, dass das von einem Ehegatten erworbene Vermögen – einschließlich der Teile, die der späteren Versorgung zu dienen bestimmt sind – letztendlich „auf den Schultern" beider Partner aufruhen. Dieser Zusammenhang rechtfertige und verlange eine eigene Absicherung des sozial schwächeren Partners für die Zeit nach der Ehescheidung für die Fälle des Alters und der Invalidität – §§ 1, 2 Abs. 1 VersAusglG. Darauf, ob dieses Motiv des Gesetzgebers für die Halbteilung der Anrechte sich auch in der konkreten Ehe tatsächlich niedergeschlagen hat, kommt es nicht an. Diese beidseitige Versorgungsverantwortung der Ehegatten entspricht dem von Art. 3 Abs. 1 und Art. 6 Abs. 1 GG getragenen Ehemodell[1].

375 Eingeführt wurde der Versorgungsausgleich durch das 1. EheRG vom 14.6.1976[2], in Kraft getreten am 1.7.1977, das diese Materie in den §§ 1587–1587p geregelt hatte. Der Gesetzgeber versuchte damals, die versorgungsmäßige Halbteilung im Wege eines **Einmalausgleiches** zu schaffen. Zu diesem Zweck wurden alle von dem jeweiligen Gatten erworbenen Anrechte addiert. Ausgleichsberechtigt, und zwar in Höhe der hälftigen Differenz, war nach dem Vorbild des Zugewinnausgleiches der Gatte, der die niedrigeren Anrechte aufzuweisen hatte (§ 1587a Abs. 1 a.F.).

Voraussetzung für diesen Einmalausgleich war, dass die unterschiedlichen Anrechte hinsichtlich ihres Wertes „auf einen Nenner" gebracht werden mussten. Das erwies sich deshalb als ausgesprochen schwierig, weil die verschiedenen Anrechte häufig eine unterschiedliche „Wertigkeit" aufwiesen (statische, teildynamische, volldynamische Anrechte).

Hinzu kam eine ganze Reihe von Verstößen gegen das Grundgesetz, die immer wieder korrigierende Entscheidungen des BVerfG auslösten und deren Umsetzung zu immer neuen Zusatz- und Ergänzungsgesetzen führte[3]. In Folge davon wuchs sich das Recht des Versorgungsausgleichs nicht nur zu einer außerordentlich komplizierten Rechtsmaterie aus, sondern verlor zusehends an systematisch-greifbaren Konturen.

II. Das Versorgungsausgleichsgesetz

1. Strukturreform

376 Dem skizzierten Missstand versuchte der Gesetzgeber durch das **VersAusglG** Abhilfe zu schaffen[4]. Damit wurde das Versorgungsausgleichsrecht aus dem BGB genommen

---

1 BVerfG FamRZ 2003, 1173; FamRZ 2006, 1000.
2 1. EheRG vom 14.6.1976, BGBl. I S. 1421 ff.
3 Überblick bei Soergel[13]-*Lipp* Vor § 1587 Rdnr. 2-16.
4 Art. 1 des Gesetzes zur Strukturreform des Versorgungsausgleiches (VAStrRefG) vom 3.4.2009, BGBl. I S. 700; in Kraft getreten am 1.9.2009. – Übersicht bei *Borth* FamRZ 2008, 1797 ff.

(vgl. dort lediglich noch die Verweisungsnorm des § 1587) und in einem eigenen Gesetz geregelt[5].

Kernanliegen der Reform ist die **Abkehr** vom Prinzip des **Einmalausgleichs**. Nunmehr sollen grundsätzlich alle auszugleichenden Anrechte bei dem Versorgungsträger, bei dem sie begründet sind, **intern geteilt** und dort ein entsprechendes Anrecht für den Berechtigten begründet werden (§ 10 Abs. 1 VersAusglG). Das entspricht einer **realen Teilung** der Anrechte. Nur **ausnahmsweise** (§ 14 Abs. 2 VersAusglG) soll es noch zu einer **externen Teilung** kommen (§ 14 Abs. 1 VersAusglG: Begründung eines Anrechts für den Berechtigten bei einem anderen Versorgungsträger als jenem, bei dem das ausgleichspflichtige Anrecht besteht). Erreicht wird damit, dass der Versorgungsausgleich regelmäßig mit der Ehescheidung vollständig durchgeführt werden kann und dass komplizierte Umrechnungen von Anrechten vermieden werden[6]. Die **Zahl der Ausgleichsformen** wird deutlich zurückgeführt: **Wertausgleich** durch interne (§§ 10–13 VersAusglG) oder externe Teilung (§§ 14–17 VersAusglG), **schuldrechtliche Ausgleichszahlung** (§§ 20–22 VersAusglG), **Abfindung** (§§ 23, 24 VersAusglG)[7].

377

2. Eigenständigkeit des Ausgleichsanspruchs

Der Versorgungsausgleich ist dem Ausgleich des Zugewinns im gesetzlichen Güterstand nachempfunden. Trotzdem ist der Versorgungsausgleich strikt sowohl vom Güterrecht wie vom (nachehelichen) Unterhaltsrecht zu trennen. Auf den Versorgungsausgleich finden ausschließlich die speziell hierfür vorgesehenen Vorschriften Anwendung; ausdrücklich ausgeschlossen sind die güterrechtlichen Regeln (§ 2 Abs. 4 VersAusglG). Die eigenständige Rechtsnatur und die exklusive Regelung des Versorgungsausgleichs im VersAusglG hat weitreichende Konsequenzen.

378

Die **Unabhängigkeit vom Unterhaltsrecht** bedeutet, dass ein Versorgungsausgleich grundsätzlich auch dann durchzuführen ist, wenn dadurch der „angemessene Unterhalt" des Ausgleichspflichtigen im Sinne des § 1581 gefährdet wird. In solchen Fällen, in denen dann die Ausgleichsverpflichtung sogar dazu führen kann, dass der Ausgleichsverpflichtete unterhaltsrechtlich vom Ausgleichsberechtigten abhängig wird[8], kommt eine Beschränkung der Ausgleichspflicht gemäß § 27 VersAusglG in Betracht[8]. – Die **Unabhängigkeit vom Güterrecht** (§ 2 Abs. 4 VersAusglG) bedeutet, dass der Versorgungsausgleich durchzuführen ist, gleichgültig, in welchem Güterstand die Ehegatten gelebt haben und dass, wo Versorgungsausgleich und Zugewinnausgleich konkurrieren, nur einmal ausgeglichen werden kann[9].

5　Das bisherige Recht ist grds. weiterhin anzuwenden in Verfahren, die vor dem 1.9.2009 eingeleitet wurden, vgl. dazu näher § 48 VersAusglG.

6　Zum früheren Recht vgl. § 1587a Abs. 3, Abs. 4 a.F. i.V.m. der Barwert-Verordnung.

7　Mit Inkrafttreten des VersAusglG sind **außer Kraft getreten** die **Barwert-Verordnung** und das **VAHRG** (Art. 23 Nr. 1, 2 VAStrRefG).

8　Näher Palandt-*Brudermüller* VersAusglG Einl Rdnr. 7, § 27 Rdnr. 26.

9　BGH FamRZ 1992, 790 f.: Anrechte, die mit Mitteln aus einem vorzeitigen Zugewinnausgleich erworben wurden, unterfallen nicht dem Versorgungsausgleich. – Anderseits ist ein Versorgungsausgleich durchzuführen, wenn die Ehegatten den gesetzlichen Güterstand ausgeschlossen haben und ein Ehegatte danach Versorgungsanrechte (aus seinem Anfangsvermögen) erworben hat, BGH FamRZ 2011, 877 f. Grober Unbilligkeit ist auch hier über § 27 VersAusglG zu begegnen (die Begründung der Anrechte aus dem Anfangsvermögen rechtfertigt für sich den Ausschluss nicht, BGH a.a.O.).

379 Ehegatten können allerdings den Versorgungsausgleich durch Ehevertrag (ausdrücklich) ausschließen (§ 1408 Abs. 2)[10]. Sie können auch anlässlich der Ehescheidung (also unabhängig von einem Ehevertrag, vgl. dafür § 7 Abs. 3 VersAusglG) Vereinbarungen über den Ausgleich von Anrechten treffen (§ 7 Abs. 1 VersAusglG). Folge der Unabhängigkeit vom Güterrecht ist es dann, dass die durch § 1408 Abs. 2 oder § 7 VersAusglG dem Versorgungsausgleich entzogenen Anrechte nicht dem Zugewinnausgleich unterliegen (§ 2 Abs. 4 VersAusglG). – Ein ausgleichender, wertender Zusammenhang zwischen Versorgungsausgleich einerseits, Güter- und Unterhaltsrecht andererseits wird aber auch hier immerhin durch die Billigkeitsregel des § 27 VersAusglG hergestellt.

III. Wertausgleich

1. Voraussetzungen des Anspruchs

380 **Fall 45:** M und F haben im September 1980 geheiratet, seit Oktober 2000 leben sie getrennt. Im September 2004 hat F Antrag auf Ehescheidung gestellt. M war während der Ehe als Beamter tätig. Zur weiteren Altersversorgung hat er eine Kapitallebensversicherung abgeschlossen. F war bis zur Geburt des ersten Kindes in ihrem erlernten Beruf als Verkäuferin tätig. Als die Ehekrise manifest wird und sich die Ehegatten trennen, nimmt F ihre Berufstätigkeit wieder auf und nutzt die Gelegenheit, auch aus ererbtem Vermögen Rentenanwartschaften zu begründen. Nach der Rechtshängigkeit des Scheidungsantrages setzt sie dies fort und begründet durch Nachzahlung auch Anrechte für Zeiten vor der Rechtshängigkeit. Wegen eines Arbeitsunfalles bezieht sie außerdem eine Unfallrente aus der gesetzlichen Unfallversicherung. Versorgungsausgleichsrechtliche Positionen?

a) *Versorgungsanrechte wegen Alters oder Invalidität*

381 Dem Versorgungsausgleich unterliegen nur Anwartschaften oder bereits laufende Ansprüche, die „der Absicherung im Alter oder bei Invalidität" dienen (§ 2 Abs. 2 Nr. 2 VersAusglG) – gleichgültig, ob es sich dabei um inländische oder ausländische Versorgungsträger handelt (§ 2 Abs. 1 VersAusglG). Aus diesem **numerus clausus** der ausgleichspflichtigen Anrechte folgt, dass es ihrer Art nach um wiederkehrende Rentenleistungen gehen muss (§ 2 Abs. 2 Nr. 3 VersAusglG), und zwar zum Zwecke der Altersversorgung oder der Absicherung bei verminderter Erwerbsfähigkeit, Berufsunfähigkeit oder Dienstunfähigkeit (§ 2 Abs. 2 Nr. 2 VersAusglG). Ausgleichspflichtige Anrechte stellen demnach die in **Fall 45** von M und F erworbenen Anwartschaften auf beamtenrechtliche Versorgung (§ 2 Abs. 1 VersAusglG) sowie die rentenrechtlichen Anrechte in der gesetzlichen Rentenversicherung dar (§ 2 Abs. 1 VersAusglG). Nicht dem Typus der Versorgungsanrechte im Sinne des § 2 Abs. 1, Abs. 2 VersAusglG unterfallen dagegen die Kapitallebensversicherung des M, weil es an der Art der wiederkehrenden Rentenleistung fehlt[11], und die Unfallrente der F, weil es sich hier weder um eine Altersrente noch eine Rente wegen Invalidität, sondern um eine Entschädigungsleistung handelt[12].

---

10 Zur **materiellen Wirksamkeit** einer solchen Vereinbarung vgl. **§ 6** und **§ 8 VersAusglG** mit Verweis auf eine **richterliche Inhaltskontrolle**; vgl. dazu oben § 12 Rdnr. 265 ff.
11 Vgl. § 2 Abs. 2 Nr. 3 VersAusglG. Hier existiert nur ein Anspruch auf eine bestimmte einmalige Kapitalausschüttung, mag dies auch zum Zwecke der Altersversorgung geschehen, vgl. BGHZ 88, 386 ff.
12 MünchKomm-*Dörr*, [6]2013, VersAusglG § 2 Rdnr. 5.

Nicht mehr genannt werden im VersAusglG die **„Aussichten"** auf eine ausgleichspflichtige Versorgung (vgl. § 1587 Abs. 1 a.F.). Davon ging man bislang aus, wenn es zwar keine rechtlich gesicherte Vorstufe eines künftigen Anspruchs gab (Anwartschaft), wohl aber bei gewöhnlichem Verlauf mit einer Versorgung zu rechnen war, Beispiel: Zeitsoldat, der weder in der Beamtenversorgung noch in der gesetzlichen Rentenversicherung Anwartschaften erwirbt, aber die Aussicht hat, in der einen oder anderen Art versorgungsmäßig gesichert zu sein. An dieser bisherigen rechtlichen Beurteilung ausgleichspflichtiger Positionen wollte das VersAusglG nichts ändern. Der Sache nach werden die früheren „Aussichten" heute zu den „Anrechten" gerechnet, vgl. § 2 Abs. 3 VersAusglG[13].

b) Ehezeit

Auszugleichen sind **nur** Anrechte, die **in der Ehezeit** begründet oder aufrecht erhalten **382** worden sind (§§ 1 Abs. 1, 3 Abs. 2 VersAusglG). Als „Ehezeit" bestimmt § 3 Abs. 1 VersAusglG die Zeit vom Beginn des Monats der Eheschließung bis zum Ende des Monats, der der Rechtshängigkeit (Zustellung) des Scheidungsantrages vorausgeht (§ 3 Abs. 1 VersAusglG). Auch Trennungszeiten fallen deshalb in den Versorgungsausgleich[14]. Fraglich ist aber, wie **nachgezahlte Beiträge** zu behandeln sind, insbesondere ob es für die Einbeziehung in den Versorgungsausgleich darauf ankommt, wann die Beiträge entrichtet wurden (in der Ehezeit, so genanntes **In-Prinzip**) oder für welche Zeit Anrechte erworben wurden (so genanntes **Für-Prinzip**). Unstreitig fallen in den Versorgungsausgleich Anrechte, die mit Beiträgen in der Ehezeit und für die Ehezeit begründet worden sind. Die von F nach Trennung auf Grund ihrer Erwerbstätigkeit erlangten Anrechte sind danach während der Ehezeit im Sinne des § 3 Abs. 1 VersAusglG begründet worden. F hat aber nach der Ehezeit für zusätzliche Zeiten während der Ehe aus Erbschaftsmitteln[15] Beiträge nachgezahlt. Der BGH hat sich für das **In-Prinzip** (Leistungszeitpunkt) ausgesprochen[16]. In den Ausgleich einzubeziehen sind demnach alle Anrechte, die während der Ehezeit – sei es für Zeiten in der Ehe oder für voreheliche Zeiten – begründet worden sind. Als Rechtsgrundlage für den Ausgleich verlangt § 3 Abs. 2 VersAusglG nun ausdrücklich den **Erwerb** von Anrechten in der Ehezeit. Die bloße Möglichkeit, für eheliche Zeiten (später) Anrechte zu begründen, erfüllt diese Voraussetzung nicht[17]. Die von F **(Fall 45)** nach Zustellung des Scheidungsantrages, aber für eheliche Zeiten begründeten Rentenanwartschaften unterliegen deshalb nicht dem Versorgungsausgleich.

c) Begründung durch Arbeit oder Vermögen der Eheleute

Auch eine in der Ehezeit erworbene Versorgungsanwartschaft bleibt **unberücksichtigt,** **383** sofern sie nicht mit Hilfe des **Vermögens** oder durch **Arbeit** der Ehegatten begründet wurde (§ 2 Abs. 2 Nr. 1 VersAusglG). Der Normzweck der Vorschrift entspricht dem des § 1374 Abs. 2: Wo wirtschaftliche Positionen ersichtlich nicht auf Leistungen der Ehegatten zurückgehen, soll eine eheliche Teilhabe ausgeschlossen sein. Wie § 1374 Abs. 2[18] bringt diesen Gedanken aber auch § 2 Abs. 2 Nr. 1 VersAusglG in formaler

---

13 Dazu und zur gesetzgeberischen Intention vgl. Palandt-*Brudermüller* VersAusglG § 2 Rdnr. 3.
14 BGHZ 75, 242, 269 ff.
15 Dazu auch unten Rdnr. 383.
16 BGHZ 81, 196 ff.
17 Näher Palandt-*Brudermüller* VersAusglG § 3 Rdnr. 10, 12 mit weit. Nachweisen.
18 Vgl. dazu oben § 11 Rdnr. 229 ff.

Ordnungsabsicht zum Ausdruck. Entscheidend ist allein die vermögensrechtliche Zuordnung; die Herkunft des Vermögens ist belanglos. Dem Versorgungsausgleich unterfallen daher Anrechte, die mit Hilfe des Anfangsvermögens eines Gatten erworben wurden[19] ebenso wie solche, die ein Partner aus Zuwendungen von dritter Seite finanziert[20]. Ausgeschlossen sind nur jene Anrechte, die ein Dritter unmittelbar beim Versicherungsträger für einen der Ehegatten begründet[21]. Gleiches hat für Erbschaften zu gelten, jedenfalls dann, wenn das ererbte Vermögen vom Ehegatten dazu freiwillig verwendet wird[22]. In **Fall 45** unterfallen also die während der Trennungszeit aus Mitteln der Erbschaft von F erworbenen Anrechte ebenfalls dem Versorgungsausgleich.

2. Durchführung des Wertausgleichs

384   Die Durchführung des Wertausgleichs geschieht nach §§ 10–13 VersAusglG regelmäßig für **jedes einzelne Anrecht** durch **interne Teilung**, d.h. das Familiengericht **überträgt** zulasten des Verpflichteten die Hälfte der ausgleichspflichtigen Anrechte bei dessen Versorgungsträger auf den Berechtigten (§§ 1, 10 Abs. 1 VersAusglG). Nur wenn der Weg zur internen Teilung verschlossen ist, ist das Versorgungsanrecht **extern zu teilen** (§ 9 Abs. 3, §§ 14–17), d.h. das Familiengericht **begründet** bei einem anderen Versorgungsträger als dem des Pflichtigen ein Anrecht in Höhe des Ausgleichswertes für den Berechtigten (§ 14 Abs. 1 VersAusglG).

385   Die Übertragung beziehungsweise Begründung von Anwartschaften erfolgt durch (konstitutive) Entscheidung des Familiengerichts (§§ 217 ff. FamFG). Rentenrechtlich wirksam wird die Übertragung zu Gunsten des Ausgleichsberechtigten mit Rechtskraft der Entscheidung (§ 224 Abs. 1 FamFG).

3. Anpassung nach Rechtskraft

386   Die Entscheidung über den Versorgungsausgleich erwächst in materieller und formeller Rechtskraft, fixiert auf den Augenblick des Ehezeitendes im Sinne des § 3 Abs. 1 VersAusglG – „**Momentaufnahme**". Für eine Abänderung von solchen Entscheidungen über den Wertausgleich kommt nach allgemeinem Verfahrensrecht allenfalls eine entsprechende Anwendung der §§ 578 ff. ZPO in Betracht. Das hat in Fällen, in denen nach Rechtskraft wesentliche Änderungen (rechtlicher oder tatsächlicher Art) mit Auswirkungen auf den Bestand und die Höhe von Versorgungsanrechten eingetreten sind, zu zeitweise schwer tragbaren Konsequenzen geführt. Der Gesetzgeber hat deshalb die Möglichkeit geschaffen, unter bestimmten Voraussetzungen in **Durchbrechung der Rechtskraft** Anpassungsentscheidungen über den Versorgungsausgleich zu erreichen – **§§ 32 ff. VersAusglG**.

---

19 BGH FamRZ 2011, 877 ff. Gleiches gilt für Anrechte, die nach vereinbarter Gütertrennung erworben wurden, BGH FamRZ 2012, 434.
20 BGH FamRZ 1987, 48 f.; auch eine Zweckbindung des Dritten ist nach Auffassung des BGH für die Leistung aus dem Vermögen des Ehegatten irrelevant. Näher dazu Palandt-*Brudermüller* VersAusglG § 2 Rdnr. 6.
21 BGH FamRZ 1983, 262 f.
22 Zum Problem näher Soergel[13]-*Lipp* § 1587 Rdnr. 17.

Achter Teil

Allgemeines Verwandtschaftsrecht

§ 18 Begründung von Verwandtschaft

I. Systematische Orientierung

1. Abstammung und Annahme als Kind

Nach der Grundkonzeption des BGB knüpfen die „**Verwandtschaft**" und die sich an **387**
sie anschließenden Rechtsfolgen (insbesondere das Unterhaltsrecht, §§ 1601 ff.; das
gesetzliche Erbrecht, §§ 1924 ff., und das Pflichtteilsrecht, §§ 2303 ff.) entweder an die
(biologische) **Abstammung** eines Menschen an (Blutsverwandtschaft, § 1589 Abs. 1)
oder an den (rechtlichen) Akt der **Annahme als Kind** (§§ 1741 ff.). Die in diesem Sinne voneinander abstammenden Personen (Großeltern, Eltern, Kinder) sind in **gerader Linie** miteinander verwandt **(Abkömmlinge)**, § 1589 Abs. 1 S. 1[1]. Personen, die
von derselben dritten Person abstammen (Geschwister von ihren Eltern) sind miteinander in der **Seitenlinie** verwandt, § 1589 Abs. 1 S. 2. Den **Grad** (Nähe) der Verwandtschaft bestimmt die Zahl aller sie vermittelnden Geburten, § 1589 Abs. 1 S. 3, wobei
die Person des die Verwandtschaft vermittelnden „Stammvaters" oder der „Stamm-
mutter" nicht mitgezählt wird[2]. Dieser Verwandtschaft durch Abstammung entspricht
(grundsätzlich) die durch **Adoption** rechtlich herbeigeführte Verwandtschaft: Nach
§ 1754 Abs. 1 erwirbt das angenommene Kind gegenüber seinen Eltern die rechtliche
Stellung eines Abkömmlings und wird damit im eben beschriebenen Sinne (§ 1589
Abs. 1) auch mit den Verwandten seiner Eltern verwandt. Das Verwandtschaftsverhältnis zu den bisherigen Verwandten erlischt (§ 1755 Abs. 1)[3].

2. „Abstammung" als biologisches Datum und als rechtliche Verwandtschaft

Die Verwandtschaft durch Abstammung (§ 1589 Abs. 1) geht von der **biologischen** **388**
Tatsache der Zeugung und Geburt eines Kindes aus. Dass aber die tatsächlich-biolo-
gischen Daten nicht in jedem Fall auch für die **rechtliche „Abstammung"** maßgeblich
sind, zeigt schon die Überschrift des zweiten Titels der Vorschriften über die Verwandtschaft (vgl. vor § 1591: „Abstammung"). Sie macht deutlich, dass „Abstammung" im Sinne des Rechts der Verwandtschaft spezifisch juristische Konturen trägt.

---

1 Man spricht auch von Aszendenten (aufsteigende Linie) und Deszendenten (absteigende Linie).
2 Eltern und ihre Kinder sind Verwandte ersten Grades, Geschwister etwa Verwandte zweiten Grades.
3 Abweichungen gelten bei bereits bestehender Verwandtschaft (§ 1756) und bei einer Erwachsenen-
   adoption (§ 1770).

Das galt vor der Kindschaftsrechtsreform von 1998[4] schon für den Vater eines nichtehelichen Kindes. Seine (unbestrittene) genetische Vaterschaft (Abstammung) war rechtlich (§ 1589 Abs. 1) belanglos, solange die Vaterschaft nicht durch Anerkennung oder gerichtliches Urteil mit statusrechtlicher Wirkung für und gegen alle festgestellt war (§§ 1594 Abs. 1, 1600d Abs. 4). Umgekehrt war und ist die fehlende biologische Abstammung kein Hindernis, durch Anerkennung der Vaterschaft eine (rechtliche) „Abstammung" und damit Verwandtschaft im Sinne des § 1589 Abs. 1 zu begründen. Das neue Kindschaftsrecht hat den Ausgangspunkt der Verwandtschaft (genetische Abstammung) in noch stärkerem Maße durch rechtliche Kategorien ergänzt beziehungsweise abgelöst. Die bislang systemtragende Unterscheidung zwischen **ehelicher** und **nichtehelicher** Abstammung wurde aufgegeben und ersetzt durch einheitliche rechtliche Definitionen von „**Mutterschaft**" und „**Vaterschaft**".

a) Mutterschaft

389   Mutter eines Kindes ist nach § 1591 die Frau, die das Kind **geboren** hat. Die Vorschrift beendet die Unsicherheiten über das Verwandtschaftsverhältnis zwischen Mutter und Kind bei einer so genannten „gespaltenen Mutterschaft" (Auseinanderfallen von Ei- beziehungsweise Embryonenspenderin und der die Leibesfrucht austragenden Frau). Obwohl nach deutschem Recht Ei- wie Embryonenspenden verboten sind[5], war wegen möglicherweise abweichender ausländischer Regelungen und für den Fall verbotswidrig vorgenommener Transfers die statusrechtliche Frage der Verwandtschaft zu bestimmen. Das ist durch § 1591 im Rahmen einer **Legaldefinition** geschehen – mit weitreichenden Konsequenzen. Die Frau, die ein mit ihr genetisch nicht verwandtes Kind zur Welt bringt, ist im Rechtssinne letztverbindlich die Mutter des Kindes (§ 1591). Es handelt sich nicht um eine bloße Scheinmutterschaft oder Mutterschaftsvermutung. Deshalb ist jede weitere Mutterschaft einer anderen Frau ausgeschlossen. Weder die gebärende Frau noch die genetische „Mutter" des Kindes noch das Kind selbst können die Mutterschaft im Sinne des § 1591 anfechten. Ebenso wenig kann eine andere Frau als genetische „Mutter" des Kindes festgestellt werden.

Möglich ist dagegen gemäß § 1598a eine **isolierte Klärung** der leiblichen (genetischen) Abstammung des Kindes von seiner (rechtlichen) Mutter.[6]

b) Vaterschaft

390   Die Vaterschaft zu einem Kind bestimmt § 1592. Obwohl gesetzessprachlich und gesetzessystematisch aufgegeben, kommt hier der sachliche Unterschied zwischen der Vaterschaft für ein eheliches und für ein nichteheliches Kind zum Ausdruck. Vater eines Kindes ist nach **§ 1592 Nr. 1** der Mann, der im Zeitpunkt der Geburt des Kindes **mit der Mutter** (§ 1591) dieses Kindes **verheiratet** ist. Ob er tatsächlich genetischer Vater ist, spielt dafür keine Rolle. In diesem Fall besteht nur die Möglichkeit, durch Anfechtung der Vaterschaft das Nichtbestehen der Verwandtschaft geltend zu machen (§§ 1599 Abs. 1, 1600). Eine **Sonderregelung** trifft § 1593 für den Fall, dass eine

---

4   Gesetz zur Reform des Kindschaftsrechts (KindRG) vom 16.12.1997 (BGBl. I S. 2942), in Kraft getreten am 1.7.1998.
5   Gesetz über die Vermittlung der Annahme als Kind und über das Verbot der Vermittlung von Ersatzmüttern (AdVermiG) vom 2.7.1976 i.d.F. der Bekanntmachung vom 22.12.2001 (BGBl. 2002 I S. 354) und Gesetz zum Schutz von Embryonen (ESchG) vom 13.12.1990 (BGBl. I S. 2746).
6   Palandt-*Brudermüller* § 1591 Rdnr. 1, § 1598a Rdnr. 6; zur isolierten Vaterschaftsfeststellung unten Rdnr. 407 f.

Ehe durch Tod des Ehemannes aufgelöst wurde und danach (innerhalb eines Zeitraums von 300 Tagen[7]) ein Kind geboren wird. Der Gesetzgeber geht in § 1593 S. 1 davon aus, dass dieses Kind vom verstorbenen Ehemann der Mutter stammt und erklärt § 1592 Nr. 1 für entsprechend anwendbar. Liegt diese Situation vor, ist die Mutter bei Geburt des Kindes aber erneut verheiratet, so erkennt § 1592 Nr. 1 die Vaterschaft dem jetzigen und § 1593 S. 1 in Verbindung mit § 1592 Nr. 1 (analog) die Vaterschaft zugleich dem früheren Ehemann zu. Diese Kollision entscheidet § 1593 S. 3 zu Gunsten der Vaterschaft des neuen Ehemannes.

Sind die Eltern des Kindes bei dessen Geburt **nicht miteinander verheiratet**, so ist **391** Vater des Kindes der Mann, der die **Vaterschaft anerkannt** hat (**§ 1592 Nr. 2**). Auch hier ist es belanglos, ob der anerkennende Mann tatsächlich Erzeuger des Kindes ist. Ebenso wie im Falle des § 1592 Nr. 1 bleibt dann nur die Möglichkeit, die aufgrund der Anerkennung bestehende Vaterschaft anzufechten (§§ 1599 Abs. 1, 1600). Sind die Eltern bei Geburt des Kindes nicht miteinander verheiratet und liegt keine Anerkennung der Vaterschaft vor, muss die Vaterschaft eines Mannes durch **gerichtliche Feststellung** bestimmt werden (**§§ 1592 Nr. 3, 1600d**). Die Rechtswirkungen dieses Beschlusses (§ 184 FamFG) können nur im Wege des Restitutionsverfahrens (§ 185 FamFG) revidiert werden.

Zwischen den einzelnen Vaterschaftstatbeständen des § 1592 herrscht **Exklusivität**, **392** d.h., solange eine Vaterschaft im Sinne des § 1592 existiert, ist die Geltendmachung jeder weiteren Vaterschaft ausgeschlossen (vgl. § 1594 Abs. 2 und § 1600d Abs. 1). Die **Rechtswirkungen** einer Vaterschaft können erst von dem Zeitpunkt an geltend gemacht werden, zu dem die Vaterschaft (rechtlich) feststeht (§§ 1594 Abs. 1, 1600d Abs. 4). Bis dahin herrscht eine **Rechtsausübungssperre**.

Eine **Durchbrechung** des **Grundsatzes der Rechtsausübungssperre** gemäß § 1600d **393** Abs. 4 hat der BGH für den in der Praxis wichtigen Fall des **unterhaltsrechtlichen Scheinvaterregresses** gegen den biologischen, rechtlich aber nicht festgestellten Vater gemäß § 1607 Abs. 3 S. 2 anerkannt[8] und inzwischen mehrfach bestätigt und konkretisiert[9]: Er hat zugelassen, dass im Rahmen des Unterhaltsregresses ausnahmsweise eine **inzidente Vaterschaftsfeststellung** (aber ohne statusrechtliche Wirkungen inter omnes) möglich sei[10].

Der frühere Ehemann der Kindesmutter hatte für das während der Ehe zur Welt gekommene Kind (§ 1592 Nr. 1) Unterhalt geleistet. Die Vaterschaft wurde erfolgreich angefochten. Unter den Beteiligten war die Person des Vaters des Kindes unbestritten. Allerdings weigerten sich die Antragsberechtigten (vgl. dazu §§ 169 Nr. 1, 171, 172 Abs. 1 FamFG und unten Rdnr. 404), eine Vaterschaftsfeststellung zu betreiben, so dass der Geltendmachung des Unterhaltsregresses § 1600d Abs. 4 im Wege stand.

Eine **Inzidentfeststellung** der **Vaterschaft** hält der BGH für möglich, wenn offenkundig ist, dass eine Vaterschaftsfeststellung **auf längere Zeit** hin **nicht stattfinden** wird

---

7 Empfängniszeit, vgl. § 1600d Abs. 3.
8 **BGHZ 176, 327 ff.**; BGH FamRZ 2008, 1836 ff. behandelt eine Inzidentfeststellung im Rahmen des Versorgungsausgleichsverfahrens.
9 BGH FamRZ 2009, 32 ff.; FamRZ 2012, 200 ff.; FamRZ 2012, 437 ff.
10 Zum Unterhaltsregress des Scheinvaters unten § 19 Rdnr. 432 f.

oder von dieser Möglichkeit **seit längerer Zeit** kein Gebrauch gemacht wurde. Diesen Zeitraum hat das Gericht nach **1¾ Jahren** seit der Vaterschaftsanfechtung als überschritten angesehen. Hinzukommen muss, dass die biologische **Vaterschaft** des Dritten **hinreichend wahrscheinlich** ist (keine Behauptung „ins Blaue hinein"). Der BGH verlangt hier zumindest die Voraussetzungen der Vaterschaftsvermutung nach § 1600d Abs. 2 (Geschlechtsverkehr der Kindesmutter mit dem Dritten während der Empfängniszeit). Zwingende Voraussetzung einer Inzidentfeststellung ist ferner, dass die **Vaterschaft** des Regress begehrenden **Scheinvaters** erfolgreich **angefochten** wurde. Ist dies wegen Ablaufs der Anfechtungsfrist nicht mehr möglich (§ 1600b), scheidet auch eine Inzidentfeststellung aus[11]. Denn dann hat der Mann nicht als „Dritter" Unterhalt gewährt (vgl. § 1607 Abs. 3 S. 2), sondern als der nach § 1601 (beziehungsweise § 1360) tatsächlich verpflichtete (rechtliche) Vater.

Der Feststellung dürfen auch **keine** (verfassungsrechtlich geschützten) **Rechte** der **Beteiligten** entgegenstehen. Hier nahm das Gericht an, dass das Interesse der Mutter, die eheliche Untreue nicht offenbar werden zu lassen (allgemeines Persönlichkeitsrecht, Art. 2 Abs. 1 in Verbindung mit Art. 1 Abs. 1 GG), bereits durch das Vaterschaftsanfechtungsverfahren hinfällig geworden sei. Auch ein **besonders** zu **beachtendes Interesse** des **Kindes** stand nach den konkreten Umständen der Inzidentfeststellung nicht entgegen[12]. – Die Entscheidungen des BGH sind als **Ausnahmen** zu sehen („besonders gelagerte Einzelfälle")[13], die am Grundsatz der Rechtsausübungssperre nichts ändern.

394 Neben die Frage nach einer Durchbrechung der Rechtsausübungssperre gemäß § 1600d Abs. 4 tritt oft ein zweites Problem. Während in der ersten Leitentscheidung (BGHZ 176, 327 ff.) die Person des leiblichen Vaters allen Beteiligten bekannt war, trifft dies in der Rechtspraxis nicht regelmäßig zu. Der Scheinvater benötigt diese Information jedoch, um seine Regressansprüche geltend machen zu können. Der BGH hat ihm deshalb auf der Grundlage des § 242 einen **Auskunftsanspruch** gegen die **Mutter des Kindes** auf **Benennung** des mutmaßlichen leiblichen **Vaters** ihres Kindes zuerkannt[14].

II. Anfechtung und gerichtliche Feststellung der Vaterschaft

1. Anfechtung der Vaterschaft

395 Das geltende Recht kennt nur noch eine Form, das Nichtbestehen einer Vaterschaft geltend zu machen, nämlich die **Anfechtung der Vaterschaft** (§ 1599). Das Anfechtungsverfahren („Abstammungssache" im Sinne des § 169 Nr. 4 FamFG) wird durch Antrag vor dem Familiengericht eingeleitet (§ 171 FamFG). **Anfechtungsberechtigt** sind der **Mann** (Vater im Sinne des § 1592 Nr. 1 oder Nr. 2, § 1600 Abs. 1 Nr. 1), die

---

11 BGH FamRZ 2012, 437 ff.
12 Insbesondere rechtfertigt ein **Interesse des Kindes** an der **Nichtkenntnis seiner Abstammung** und damit verbunden sein Interesse, selbst über die Feststellung seiner Abstammung zu entscheiden (Art. 2 Abs. 1 GG) **nicht** schon allein die **Zurückweisung** einer Inzidentfeststellung; dazu und zu den Zweifeln an einem entsprechenden verfassungsrechtlich geschützten Recht des Kindes BVerfG FamRZ 2010, 1235, 1237 re. Sp.
13 BGH FamRZ 2012, 200, 201 li. Sp., LS 1.
14 BGH FamRZ 2012, 200, 202 f.; näher zu diesen Auskunftsansprüchen unten Rdnr. 409.

Mutter des Kindes (§ 1600 Abs. 1 Nr. 3) und das **Kind** selbst (§ 1600 Abs. 1 Nr. 4). Ausgelöst durch eine Entscheidung des BVerfG, die das Recht eines Mannes bestätigt hat, Kenntnis darüber zu erlangen, ob er (biologischer) Vater eines (ihm rechtlich nicht zugeordneten) Kindes sei (Art. 2 Abs. 1 in Verbindung mit Art. 1 Abs. 1 GG)[15], hat der Gesetzgeber nun auch dem **biologischen Vater** unter weiteren Voraussetzungen ein Anfechtungsrecht eingeräumt (§ 1600 Abs. 1 Nr. 2, Abs. 2, Abs. 4).

Auf der Grundlage der Rechtsprechung des BVerfG[16] war zweifelhaft, ob für die Verwirklichung des Rechts auf (bloße) Kenntniserlangung das statusrechtliche Anfechtungsverfahren ein verfassungsrechtlich gebotenes und verhältnismäßiges Verfahren darstellt. Vielfach wurde dafür plädiert, auch dem (vermutlich) biologischen Vater (wie dem rechtlichen[17]) zur Klärung der Abstammungsfrage ein allein **hierauf beschränktes**, besonderes Verfahren zur Verfügung zu stellen. Das **BVerfG** hat inzwischen jedoch dahin entschieden, dass aus verfassungsrechtlichen Gründen das dem biologischen Vater zur Verfügung stehende Anfechtungsrecht gemäß § 1600 Abs. 1 Nr. 2 genüge. Ein darüber hinausgehendes Interesse an der gerichtlichen Feststellung der biologischen Vaterschaft neben der weiterhin bestehenden rechtlichen Vaterschaft sei vom **Schutz der Persönlichkeit nicht umfasst**[18].

a) Anfechtung durch den biologischen Vater

> **Fall 46:** M und F sind miteinander verheiratet. F bringt ein Kind K zur Welt, von dem beide wissen, dass es nicht von M stammt. Um ihre Ehe nicht weiter zu belasten und um K ein möglichst harmonisches Aufwachsen zu ermöglichen, verabreden M und F, K gegenüber Stillschweigen über dessen genetische Abstammung zu wahren. – E, der Erzeuger von K, will später mit seinem Kind in Kontakt treten und seine Vaterschaft anerkennen. K selbst erfährt erst mit 16 Jahren über „Zweifel" an seiner Abstammung. Nähere Auskunft lehnen M und F ab. Fünf Jahre später fällt K ein Brief des M in die Hände, aus dem sich dessen fehlende genetische Vaterschaft K gegenüber ergibt. K will die Vaterschaft des M anfechten. M und F wehren sich mit dem Hinweis, K könne durch das „Aufwühlen" früherer Vorfälle nicht (erneut) die Ehe seiner Eltern aufs Spiel setzen.

396

Vater von K ist M, weil er im Zeitpunkt der Geburt des Kindes mit F, der Mutter des Kindes, verheiratet war (§ 1592 Nr. 1). Solange diese Vaterschaft besteht, ist die Geltendmachung einer anderen Vaterschaft (durch E) ausgeschlossen (§ 1594 Abs. 2). Etwas anderes ergibt sich auch nicht aus Art. 6 Abs. 2 GG (Elternrecht): E ist zwar genetischer Vater von K, aber er ist nicht Vater im Rechtssinne, und nur diesem steht das Elternrecht gemäß Art. 6 Abs. 2 GG zu[19]. Die Rechtswirkungen der Vaterschaft (und damit auch das Elternrecht) können erst ab Wirksamkeit des einzelnen Vaterschaftstatbestandes geltend gemacht werden (hier: § 1594 Abs. 1). E ist also, um selbst die Vaterschaft für K beanspruchen zu können, darauf angewiesen, zunächst die bestehende Vaterschaft des M zu beseitigen. Das ist nur möglich durch eine Anfechtung der Vaterschaft des M, und zwar im gerichtlichen Anfechtungsverfahren (§§ 169 Nr. 4 ff. FamFG[20]). Allerdings steht dem E als biologischem Vater nur unter engen Voraussetzungen ein Anfechtungsrecht zu. Gemäß § 1600 Abs. 1 Nr. 2 muss er an Eides

---

15   BVerfGE 108, 82 ff.
16   BVerfG FamRZ 2007, 441, 445 f.
17   Dazu unten bei Rdnr. 402, 407.
18   BVerfG NJW 2009, 423, 424 li. Sp.
19   BVerfGE 108, 82, 103.
20   Vgl. auch unten Rdnr. 401.

statt versichern, der Mutter des K während der Empfängniszeit beigewohnt zu haben. Dieses Anfechtungsrecht soll dem genetischen Vater die Möglichkeit einer rechtlichen Anerkennung als Vater aber **nur** dann **eröffnen**, wenn zwischen dem **Kind** und seinem **Vater im Rechtssinne keine sozial-familiäre** Beziehung besteht und der Anfechtende biologischer Vater des Kindes ist. Das bringt § 1600 Abs. 2 zum Ausdruck. Für die nähere Beschreibung einer sozial-familiären Beziehung stellt § 1600 Abs. 4 auf die Wahrnehmung der tatsächlichen Verantwortung für das Kind ab, die regelmäßig dann vorliegt, wenn der (rechtliche) Vater des Kindes mit der Mutter verheiratet ist oder mit dem Kind längere Zeit in häuslicher Gemeinschaft gelebt hat. – In **Fall 46** wird dem E nach diesen Vorgaben des § 1600 Abs. 2, Abs. 4 kein Anfechtungsrecht zustehen. Die Beschränkung des Anfechtungsrechts des biologischen Vaters gemäß § 1600 Abs. 2 – Fehlen einer sozial-familiären Beziehung zwischen rechtlichem Vater und Kind – hat inzwischen auch der EGMR gebilligt[21].

Die Anfechtung des biologischen Vaters ist nur ausgeschlossen, wenn die **sozial-familiäre Beziehung** zwischen Kind und rechtlichem Vater „**zum maßgeblichen Zeitpunkt**" vorliegt (§ 1600 Abs. 4 S. 1). Das ist der Zeitpunkt der **letzten mündlichen Verhandlung**[22]. Die Regelannahme des § 1600 Abs. 4 S. 2 gilt nicht für den Fortbestand der Verantwortungsübernahme. Werden vom Anfechtenden insoweit aber keine Änderungsgesichtspunkte vorgebracht, kann vom weiteren Bestand der sozial-familiären Beziehung ausgegangen werden[23].

397 Eine wirksame Anfechtung durch den biologischen Vater nach § 1600 Abs. 1 Nr. 2 soll **nicht dazu führen**, dass das Kind damit **vaterlos** wird. Die Anfechtung setzt deshalb nach § 1600 Abs. 2 Halbs. 2 voraus, dass der anfechtende Mann leiblicher Vater des Kindes ist. Im Anfechtungsverfahren ist daher Beweis über die Vaterschaft des Anfechtenden zu erheben (§ 127 FamFG), und der rechtskräftige **Feststellungsbeschluss** einer **fehlenden Vaterschaft** nach § 1592 enthält **zugleich** die **Feststellung der Vaterschaft** des anfechtenden Mannes. Diese Rechtswirkung hat das Familiengericht von Amts wegen auszusprechen (**§ 182 Abs. 1 S. 1, S. 2 FamFG**; vgl. auch § 1592 Nr. 3 Alt. 2).

b) Anfechtung durch das Kind

398 Zu den Anfechtungsberechtigten zählt das Kind K, das in **Fall 46** ein solches Vorgehen erwägt (§ 1600 Abs. 1 Nr. 4). Ein eigenes Anfechtungsrecht stand dem Kind bereits nach bisherigem Recht zu (§§ 1596, 1598 a.F.) – aber nur in engen Grenzen. Die Anfechtbarkeit war gemäß § 1596 a.F. an bestimmte Tatbestände gekoppelt und dem Kind endgültig verwehrt, wenn nach Eintritt der Volljährigkeit des Kindes – ohne Rücksicht auf etwaige Kenntnis über seine Abstammung – zwei Jahre verstrichen waren (§ 1598 a.F.). Diese Begrenzung wurde in seiner damaligen engen Ausgestaltung vom BVerfG als grundgesetzwidrig erkannt[24]. Das geltende Recht kennt demgegenüber ein völlig verändertes Anfechtungsrecht des Kindes.

Solange das Kind **minderjährig** ist, kann es nur durch seinen gesetzlichen Vertreter anfechten (§ 1600a Abs. 3). Eine solche Anfechtung ist zulässig, wenn sie dem Wohle

---

21 EGMR FamRZ 2012, 691 f. (kein Verstoß gegen Art. 8 EMRK).
22 BGH NJW 2007, 1677, 1679 li Sp.
23 BGH NJW 2007, 1677, 1680 li. Sp.
24 BVerfGE 79, 256 ff. = JuS 1989, 570 f.; BVerfGE 90, 263 ff.

des Kindes dient (§ 1600a Abs. 4)[25]. Hat der gesetzliche Vertreter die Vaterschaft nicht (rechtzeitig) angefochten, so kann das Kind ab **Eintritt** der **Volljährigkeit selbst** anfechten (§ 1600b Abs. 3 S. 1). Im Unterschied zum früheren Recht ist dieses Anfechtungsrecht sachlich unbeschränkt, hat also keine weiteren Sachvoraussetzungen. Der Hinweis von M und F, die Anfechtung durch K könnte ihre Ehe gefährden, ist daher grundsätzlich unbeachtlich. Auch hinsichtlich der **Befristung** des Anfechtungsrechts geht das Gesetz weit über den früheren Rechtsstand hinaus. Dem Kind steht das Anfechtungsrecht ohne jede Altersgrenze zu. Eine Frist von zwei Jahren (§ 1600b Abs. 1 S. 1) beginnt erst mit Kenntnis des Kindes von Umständen, die gegen die bestehende Vaterschaft sprechen (§ 1600b Abs. 1 S. 2), in keinem Fall aber vor Eintritt der Volljährigkeit des Kindes (§ 1600b Abs. 3 S. 2). In **Fall 46** wird K die Vaterschaft des M anfechten können.

Selbst wenn die Anfechtungsfrist nach § 1600b Abs. 1, Abs. 3 verstrichen ist, beginnt für das Kind die Frist des § 1600b Abs. 1 S. 1 erneut, wenn es von Umständen erfährt, die die Vaterschaft des Mannes für das Kind als unzumutbar erscheinen lassen (§ 1600b Abs. 6)[26].

Bei der Vaterschaftsanfechtung durch ein **minderjähriges Kind** kann es auf eine wichtige Unterscheidung zwischen materiellem Sorgerecht (Vertretung) der Eltern und der verfahrensrechtlichen Geltendmachung der Anfechtung ankommen. Einerseits verlangt in diesem Fall § **1600a Abs. 3** ein Handeln des **gesetzlichen Vertreters**; andererseits **scheidet** gemäß §§ **1629 Abs. 2 S. 1, 1795 Abs. 1 Nr. 3** insoweit eine **Vertretung** durch den **Vater** und die **Mutter** aus. In aller Regel wird das Gericht deshalb für das Kind einen **Ergänzungspfleger** bestellen (§ 1909 Abs. 1). Der Ergänzungspfleger nimmt aber **nur** die **prozessuale Verfahrensstellung** für das Kind ein. Das **materielle Gestaltungsrecht**, ob eine Anfechtung erfolgen soll, liegt nach wie vor bei den **Inhabern der elterlichen Sorge** – auch wenn sie im nachfolgenden Verfahren das Kind nicht vertreten können. Steht das Sorgerecht beiden Elternteilen gemeinschaftlich zu und können sie sich **nicht** über eine Anfechtung **einigen**, verbleibt regelmäßig nur der Weg über § 1628. Ohne eine solche zuvor getroffene Entscheidung ist die Anfechtungsklage des Kindes unzulässig[27]. – Der **Ausschluss der Eltern** von der gesetzlichen Vertretung gemäß §§ 1629 Abs. 2 S. 1, **1795 Abs. 1 Nr. 3** („Rechtsstreit") beziehungsweise nach §§ 1629 Abs. 2 S. 1, **1795 Abs. 2, 181** gilt auch nach Inkrafttreten des FGG-Reformgesetzes (1.9.2009), das das bisherige **Klageverfahren** in Abstammungssachen (§§ 640 ff. ZPO a.F.) zu einem („echten") **Verfahren der freiwilligen Gerichtsbarkeit** (keine Familienstreitsache, § 112 FamFG) umgewandelt hat (§§ 169 ff. FamFG)[28]. Grund: Trotz Beseitigung der formalen Gegnerschaft zwischen rechtlichem Vater und Kind ist der materielle Interessenkonflikt der am Statusverhältnis Beteiligten geblieben[29].

399

c) *Keine Anfechtung durch den Mann bei Zustimmung zur heterologen Insemination*

Die Frage, ob ein Mann, der in Kenntnis einer heterologen Insemination seine Vaterschaft nach § 1592 Nr. 1 oder Nr. 2 bewusst auf sich nimmt und auf ein mögliches Anfechtungsrecht verzichtet, gleichwohl später sich auf dieses Anfechtungsrecht (§ 1600) berufen kann, hatte die Neuregelung des Kindschaftsrechts bewusst nicht beantwor-

400

---

25 Es handelt sich um eine Antragsvoraussetzung. Der Grund der Regelung liegt vor allem in dem mit einer erfolgreichen Anfechtung verbundenen Verlust von Rechtspositionen für das Kind.
26 Beispiele dafür bei Palandt-*Brudermüller* § 1600b Rdnr. 31.
27 BGHZ 180, 51, 58 Tz. 28 ff.
28 BGHZ 193, 1, 3 Tz. 6 ff., S. 5 Tz. 13 ff.
29 Ebenda, S. 5 Tz. 13 f.

tet[30]. Der BGH hatte erstmals im Jahre 1983 über einen derartigen Sachverhalt zu entscheiden[31]. Danach sollte das Abstammungsrecht der §§ 1591 ff. auch im Falle einer künstlichen Fremdinsemination Anwendung finden, so dass auch hier dem Mann, der nach § 1592 Nr. 1 oder Nr. 2 Vater des Kindes ist, ein Anfechtungsrecht nach § 1600 zugestanden wurde. Der Gesetzgeber hat nunmehr eine **ausdrückliche Regelung** getroffen. Gemäß § 1600 Abs. 5 ist eine Anfechtung durch den Vater wie durch die Mutter ausgeschlossen, wenn das Kind mit beider Einwilligung durch Samenspende eines Dritten gezeugt wurde[32].

d) Durchführung des Anfechtungsverfahrens

401 Über den fristgemäß (§ 1600b) geltend gemachten Anfechtungsantrag (§ 171 Abs. 1 FamFG) entscheidet das Familiengericht im Verfahren nach FamFG, insbesondere §§ 169 ff. FamFG (Abstammungssachen)[33]. Im Anfechtungsverfahren wirkt gemäß § 1600c Abs. 1 eine Vermutung zu Gunsten der genetischen Vaterschaft des Mannes, der im Sinne von § 1592 Nr. 1, Nr. 2 oder § 1593 Vater des Kindes ist. Diese Vermutung ist durch Vollbeweis zur Überzeugung des Gerichts zu widerlegen. Das geschieht heute regelmäßig durch DNA-Gutachten.

402 Ein Vaterschaftsanfechtungsantrag muss, um **schlüssig** zu sein, Umstände vortragen, die den **objektiven Anfangsverdacht** begründen, das Kind stamme nicht von dem als Vater geltenden Mann ab (vgl. § 1600b Abs. 1 S. 2). Die bloße Behauptung fehlender biologischer Vaterschaft und ein Hinweis auf ein gerichtlich einzuholendes Sachverständigengutachten reichen hierfür nicht aus[34]. Auch ein **heimlich eingeholtes** (privates) **DNA-Gutachten** erfüllt diese Voraussetzungen nicht[35]. Der BGH hat die heimlich, d.h. ohne Zustimmung des Kindes beziehungsweise seines gesetzlichen Vertreters eingeholte DNA-Vaterschaftsanalyse als rechtswidrigen Eingriff in das Persönlichkeitsrecht (Recht der informationellen Selbstbestimmung) gewertet. Ein solches Gutachten ist weder als Beweismittel noch als Parteivortrag, der die gegen die Vaterschaft sprechenden Gründe dartun könnte, verwertbar[36]. Diesem Recht des Kindes steht nach Auffassung des BGH das ebenfalls aus dem informationellen Selbstbestimmungsrecht abzuleitende Recht des Vaters (Scheinvaters) auf Kenntnis seiner (fehlenden) Vaterschaft nicht höherrangig gegenüber. Wesentlicher Hinweis dafür sei die Einschränkung der Vaterschaftsanfechtung durch die Fristenregelung des § 1600b[37].

Das BVerfG hat diese Rechtsprechung gebilligt, soweit sie die Voraussetzungen (Schlüssigkeit, objektiver Anfangsverdacht) und die Durchführung des **Anfechtungsverfahrens** betrifft (Nichtberücksichtigung von DNA-Gutachten bei fehlendem Einverständnis der Betroffenen)[38]. **Ver-**

---

30 Dazu vor allem der Rechtsausschuss, BT-Drucks. 13/8511, S. 81.
31 BGHZ 87, 169 ff. = JuS 1983, 876 f.
32 Zur Frage der Unterhaltsverpflichtung des anfechtenden Mannes gegenüber dem Kind nach früherem Recht vgl. BGHZ 129, 297 ff. = JuS 1995, 836.
33 Verfahren jetzt ausschließlich nach FamFG – vor Inkrafttreten des FamFG (1.9.2009) als „Kindschaftssache" teils nach ZPO (§§ 640 ff. ZPO a.F.), teils nach FGG (§ 55b FGG a.F.).
34 BGH FamRZ 2003, 155 re. Sp.
35 BGH FamRZ 2005, 340 ff.
36 BGH FamRZ 2005, 340, 341.
37 BGH FamRZ 2005, 340, 342 li. Sp.
38 **BVerfG FamRZ 2007, 441 ff.**

fassungswidrig (Verstoß gegen das Persönlichkeitsrecht) war jedoch das Fehlen eines gesetzlich geregelten Verfahrens, das dem rechtlichen Vater – unterhalb der Schwelle der Vaterschaftsanfechtung – ermöglicht, **bloße Kenntnis** über seine bestehende oder nicht bestehende biologische Vaterschaft zu erlangen. Eine solche Regelung hat der Gesetzgeber mit **§ 1598a** geschaffen[39].

Die Gründe, die zur Anfechtung einer Vaterschaft berechtigen, sind im Abstam-   **403**
mungsrecht erschöpfend genannt. Danach gibt es nur einen **einzigen Anfechtungs-grund**, nämlich die fehlende genetische Abstammung (§ 1599 Abs. 1). Die allgemei-nen Anfechtungstatbestände der §§ 119 ff. scheiden daneben aus. Bedeutung behalten Willensmängel nach § 119 Abs. 1 und § 123 aber für das Anfechtungsverfahren im Falle einer vorherigen Anerkennung der Vaterschaft (§ 1592 Nr. 2). Nach § 1600c Abs. 2 gilt die Vaterschaftsvermutung des § 1600c Abs. 1 in diesen Fällen nicht[40]. Ent-fällt die Vermutung des § 1600c Abs. 1, entspricht die Darlegungs- und Beweislast der Situation, die ohne Anerkennung bestünde, also wie im Falle eines Antrags auf posi-tive Vaterschaftsfeststellung gemäß § 1600d[41].

2. Gerichtliche Feststellung der Vaterschaft

Besteht weder eine Vaterschaft des Ehemannes (§ 1592 Nr. 1) noch eines Dritten auf   **404**
Grund einer Anerkennung (§ 1592 Nr. 2), muss eine Vaterschaft auf Antrag hin vom Familiengericht festgestellt werden (§§ 1592 Nr. 3, 1600d; §§ 169 Nr. 1 ff. FamFG; beim Tod eines Beteiligten vgl. § 181 FamFG[42]). In diesem Verfahren ist als erstes der Mann als Vater (positiv) festzustellen, der das Kind gezeugt hat. Ist dies nicht möglich, wird als Vater festgestellt, auf wen die Vermutung des § 1600d Abs. 2 S. 1 hinweist (Beiwoh-nung innerhalb der Empfängniszeit, § 1600d Abs. 3) – sofern (bei der gedanklichen Annahme dieser Vermutung) nicht schwerwiegende Zweifel bleiben (§ 1600d Abs. 2 S. 2, so möglicherweise etwa bei erwiesenem Mehrverkehr der Mutter).

Nicht mehr ausdrücklich geregelt ist die **Antragsberechtigung**. Die frühere Vorschrift des § 1600e a.F., die die damalige Klageberechtigung dem Mann, der Mutter und dem Kind zusprach, ist mit Inkrafttreten des FamFG entfallen. Der Gesetzgeber glaubte im Hinblick auf das Verfahren der §§ 169 ff. FamFG auf eine Regelung verzichten zu können, wobei insbesondere auf die Vorschrift des § 172 FamFG abgestellt wurde. Dort ist allerdings eine andere Frage (Beteiligung am Verfahren) geregelt. Ausgehend vom subjektiven Recht auf eine gestaltende Feststellung des Eltern-Kind-Verhältnis-ses, das dem **genetischen Vater**, der **Mutter** und dem **Kind** zusteht, ist die Antrags-berechtigung nach wie vor diesen Personen zuzuerkennen[43].

---

39 Dazu im Anschluss unter Rdnr. 407 f.
40 So beispielsweise, wenn die Mutter des Kindes gegenüber dem Mann wahrheitswidrig behauptet, dass mangels anderweitigen Intimverkehrs nur er als Vater in Frage komme, und der Mann daraufhin die Vaterschaft anerkennt.
41 Daher der Verweis auf § 1600d Abs. 2 und Abs. 3 in § 1600c Abs. 2.
42 Zur **Vaterschaftsfeststellung** des nach **§ 1600 Abs. 1 Nr. 2** anfechtenden Mannes vgl. oben Rdnr. 397.
43 Ebenso BGH FamRZ 2012, 437, 439 li. Sp. (auf § 172 FamFG abstellend) und für den Vater eines nichtehelichen Kindes OLG Hamburg NJW-RR 2011, 1227 f.

III. Das Recht auf Kenntnis der Abstammung

1. Recht des Kindes auf Kenntnis der eigenen Abstammung

405

Fall 47[44]**:** K ist als nichteheliches Kind der F zur Welt gekommen und wurde unmittelbar nach der Geburt von einem Ehepaar X adoptiert. Mit 17 Jahren erfährt K, dass X nicht seine leiblichen Eltern sind. Es macht in der folgenden Zeit F als seine leibliche Mutter ausfindig und verlangt von ihr Auskunft über die Person seines (biologischen) Vaters. Als sich F unter Hinweis auf ihre eigene Intim- und Familiensphäre ebenso wie auf die Familiensituation des leiblichen Vaters weigert, den Namen zu nennen, klagt K gegenüber F auf Auskunftserteilung.

Im Zusammenhang mit der früher sehr beschränkten Möglichkeit des Kindes, seine Ehelichkeit anzufechten[45], leitete das BVerfG aus Art. 2 Abs. 1 in Verbindung mit Art. 1 Abs. 1 GG das Recht eines Menschen auf **Kenntnis** der **eigenen genetischen Abstammung** ab und erklärte in mehreren Entscheidungen wesentliche Passagen der §§ 1598, 1596 a.F. für verfassungswidrig[46]. Die Verfassungswidrigkeit der Regelung bezog sich auf die vom Staat (Gesetzgeber) aufgestellte zu hohe Hürde für das Kind, eine statusrechtliche Klärung der Abstammung und damit weitere Kenntnis über die leiblichen Eltern erreichen zu können. Einen Anspruch gegen die Mutter auf Auskunft und Benennung des leiblichen Vaters aus Art. 2 Abs. 1 GG hat das BVerfG demgegenüber verneint[47]. Es hat aber für möglich erachtet, dass ein solcher Anspruch sich im Falle einer **zivilrechtlichen Anspruchsgrundlage** durchaus aus dem allgemeinen Persönlichkeitsrecht (Recht auf Kenntnis der eigenen Abstammung, Art. 2 Abs. 1 GG) herleiten lasse[48]. Eine solche Anspruchsgrundlage wird teilweise in § 242[49], hauptsächlich aber in **§ 1618a**, wonach Eltern und Kinder sich „einander Beistand und Rücksicht" schulden, gesehen[50]. Dem ist zuzustimmen; die Vorschrift des § 1618a scheitert insbesondere auch nicht in Fällen wie dem oben skizzierten **(Fall 47)**, in denen sich aufgrund der Adoption die Parteien nicht mehr als „Eltern" und „Kinder" gegenüberstehen (§ 1755 Abs. 1 S. 1). Denn die bis zur Annahme entstandenen Ansprüche des Kindes (dazu zählt der Anspruch auf Kenntnis der Abstammung) bleiben von den Rechtswirkungen der Adoption unberührt (§ 1755 Abs. 1 S. 2).

406

Ob und mit welcher Reichweite sich ein Auskunftsanspruch des Kindes gemäß § 1618a ergibt, ist nur im Wege einer umfassenden **Güter- und Interessenabwägung** zu entscheiden. Dabei ist dem Prinzip der Verhältnismäßigkeit in besonderer Weise Rech-

---

44 In Anlehnung an LG Bremen NJW 1999, 729 f.
45 Vgl. oben Rdnr. 398.
46 **BVerfGE 79, 256 ff. = JuS 1989, 570 f.; BVerfGE 96, 56 ff. = JuS 1998, 263 f.**
47 BVerfGE 96, 56 ff. = JuS 1998, 263 f.
48 BVerfG ebenda.
49 AG Rastatt FamRZ 1996, 1299, 1300 f.
50 OLG Hamm FamRZ 1991, 1229; LG Passau NJW 1988, 144 f.; LG Münster FamRZ 1990, 1031, 1032 f.; LG Münster NJW 1999, 726 ff. (Auskunftsanspruch des Kindes gegen seine Mutter auf Benennung aller Männer, mit denen diese während der Empfängniszeit Geschlechtsverkehr hatte), ergangen nach Rückverweisung durch das BVerfG, oben Fußn. 38. Eine erneute Verfassungsbeschwerde wurde vom BVerfG nicht mehr zur Entscheidung angenommen.

nung zu tragen[51]. Das entspricht der Rechtsnatur des auf beiden Seiten berührten allgemeinen Persönlichkeitsrechts als einem so genannten Rahmenrecht im Sinne des § 823 Abs. 1, das in seiner konkreten Betroffenheit erst im Einzelfall bestimmt werden kann. Ein grundsätzlicher Vorrang zu Gunsten der Eltern- oder der Kindesinteressen besteht nicht[52]. Das LG Bremen **(Fall 47)** hat aufgrund der in casu besonders starken Betroffenheit des Kindes[53] einen Auskunftsanspruch zuerkannt und demgegenüber das Recht der Mutter auf Wahrung der eigenen Intimsphäre zurücktreten lassen. Der Auskunftsanspruch ist gemäß §§ 120 Abs. 1, 112 Nr. 3, 266 Abs. 1 Nr. 4 FamFG in Verbindung mit § 888 Abs. 1 ZPO zwangsweise vollstreckbar[54].

2. Anspruch des rechtlichen Vaters auf Klärung der Abstammung und auf Auskunft über die Person des leiblichen Vaters

a) Isolierte Vaterschaftsfeststellung

Durch verfassungsgerichtliche Vorgabe[55] war der Gesetzgeber gehalten, eine vom **Vaterschaftsanfechtungsverfahren unabhängige** Möglichkeit zu schaffen, **Kenntnis** über die **biologische Abstammung** eines Kindes zu erlangen, so genannte **isolierte Vaterschaftsfeststellung**. Dem ist der Gesetzgeber mit **§ 1598a** nachgekommen. Ein (rechtlicher) Vater hat danach also **zwei** Möglichkeiten: Er kann sogleich ein **Anfechtungsverfahren** betreiben mit dem Ziel einer Beendigung der statusrechtlichen Beziehungen zwischen ihm und dem Kind (§ 1599 Abs. 1 in Verbindung mit §§ 169 Nr. 4, 171 FamFG). Oder er will sich zunächst **Klarheit** über die (zweifelhafte) **Abstammung** verschaffen (§ 1598a in Verbindung mit §§ 169 Nr. 2, Nr. 3; 171 FamFG), um dann gegebenenfalls den weiteren Schritt einer Vaterschaftsanfechtung zu vollziehen. – Dem möglichen **biologischen Vater** steht § 1598a **nicht** zur Verfügung[56].

407

Beim isolierten Vaterschaftsfeststellungsverfahren geht es um die Klärung der leiblichen Vaterschaft auf der Grundlage eines **Privatgutachtens**. Aus diesem Grunde gibt § 1598a Abs. 1 den Berechtigten (Vater, Mutter, Kind) einen **Anspruch** auf **Einwilligung** in eine genetische **Abstammungsuntersuchung** und auf Duldung der **Entnahme** einer **Genprobe**. Einwilligung und Duldung der Entnahme der genetischen Probe können gerichtlich ersetzt beziehungsweise durchgesetzt werden (§ 1598a Abs. 2). Eine Aussetzung des Verfahrens kommt nur dann in Frage, wenn die Durchführung zu einer erheblichen Beeinträchtigung des Wohls eines minderjährigen Kindes führen würde, die bei Abwägung aller Interessen dem Kind nicht zumutbar wäre (§ 1598a Abs. 3).

408

---

51 BVerfGE 96, 56 ff. = JuS 1998, 263 f.
52 BVerfG FamRZ 1997, 869, 871 (kein grds. Vorrang der Interessen des Kindes); LG Bremen FamRZ 1998, 1039 re. Sp.
53 LG Bremen FamRZ 1998, 1039, 1040 li. Sp.
54 OLG Hamm NJW 2001, 1870 f. (keine analoge Anwendung des § 888 Abs. 3 a.F. ZPO; vgl. heute § 120 Abs. 3 FamFG).
55 BVerfG FamRZ 2007, 441 ff.; vgl. oben Rdnr. 402.
56 OLG Hamburg NJW-RR 2011, 1227 f.

b) Auskunft über die Person des leiblichen Vaters

409 Von der isolierten Vaterschaftsfeststellung des § 1598a, die Auskunft darüber gibt, ob der entsprechende Mann Vater des Kindes ist oder nicht, zu unterscheiden ist die Frage, ob nach einer erfolgreichen Anfechtung der Vaterschaft ein **Anspruch** des früheren Scheinvaters **gegen die Mutter** des Kindes auf **Auskunft** über die Person des **biologischen Vaters** besteht. Ein solcher Anspruch wird relevant, wenn es um den **Unterhaltsregress** des **Scheinvaters** gegen den ihm unbekannten Erzeuger des Kindes geht (§ 1607 Abs. 3 S. 2)[57]. Der **BGH** hat diese Frage bejaht und einen **Auskunftsanspruch** auf der Grundlage des **§ 242 anerkannt**[58].

Abgelehnt hat das Gericht einen Auskunftsanspruch über die Person des leiblichen Vaters gemäß § 1605 beziehungsweise § 1615l Abs. 3 S. 1. Nach diesen Vorschriften sind Auskünfte nur über Vermögensverhältnisse, nicht über Personen geschuldet[59].

Ein Auskunftsanspruch nach **Treu und Glaube** (§ 242) setzt allerdings eine (weit gefasste) **rechtliche Beziehung** zwischen den Beteiligten voraus. Geht es um (Ex-)Ehegatten, folgt diese Rechtsbeziehung aus § 1353 Abs. 1 S. 2. Im konkreten Fall handelte es sich um eine nichteheliche Lebensgemeinschaft. Hier stellt der BGH auf die mit Zustimmung der Mutter abgegebene Anerkennung der Vaterschaft ab, die die Eltern in vielerlei Hinsicht rechtlich miteinander verbinden.

Der Anspruch setzt weiterhin voraus, dass dem Scheinvater **keine rechtliche Möglichkeit** zur Verfügung steht, die Person des leiblichen Vaters zu ermitteln, und dass es der Mutter des Kindes **unschwer möglich** ist, die entsprechenden **Auskünfte zu erteilen**. Dabei muss im Rahmen einer Interessenabwägung das **Persönlichkeitsrecht der Mutter** (Art. 2 Abs. 1 in Verbindung mit Art. 1 Abs. 1 GG) und der **Anspruch des Scheinvaters** auf **effektiven Rechtsschutz** (Art. 20 Abs. 3 in Verbindung mit Art. 2 Abs. 1 GG) gegeneinander abgewogen werden. Jedenfalls dann – so der BGH – wenn die Mutter den Mann zur Abgabe der Vaterschaftsanerkennung **veranlasst** hat und der unantastbare Bereich ihres Persönlichkeitsrechts nicht tangiert ist, tritt ihr allgemeines Persönlichkeitsrecht hinter das Interesse des Scheinvaters an effektivem Rechtsschutz zurück[60].

---

57 Zu der in diesem Verfahren ausnahmsweise möglichen Inzidentfeststellung der Vaterschaft (Durchbrechung des § 1600d Abs. 4) vgl. bereits oben Rdnr. 393.
58 **BGH FamRZ 2012, 200 ff.**
59 BGH FamRZ 2012, 200, 202 re. Sp.
60 BGH FamRZ 2012, 200, 203.

§ 19 Unterhaltsrecht

I. Grundlagen

Vom Unterhaltsrecht als einem Teil des **allgemeinen Verwandtschaftsrechts** (§§ 1601 ff.) **410** zu trennen ist das Recht des Unterhalts **zwischen Ehegatten** (§§ 1360 ff., § 1361, §§ 1569 ff.)[1]. Die Regeln des Verwandtenunterhalts sind hier nur (entsprechend) anwendbar, soweit das Eherecht selbst auf sie verweist (vgl. § 1360a Abs. 3 oder § 1361 Abs. 4 S. 4). Während sich Ehegatten grundsätzlich ohne Rücksicht auf ihre persönliche Leistungsfähigkeit Beiträge zum Familienunterhalt schulden (§ 1360)[2], wird das Recht des Verwandtenunterhalts von **zwei grundlegenden Prinzipien** getragen.

Erstens: **Unterhaltsberechtigt** ist nur, wer selbst nicht in der Lage ist, für seinen eigenen Unterhalt zu sorgen (**Bedürftigkeit des Berechtigten**) – § 1602 Abs. 1. **Zweitens**: **Unterhaltsverpflichtet** ist nur, wer ohne Gefährdung des eigenen angemessenen Unterhalts zur Leistung in der Lage ist (**Leistungsfähigkeit des Verpflichteten**) – § 1603 Abs. 1.

Als weitere unterhaltsrechtliche Prüfabschnitte stellen sich die Fragen nach **Art und Umfang** der konkreten Unterhaltsleistungen (vgl. insbesondere §§ 1610 und 1612) und nach möglichen **Rangverhältnissen** – auf Seiten der Unterhaltsverpflichteten einerseits (§§ 1606 ff.), auf Seiten der Unterhaltsberechtigten andererseits (§ 1609).

II. Verwandtschaft als unterhaltsrechtlicher Anknüpfungstatbestand

1. Unterhaltspflicht zwischen Verwandten in gerader Linie

Fall 48: Die Eheleute M und F leben mit dem 14-jährigen Sohn S (Gymnasiast) und der **411** 19-jährigen Tochter T (Studentin) in einer gemeinsamen Wohnung. F führt den Haushalt, M arbeitet als Angestellter (mtl. Nettoeinkommen: 2500 €). Von den Großeltern leben noch die sehr begüterten Eltern des M und dessen schwerreicher Bruder. Unterhaltsrechtliche Verhältnisse?

Das allgemeine Unterhaltsrecht knüpft an die (rechtliche) Verwandtschaft zwischen Personen an (§ 1589, §§ 1591 ff.) und begründet ein Unterhaltsrechtsverhältnis zwischen allen in **gerader Linie** (§ 1589 Abs. 1 S. 1: Abkömmlinge) miteinander Verwandten (§ 1601). Danach besteht in **Fall 48** eine grundsätzliche Unterhaltspflicht einerseits zwischen den Eltern des M, M selbst sowie den Kindern S und T (hinzu tritt ein Unterhaltsrechtsverhältnis zwischen den Eltern des M und dessen Bruder) – andererseits zwischen F und den beiden gemeinsamen Kindern. Keine Unterhaltspflicht existiert zwischen verschwägerten Personen (§ 1590), also zwischen F und den Verwandten des M (dessen Eltern und Bruder), und zwischen Verwandten in der Seitenlinie (§ 1589 Abs. 1 S. 2), so zwischen M und seinem Bruder und ebenso wenig

---

1 Dazu oben § 7 und § 16.
2 Dazu oben § 7 Rdnr. 147.

zwischen S und T. Das Unterhaltsrechtsverhältnis zwischen M und F richtet sich nach §§ 1360 f. (gegenseitige Verpflichtung zum Familienunterhalt)[3].

2. Rangfolge der Unterhaltsverpflichteten

412 Die Reihenfolge der Unterhaltsverpflichtung unter den Verwandten in **gerader Linie** (§ 1601) regelt **§ 1606**. Danach sind die Abkömmlinge (einer unterhaltsberechtigten Person) vor den Verwandten der aufsteigenden Linie unterhaltspflichtig (§ 1606 Abs. 1). Im Falle einer Unterhaltsbedürftigkeit des M (vgl. **Fall 48**) wären demnach die beiden Kinder T und S vor den Eltern des M unterhaltspflichtig. Da beide Kinder mit M gleich nah verwandt sind (ersten Grades, vgl. § 1589 Abs. 1 S. 3), würden S und T anteilig nach ihren Erwerbs- und Vermögensverhältnissen haften (§ 1606 Abs. 3 S. 1). Träte der Unterhaltsfall in einem Augenblick ein, in dem etwa die T selbst bereits Kinder hat, so würde sie, weil mit M näher verwandt, ihm gegenüber vor ihren Kindern zum Unterhalt verpflichtet sein (§ 1606 Abs. 2[4]). Die Eltern des M werden erst unterhaltspflichtig, wenn keiner der Abkömmlinge (Kinder, Enkel) zur Unterhaltsleistung in der Lage ist (§§ 1607 Abs. 1, 1606 Abs. 1).

III. Bedarf und Bedürftigkeit des Unterhaltsberechtigten

1. Umfang des Unterhalts (Bedarf)

413 **Fall 49:** Sohn S (vgl. oben **Fall 48**) sitzt zurzeit mit Begeisterung über seiner Facharbeit (Abitur) mit dem Thema „Römische Handelswege in Deutschland". Er möchte deshalb mit Klassenkameraden in den Ferien über einen Reiseveranstalter eine zweiwöchige Romreise („Die Bedeutung Roms für die wirtschaftliche Entwicklung Germaniens", pro Person 1500 €) unternehmen. Die Eltern sind weder willens noch sehen sie sich ohne Weiteres in der Lage, die Reise zu finanzieren. Stattdessen wollen sie ihm eine fünftägige Fahrt „Auf den Spuren der Römer in Rätien" (Kosten: 300 €) erlauben und bezahlen. – Können die Eltern von S verlangen, hierzu eigene Ersparnisse zu verwenden? – Tochter T hat nach anfänglichem Enthusiasmus ihr Jurastudium aufgegeben und will sich nun der Medizin zuwenden. M und F weigern sich, ein „zweites Studium" zu finanzieren.

a) Der angemessene Unterhalt

414 Die Bestimmung eines (möglichen) Unterhaltsanspruchs verlangt zunächst die Feststellung des in concreto **maßgeblichen Bedarfs**. Der Unterhaltsberechtigte hat Anspruch auf **angemessenen Unterhalt**. Der konkrete Umfang dieses Bedarfs richtet sich nach der **Lebensstellung des Bedürftigen** (§ 1610 Abs. 1) und umfasst den **gesamten Lebensbedarf** einschließlich einer angemessenen Schul- und Berufsausbildung (§ 1610 Abs. 2). Man könnte deshalb angesichts der subjektiven Fassung des § 1610 Abs. 1 daran denken, dass die von S gewünschte **(Fall 49)**, seinen schulischen Aufgaben förderliche Studienfahrt nach Rom grundsätzlich unter den angemessenen Unterhaltsbedarf fällt. Dies würde dem Sinn des § 1610 aber nur teilweise gerecht.

---

3 Vgl. oben § 7 Rdnr. 138 ff.
4 Zum sog. **Elternunterhalt** vgl. ausf. unten Rdnr. 424.

Die Orientierung am Bedarf des Berechtigten bedeutet zunächst, dass er **keinen Anspruch** auf **Teilhabe** am **Luxus** des Verpflichteten hat[5]. Ebenso wenig gibt es eine Garantie für einen bestimmten Lebensstandard. Maßgebend sind stets die – unter Umständen wechselnden – Unterhaltsbedürfnisse des Anspruchstellers, nicht das (eventuell höhere) Lebensniveau des Verpflichteten. Andererseits teilen Kinder im Sinne des § **1603 Abs. 2** den **Lebensstandard ihrer Eltern.** Deshalb bestimmt sich das Unterhaltsmaß bei minderjährigen Kindern und volljährigen Schülern nach den Einkommens- und Lebensverhältnissen ihrer Eltern. Das kann im Einzelfall zu einer gehobenen Deckung des (tatsächlich vorhandenen) Bedarfs führen, aber auch dazu, dass die „Angemessenheit" des § 1610 Abs. 1 unterhalb der Ebene der objektiv vorhandenen Neigungen und Fähigkeiten des Kindes liegt. Gegenüber Kindern, die nicht unter § 1603 Abs. 2 fallen, entscheidet allein deren eigene (wirtschaftliche) Lebensstellung, eine Teilhabe an der Lebensstellung der Eltern scheidet aus[6]. – In **Fall 49** richtet sich der angemessene Umfang des Unterhalts demnach maßgeblich nach der Lebensstellung der Eltern. S wird die gewünschte Romreise nicht verlangen können.

b) Insbesondere: Ausbildungsunterhalt

Der angemessene Unterhalt (§ 1610 Abs. 1) umfasst auch die Kosten einer **angemessenen Berufsausbildung** (§ 1610 Abs. 2). Ein derartiger Unterhaltsanspruch besteht nur für Kinder gegenüber ihren Eltern (nicht auch umgekehrt) und beschränkt sich grundsätzlich auf **eine** den Neigungen und Fähigkeiten des Kindes entsprechende Ausbildung[7]. Das gilt auch dann, wenn das Kind am erlernten Beruf keinen Gefallen findet oder erhoffte Verdienstmöglichkeiten ausbleiben[8]. Eine **Zweitausbildung** kann nur dann verlangt werden, wenn sie sich als unumgänglich erweist, etwa weil der Betreffende auf Grund eines Unfalls den erlernten Beruf nicht mehr ausüben kann oder weil die Erstausbildung auf einer deutlichen Fehleinschätzung der Begabung des Kindes beruhte oder weil die Eltern das Kind in eine seinen Neigungen und Begabungen nicht entsprechende Ausbildung gedrängt haben[9]. Unter dem Gesichtspunkt der Fehleinschätzung von Begabungen hält der BGH, um „Spätentwickler" nicht unangemessen zu benachteiligen, den Bedarf nach einer Zweitausbildung auch dann für gegeben, wenn sich die Fähigkeiten des Kindes (und damit die Fehleinschätzung) erst nach Abschluss der Ausbildung zeigen[10]. Dabei muss der Unterhaltspflichtige auch Verzögerungen der Ausbildung tragen, die „abhängig von Alter und Einsichtsfähigkeit" des Berechtigten auf dessen vorübergehendem, leichten Versagen beruhen[11]. Der Anspruch auf Ausbildungsunterhalt ist vom **Gegenseitigkeitsprinzip** geprägt: Der Verpflichtung des Unterhaltsschuldners zur Finanzierung einer angemessenen Ausbildung entspricht die Obliegenheit des Berechtigten, die Ausbildung „mit Fleiß und der gebotenen Zielstrebigkeit in angemessener und üblicher Zeit zu beenden"[12]. Diese

415

---

5   Instruktiv BGH FamRZ 1987, 58 ff., 60 li. Sp.
6   An einer eigenen wirtschaftlichen Lebensstellung fehlt es im Allgemeinen bei Studierenden; zum Ausbildungsanspruch vgl. im Anschluss.
7   BGHZ 107, 376 ff.
8   Palandt-*Brudermüller* § 1610 Rdnr. 27.
9   Die bisherige Rspr. zsfd. **BGH NJW 2006, 2984, 2986 li. Sp.**
10 BGH NJW 2006, 2986 li. Sp.
11 BGH NJW 2006, 2984, 2987 li. Sp. – Hier hat der BGH eine (grundsätzliche) Verpflichtung zur **Zweitausbildung** (in Abgrenzung zur „Weiterbildung", unten Rdnr. 418) für folgenden Sachverhalt angenommen: Realschulabschluss, Maurerlehre, Fachhochschulreife, gehobener Polizeidienst (mit nicht bestandener Zwischenprüfung), Architekturstudium.
12 BGH NJW 2001, 2170, 2171 re. Sp.

Obliegenheit schließt mit ein, die Ausbildung nach dem Schulabgang innerhalb einer angemessenen Orientierungsphase aufzunehmen[13].

416 In **Fall 49** berufen sich die Eltern der T auf ihre fehlende Unterhaltspflicht für ein „zweites Studium". Tatsächlich geht es aber um die **Erstausbildung** der T, die aber ebenfalls nicht unbedingt geschuldet wird. **Volljährige Kinder** bestimmen ihr Berufsziel **selbst** (unter Beachtung des § 1618a). Voraussetzung für eine Unterhaltspflicht der Eltern ist die Eignung des Kindes für die getroffene Berufswahl. In diesem Rahmen schulden Eltern (bei vorhandener Leistungsfähigkeit) auch die Finanzierung eines akademischen Studiums, zeitlich begrenzt auf die Regelstudienzeit[14]. Unter diesem Gesichtspunkt (Eignung des Kindes und zeitlich limitierte Verpflichtung der Eltern) ist auch die Frage eines **Studienwechsels** und der **Abbruch einer Ausbildung** zu beantworten. Die Rechtsprechung gesteht jungen Menschen grundsätzlich zu, eigene Fähigkeiten falsch zu bewerten und sich irrige Vorstellungen über den zunächst angestrebten Beruf gemacht zu haben[15]. Die Ausbildungsobliegenheit verlangt aber eine möglichst frühzeitige Korrektur, damit der Verpflichtete Zeit und Dauer seiner Unterhaltslast abzuschätzen vermag. Der Ausbildungswechsel ist mit den Eltern zu besprechen, Gründe sind darzulegen (§ 1618a)[16]. Bei einer universitären Ausbildung kommt ein Wechsel der Fachrichtung in aller Regel nur bis Ende des zweiten Semesters in Betracht[17]. Ausnahmen bestehen, wenn aus gesundheitlichen Gründen das bisherige Studienfach nicht weiter verfolgt werden kann. – In **Fall 49** wird es also maßgeblich darauf ankommen, in welchem Ausbildungsstadium T ihr Jurastudium abgebrochen hat und welche Gründe dafür vorlagen. Befand sie sich bereits in mittleren Semestern und gibt es keine objektiv dringenden Gründe für die Aufgabe des Studiums, sind die Eltern zur Finanzierung eines anderen Studienganges nicht verpflichtet.

417 Der BGH hatte darüber zu entscheiden, ob eine **Verzögerung** oder **Unterbrechung der Ausbildung** durch **Schwangerschaft** und anschließende **Kindesbetreuung** zum Wegfall der elterlichen Unterhaltspflicht führen[18]. Das hat das Gericht **verneint**. Die subjektive Verhinderung der Ausbildungsfortführung infolge Schwangerschaft ist der betreffenden Frau nicht vorwerfbar und stellt deshalb keine Obliegenheitsverletzung dar. Dasselbe gilt für eine sich anschließende Kindesbetreuung jedenfalls bis zur Vollendung des dritten Lebensjahres des Kindes. Dies ergebe sich aus den Vorschriften des § 1570 beziehungsweise § 1615l, deren gesetzliche Grundentscheidung auch auf das Unterhaltsrechtsverhältnis zwischen Eltern und Kind „ausstrahlten"[19].

c) Weiterbildungsunterhalt

418 Die (sachlich schillernde) Abgrenzung zwischen „**Zweitausbildung**" und „**Weiterbildung**" trifft die Rechtsprechung des BGH auf der Grundlage, dass § 1610 Abs. 2 vom Merkmal der **Einheitlichkeit** eines **Ausbildungsganges** ausgehe. Um **einen** Ausbildungsgang (unter Einschluss von Weiterbildung) soll es sich danach handeln, wenn die weitere Ausbildung erstens den **Neigungen** und **Fähigkeiten** des Betroffenen entspricht, wenn zweitens ein **enger sachlicher Zusammenhang** zwischen bisheriger und weiterer Ausbildung besteht und wenn drittens auch eine **enge zeitliche Verzahnung** zwischen den Ausbildungsabschnitten vorliegt. Voraussetzung für diesen engen zeitlichen Zusammenhang ist, dass von vorneherein oder bereits während der ersten Aus-

---

13 BGH NJW 2001, 2170, 2171 f. (dort wurde eine etwa einjährige Orientierungsphase als angemessen bewertet); bestätigend zum Gegenseitigkeitsprinzip BGH NJW 2011, 2884 ff.

14 OLG Hamm FamRZ 1994, 387 f.

15 BGH NJW 2001, 2170, 2172 f.

16 BGH NJW 2001, 2170, 2173 li. Sp.

17 Palandt-*Brudermüller* § 1610 Rdnr. 21 mit weit. Nachweisen.

18 BGH NJW 2011, 2884 ff.

19 BGH NJW 2011, 2884, 2885 li. Sp. Tz. 21.

bildung der weitere Ausbildungsweg ins Auge gefasst wurde und deshalb der Unterhaltsschuldner mit der **Fortsetzung** der Ausbildung **zu rechnen hatte**. Das hat der BGH in Fällen bejaht, in denen das Kind nach Erlangung der Hochschulreife zunächst eine praktische Ausbildung absolviert hatte und erst im Anschluss daran ein Universitätsstudium aufnehmen wollte[20]. Insoweit hat der BGH seine Rechtsprechung zu § 1610 Abs. 2 **modifiziert**[21] und angenommen, dass eine „angemessene Vorbildung zu einem Beruf" im Sinne **eines Ausbildungsganges** auch in Fällen **Abitur – Lehre – Studium** vorliege[22]. Einer besonderen Prüfung ist hier die wirtschaftliche Zumutbarkeit für den Verpflichteten unterworfen[23].

2. Bedürftigkeit des Berechtigten

Unterhaltsberechtigt ist nur, wer außerstande ist, sich selbst zu unterhalten (§ 1602 Abs. 1). Ein Anspruch scheidet deshalb aus, solange der Betreffende seinen Unterhalt aus eigenen Einkünften oder aus seinem Vermögen bestreiten kann. Das bedeutet, dass zur Sicherung des Unterhalts das eigene Vermögen auch verwertet werden muss. Zurückbehalten werden kann – in Anlehnung an sozialhilferechtliche Vorschriften – nur eine „letzte" finanzielle Reserve für plötzlich auftretende Notsituationen (Sonderbedarf), wie z.B. Krankheiten[24]. Von diesem Grundsatz macht § 1602 Abs. 2 eine **Ausnahme** für **minderjährige unverheiratete Kinder**. Einzusetzen hat das Kind hier lediglich die Einkünfte seines Vermögens (z.B. Mietzins aus ererbtem Grundvermögen) und einen etwaigen Arbeitsverdienst[25]. Dagegen kann von ihm nicht die Verwertung des Vermögensstammes verlangt werden. – In **Fall 49** muss S zur Finanzierung der Reise deshalb nicht seine Ersparnisse angreifen. Dagegen müsste T eigenes Vermögen einsetzen, d.h. gegebenenfalls auch Sparguthaben auflösen[26].

419

IV. Leistungsfähigkeit des Verpflichteten

Unterhaltspflichtig ist nur, wer als „an sich" haftender Verwandter (§§ 1601, 1606) unter Berücksichtigung seiner übrigen Verpflichtungen in der Lage ist, den Unterhalt zu gewähren, und zwar ohne dadurch den **eigenen angemessenen Unterhalt** zu gefährden (§ 1603 Abs. 1). Wann von einer Gefährdung des eigenen „angemessenen" Unterhalts auszugehen ist, regelt das Gesetz uneinheitlich je nach Grad der Verwandtschaft, nach Alter des Berechtigten sowie nach dessen derzeitiger Lebenssituation.

420

---

20 BGHZ 69, 190 ff.

21 **Grundlegend BGHZ 107, 376 ff.**

22 Im entschiedenen Fall (Fußn. 20) bejaht für ein Architekturstudium in unmittelbarem Anschluss an eine Ausbildung als Bauzeichner.

23 Einen solchen **„Weiterbildungs-Zusammenhang" verneint** der BGH in Fällen Realschule, Lehre, Fachoberschule, Fachhochschule – jedenfalls dann, wenn nicht von vornherein die Absicht zum weiteren Studium bestand, BGH NJW 2006, 2984, 2985 re. Sp. Grund: Bei einem (auf theoretisches Wissen abzielenden) Abitur müssen die Eltern mit der Aufnahme eines Studiums rechnen, bei einem (praxisorientierten) Realschulabschluss nicht.

24 Dazu OLG Karlsruhe FamRZ 2012, 1573 ff.

25 Es besteht aber keine Erwerbsobliegenheit, daher auch keine Anrechnung eines fiktiven Einkommens.

26 Als „Notgroschen" für einen Studenten wurden 5000 € gebilligt; nähere Nachweise bei Palandt-*Brudermüller* § 1602 Rdnr. 3.

1. Allgemeine Leistungsfähigkeit (§ 1603 Abs. 1)

a) Nettoeinkommen

421 Als Grenze der Leistungsfähigkeit im Allgemeinen bestimmt § 1603 Abs. 1 die Gefährdung des eigenen angemessenen Unterhalts. Dem in Anspruch Genommenen muss also der für **seine Person** festzulegende Unterhalt verbleiben. Dieser **„angemessene"** Unterhalt wird in concreto in erster Linie durch die **Einkünfte** und das **Vermögen** des Verpflichteten bestimmt. Grundsätzlich rechnen alle Einnahmen zum unterhaltsrelevanten Einkommen.

Nicht alle Einkünfte stehen jedoch für Unterhaltszwecke zur Verfügung (vgl. § 1603 Abs. 1: „Berücksichtigung seiner sonstigen Verpflichtungen"). Vom Bruttoeinkommen abzurechnen sind insbesondere Beiträge für eine **angemessene Kranken- und Altersvorsorge**, objektiv abgrenzbare **berufsbedingte Aufwendungen**, **bestimmte Schulden** (etwa andere Unterhaltsverpflichtungen oder gewisse, die Lebenssituation prägende **familienbezogene Verpflichtungen**, z.B. Bau eines Familienheimes). Im Übrigen herrscht kein Vorrang des Unterhaltsgläubigers vor anderen Drittgläubigern. Die Praxis entscheidet hier im Rahmen einer umfassenden Interessenabwägung, inwieweit ein Vorwegabzug in Frage kommt[27].

b) Erwerbsobliegenheit

422 Den Unterhaltsschuldner trifft die Obliegenheit zur Aufnahme einer zumutbaren Erwerbstätigkeit. Kommt er dem nicht nach, so muss er sich ein **fiktives Einkommen**, das er aus einer solchen Tätigkeit erzielen könnte, anrechnen lassen[28]. Insbesondere befreit die Übernahme der Haushaltstätigkeit in einer zweiten Ehe nicht von der Barunterhaltspflicht gegenüber anderen Kindern. Die eheliche Gestaltungsfreiheit (§ 1356) ist von den Kindern aus einer früheren Ehe grundsätzlich nicht hinzunehmen[29]. Entlastend wirkt der Rollenwechsel nur gegenüber den Mitgliedern der jetzigen Familie.

c) Selbstbehalt

423 In jedem Fall muss dem Unterhaltsschuldner der so genannte **Selbstbehalt** verbleiben. Die Höhe dieses Selbstbehaltes bestimmt sich nach Person und Stellung des Unterhaltsberechtigten. Die Praxis versucht eine gleichmäßige Bestimmung dieses Selbstbehalts über die Verwendung von (rechtlich nicht bindenden) Unterhaltstabellen zu gewinnen. Nach der „Düsseldorfer Tabelle" beträgt der **„angemessene" Selbstbehalt** von Eltern gegenüber ihren Kindern im Sinne des **§ 1603 Abs. 1** (so genannter „großer" Selbstbehalt) derzeit mindestens 1200 € monatlich (Stand: 1.1.2013)[30].

424 Besondere Schwierigkeiten bereitet die Bestimmung der Leistungsfähigkeit im Sinne des § 1603 Abs. 1, wenn Kinder ihren Eltern gegenüber zum Unterhalt verpflichtet sind **(Elternunterhalt)**. Dass insoweit ein Unterhaltsrechtsverhältnis besteht, ergibt sich aus § 1601. Aber dieser Unterhaltsanspruch hat ein geringeres Gewicht als Unterhaltsverpflichtungen gegenüber (auch volljährigen) Kindern und Ehegatten. Das ergibt sich einmal daraus, dass – für Eltern vorhersehbar - Kindesunterhalt regelmäßig über die Volljährigkeitsgrenze hinaus bis zum Abschluss einer

---

27 Vgl. dazu insgesamt z.B. Palandt-*Brudermüller* § 1603 Rdnr. 8.
28 Z.B. BGH NJW 1981, 1609, 1610 re. Sp.; zur verfassungsrechtlichen Zulässigkeit BVerfG NJW 1985, 1211 f.
29 Vgl. oben § 16 Rdnr. 371 ff. Diese sog. „Hausmann"-Rspr. hat der BGH auch auf nichteheliche Lebensgemeinschaften übertragen, BGH NJW 2001, 1488 ff. = JuS 2001, 611 ff.
30 Düss. Tab. A 5. Dazu im Zshg. mit nachehelichen Unterhaltsansprüchen bereits oben § 16 Rdnr. 365 f.

angemessenen Ausbildung (§ 1610 Abs. 2) zu leisten ist, während Kinder in aller Regel nicht damit rechnen müssen, im vorgerückten Alter auch von ihren Eltern in Anspruch genommen zu werden[31]. Daneben zeigt § 1609, dass den Eltern des Verpflichteten (erst) die 6. Rangstelle nach Kindern, Ehegatten, Enkelkindern und weiteren Abkömmlingen zukommt. Diese zurückgesetzte Bedeutung des Elternunterhalts verlangt nach einer **besonderen Konkretisierung** des eigenen **angemessenen Unterhalts** des Verpflichteten, der **über dem Selbstbehalt des § 1603 Abs. 1** liegt. Der BGH geht deshalb davon aus, dass dem Verpflichteten jedenfalls ein **Freibetrag** verbleiben muss, der den Selbstbehalt gegenüber einem volljährigen Kind um einen **maßvollen Zuschlag** übersteigt, wenn die Unterhaltsverpflichtung einem anderen Verwandten gegenüber besteht[32]. Der Selbstbehalt beim Elternunterhalt ist danach nicht nach einem festen Betrag zu bestimmen[33], sondern kann nur im Einzelfall tatrichterlich nach dem Einkommen, Vermögen, der sozialen (eventuell gehobenen) Lebensstellung und einer angemessenen Altersabsicherung des Verpflichteten festgelegt werden[34]. Einigkeit besteht inzwischen auch darüber, dass Kindern gegenüber ihren Eltern ein **weiterer Anteil** des den Selbstbehalt übersteigenden **Einkommens** verbleiben muss. Der BGH hat es gebilligt, wenn zum Mindesteinkommen die Hälfte des Betrages geschlagen wird, der dem Pflichtigen über den Mindestselbstbehalt hinaus zur Verfügung steht[35]. Neben seinem Einkommen hat der zum Elternunterhalt Verpflichtete aber grundsätzlich auch sein **Vermögen** einzusetzen. Auch für die Bestimmung der Grenze, ab welcher der Betroffene sein Vermögen zu verwerten hat, ist mangels anderer Vorschriften auf § 1603 Abs. 1 zurückzugreifen. Auch für die Konkretisierung des zu belassenden **Schonvermögens** sind die Umstände des Einzelfalls entscheidend. Dem Unterhaltsschuldner ist aber das Vermögen zu belassen, das für ihn eine **angemessene Altersvorsorge** darstellt, wobei es grundsätzlich in seiner Hand liegt, auf welche Weise er diese Alterssicherung sicherstellt (Immobilien, Lebensversicherung etc.)[36].

2. Gesteigerte Leistungsfähigkeit (§ 1603 Abs. 2)

In besonderer Weise sind Eltern gegenüber ihren **minderjährigen unverheirateten Kindern** unterhaltsrechtlich gefordert. Ihnen gegenüber können sie sich nicht auf einen eigenen „angemessenen" Unterhalt berufen (§ 1603 Abs. 1), sondern haben „**alle verfügbaren Mittel**" (§ 1603 Abs. 2 S. 1) zum gemeinsamen Unterhalt gleichmäßig zu verwenden. Dieser Personengruppe stehen **volljährige unverheiratete Kinder** bis zur Vollendung des 21. Lebensjahres gleich, solange sie im **Haushalt der Eltern** leben und sich in **allgemeiner Schulausbildung** befinden (§ 1603 Abs. 2 S. 2). Diese gesteigerte Unterhaltspflicht bedeutet nicht nur, dass sich der Unterhaltspflichtige in ganz besonderer Weise um Erwerbseinkünfte bemühen muss, sondern auch, dass ihm die unterhaltsrechtliche Anrechnung sonst gebilligter eigener Aufwendungen (z.B. zusätzliche Altersversorgung, Zusatzkrankenversicherung) versagt bleiben kann[37]. Auch gegenüber diesen Kindern gilt aber eine immanente Grenze der Unterhaltspflicht, die hier durch den so genannten „**kleinen**" oder **notwendigen Selbstbehalt** gezogen wird. Nach der „Düsseldorfer Tabelle" beträgt er für nicht erwerbstätige Unterhaltspflichtige monatlich 800 €, für erwerbstätige monatlich 1000 €[38]. Befinden sich Eltern in der

425

---

31 BGH NJW 2003, 128, 130 li. Sp.
32 BGH NJW 2003, 128, 130 li. Sp. mit weit. Nachweisen.
33 Die Unterhaltstabellen gehen insoweit lediglich von einem **Mindestbetrag** aus. Nach der Düss. Tab. (Stand: 1.1.2013) beträgt dieser Selbstbehalt 1600 €; vgl. dort D I.
34 BGH NJW 2003, 128, 130 li. Sp.; FamRZ 2004, 366, 367 li. Sp.
35 BGHZ 186, 350, 357 Tz. 23 mit weit. Nachweisen.
36 BGHZ 169, 59, 70 Tz. 31–33.
37 BGH NJW 2013, 1005 ff.
38 Stand: 1.1.2013.

Lage, dass ihnen der angemessene Unterhalt im Sinne des § 1603 Abs. 1 nicht mehr verbleibt, ihr Unterhaltsniveau aber noch über dem „kleinen" Selbstbehalt liegt, so **weicht ihre** Unterhaltspflicht gegenüber jener **anderer** unterhaltspflichtiger Verwandter (§ 1603 Abs. 2 S. 3 Halbs. 1). In dieser Situation sind Eltern ihren Kindern auch dann nicht unterhaltspflichtig, wenn der Kindesunterhalt aus dem **Stamm** des jeweiligen **Kindesvermögens** bestritten werden kann (§ 1603 Abs. 2 S. 3 Halbs. 2). – Im Ausgangsfall **(Fall 48)** bemisst sich also die unterhaltsrechtliche Leistungsfähigkeit von M und F gegenüber ihren beiden Kindern[39] nach § 1603 Abs. 2, im Übrigen gilt für etwaige Unterhaltsfälle die Grenze des § 1603 Abs. 1.

V. Art der Unterhaltsgewährung

1. Bar- und Betreuungsunterhalt

a) Grundsatz des Barunterhalts

426 Die gesetzliche Unterhaltspflicht zwischen Verwandten (§ 1601) wird in aller Regel durch Gewährung einer entsprechenden **Geldrente (Barunterhalt)** erfüllt (§ 1612 Abs. 1 S. 1). Die Geldrente ist monatlich im Voraus zur Verfügung zu stellen (§ 1612 Abs. 3 S. 1). Ein Anspruch auf Naturalunterhalt besteht grundsätzlich nicht. Lediglich der Verpflichtete kann, wenn es aus besonderen Gründen gerechtfertigt ist, statt Geldleistungen Unterhalt in natura erbringen (§ 1612 Abs. 1 S. 2; Beispiel: Tochter und Sohn pflegen ihre Eltern selbst anstatt den Betrag für eine Pflegeperson zur Verfügung zu stellen).

b) Betreuungsunterhalt

427 Eine Ausnahme vom Grundsatz der Barunterhaltspflicht gilt für **minderjährige unverheiratete Kinder**. Die Unterhaltsgewährung ist hier in die Sorgeverpflichtung der Eltern eingebettet (§ 1626 Abs. 1), die in der Form der Personensorge vor allem Betreuung und Pflege des Kindes verlangt. Im Vordergrund steht in diesem Fall der so genannte **Betreuungsunterhalt**. Das allgemeine Unterhaltsrecht greift diese sorgerechtliche Vorentscheidung in **§ 1606 Abs. 3 S. 2** auf und bestimmt, dass der betreuende Elternteil in der Regel dadurch seine Unterhaltspflicht gegenüber dem Kind erfüllt. Der andere Elternteil ist dann für den unterhaltsrechtlichen Barbedarf verantwortlich[40].

2. Das elterliche Unterhaltsbestimmungsrecht

428 Gegenüber ihren minderjährigen Kindern bestimmen die Eltern im Rahmen der Ausübung ihres Sorgerechts (§ 1626) die Art der Unterhaltsgewährung (Bar-, Betreuungs-, Naturalunterhalt). **Volljährigen Kindern** gegenüber besteht dagegen grundsätzlich die Verpflichtung zur Entrichtung einer Geldrente (§ 1612 Abs. 1 S. 1). Abweichend

---

39 Auch T steht noch in „allgemeiner Schulausbildung" (§ 1603 Abs. 2 S. 2).
40 Die Finanzierung der Reise des S **(Fall 49)** fällt also dem M zu. – Eltern sind keine unterhaltsrechtlichen Gesamtschuldner. Sie haften deshalb auch dann nur anteilig, wenn beide barunterhaltspflichtig sind (§ 1606 Abs. 3 S. 1).

von dieser Regel gibt **§ 1612 Abs. 2 S. 1** Eltern das Recht, für ihre **erwachsenen unverheirateten** Kinder die Art und Weise der Unterhaltsgewährung zu bestimmen. Sie müssen dabei die Belange des Kindes in gebotenem Maße berücksichtigen[41]. Setzt sich das Kind über eine gerechtfertigte Unterhaltsbestimmung hinweg, verliert es seinen Unterhaltsanspruch[42]. – Entfallen ist seit 1. Januar 2008 die Regelung § 1612 Abs. 2 S. 2 a.F., wonach das Kind aus besonderen Gründen beim Familiengericht (in einem umständlichen FGG-Verfahren) eine Änderung der elterlichen Bestimmung beantragen konnte. Die Beachtung der Kindesinteressen ist **jetzt Vorfrage** im **Unterhaltsprozess** selbst: Das Kind hat also auf Barunterhalt zu klagen, um in diesem Rahmen die Bestimmung der Eltern auf die „gebotene Rücksicht" im Sinne des § 1612 Abs. 2 S. 1 überprüfen zu lassen.

VI. Rangfolge, Ersatzhaftung und Unterhaltsregress

Fall 50: Tochter T (vgl. **Fall 48**) hat ihren Jurakommilitonen M geheiratet. Das Ehepaar bewohnt ein kleines Appartement, obwohl M über ein nicht unansehnliches ererbtes Vermögen verfügt. Die Eltern der T stellen ihre Unterhaltszahlungen ein. – Drei Semester später lernt M eine südamerikanische Medizinstudentin kennen und bricht daraufhin sein Jurastudium, die ehelichen Beziehungen zu T und die Brücken nach Europa ab. Weil es für T bis auf Weiteres unmöglich ist, den Aufenthaltsort ihres Mannes zu erkunden (und Unterhaltsansprüche zu realisieren), verlangt sie von ihren (grundsätzlich leistungsfähigen) Eltern eine Unterhaltsrente (Ausbildungsunterhalt).

429

1. Ehegatten- und Verwandtenunterhalt

Mit Eheschließung erlangen die Gatten einen gegenseitigen Anspruch auf Familienunterhalt (§ 1360). Ein damit konkurrierender Unterhaltsanspruch gegen Verwandte (§ 1601) tritt demgegenüber zurück (vorrangige Haftung des Ehegatten, § 1608 Abs. 1 S. 1). Ein Vorrang des Ehegatten **(Fall 50)** existiert aber nur dann, wenn der Anspruch auf Familienunterhalt auch die **Ausbildung des Partners** mitumfasst (§ 1360a Abs. 1). Die Grenzen einer solchen Verpflichtung sind im Einzelnen strittig[43]. Befindet sich der Gatte zur Zeit der Eheschließung jedoch **bereits in Ausbildung**, so zählt deren Beendigung zu den „persönlichen Bedürfnissen" des Ehepartners im Sinne des § 1360a Abs. 1 und unterfällt deshalb auch dem Anspruch gemäß § 1360[44]. In **Fall 50** war M daher gemäß § 1608 Abs. 1 S. 1 vorrangig zur Unterhaltsgewährung an T verpflichtet. Für den angemessenen Familienunterhalt haben Ehegatten ihre (gesamte) Arbeitskraft wie ihr (gesamtes) Vermögen einzusetzen[45]. Nachdem M über ein beachtliches Vermögen verfügt, war er ohne Gefährdung seines angemessenen Unterhalts leistungsfähig (§ 1608 Abs. 1 S. 2) und deshalb vor den Eltern der T zum Unterhalt ver-

430

---

41 Es wäre also denkbar, dass die Eltern der T **(Fall 49)** einem von ihr geplanten Auszug aus der Familienwohnung widersprechen mit dem Hinweis auf Unterhaltsgewährung in natura (Wohnbedarf).
42 BGH NJW 1981, 574, 576; Palandt-*Brudermüller* § 1612 Rdnr. 15 mit weit. Nachweisen.
43 Näher Palandt-*Brudermüller* § 1360a Rdnr. 3.
44 BGH NJW 1985, 803 f.
45 Vgl. oben § 7 Rdnr. 147.

pflichtet. Die Trennung der Partner änderte am Anspruch der T gegen M nichts
(§ 1361 Abs. 1, Abs. 2).

2. Ersatzhaftung und Unterhaltsregress

a) Rangfolge und Ersatzhaftung

431 Die unterhaltsrechtliche „**Rangfolge**" (§§ 1606, 1608) bestimmt, wer unter mehreren
Personen tatsächlich zur Unterhaltsleistung verpflichtet ist. Die unterhaltsrechtliche
„**Ersatzhaftung**" legt fest, wer für einen „an sich" Verpflichteten bei dessen Ausfall
subsidiär - aber nicht endgültig - für den Unterhalt aufzukommen hat. Beide Prinzipien wirft § 1607, noch dazu in redaktionell misslicher Fassung durcheinander.

Die Vorschrift des **§ 1607 Abs. 1** bestimmt die **Rangfolge** der Unterhaltsverpflichtung.
Wer wegen fehlender Leistungsfähigkeit als Unterhaltsschuldner ausfällt (§ 1603),
ist nicht zur Unterhaltsgewährung verpflichtet. Der nach § 1607 Abs. 1 an seine Stelle tretende Verwandte haftet deshalb nicht „ersatzweise" oder „subsidiär"; er haftet
vielmehr in eigener Person und originär. **Anders** der Fall des **§ 1607 Abs. 2** (auf den
dann in § 1607 Abs. 3 und in § 1608 Abs. 1 S. 3 Bezug genommen wird). Hier besteht
ein Unterhaltsanspruch gegen einen Dritten, der aber derzeit nicht realisiert werden
kann. Das Gesetz ordnet jetzt eine Verpflichtung (§ 1607 Abs. 2 S. 1: „Das Gleiche gilt
[…]") des nächstrangigen Verwandten an, an Stelle (ersatzweise) des eigentlich Verpflichteten den Unterhaltsbedarf zu decken. Nur an diesen Eintritt schließt sich deshalb auch eine **cessio legis** gegenüber dem (primär) Verpflichteten an (§ 1607 Abs. 2
S. 2)[46].

b) Unterhaltsregress

432 Tritt ein Verwandter gemäß § 1607 Abs. 2 S. 1 „ersatzweise"[47] für einen primär Verpflichteten ein, ordnet das Gesetz den **Übergang des Unterhaltsanspruchs** des Berechtigten auf den Ersatzverpflichteten an (§ 1607 Abs. 2 S. 2). Diesen Forderungsübergang dehnt das Gesetz in § 1607 Abs. 3 und in § 1608 Abs. 1 S. 3 auf vier weitere
Fallgruppen aus. Eine cessio legis und damit ein Unterhaltsregress findet zunächst
statt im Falle der Leistung von **Kindesunterhalt** für einen (verpflichteten) Elternteil,
wenn ein **nicht verpflichteter Verwandter**, der **Ehegatte** des anderen Elternteils oder
ein **Dritter als Vater** (Scheinvater) für den Unterhalt des Kindes aufkommt (§ 1607
Abs. 3). Die vierte Fallgruppe nennt § 1608 Abs. 1 S. 3, der § 1607 Abs. 2 und Abs. 4
für entsprechend anwendbar erklärt. Danach geht der Unterhaltsanspruch eines **Ehegatten** gegen seinen primär verpflichteten Partner auf den Verwandten über, der
gemäß § 1607 Abs. 2 als ersatzweise Verpflichteter den Unterhaltsanspruch des Ehegatten erfüllt[48].

---

46 Die Bezugnahme auf „[…] Absatz 1 […]" in § 1607 Abs. 2 S. 2 ist falsch. Es geht um einen nach Abs. 2
   S. 1 (i.V.m. Abs. 1) Verpflichteten.
47 Zum Begriff vgl. oben Rdnr. 431.
48 **Achtung:** § 1608 Abs. 1 S. 3 gilt nicht im Falle des § 1608 Abs. 1 S. 2, da hier mangels Leistungsfähigkeit
   keine Verpflichtung des Ehepartners besteht. Voraussetzung für den Forderungsübergang ist der Tatbestand des § 1607 Abs. 2.

In **Fall 50** lässt sich der eheliche Unterhaltsanspruch der T gegen M zurzeit nicht **433** durchsetzen (§§ 1608 Abs. 1 S. 3, 1607 Abs. 2 S. 1). Die Eltern der T sind deshalb ersatzweise zur Unterhaltsleistung verpflichtet. Soweit sie ihrer Tochter Unterhalt gewähren, geht der Unterhaltsanspruch der T gegen M (§§ 1360, 1360a; § 1361) auf sie über (§§ 1608 Abs. 1 S. 3, 1607 Abs. 2 S. 2). – Diese übergegangene Forderung kann nicht zum Nachteil des Berechtigten geltend gemacht werden (§ 1607 Abs. 4). Dies bedeutet: Soweit der Unterhaltsregress dazu führt, dass der Schuldner gegenüber dem Unterhaltsberechtigten leistungsunfähig wird, kann er nicht geltend gemacht werden[49].

---

49 Zu §§ 1613 bis 1615 (Vergangenheit, Verzicht, Erlöschen) vgl. oben § 7 Rdnr. 150 f.

Neunter Teil

Kindschaftsrecht

§ 20 Elterliche Sorge

I. Systematische Orientierung

1. „Elterliche Sorge"

434 Das seit 1998 geltende neue Kindschaftsrecht[1] kennt **keine Unterscheidung mehr** zwischen der elterlichen Sorge für ein **eheliches** und der Sorge für ein **nichteheliches Kind**. Für alle Träger des Sorgerechts beschreiben die Vorschriften der §§ 1626 ff. gleichermaßen Umfang und Inhalt der elterlichen Rechtsstellung. Die Differenzierung zwischen ehelichem und nichtehelichem Kind kommt allerdings zum Vorschein, wo es (für den Vater eines nichtehelichen Kindes) um den Zugang zum Sorgerecht geht (§§ 1626a ff.).

2. Gemeinsame elterliche Sorge, Getrenntleben der Eltern, Umgangsrecht

a) Grundsatz der gemeinsamen Sorge

435 Gemäß § 1626 Abs. 1 S. 1 steht den Eltern eines Kindes die elterliche Sorge zu, die sie gemeinschaftlich ausüben (§ 1627 S. 1). Das Sorgerecht steht **nur Eltern** im **Rechtssinne** zu (§§ 1591, 1592), nicht dagegen anderen Personen, in deren Pflege und Betreuung sich das Kind befindet. Träger des Sorgerechts sind deshalb nicht der Vormund (§§ 1773 ff.), der Pfleger (§ 1630 Abs. 1), der Beistand (§§ 1712 ff.), auch nicht die Pflegeeltern (§§ 1630 Abs. 3, 1632 Abs. 4, 1688). Diesen Personen ist nur – in einem näher bestimmten Umfang – die **Ausübung des Sorgerechts** eingeräumt. Der Grundsatz der **gemeinschaftlichen** elterlichen Sorge gilt für alle Elternpaare, seien sie miteinander verheiratet oder nicht, seien sie geschieden oder leben sie (in oder außerhalb einer Ehe) zusammen oder getrennt. Umfangmäßig geschmälerte Sorgebefugnisse erkennt **§ 1687b** dem **Stiefelternteil** eines Kindes zu, der gemeinsam mit dem allein sorgeberechtigten Elternteil für das Kind die Angelegenheiten des täglichen Lebens wahrnimmt und bei Gefahr im Verzuge die notwendigen Sorgeentscheidungen treffen kann (§ 1687b Abs. 1, Abs. 2; so genanntes „kleines Sorgerecht").

b) Rechtliche Bedeutung des Getrenntlebens der Elternteile

436 Auch wenn Eltern (von Anfang an oder später) nicht in Gemeinschaft mit dem Kind zusammenleben, gilt der Grundsatz der **gemeinschaftlichen** elterlichen Sorge. Dabei verbleibt es auch nach **Ehescheidung**. Im Unterschied zum früheren Recht ist die Scheidung der Eltern kein Grund mehr für eine gerichtliche Sorgerechtsentscheidung.

---

1 Gesetz zur Reform des Kindschaftsrechts (KindRG) vom 16.12.1997 (BGBl. I S. 2942), in Kraft getreten am 1.7.1998.

Trotzdem hat das Getrenntleben der Eltern (ob miteinander verheiratet oder nicht) eine wesentliche (auch rechtssystematische) Funktion. Im Falle des Getrenntlebens kann nämlich die **Übertragung** eines Teils oder der ganzen elterlichen Sorge auf einen (so bei gemeinschaftlicher, § 1671 Abs. 1) oder auf den anderen Elternteil (so bei alleinigem Sorgerecht der Mutter eines nichtehelichen Kindes, § 1671 Abs. 2) verlangt werden. Damit ist das Getrenntleben der Elternteile ein wesentlicher Anknüpfungspunkt für gerichtliche Sorgerechtsentscheidungen. Auch bei fortdauernder **gemeinsamer Sorge** kommt dem Getrenntleben der Eltern eine wichtige rechtliche Bedeutung zu. Die sorgerechtlichen Befugnisse richten sich dann einmal nach der **Bedeutung der zu entscheidenden Angelegenheit** und zum anderen danach, bei welchem Elternteil sich das Kind **gewöhnlich** beziehungsweise **ausnahmsweise aufhält** (vgl. § 1687 Abs. 1 S. 1: „Angelegenheiten von **erheblicher Bedeutung**"; S. 2: „Angelegenheiten des **täglichen Lebens**"; S. 4: „Angelegenheiten der **tatsächlichen Betreuung**")[2].

c) Umgangsrecht

Jeder Elternteil, ob sorgeberechtigt oder nicht, hat ein **Recht zum Umgang** mit seinem Kind. Dieses Recht wahrzunehmen, ist zugleich **Pflicht des Elternteils** (§ 1684 Abs. 1 Halbs. 2) und **Recht des Kindes** (§ 1684 Abs. 1 Halbs. 1). Anlass für Umgangsstreitigkeiten ist regelmäßig das Getrenntleben der Elternteile. Wird das Kind von einem Elternteil betreut, so ist für den anderen das Umgangsrecht die entscheidende Rechtsposition, um mit dem Kind weiterhin Kontakt zu pflegen. Können sich die Eltern in dieser Situation nicht über eine Umgangsregelung einigen, kann das Familiengericht zur Entscheidung über Umfang und Ausübung des Umgangsrecht angerufen werden (§ 1684 Abs. 3). Kommt es über eine solche **gerichtliche Umgangsregelung** zum Streit zwischen den Eltern, so kann ein Elternteil ein Vermittlungsverfahren nach § 165 FamFG beantragen. Gerichtliche Umgangsregelungen können sowohl die Pflicht des einen (nicht betreuenden) Elternteils zum Umgang mit dem Kind betreffen wie die Verpflichtung des anderen (betreuenden) Elternteils, diesen Umgang zu ermöglichen und Erschwernisse zu unterlassen (§ 1684 Abs. 2, Abs. 3 S. 2).

Ob gerichtliche Umgangsregelungen auch **vollstreckbar** sind (§ 89 FamFG: Ordnungsgeld und Ordnungshaft; § 90 Abs. 1 FamFG: unmittelbarer Zwang), war umstritten[3]. In jedem Fall ausgeschlossen war und ist eine Gewaltanwendung gegenüber dem Kind, um das Umgangsrecht durchzusetzen (§ 90 Abs. 2 S. 1 FamFG). Inzwischen hat das **BVerfG** dazu Stellung genommen[4]. Danach hat das Kind gegenüber seinen Eltern ein **subjektives Recht auf Umgang** (§ 1684 Abs. 1). Diesem Recht steht eine **Rechtspflicht** der Eltern zum Umgang gegenüber. Allerdings sei diese elterliche Verpflichtung **nur vollstreckbar**, wenn tatsächlich Anhaltspunkte dafür gegeben sind, dass ein erzwungener Umgang dem **Wohle des Kindes** dienen wird. Davon sei **in aller Regel nicht auszugehen**. Ausnahmsweise, so etwa wenn ein Jugendlicher einen bis dahin unbekannten

437

---

2 Zum Inhalt „tatsächlicher Betreuung" vgl. unten Rdnr. 490 und Fußn. 10.
3 OLG Köln FamRZ 2004, 52 (Zwang gegen den umgangsablehnenden Elternteil als ultima ratio, wenn der Umgang zum Wohle des Kindes erforderlich ist); OLG Karlsruhe FamRZ 2002, 624 f. (Ablehnung einer Zwangsgeld-Androhung gegen den betreuenden Elternteil, weil der Ablehnung des Umgangs durch das 10-jährige Kind nicht mit erzieherischen Mitteln zu begegnen sei).
4 **BVerfGE 121, 69 ff.** – Dazu bereits oben § 2 Rdnr. 32–34.

Elternteil kennen lernen wolle, könne aber auch ein zwangsweise durchzusetzendes Umgangsrecht des Kindes in Frage kommen.

Die Zwangsmittel des § 33 FGG a.F. (Zwangsgeld, Zwangshaft, Gewalt) wurden durch das **FamFG** im Sinne von **Ordnungsmitteln** mit **Sanktionscharakter** abgelöst. Anders als die bisherigen Beugemittel können die Ordnungsmaßnahmen auch dann noch angeordnet werden, wenn die entsprechende Handlung (z.B. Umgang zu einem bestimmten Termin) nicht mehr stattfinden kann.

II. Elterliche Sorge beim nichtehelichen Kind

1. Der gesetzliche Regelfall

438　Sind die Eltern bei Geburt ihres Kindes **nicht miteinander** verheiratet, so hat gemäß § **1626a Abs. 3** im Regelfall die **Mutter** des Kindes das **alleinige Sorgerecht**. Dem Vater steht ein **Umgangsrecht** zu (§ 1684 Abs. 1 Halbs. 2).

2. Gemeinschaftliche Sorge

439　Abweichend von § 1626a Abs. 3 steht den Eltern eines nichtehelichen Kindes das Sorgerecht **gemeinschaftlich** zu, wenn **beide** eine **Sorgeerklärung** abgeben (§ 1626a Abs. 1 Nr. 1) oder wenn sie **einander heiraten** (§ 1626a Abs. 1 Nr. 2) oder – neu in das Gesetz eingefügt – soweit ihnen das **Familiengericht die Sorge gemeinsam überträgt** (§ 1626a Abs. 1 Nr. 3). Voraussetzung ist aber auch hier, dass die einander heiratenden oder Sorgeerklärungen abgebenden Partner Eltern im Rechtssinne sind; die Heirat mit der Mutter des Kindes ersetzt nicht die Anerkennung oder Feststellung der Vaterschaft (§ 1592).

Nach § 1626a a.F. konnte ein gemeinsames Sorgerecht unter keinen Umständen gegen den Willen der Mutter des Kindes erreicht werden. Ihre notwendige Sorgeerklärung war nicht ersetzbar; eine Sorgerechtsübertragung durch das Familiengericht kannte das Gesetz nicht. Wenn sich die Mutter (trotz Zusammenlebens mit dem Vater des Kindes) weigerte, eine Sorgeerklärung abzugeben und ihn damit zu einem gemeinsamen Sorgerecht zuzulassen, so gab es dagegen keinen Rechtsbehelf. Nur unter den Voraussetzungen des § 1666 konnte in diesem Fall der Mutter des Kindes das Sorgerecht entzogen werden. Diese absolute Regelung hatte nach dem BGH[5] zunächst auch das BVerfG als mit dem Grundgesetz vereinbar (Art. 6 Abs. 2 GG: Elternrecht des Vaters) anerkannt[6]. – Nachdem im Jahre 2009 der EGMR diese sorgerechtliche Monopolstellung der Mutter als einen Verstoß gegen Art. 14 EMRK (Diskriminierungsverbot) in Verbindung mit Art. 8 EMRK (Recht auf Achtung des Privat- und Familienlebens) ansah[7], hat auch das BVerfG die Regelung des § 1626a Abs. 1 Nr. 1 als verfassungswidrig beanstandet[8]. Nach Auffassung des Gerichts verletzte die von § 1626 Abs. 1 Nr. 1 a.F. getragene Möglichkeit der Mutter, dem Vater eines nichtehelichen Kindes – ohne gerichtliche Überprüfbarkeit von Gründen und konkreter familiärer Situation – eine Sorgerechtsteilhabe generell zu verweigern, das Elternrecht des Va-

---

5　BGH NJW 2001, 2472 ff.
6　BVerfGE 107, 150 ff. – Als **verfassungswidrig** ist die Regelung für Paare angesehen worden, die in Familiengemeinschaft mit dem Kind gelebt und sich vor Inkrafttreten der Vorschrift (1.7.1998) getrennt haben; dazu die Übergangsregelung des **Art. 224 § 2 Abs. 3 bis Abs. 5 EGBGB**.
7　EGMR FamRZ 2010, 103 ff.
8　**BVerfG FamRZ 2010, 1403 ff.**

ters aus Art. 6 Abs. 2 GG[9]. Die **Neuregelung**, die am 19.5.2013 in Kraft getreten ist[10], trägt mit
§ **1626a Abs. 1 Nr. 3, Abs. 2** den verfassungsgerichtlichen Vorgaben nunmehr Rechnung.

3. Gemeinschaftliche Sorge kraft Sorgeerklärungen

a) Inhalt des Sorgerechts – Notwendigkeit von Sorgeerklärungen

> **Fall 51:** F und M leben nichtehelich zusammen. Ihre gemeinsame Tochter T ist zwei Jahre
> alt. Als in einer lebensbedrohlichen Situation über einen operativen Eingriff zu entscheiden
> ist, sind sich M und F uneinig. F besteht auf Durchführung des ärztlichen Eingriffs. Auf Vor-
> halte des M hin lehnt sie jede Diskussion über ihre Erziehungsverantwortung für T ab.

440

In **Fall 51** hat F als Mutter der T das **alleinige Sorgerecht** für ihr Kind (§ 1626a Abs. 3).
Deshalb steht nur ihr das Recht zur Sorge für die Person des Kindes (Personensorge)
und dessen Vermögen (Vermögenssorge) zu (§ 1626 Abs. 1). Die elterliche Sorge des
§ 1626 Abs. 1 umfasst zugleich das Recht, das Kind zu **vertreten** (§ 1629 Abs. 1 S. 1).
F kann also in Wahrnehmung ihrer Personensorge sich für die Operation des Kindes
entscheiden und als dessen gesetzliche Vertreterin die dafür notwendigen Verträge
(Krankenhaus etc.) für das Kind abschließen. Der Vater der T hat demgegenüber kein
Sorgerecht. Die von ihm vorgebrachten Bedenken hat die F nur im Rahmen der Prüfung des Kindeswohls zu berücksichtigen (als Pflicht gegenüber dem Kind, vgl. § 1626
Abs. 1 S. 1).

Die Befugnisse des **nicht sorgeberechtigten** Elternteils richten sich nach § **1687a**. Hält
sich das Kind (berechtigterweise) bei diesem Elternteil auf, so kommt ihm das alleinige Entscheidungsrecht in Angelegenheiten der **tatsächlichen Betreuung**[11] (§§ 1687a in
Verbindung mit 1687 Abs. 1 S. 4) und ein **Vertretungsrecht in Notfällen** zu (§ 1687a in
Verbindung mit §§ 1687 Abs. 1 S. 5, 1629 Abs. 1 S. 4). Die Vorschrift des § 1687a orientiert sich an der Situation getrennt lebender Elternteile, wird aber auch anzuwenden
sein, wenn bei zusammen lebenden Elternteilen der allein sorgeberechtigte nicht
rechtzeitig erreichbar ist (Geschäftsreise). In **Fall 51** gibt es deshalb für M keine Möglichkeit, seine Vorstellungen als eigene sorgerechtliche Befugnisse geltend zu machen.

441

b) Sorgeerklärung

Gemeinschaftliche Sorge für ein nichteheliches Kind setzt Sorgeerklärungen (Bereit-
schaftserklärungen zur Übernahme gemeinschaftlicher Sorge) beider Elternteile voraus. Es handelt sich um **einseitige, formgebundene** (§ 1626d Abs. 1), **nicht empfangs-
bedürftige** (vgl. § 1626d Abs. 2), nach allgemeiner Ansicht **rechtsgeschäftliche**[12] Willenserklärungen. Sind Sorgeerklärungen rechtswirksam abgegeben, tritt gemeinschaftliche
elterliche Sorge gemäß §§ 1626, 1627 ein[13]. Mögliche **Unwirksamkeitsgründe** einer
Sorgeerklärung sind in den §§ 1626b bis 1626d abschließend geregelt (§ 1626e).

442

---

9 So schon *Lipp* FamRZ 1998, 65, 70.
10 Gesetz zur Reform der elterlichen Sorge nicht miteinander verheirateter Eltern vom 16.4.2013
(BGBl. I S. 795); dazu *Heilmann* NJW 2013, 1473 ff.
11 Tatsächliche Betreuung beinhaltet kein Vertretungsrecht.
12 Vgl. dazu aber unten Rdnr. 443 f.
13 Der Legitimierung vor allem der gesetzlichen Vertreter des Kindes (§ 1629) dient § 1626d Abs. 2;
näher *Lipp*/Wagenitz § 1626d Rdnr. 2.

c) Sorgeerklärung und Geschäftsfähigkeit

443 Ein gewisses Problem bilden die Voraussetzungen für die Abgabe einer Sorgeerklärung. Das betrifft insbesondere die Person des Vaters eines nichtehelichen Kindes, der (anders als die Mutter, § 1626a Abs. 3) noch nicht Inhaber des Sorgerechts ist. Eine Sorgeerklärung kann nur **persönlich** abgegeben werden (§ 1626c Abs. 1). Eine Vertretung ist ausgeschlossen. Ein beschränkt geschäftsfähiger Elternteil gibt die Erklärung selbst ab. Er bedarf dazu der Zustimmung seines gesetzlichen Vertreters, die gegebenenfalls familiengerichtlich ersetzt werden kann (§ 1626c Abs. 2 S. 3). Bei **Geschäftsunfähigkeit** eines Elternteils ist gemeinschaftliche Sorge – auch wenn beide Eltern dies wollen – **ausgeschlossen**. Dies trotz des § 1626e, der die Unwirksamkeit einer Sorgeerklärung auf die im vorangehenden Gesetzestext enumerativ genannten Gründe (Geschäftsunfähigkeit fehlt dort) beschränkt. Es kann nicht angenommen werden, dass der Gesetzgeber einen beschränkt geschäftsfähigen Elternteil an die Zustimmung des gesetzlichen Vertreters bindet, einen geschäftsunfähigen aber ohne Einschränkung zur Sorgeerklärung zulässt. – Dieses Ergebnis ist aber zum Teil unbefriedigend. Gegen den (unüberwindbaren) Ausschluss eines im strengen Sinne des § 104 Nr. 2 Geschäftsunfähigen spricht vor allem ein grundsätzliches Bedenken, nämlich die Überlegung, inwieweit die allgemeinen Regeln der Rechtsgeschäftslehre auf stark personal geprägte Sachverhalte (Personensorge) anwendbar sind. Für einen ähnlichen Zusammenhang (keine Eheschließung eines Geschäftsunfähigen, § 1304) geht die Rechtspraxis von einer besonderen (Ehe-)Geschäftsfähigkeit aus, die nicht ausschließlich am Maßstab des § 104 Nr. 2 zu messen ist[14]. Schon die Möglichkeit, unter Anwendung dieser besonderen Ehegeschäftsfähigkeit die Klippe des § 1626a Abs. 1 Nr. 1 (Sorgeerklärungen) durch eine Eheschließung (§ 1626a Abs. 1 Nr. 2) zu überwinden, legt es nahe, die Frage der Geschäftsfähigkeit bei Abgabe von Sorgeerklärungen in einer ähnlichen, auf die elterliche Sorge insbesondere als Personensorge (Betreuung) abstellenden Weise zu entscheiden[15]. Eine solche gegenüber § 104 Nr. 2 differenzierende Sicht im Sinne einer **partiellen Sorgerechtsfähigkeit**[16] erscheint auch verfassungsrechtlich geboten (Elternrecht, Art. 6 Abs. 2 GG)[17].

d) Bindung und Widerruf

444 Die Sorgeerklärung ist eine Willenserklärung des Familienpersonenrechts (Willenserklärung sui generis). Sie entfaltet **keine schuldrechtliche** Bindung (§ 145), führt aber, sobald eine Sorgeerklärung auch des anderen Elternteils vorliegt, endgültig zu gemeinschaftlicher Sorge. Bis dahin ist ein Widerruf möglich (Formerfordernis entsprechend § 1626d Abs. 1). Eine spätere (konsensual-rechtsgeschäftliche) Abänderung ist ausgeschlossen. Korrigiert werden kann die gemeinschaftliche Sorge nur unter der

---

14 Dazu näher oben § 3 Rdnr. 43 f.

15 Bedenken deshalb gegen die strikte Regelung des § 1673 Abs. 1 (gänzliches Ruhen der elterlichen Sorge im Falle der Geschäftsunfähigkeit) bei *Gernhuber/Coester-Waltjen* § 64 Rdnr. 11 („partielle Geschäftsunfähigkeit").

16 Entsprechend einer (partiellen) Ehegeschäftsfähigkeit, vgl. oben § 3 Rdnr. 44. Auch das Schrifttum erkennt insoweit Besonderheiten an, etwa Jauernig-*Jauernig*, BGB, ¹⁴2011, § 104 Rdnr. 4.

17 BVerfGE 60, 79 ff. (Sorgerechtsentzug bei geistiger Behinderung der Eltern). Was dort über Entziehung der Sorge und Trennung des Kindes von den Eltern ausgeführt ist, kann nicht ohne Rückwirkung auf die Frage des Zugangs zur Sorge sein.

Voraussetzung des Getrenntlebens der Elternteile (§ 1671). Die Sorgeerklärung kann die elterliche Sorge des einen oder anderen Teils nicht auf bestimmte Gebiete oder Zuständigkeiten beschränken. Die Sorge steht beiden Eltern **ungeteilt** und **gemeinschaftlich** zu (§§ 1626 Abs. 1, 1627, 1629). Wird die Sorgeerklärung selbst beschränkt, liegt eine Bedingung oder Zeitbestimmung vor, die zur **Unwirksamkeit der Erklärung** (nicht der Bedingung oder Zeitbestimmung) führt (§ 1626b Abs. 1).

4. Gemeinschaftliche Sorge kraft familiengerichtlicher Übertragung

Als Konsequenz der Verfassungswidrigkeit der Vorgängerregelung[18] schuf der Gesetzgeber die Möglichkeit der **gemeinsamen Sorge** durch **Übertragung des Familiengerichts** (§ 1626a Abs. 1 Nr. 3). **445**

Die Übertragung setzt den **Antrag** eines Elternteils voraus (§ 1626a Abs. 2 S. 1) und darf dem Kindeswohl **nicht widersprechen**. Dieser lediglich **negativen Kindeswohlprüfung** liegt die Vorstellung zugrunde, „dass die gemeinsame elterliche Sorge grundsätzlich den Bedürfnissen des Kindes nach Beziehungen zu beiden Elternteilen entspricht"[19]. Möglich ist auch die Übertragung nur eines Teils der elterlichen Sorge. Für die **negative Kindeswohlprüfung** sieht das Gesetz eine **Vermutung** vor, die im Ergebnis ein **beschleunigtes Verfahren** ermöglichen soll: Werden gegenüber dem Antrag auf gemeinsame Sorge vom anderen Elternteil keine entgegenstehenden Gründe vorgebracht und sind für das Familiengericht solche Gründe auch sonst nicht ersichtlich, wird vermutet, dass die Übertragung dem Kindeswohl nicht widerspricht (§ 1626b Abs. 2 S. 2). – Mit dieser Kompromisslösung wollte der Gesetzgeber einen Weg zwischen reiner Antragslösung einerseits und automatischer gemeinschaftlicher Sorge kraft Gesetzes andererseits beschreiten, der sowohl dem Kindeswohl wie dem Elternrecht in verfassungskonformer Weise Rechnung trägt[20]. **446**

III. Elterliche Sorge, Kindeswohl und Selbstbestimmungsrecht des Kindes

Fall 52: Die Eltern des K bekennen sich zu einer strengen Religionsgemeinschaft und haben auch K in diesem Sinne erzogen. Nachdem K 15 Jahre alt geworden ist, nimmt die Entfremdung zwischen ihm und seinen Eltern immer stärker zu. Die schulischen Leistungen fallen rapide, die Bekanntschaft mit Gleichaltrigen bringt K in den Umkreis der Drogenszene. Die weitgehend hilflosen Eltern verlangen von K Rückbesinnung auf seine Glaubensgrundsätze, verordnen Hausarrest und streichen das Taschengeld; schließlich untersagen sie jeden Kontakt mit seinem Freundeskreis. K, inzwischen leidenschaftlicher Atheist, kümmert sich um die Erziehungsmaßnahmen wenig. Das Gymnasium lehnt er strikt ab und möchte Gärtner werden. – Rechtmäßige Erziehungsmaßnahmen? Die Eltern des K „beantragen" staatliche Unterstützung zur Durchsetzung ihrer Erziehungsvorstellungen. **447**

---

18 Vgl. oben Rdnr. 439.
19 BT-Drucks. 17/11048 S. 12 re. Sp.
20 BT-Drucks. 17/11048 S. 13 li. Sp.

1. Elterliches Sorgerecht und Kindeswohl

a) Erziehungsrecht der Eltern

448   Eltern haben die **Pflicht**[21] und das **Recht**, ihr minderjähriges Kind nach ihren eigenen Überzeugungen und Wertmaßstäben zu erziehen (§ 1626 Abs. 1). Dieses **Erziehungsrecht** ist ein wesentlicher Bestandteil der **Personensorge** (§ 1631 Abs. 1) und den Eltern in **verfassungsrechtlicher Qualität** als Teil ihres Elternrechts (Art. 6 Abs. 2 S. 1 GG) **gewährleistet**[22]. Das Erziehungsrecht beinhaltet insbesondere auch Fragen der religiösen, allgemein weltanschaulichen und staatsbürgerlichen Erziehung ebenso wie Auswahl und Bestimmung der Ausbildung des Kindes. Dass die Eltern des K **(Fall 52)** ihr Kind nach ausgeprägten religiösen Grundsätzen erzogen haben, ist deshalb ebenso wenig zu beanstanden wie die Bestimmung, den K auf das Gymnasium zu schicken.

b) Immanente Schranken

449   Das Erziehungs- (und Sorge-) Recht der Eltern ist durch ihre Pflicht zur Erziehung grundlegend und **immanent beschränkt**. Das heißt zunächst, dass es Eltern nicht frei steht, ihr Sorgerecht wahrzunehmen oder nicht; sie sind dazu **verpflichtet**. Aber auch inhaltlich bestehen Grenzen. Kinder haben ein Recht auf gewaltfreie Erziehung. **Unzulässig** ist jede Form von entwürdigenden Erziehungsmaßnahmen, insbesondere körperliche Bestrafungen und seelische Verletzungen (§ 1631 Abs. 2 S. 1, S. 2). Eine Erziehungsmaßnahme ist entwürdigend, wenn sie das Kind als eigene Person missachtet. Der Maßstab dafür ist das Menschenbild des Grundgesetzes (Art. 1 Abs. 1 S. 1 GG)[23]. Dem Gesetzgeber kam es mit dem „Recht auf gewaltfreie Erziehung" (§ 1631 Abs. 2 S. 1) auf eine Bewusstseinsänderung an (Appellfunktion). Zivilrechtliche Unterlassungsansprüche wird man deshalb aus diesem Recht nicht ableiten können, vielmehr sind die familienrechtlichen Vorschriften hier als leges speciales zu sehen (insbesondere §§ 1666, 1666a). Unberührt bleiben allerdings Schadensersatzansprüche und strafrechtliche Konsequenzen (§§ 223 ff. StGB)[24]. Nicht durch das Sorgerecht legitimiert sind darüber hinaus Erziehungsmaßnahmen, die sich nicht mehr am **Wohl des Kindes** orientieren. Hierunter fallen auch „gut gemeinte", in der Sache aber, weil Neigungen, Anlagen und Begabungen des Kindes verkennend, unzulässige Erziehungsmaßnahmen (etwa im Bereich der Schulausbildung). Der Pflichtcharakter des Sorgerechts und die Ausrichtung am Wohl des Kindes können hier eine rechtliche Grenze schon vor der Eingriffsschwelle des § 1666 (Kindeswohlgefährdung) ziehen. Das kann bedeutsam werden, wenn etwa bei gemeinschaftlicher Sorge und Getrenntleben der Eltern eine Übertragung der Alleinsorge beantragt wird (§ 1671 Abs. 1 S. 2 Nr. 2: „dem Wohl des Kindes am besten entspricht").

c) Besondere gesetzliche Beschränkungen

450   Das elterliche Sorgerecht wird spezialgesetzlich beschränkt durch einzelne Verweisungen ins **Vormundschaftsrecht**. Das gilt vor allem für die gesetzliche **Vertretungsbe-**

---

21 Zum besonderen Charakter des Elternrechts vgl. oben § 2 Rdnr. 29.
22 Vgl. oben § 2 Rdnr. 28.
23 Vom Erziehungsrecht nicht gedeckt sind deshalb alle Formen von (rituell motivierten) Verletzungen und Verstümmelungen von Kindern.
24 Näher hierzu *Huber/Scherer* FamRZ 2001, 797 ff.

fugnis (§§ 1629 Abs. 2 S. 1, 1795) und die **Genehmigungspflicht** bei bestimmten Rechtsgeschäften (§ 1643).

Weitere wichtige, besonders geregelte **Beschränkungen** der elterlichen Erziehung und   **451**
Sorge knüpfen an die Vollendung des **14. Lebensjahres** des Kindes an. Ab diesem
Zeitpunkt entscheidet das Kind selbst über Zugehörigkeit und Wechsel des **religiösen
Bekenntnisses** (§ 5 S. 1 RelKErzG)[25]. Es hat ein Widerspruchsrecht im Rahmen der
Übertragung der elterlichen Sorge (§ 1671 Abs. 1 S. 2 Nr. 1), es muss seiner Adoption
selbst zustimmen (§ 1746 Abs. 1) ebenso wie es nur selbst der Anerkennung einer
Vaterschaft zustimmen kann (§ 1596 Abs. 2). In Sorgerechtsverfahren muss ein 14-jähriges Kind stets persönlich angehört werden (§ 159 FamFG); es hat ein **eigenständiges
Beschwerderecht** (§ 60 FamFG).

Heirat macht nicht mündig. Es entfällt lediglich die tatsächliche Personensorge der   **452**
Eltern. Vertretung in persönlichen Angelegenheiten und Vermögenssorge verbleiben
bei ihnen (§ 1633).

2. Selbstbestimmungsrecht des Kindes

a) *Kindeswille und elterliches Erziehungsrecht*

Eltern haben die zunehmende Eigenständigkeit des jugendlichen und heranwach-   **453**
senden Kindes zu respektieren. Dementsprechend wandelt sich das Sorgerecht und
die Sorgepflicht von einer umfassenden Sorgezuständigkeit zu elterlicher Beratung,
Dialogbereitschaft und Hilfestellung (§ 1626 Abs. 2). Die Rücksichtnahme auf die
Persönlichkeit des Kindes und die erzieherische Förderung der Selbstständigkeit des
Jugendlichen sind in besonderem Maße in den Bereichen von **Ausbildung und Beruf**
geboten und werden von § 1631a ausdrücklich hervorgehoben. Dazu kommen die
spezialgesetzlichen Einschränkungen des Sorgerechts im Anschluss an die Vollendung
des 14. Lebensjahres[26]. Man hat diese stufenweise Festigung des Willens und des
Selbstbestimmungsrechts des jugendlichen Kindes als eine eigene und autonome
Größe der Erziehung über den Begriff der (fortschreitenden) **Grundrechtsmündigkeit** des Kindes zu fassen versucht[27]. Darum geht es jedoch nicht. Das zunehmende
Selbstbestimmungsrecht des Kindes ist kein dem Elternrecht (in Form der Sorge) ge-
genüberstehendes und mit ihm kollidierendes grundrechtsähnliches Recht. Vielmehr
verdrängt das zunehmende Gewicht der jugendlichen Selbstbestimmung das elterliche Sorgerecht im Rahmen der immanenten Grenzen dieses Rechts. Wo Wille, Neigung und Anlagen des Kindes maßgebend sind, besteht keine davon abweichende
Erziehungskompetenz der Eltern. Wann, in welchem Umfang und mit welcher Maßgabe diese elterliche Erziehungskompetenz weicht, lässt sich nicht abstrakt, sondern
nur im Einzelfall unter Beachtung der konkreten Umstände bestimmen. Dogmatisch
wird man auf die Struktur des **Rahmenrechts** im Sinne des **§ 823 Abs. 1** zurückgreifen
können, das inhaltlich und seinem Umfang nach nicht ein für allemal fixiert ist, son-

---

25 Nach Vollendung des 12. Lebensjahres keine Änderung des bisherigen Bekenntnisses ohne Zustimmung des Kindes, § 5 S. 2 RelKErzG.
26 Dazu eben unter Rdnr. 451.
27 Vgl. die Darstellung bei *Gernhuber/Coester-Waltjen* § 7 Rdnr. 1-6.

dern nötigenfalls im Wege einer umfassenden Abwägung konkretisiert werden muss. Die wesentlichen Interessen, die hier zu berücksichtigen sind, werden vom **Wohl des Kindes** bestimmt (für Ausbildung und Beruf vgl. § 1631a: „Eignung und Neigung des Kindes"). Ein damit in Widerstreit stehendes, rechtlich beachtliches Interesse der Eltern gibt es nicht – andererseits gibt es auch kein mit einer pflichtgemäßen Sorgewahrnehmung kollidierendes Kindesrecht. – In **Fall 52** ist die Ablehnung der weiteren Schulausbildung (Gymnasium) durch K deshalb von Belang. Entspricht die angestrebte Berufsausbildung (Gärtner) seinen Fähigkeiten und Anlagen, ist diese Entscheidung von den Eltern (positiv) mitzutragen (vgl. § 1631a). Bleiben Zweifel, werden sie nach Gesprächen und eventuellen erzieherischen Hilfestellungen[28] die berufliche Entscheidung des K ebenfalls zu respektieren haben[29].

b) Insbesondere ärztliche Eingriffe (Schwangerschaftsabbruch)

454 Schwierig stellt sich die Rechtslage auf dem Gebiet von ärztlichen Eingriffen bei Jugendlichen dar. Ungeklärt ist einmal, ob ein solcher Eingriff gegen den Willen des Minderjährigen, nur im Zusammenwirken von Jugendlichem und seinen Eltern oder ganz ohne Zustimmung des gesetzlichen Vertreters allein auf den Wunsch des Minderjährigen hin (mit rechtfertigender Wirkung für den Arzt, § 823 Abs. 1) vorgenommen werden kann. Besonders strittig ist in diesem Zusammenhang die Schwangerschaftsunterbrechung bei einer minderjährigen Frau. Hält man allein den Willen des Jugendlichen für maßgebend, wozu ein Teil der Rechtsprechung und Literatur bei „Einsichtsfähigkeit" des Minderjährigen neigt, weil es insoweit (lediglich) um eine tatsächliche Handlung gehe[30], bleibt des Weiteren die Frage nach den für diesen Eingriff regelmäßig notwendigen Rechtsgeschäften (Arzt- und Krankenhausvertrag), die der Minderjährige ohne Zustimmung des gesetzlichen Vertreters nicht vornehmen kann (§§ 106 ff.). Hier freilich stößt man auf die Schranke des § 1666, der nur in den in § 1666 Abs. 1 genannten Fällen eine Ersetzung der Vertretererklärung zulässt (§ 1666 Abs. 3 Nr. 5)[31].

455 Die Annahme, eine minderjährige Frau könne bei entsprechender „Einsichtsfähigkeit" grundsätzlich ohne Zustimmung der Eltern in den körperlichen Eingriff der Schwangerschaftsunterbrechung einwilligen, weil es sich dabei lediglich um eine faktische Gestattung und nicht um ein Rechtsgeschäft handele, überträgt zu Unrecht dogmatische Kategorien des allgemeinen Zivilrechts in das Recht der elterlichen Sorge, um daraus einen begrifflichen Lösungsansatz zu gewinnen. Im Bereich des Sorgerechts geht es auch bei tatsächlichen Gestattungen und Eingriffen nicht nur um die Feststellung eines Faktums, sondern um eine zusätzliche Bewertung dieses Vorgangs in persönlich-subjektiver **Wahrnehmung des Sorgerechts durch die Eltern** (vgl. § 1627). Es spricht deshalb viel dafür, bereits die Einwilligung in den Schwangerschaftsabbruch – auch bei Einsichtsfähigkeit der Jugendlichen – nicht a limine vom elterlichen

---

28 Hierzu unten Rdnr. 456 f.

29 Zur unterhaltsrechtlichen Konsequenz (§ 1610 Abs. 2) vgl. oben § 19 Rdnr. 415.

30 So für den Fall des Schwangerschaftsabbruchs LG München NJW 1980, 646 li. Sp.; AG Schlüchtern NJW 1998, 832 f.

31 Die Einschränkung des Sorgerechts deshalb ablehnend LG München NJW 1980, 646 re. Sp.; AG Celle NJW 1987, 2307, 2308.

Sorgerecht zu lösen, sondern schon hier die wesentlichen Interessen der Beteiligten im Lichte des Kindeswohls (§ 1626 Abs. 2) einerseits und der eigenen Überzeugung des Sorgerechtsinhabers andererseits (§ 1626 Abs. 1, § 1631 Abs. 1) für den konkreten Einzelfall zu würdigen[32]. Fällt diese Abwägung zu Gunsten der Minderjährigen aus, gibt es kein Zustimmungsrecht der Eltern, weil eine Sorgerechtskompetenz insoweit nicht mehr besteht. Es ist deshalb auch keine Erklärung zu ersetzen. – Mit dieser Entscheidung über die Einwilligung in den ärztlichen Eingriff ist auch die Entscheidung über die notwendigen Rechtsgeschäfte gefallen. Die Zustimmung der Eltern ist gemäß § 1666 Abs. 3 Nr. 5 zu ersetzen. Wo der Sache nach eine Sorgerechtszuständigkeit nicht mehr besteht, handeln die Eltern auf ihr Sorgerecht bezogen (Wohl des Kindes) rechtsmissbräuchlich (§ 242), wenn sie gleichwohl ihre (formale) Vertreterstellung zur Durchsetzung ihrer (sorgerechtlich nicht mehr maßgeblichen) Vorstellungen bemühen.

3. Erzieherische Hilfestellungen, Gefährdung des Kindeswohls

a) *Erzieherische Hilfestellungen (§ 1631 Abs. 3)*

Eltern, die sich in Ausübung ihrer Personensorge vor Schwierigkeiten sehen und befürchten, ihr Kind nicht mehr zu „erreichen", können auf ihren Antrag hin vom **Familiengericht** Unterstützung für Erziehungsmaßnahmen erhalten (§ 1631 Abs. 3). Diese Unterstützungsmaßnahmen gegenüber dem Kind sind zu trennen von Maßnahmen zur Durchsetzung des Sorgerechts gegenüber Dritten (vgl. z.B. § 1632). Nur Dritten gegenüber wirkt das elterliche Sorgerecht als absolut geschützte Rechtsposition[33]. Unterstützung gemäß § 1631 Abs. 3 kann von jedem Elternteil jederzeit widerruflich beantragt werden[34]. Das Familiengericht darf **nicht über den Antrag** der Eltern **hinausgehen**. Es darf die geforderte Maßnahme nur treffen, wenn sie (positiv) dem Wohl des Kindes dient und nicht bereits dann, wenn sie lediglich keine Kindeswohlgefährdung (§ 1666) darstellt. Unterstützung ist nur **„in geeigneten Fällen"** möglich (§ 1631 Abs. 3). Hierin kommt zum Ausdruck, dass die Hilfen nicht der Durchsetzung elterlicher Erziehungsvorstellungen als solcher dienen, sondern nur solche Maßnahmen fördern wollen, die im oben genannten Sinne[35] die Bedürfnisse und die **Persönlichkeit des Kindes** angemessen berücksichtigen.

456

Unterstützungsmaßnahmen hinsichtlich der weltanschaulichen Erziehungsvorstellungen der Eltern des K wird das Gericht in **Fall 52** deshalb nicht treffen. Gegebenenfalls wird es unterstützend zur Klärung der weiteren schulischen und beruflichen Situation tätig werden und mit an Sicherheit grenzender Wahrscheinlichkeit wird es die Eltern unterstützen, K aus dem Umkreis der Drogenszene abzuziehen. – Unterstützungsmaßnahmen sind auf dem gesamten Gebiet der Personensorge möglich. Das Familiengericht bedient sich der Hilfe des Jugendamtes (§ 50 Abs. 1 S. 2 Nr. 1 SGB VIII in

457

---

32 So in der Sache zutreffend AG Schlüchtern NJW 1998, 832 f. – Gegen diese Entscheidung und für die Notwendigkeit elterlicher Zustimmung („in jedem Fall") OLG Hamm NJW 1998, 3424; berechtigte Kritik bei *Schwerdtner* NJW 1999, 1525 ff. mit weit. Nachweisen.

33 Vgl. dazu unten Rdnr. 482.

34 Bei Uneinigkeit der Eltern hat das Familiengericht zunächst nach § 1628 zu entscheiden; zur Problematik insgesamt vgl. unten Rdnr. 488 f.

35 Vgl. oben Rdnr. 453.

Verbindung mit § 162 FamFG). Als Unterstützungsmaßnahmen kommen beispielsweise in Betracht: gerichtliche Vorladung, Verwarnung und Ermahnung, zwangsweise Rückführung des Kindes, Ermittlung des Aufenthaltsortes, Heimeinweisung[36].

b) Gefährdung des Kindeswohls (§§ 1666 ff.)

458 Dem Charakter des durch das Wohl des Kindes immanent beschränkten elterlichen Sorgerechts entspricht die teilweise oder gänzliche **Ablösung des Erziehungsträgers**, wenn er der Funktion des Sorgerechts nicht mehr ausreichend gerecht wird. Das **Wächteramt des Staates** (Art. 6 Abs. 2 S. 2 GG) drückt sich insbesondere in der Befugnis des Familiengerichts aus, bei Gefährdung des Kindeswohls die „erforderlichen Maßnahmen" gemäß §§ 1666 ff. anzuordnen. Diese Maßnahmen können bis zur Entziehung der gesamten elterlichen Sorge reichen (§§ 1666 Abs. 3 Nr. 6, 1666a Abs. 2)[37].

459 Eingriffe des Familiengerichts in die elterliche **Personensorge** setzen zunächst immer eine **Gefährdung des Kindeswohls** voraus. Geschützt ist das Kind in umfassender Weise. Das drückt die alternative Benennung des körperlichen, geistigen oder seelischen Wohls in § 1666 Abs. 1 aus. Die Bestimmung des Kindeswohls kann stets nur für den **konkreten Einzelfall** geschehen, wobei die Person des Kindes im Mittelpunkt steht, aber auch das soziale Milieu und die Gesamtsituation sowie der Lebensplan des Kindes zu berücksichtigen sind[38]. Dieses so bestimmte Kindeswohl muss **gefährdet** sein. Voraussetzung dafür ist, dass eine **Schädigung** des Kindes **bereits eingetreten** ist oder eine „[...] gegenwärtige, in einem solchen Maße vorhandene Gefahr [...]" besteht, „[...] dass sich bei seiner weiteren Entwicklung eine erhebliche Schädigung mit ziemlicher Sicherheit voraussehen lässt [...]"[39]. Auch hier sind Alter des Kindes, seine Durchsetzungskraft und das gesellschaftliche Umfeld mit zu berücksichtigen.

Nicht ausreichend für eine Kindeswohlgefährdung ist die Tatsache, dass das Kind bei weiterer Betreuung durch seine Eltern Nachteile erfährt, die nach objektiven Erziehungsmaßstäben vermieden werden sollten und könnten. Die konkreten **sozio-ökonomischen Verhältnisse** der **elterlichen Familie** gehören grundsätzlich zum **Lebensrisiko** und **Schicksal** eines Kindes[40].

Ein Eingriff in das Elternrecht kann nur erfolgen, wenn Tatsachen festgestellt sind, die eine **konkrete Gefährdung** des Kindes tragen. Eine abstrakte Gefährdung („Generalverdacht") rechtfertigt ein Eingreifen nicht[41].

Gestrichen wurden durch das Gesetz zur Erleichterung familiengerichtlicher Maßnahmen bei Gefährdung des Kindeswohls (FamRMaßnErlG)[42] die bisherigen elter-

---

36 Nicht über § 1631 Abs. 3 können Maßnahmen mit besonders geregelten Voraussetzungen getroffen werden.

37 Zur Verfassungskonformität BVerfG NJW 1986, 3129, 3130 re. Sp.

38 Zum Problem der Konkretisierung Palandt-*Götz* § 1666 Rdnr. 11 ff. Es gibt eindeutige Fixierungen (sexueller Missbrauch, Drogenabhängigkeit, Anleitung zu Straftaten), aber auch schwer feststellbare Inhalte (ein seiner intellektuellen Begabung nach ohne Weiteres dazu fähiges Kind lehnt, beeinflusst durch die soziale Umwelt, die entsprechende Schulausbildung ab).

39 BVerfG NJW 2010, 2333, 2334 re. Sp. f. Tz. 41; BGHZ 184, 269, 275 Tz. 19 (Hervorhebungen nur hier).

40 BVerfG NJW 2010, 2333, 2325 re. Sp. Tz. 46.

41 OLG Karlsruhe NJW 2009, 3521 ff. für den Fall einer mehrwöchigen Reise der Tochter von Eltern äthiopischer Herkunft und der geltend gemachten Befürchtung einer Genitalverstümmelung (Äthiopien als Hochrisikoland).

42 BGBl I S. 1188, in Kraft getreten zum 12.7.2008. Vgl. dazu die Übersicht bei *Röchling* FamRZ 2008, 1495 ff.

lichen **Verhaltensalternativen**, auf denen die Kindeswohlgefährdung beruhen musste (missbräuchliche Ausübung der Sorge, Vernachlässigung des Kindes, unverschuldetes Versagen der Eltern oder Verhalten eines Dritten). Geblieben ist die Voraussetzung, dass die Eltern **nicht willens** oder **in der Lage** sein müssen, die Gefährdung abzuwehren (fehlende Gefahrabwendungsbereitschaft), § 1666 Abs. 1. Der Gesetzgeber verfolgte mit der Novellierung einen besseren Schutz gefährdeter Kinder. Ermöglicht werden sollte ein frühzeitiges Eingreifen des Familiengerichts bei abgesenkter Eingriffsschwelle. Trotz dieser Ankündigungen und ungeachtet der Bezeichnung des Gesetzes hat sich der Sache nach kaum etwas geändert. Die **Eingriffsschwelle** bleibt wie bisher eine **Kindeswohlgefährdung**. Insoweit behält die frühere, konkretisierende Judikatur nach wie vor Bedeutung. Die Kindeswohlgefährdung muss auch nach jetzt geltendem Recht durch **elterliches Verhalten** bedingt sein, sei es, dass die Eltern die Gefährdung selbst herbeiführen, sei es, dass sie die von Dritten ausgehende Gefährdung nicht in der Lage oder willens sind abzuwehren. Dieser Zusammenhang ergibt sich schon aus § 1666 Abs. 1, der voraussetzt, dass die Eltern nicht gewillt oder nicht fähig sind, die Gefährdung abzuwenden. Verlangt wird deshalb jedenfalls ein **objektives Fehlverhalten** der Eltern. Nur eine solche Interpretation des § 1666 Abs. 1 wird einer verfassungskonformen Auslegung gerecht (Art. 6 Abs. 2 S. 1, S. 2 GG)[43].

Beispielhaft zählt § 1666 Abs. 3 (schon bisher mögliche) familiengerichtliche Maßnahmen auf, die die Bandbreite der unterhalb einer (teilweisen) Sorgerechtsentziehung zur Verfügung stehenden Reaktionen deutlich machen sollen. Oben in **Fall 52** werden insbesondere Maßnahmen nach § 1666 Abs. 3 Nr. 1, eventuell auch nach § 1666 Abs. 4 (Drogenszene) in Betracht kommen.

Nach § 1666 Abs. 1 sind familiengerichtliche Maßnahmen auch im Falle der **Gefährdung des Kindesvermögens** zu treffen (Eingriff in die Vermögenssorge). Als Regelbeispiel dafür nennt § 1666 Abs. 2 die Verletzung der Unterhaltspflicht durch den Inhaber der Vermögenssorge. Staatliche Eingriffe sind auch hier an die in § 1666 Abs. 1 genannten Voraussetzungen gebunden. Das gilt – trotz des redaktionell fehlenden Bezugs – auch für die in § 1667 aufgezählten Anordnungen[44].   **460**

c) Amtsermittlungspflicht des Familiengerichts (§ 26 FamFG)

Das Gericht hat in Familiensachen der **freiwilligen Gerichtsbarkeit** die Pflicht, **von Amts wegen** den Sachverhalt zu erforschen und die erforderlichen Untersuchungen zu veranlassen (**§ 26 FamFG**[45]). Dieser Amtsermittlungspflicht misst der BGH im Verfahren des Kindschaftsrechts und vor allem in Familiensachen nach § 1666 eine erhöhte Bedeutung bei und stellt hier besondere Anforderungen an die tatrichterliche Sachaufklärung[46]. Anlass dafür ist der **Grundrechtsschutz** des **Art. 6 Abs. 2** und **Abs. 3 GG**, der sich auch auf das Verfahren auswirkt (Gebot effektiven Grundrechtsschutzes). Diese gesteigerte Sachaufklärungspflicht hat einerseits dem **Elternrecht** Rechnung zu tragen, trifft aber auch den Staat in seiner **Wächterfunktion** im Interesse des Kindeswohls. – Der BGH hat deshalb in einem Fall, in dem die Erziehungs- und Sorgefähigkeit we-   **461**

---

43 Dogmatisch ist der **Grund des elterlichen Versagens** unter dem Gesichtspunkt „strikter Beachtung des Grundsatzes der Verhältnismäßigkeit" zu prüfen; vgl. BVerfG NJW 2010, 2333, 2334 li. Sp. Tz. 35.
44 Allg. Ansicht, vgl. Palandt-*Götz* § 1667 Rdnr. 1.
45 Eingeschränkte Amtsermittlung in Ehesachen (§ 127 FamFG) und grundsätzlich keine Amtsermittlung, sondern Beibringungsgrundsatz in Familienstreitsachen.
46 BGHZ 184, 269, 278 Tz. 29 f.

gen denkbarer geistig-psychischer Störungen zweifelhaft erschien, entschieden, dass sich ein Elternteil (mangels einer gesetzlichen Grundlage) zwar keiner psychiatrisch-psychologischen Untersuchung durch einen Sachverständigen unterziehen müsse[47], wohl aber hätte das Gericht im Beisein eines Sachverständigen den Elternteil anhören und sich unter sachverständiger Mithilfe ein eigenes Urteil über die Erziehungsfähigkeit bilden müssen (vgl. § 37 FamFG).

d) Gerichtliche Überprüfung (§ 1696)

462 Werden gerichtliche Maßnahmen nach den §§ 1666 ff. getroffen, hat das **Familiengericht** bei längerer Fortdauer diese von Zeit zu Zeit zu **überprüfen** (§ 166 Abs. 2, Abs. 3 FamFG: in der Regel nach drei Monaten) und, wenn eine Kindeswohlgefährdung nicht mehr besteht, dieselben aufzuheben (§ 1696 Abs. 2).

IV. Gesetzliche Vertretung und Beschränkung der Minderjährigenhaftung

1. Gesetzliches Vertretungsrecht der Eltern – Selbstkontrahieren

463 Im Rahmen der elterlichen Sorge vertreten die Eltern gemeinschaftlich das Kind (§ 1629 Abs. 1 S. 1, S. 2). In Notsituationen ist jeder Elternteil berechtigt, alle zum Wohle des Kindes erforderlichen Rechtshandlungen allein vorzunehmen; der andere Elternteil ist davon unverzüglich zu unterrichten (§ 1629 Abs. 1 S. 4). Leben die (miteinander verheirateten) Eltern getrennt oder ist zwischen ihnen eine Ehesache anhängig, so kann ein Elternteil Unterhaltsansprüche des Kindes nur im eigenen Namen geltend machen (§ 1629 Abs. 3 S. 1, gesetzliche Prozess- beziehungsweise Verfahrensstandschaft). Die Eltern können Kinder **nicht vertreten**, soweit ein Vormund nach § 1795 von der Vertretung des Mündels ausgeschlossen ist (§ 1629 Abs. 2 S. 1). Rechtsgeschäfte für das Kind gemäß **§ 1643 Abs. 1, Abs. 2** bedürfen der **familiengerichtlichen Genehmigung**. Besondere Probleme treten auf, wenn die Eltern in eigener Person und zugleich als Stellvertreter des Kindes ein Rechtsgeschäft abschließen wollen; dies zeigt folgender

> **Fall 53:** Frau F möchte ihrer 16-jährigen Tochter T (der Ehemann von F, Vater von T, ist verstorben) ein ihr gehörendes Hausgrundstück im Werte von ca. 300 000 € schenken. Allerdings soll T davon nichts erfahren. Das Grundstück ist mit einer Hypothek über 100 000 € belastet und vermietet. Kann F die geplante Zuwendung allein vornehmen?

464 F kann die schenkweise Übertragung des Grundstücks allein vornehmen, wenn sie zugleich als **eigene Partei** und **in Vertretung der T** rechtsgeschäftlich handeln kann. Nach dem Tod des Vaters der T steht der F das elterliche Sorgerecht und damit die gesetzliche Vertretung der T allein zu (§ 1680 Abs. 1). Fraglich ist aber, ob F gleichzeitig als (schenkende) Partei und als Vertreterin der T auftreten kann. Das **Verbot des Selbstkontrahierens** gemäß § 181 gilt auch für die gesetzliche Vertretung der Eltern (§§ 1629 Abs. 2 S. 1, 1795 Abs. 2).

---

[47] Eine solche Gesetzesgrundlage bietet weder § 1666 noch § 33 FamFG. – Die Verweigerung des Elternteils löst **keine objektive Feststellungslast** zu dessen Ungunsten aus. Die Maßnahme muss, wenn die Voraussetzungen des § 1666 nicht festgestellt sind, unterbleiben; vgl. BGHZ 184, 269, 274 Tz. 15.

Die Vorschrift des § 181 könnte in **Fall 53** aber nach Sinn und Zweck der Norm keine **465** Anwendung finden, weil es hier an einer durch die Personenidentität verursachten **Interessenkollision**, die § 181 vermeiden will, fehlt. § 181 stellt allerdings eine **formale Ordnungsvorschrift** dar, die das Verbot des Insichgeschäfts grundsätzlich nicht davon abhängig macht, ob im konkreten Einzelfall tatsächlich ein Interessenkonflikt gegeben ist. Sie will vielmehr eine solche Situation grundsätzlich vermeiden, weshalb es nur auf eine (formale) Personenidentität des Handelnden ankommt[48]. Um unbefriedigende Ergebnisse einer solch formalrigiden Anwendung zu vermeiden, hat die Rechtsprechung des BGH fallorientierte Ausnahmen vom Verbot des § 181 entwickelt. Die Vorschrift soll **nicht anwendbar** sein, wenn es um einen **genau abgrenzbaren Rechtsbereich** geht, bei dem ein Interessengegensatz **abstrakt-generell ausgeschlossen** ist. Eine dieser Fallgruppen liegt nach der höchstrichterlichen Rechtsprechung vor, wenn das Insichgeschäft dem Vertretenen **lediglich einen rechtlichen Vorteil** bringt (§ 107)[49].

Auf der Grundlage dieser Judikatur kann F **(Fall 53)** im Wege des Selbstkontrahierens **466** den Schenkungsvertrag (§ 518 Abs. 1 S. 1) abschließen; denn T erwirbt dadurch lediglich einen rechtlichen Vorteil (Anspruch auf Vollzug der Schenkung). Fraglich ist, ob Gleiches für das dingliche Vollzugsgeschäft gilt (§ 873 Abs. 1).

Dies einmal deshalb, weil das Grundstück mit einer **Hypothek** belastet ist. Rechtsprechung **467** und herrschende Lehre nehmen jedoch an, dass eine bereits auf dem Grundstück ruhende dingliche Belastung keinen rechtlichen Nachteil im Sinne des § 107 darstelle, da der Erwerber nicht mit seinem sonstigen Vermögen hafte, sondern ungünstigstenfalls mit dem Grundstück. Dies bedeute weder Vor- noch Nachteile; der mit der Zuwendung verbundene Vorteil würde lediglich eingeschränkt[50]. Freilich rückt diese Betrachtungsweise stark die wirtschaftliche Konsequenz der rechtlich fraglos nachteiligen Hypothek (Duldung der Zwangsvollstreckung, § 1147) in den Vordergrund. Richtiger ist darauf abzustellen, dass der rechtliche Nachteil des Grundpfandrechts nicht gerade an die Willenserklärung des Erwerbsgeschäfts dogmatisch anknüpft, sondern den „Eigentümer" beschwert und deshalb nicht vom Minderjährigenschutz der §§ 106 ff. erfasst wird[51].

Noch stärker hat der BGH bei der Frage, ob **öffentliche Lasten** eines Grundstücks einen rechtlichen Nachteil im Sinne des § 107 begründen, **wirtschaftliche Gesichtspunkte** in den Vordergrund gerückt. Entgegen der bisher ganz herrschende Meinung, wonach derartige Lasten, weil auf Gesetz oder Satzung beruhend, keinen Rechtsnachteil darstellen, hält der BGH diese Unterscheidung für unmaßgeblich[52]. Entscheidend sei vielmehr der Nachteil für das Vermögen des Minderjährigen, auch wenn er als **gesetzliche Folge** des Rechtsgeschäfts eintrete[53]. Alltägliche öffentliche Lasten mit typischerweise „ganz unerheblichem Gefährdungspotenzial" sollen kein

---

48 Jauernig-*Jauernig*, BGB, [14]2011, § 181 Rdnr. 6.
49 BGHZ 94, 232, 235; kritisch Jauernig-*Jauernig* BGB [14]2011, § 181 Rdnr. 7.
50 Palandt-*Ellenberger* § 107 Rdnr. 4 mit weit. Nachweisen; ebenso bestätigend BGH NJW 2005, 415, 417 re. Sp.
51 Jauernig-*Jauernig*, BGB [14]2011, § 107 Rdnr. 5.
52 BGH NJW 2005, 415, 418 li. Sp.
53 BGH ebenda. Zu Recht krit. Jauernig-*Jauernig*, BGB, [14]2011, § 107 Rdnr. 5: Dies beachtet nicht den Unterschied zwischen **Sach- oder Realsteuer** (z.B. Grundsteuer; kein Nachteil i.S.d. § 107) und **Verkehrssteuer** (z.B. Grunderwerbsteuer; Nachteil i.S.d. § 107, aber vernachlässigenswert).

Hindernis im Sinne des § 107 darstellen; für außerordentliche Grundstückslasten hat das Gericht die Entscheidung offen gelassen[54].

Diese Auffassung hat der **BGH** unlängst für den Fall des schenkweisen Erwerbs einer Eigentumswohnung **bestätigt**[55]. Ein **Rechtsnachteil** im Sinne des § 107 liege dann vor, wenn der Minderjährige infolge des Erwerbsgeschäfts nicht nur dinglich mit der erworbenen Sache, sondern auch **persönlich** mit seinem **sonstigen Vermögen hafte**[56]. Die den Minderjährigen beim Erwerb einer Eigentumswohnung kraft Gesetzes treffende persönliche Verpflichtung sei – unabhängig von den Umständen des Einzelfalls – **„wirtschaftlich"** so bedeutungsvoll, dass in diesem Fall stets von einem rechtlichen Nachteil auszugehen sei[57].

468 Ein Rechtsnachteil ergibt sich in **Fall 53** jedoch (nach allgemeiner Auffassung) aus der Tatsache der **Vermietung** des Grundstücks. Gemäß § 566 Abs. 1 tritt der „Erwerber" in die rechtsgeschäftlichen Verpflichtungen aus dem **Mietverhältnis** ein. Dies bedeutet einen rechtlichen Nachteil im Sinne des § 107, der sich unmittelbar an das dingliche Erwerbsgeschäft anschließt[58]. Der Vollzug der Schenkung ist in **Fall 53** für T deshalb nicht lediglich rechtlich vorteilhaft, weshalb § 181 insoweit zur Anwendung kommen müsste.

469 Trotzdem könnte F das Rechtsgeschäft dann allein vornehmen, wenn es „ausschließlich in der Erfüllung einer Verbindlichkeit besteht" (§ 181 Halbs. 2). Diese Situation liegt hier vor: Der Schenkungsvertrag ist für T lediglich rechtlich vorteilhaft; das mit einem rechtlichen Nachteil belastete Vollzugsgeschäft dient ausschließlich der Erfüllung der schenkweise eingegangenen Verpflichtung. In diesem Sinne hat die frühere Rechtsprechung § 181 auch angewandt[59]. Dies ist wegen der Gefahr der Aushöhlung des Minderjährigenschutzes problematisch. Der BGH stellte deshalb zunächst auf eine „Gesamtbetrachtung" von schuldrechtlichem und dinglichem Geschäft ab und verneinte die Anwendbarkeit des § 181 Halbs. 2, soweit sich aus dieser „Gesamtbetrachtung" ein rechtlicher Nachteil für den Minderjährigen ergab[60]. Diese „Gesamtbetrachtung" ist wegen des Trennungs- und Abstraktionsprinzips nicht unproblematisch[61]. Der BGH hat inzwischen diese Rechtsprechung **aufgegeben** und beurteilt die Frage des rechtlichen Nachteils nunmehr ebenfalls aufgrund einer **„isolierten Betrachtung"** der einzelnen Rechtsgeschäfte[62]. Methodisch ist in derartigen Fällen von einer **teleologischen Reduktion** des § 181 auszugehen: § 181 Halbs. 2 ist unanwendbar, wo das dingliche Vollzugsgeschäft einen Nachteil im Sinne des § 107 mit sich bringt. In **Fall 53** wird die F deshalb die gewünschten Rechtsgeschäfte nicht allein abschließen

---

54 BGH NJW 2005, 415, 418 re. Sp.
55 **BGH NJW 2010, 3643 f.**
56 BGH NJW 2010, 3643 li. Sp. Tz. 6.
57 BGH NJW 2010, 3643, 3644 li. Sp. Tz. 13. – Dabei stellt der BGH auf die den Minderjährigen als **Mitglied der Wohnungseigentümergemeinschaft** nach § 10 Abs. 8 Halbs. 1, § 11 Abs. 2 WEG treffenden persönlichen Verpflichtungen ab.
58 Diesem Fall (§ 566 Abs. 1) stellt der BGH den von ihm entschiedenen (Wohnungseigentum) gleich; vgl. BGH NJW 2010, 3643, 3644 li. Sp. Tz. 14.
59 BGHZ 15, 168 ff. Dazu und zur Gesamtproblematik *Jauernig* JuS 1982, 376 f.
60 BGHZ 78, 28, 35.
61 In NJW 2005, 415, 416 f. hat der BGH diese „Gesamtbetrachtung" auch ausdrücklich dahingestellt sein lassen. **Verneint** wurde sie in der Entscheidung für den Fall eines rechtlich nachteiligen Kausalgeschäfts und eines lediglich vorteilhaften Vollzugsgeschäfts; es gelten Trennungs- und Abstraktionsprinzip.
62 BGH NJW 2010, 3643 li. Sp. Tz. 6.

können. Wo sie an der Wahrnehmung der gesetzlichen Vertretung für T wegen § 181 gehindert ist, muss ein **Ergänzungspfleger** nach § 1909 Abs. 1 S. 1 bestellt werden.

2. Beschränkung der Minderjährigenhaftung

Einen besonderen Schutz erfährt ein volljährig gewordenes Kind hinsichtlich der Haftung, die seine Eltern oder sonstige vertretungsberechtigte Personen für es im Rahmen ihrer Vertretungsmacht begründet haben, oder die auf Grund eines während der Minderjährigkeit erfolgten Erwerbs von Todes wegen entstanden ist. Gemäß § **1629a Abs. 1 S. 1 Halbs. 1** beschränkt sich die Haftung des volljährig gewordenen Kindes auf sein bei **Eintritt der Volljährigkeit vorhandenes Vermögen**. Diese Haftungsbeschränkung ist als **Einrede** entsprechend den Vorschriften über die Beschränkung der Erbenhaftung gemäß §§ 1990, 1991 ausgestaltet (§ 1629a Abs. 1 S. 2)[63]. Anwendungsbereich und Rechtsfolgen dieser Vorschrift verdeutlicht

470

Fall 54: Der 16-jährige K erbt das Einzelhandelsgeschäft seines Großvaters. Seine Eltern führen für ihn das Unternehmen als gesetzliche Vertreter weiter und erteilen dem P (familiengerichtlich genehmigt) Prokura. Prokurist P nimmt für K bei der B-Bank einen Geschäftskredit über 100 000 € auf; zur Sicherung des Darlehens bestellen die Eltern des K an ihrem Grundstück eine Hypothek. In Vertretung des K mieten die Eltern im Rahmen der betrieblichen Geschäftsführung (ebenfalls mit Genehmigung des Familiengerichts) eine Lagerhalle an (Mietdauer: 10 Jahre). – Schließlich kauft sich der fast 18-jährige K mit Einwilligung seiner Eltern bei H ein Motorrad. Der Kaufpreis (8000 €) ist ratenweise innerhalb der nächsten 3 Jahre zu bezahlen. – Als der 18 Jahre alt gewordene K von seinen Gläubigern (H, B-Bank, Vermieter) in Anspruch genommen wird, wehrt er eine Haftung ab: sein einziges Vermögen sei der freilich stets überschuldete Betrieb seines Großvaters gewesen.

---

a) Sachlicher Anwendungsbereich

Auf eine Haftungsbeschränkung gemäß § **1629a Abs. 1 S. 1** kann sich K in **Fall 54** berufen, wenn die Verbindlichkeiten seiner Gläubiger von dieser Vorschrift erfasst werden. Zunächst geht es um Verpflichtungen, die die **Eltern** in Ausübung ihrer gesetzlichen Vertretungsmacht für den Minderjährigen eingegangen sind, so in **Fall 54** die Anmietung der Lagerhalle für den Betrieb des K (§§ 535, 1643 Abs. 1, 1822 Nr. 5). Unter § 1629a Abs. 1 S. 1 fallen aber auch alle Verbindlichkeiten, die **„sonstige vertretungsberechtigte Personen"** im Rahmen ihrer Vertretungsmacht wirksam für das Kind begründet haben; danach wird der Geschäftskredit, den Prokurist P für K aufgenommen hat, ebenfalls von § 1629a Abs. 1 S. 1 erfasst (zur wirksamen Bestellung des Prokuristen vgl. § 48 HGB in Verbindung mit §§ 1643 Abs. 1, 1822 Nr. 11). Neben die rechtsgeschäftlichen Verpflichtungen des Minderjährigen aus Vertreterhandeln[64] treten die Verbindlichkeiten durch einen **Erwerb von Todes wegen**. Wenn sich in **Fall 54** K darauf beruft, dass der Betrieb seines Großvaters stets überschuldet gewesen sei, so fallen also auch diese aus dem Erbgang auf K übergegangenen Verpflichtungen (§ 1922 Abs. 1) unter die Haftungsbeschränkung des § 1629a Abs. 1 S. 1.

471

---

63 Die Vorschrift des § 1629a wurde veranlasst durch BVerfGE 72, 155 ff.
64 Verpflichtungen durch eine „sonstige Handlung" von Vertretern können für das minderjährige Kind aus § 278 resultieren.

472 Zweifelhaft ist, ob auch der Motorradkauf des K erfasst wird. Zwar rechnet § 1629a Abs. 1 S. 1 Halbs. 2 auch die Rechtsgeschäfte des Minderjährigen unter die Schutzvorschrift, die dieser selbst mit Zustimmung seiner Eltern abgeschlossen hat (§§ 107, 108, 111). Nach **§ 1629a Abs. 2** sollen aber Verbindlichkeiten, die vom Minderjährigen im Rahmen des § 112 (insoweit gilt er als volljährig) eingegangen werden und solche, die „allein der Befriedigung seiner persönlichen Bedürfnisse dienen", nicht unter die Haftungsbeschränkung fallen. Grund: Dem Minderjährigen kommt der Gegenwert des Geschäftes unmittelbar zugute. Der Kauf des Motorrades in **Fall 54** könnte gerade allein der Befriedigung von persönlichen Bedürfnissen des K gedient haben. Nach der Vorstellung des Gesetzgebers sollten hier nicht nur Kleingeschäfte des täglichen Lebens erfasst sein (Schulbedarf, Nahrungsmittel), sondern auch umfänglichere Rechtsgeschäfte, soweit sie für Minderjährige dieses Alters typisch, jedenfalls nicht ungewöhnlich sind und der Minderjährige durch sie nicht übermäßig (unzumutbar) finanziell belastet wird (Fahrrad, Kleinkraftrad, Computer)[65].

473 In **Fall 54** wird man den Kauf des Motorrads nicht unter § 1629a Abs. 2 Alt. 2 rechnen können. Ein solcher Kauf ist nicht typisch für Siebzehnjährige, und er belastet den K ungewöhnlich. Insgesamt ist § 1629a Abs. 2 Alt. 2 **restriktiv** auszulegen und **teleologisch** auch im Übrigen auf die Fälle **zu beschränken**, in denen dem Minderjährigen der Gegenwert des Rechtsgeschäfts tatsächlich zugute kommt[66].

474 Auf eine Haftungsbeschränkung kann sich der Minderjährige nur für **Altverbindlichkeiten**, also während seiner Minderjährigkeit eingegangene oder entstandene Verpflichtungen berufen. Der Minderjährige soll nach dem Sinn des Gesetzes die Haftung für Verbindlichkeiten, die nicht von ihm benannte Vertreter für ihn begründet haben, beschränken können. Dass das Haftungsrisiko bereits eingetreten ist oder bevorsteht, ist für die Beschränkungsmöglichkeit nicht erforderlich. Entscheidend ist allein, dass es um eine Altverbindlichkeit geht. Eine solche liegt vor, wenn der **Rechtsgrund der Haftung** während der Minderjährigkeit entstanden ist. Auch **Dauerschuldverhältnisse**, die sich über das Datum der Volljährigkeit hinaus erstrecken (**Fall 54:** Mietvertrag, Darlehensvertrag), werden von § 1629a Abs. 1 erfasst. Auf Entstehung und Fälligkeit der einzelnen Forderung kommt es nicht an[67].

b) Geltendmachung und Folgen der Haftungsbeschränkung

475 Die Haftungsbeschränkung muss als **Einrede** geltend gemacht werden **(kein amtliches Liquidationsverfahren)**. § 1629a Abs. 1 S. 2 verweist für diesen Fall auf die entsprechende Anwendung der Dürftigkeitseinrede des Erben gemäß §§ 1991, 1992: Der volljährig Gewordene kann die Befriedigung eines Altgläubigers insoweit verweigern, als sein Vermögen bei Eintritt der Volljährigkeit hierfür nicht ausreicht. Die Einrede kann **zeitlich unbefristet** geltend gemacht werden[68]. Das Prozessgericht kann auf die Erhebung der Einrede auf zweierlei Weise reagieren. Es kann selbst über die Berechtigung der Einrede entscheiden und, falls die Haftungsbeschränkung anzunehmen ist,

---

65 MünchKomm-*Huber*, ⁶2012, § 1629a Rdnr. 28 mit weit. Nachweisen aus der Amtl. Begründung und Lit.
66 MünchKomm-*Huber*, ⁶2012, § 1629a Rdnr. 28, 29.
67 Dazu und zu § 1629a insgesamt *Habersack* FamRZ 1999, 1 ff., 4.
68 Wegen der Geschäftsverbindlichkeiten vgl. aber unten Rdnr. 478.

die Klage wegen Erschöpfung des Vermögens abweisen. Sind hingegen noch Gegenstände des Altvermögens vorhanden und wird ein entsprechender Antrag gestellt, muss es den Schuldner zur Duldung der Zwangsvollstreckung in das noch vorhandene Altvermögen verurteilen. Das Gericht kann aber auch unter dem Vorbehalt der Haftungsbeschränkung verurteilen. Dann muss der volljährig Gewordene die Haftungsbeschränkung im Vollstreckungsverfahren gemäß §§ 786, 780 Abs. 1, 785 ZPO durch Erhebung der Vollstreckungsabwehrklage (§ 767 ZPO) geltend machen[69].

Wird die Haftungsbeschränkung geltend gemacht, ist der Volljährige seinen Altgläubigern wie ein **Beauftragter verantwortlich** (§§ 1629a Abs. 1 S. 2, 1991 Abs. 1, 1978 Abs. 1 S. 1, 662 ff.). Der Schuldner hat dann **Alt-** und **Neuvermögen** streng **zu trennen.** Für die Tilgung von Altschulden steht grundsätzlich nur das Altvermögen, für die Tilgung von Neuverbindlichkeiten nur das Neuvermögen zur Verfügung. Wird mit Mitteln des Altvermögens eine Neuverbindlichkeit getilgt, entstehen für die Altgläubiger Schadensersatzansprüche wegen Verletzung der Pflichten aus dem Auftragsverhältnis[70]. Der volljährig Gewordene kann nach seinem Dafürhalten die einzelnen Altgläubiger befriedigen (keine Rangfolge, kein Gleichbehandlungsprinzip); es gilt der so genannte **Präventions-** beziehungsweise **Prioritätsgrundsatz** (§§ 1629a Abs. 1 S. 2, 1991 Abs. 1, 1979). **476**

In **Fall 54** kann K seine Gläubiger nach seiner Wahl so lange befriedigen, so lange der Bestand seines Vermögens bei Eintritt der Volljährigkeit hierfür ausreicht. Bei weitergehenden Forderungen kann er die Haftungsbeschränkung gemäß § 1629a Abs. 1 geltend machen mit der Folge, dass diese Gläubiger leer ausgehen werden. **477**

Hinsichtlich seiner **Geschäftsverbindlichkeiten** muss K aber **§ 1629a Abs. 4** beachten. Ist der Minderjährige Mitglied einer Erbengemeinschaft oder einer Gesellschaft und verlangt er nicht binnen drei Monaten nach Volljährigkeit Nachlassauseinandersetzung oder kündigt die Gesellschaft, so sind die aus diesen Rechtsverhältnissen resultierenden Verbindlichkeiten im Zweifel als **Neuverbindlichkeiten** anzunehmen (§ 1629a Abs. 4 S. 1 Halbs. 1). Entsprechendes gilt für den Inhaber eines **Handelsgeschäfts,** sofern er dieses nicht binnen drei Monaten nach Eintritt der Volljährigkeit einstellt (§ 1629a Abs. 4 S. 1 Halbs. 2). **478**

Eine Besonderheit ist in **Fall 54** für den **hypothekarisch** besicherten Kredit der B-Bank zu beachten. Auch der Eintritt einer etwaigen Haftungsbeschränkung führt für die Bank **nicht** zum Verlust ihres Grundpfandrechts (trotz Akzessorietät der Hypothek, § 1113 Abs. 1). **§ 1629a Abs. 3** sichert dem Altgläubiger seine Rechte gegen (interzessorische) Mitschuldner und Sicherungsgeber. **479**

---

69 Zu den prozessualen Folgen vgl. MünchKomm-*Huber,* ⁶2012, § 1629a Rdnr. 33 f.
70 *Habersack* FamRZ 1999 1, 5.

V. Rechtsnatur der elterlichen Sorge, Anspruch auf Herausgabe des Kindes, Familienpflege

480

> **Fall 55:** Die in persönlicher und wirtschaftlicher Zerrüttung lebenden Ehegatten F und M bekommen ein Kind K, zu dem sie von Anbeginn an keine Beziehung haben. K wird von einem Ehepaar E in Familienpflege genommen. Anfangs finden noch Besuche von F und M statt; dann bricht der Kontakt ab. Nach drei Jahren tauchen M und F, jetzt besser situiert, auf und verlangen von den Pflegeeltern „ihr Kind". Diese weigern sich und meinen, F und M hätten ihr Elternrecht „verwirkt".

1. Die Rechtsnatur der elterlichen Sorge

a) Unentziehbarkeit

481 Die elterliche Sorge knüpft (wie das Elternrecht insgesamt) an einen besonderen, familienrechtlichen Status, die Elternschaft (§§ 1591, 1592), an. Ebenso wie dieser Status ist das Sorgerecht **unentziehbar**. Auch eine **Verwirkung** kennt das geltende Recht nicht mehr[71]. Selbst die „Entziehung" der gesamten Personensorge (§§ 1666 Abs. 3 Nr. 6, 1666a Abs. 2) führt nicht zu einem Verlust des Rechts seiner Substanz nach. Untersagt wird dem betreffenden Elternteil lediglich die Ausübung der Sorge. Er behält aber beispielsweise ein Umgangsrecht (§ 1684 Abs. 1), und die Beschränkung oder „Entziehung" des Sorgerechts kann (und muss) gegebenenfalls vom Familiengericht jederzeit aufgehoben werden (§ 1696 Abs. 2). Zu einem wirklichen **Verlust** des Sorgerechts (wie des Elternstatus insgesamt) führt nur die Adoption des Kindes (§ 1755 Abs. 1 S. 1). Im eigentlichen Sinn kann deshalb nur bei einer gegen den Willen eines Elternteils durchgeführten Adoption (Ersetzung der elterlichen Einwilligung, § 1748) von einer Entziehung des Sorgerechts gesprochen werden. In **Fall 55** ändern Lieblosigkeit und die Weggabe des Kindes in Familienpflege nichts an der weiteren Inhaberschaft des Sorgerechts nur für F und M. Dagegen führt auch lang andauernde Familienpflege allein nicht zu einem Wechsel des Sorgerechts auf die Pflegeeltern. Ihnen ist – grundsätzlich jederzeit widerruflich – nur die **Ausübung der Sorge** im Rahmen ihrer Pflege überlassen (vgl. § 1688 Abs. 1). Nur auf **Antrag der Eltern** oder **mit ihrer Zustimmung** kann das Familiengericht Angelegenheiten der elterlichen Sorge auf die Pflegeperson übertragen (§ 1630 Abs. 3). Dann tritt insoweit an die Stelle der Eltern die Pflegeperson, deren Rechtsstellung dann der eines Pflegers entspricht (§ 1630 Abs. 3 S. 3 in Verbindung mit Abs. 1).

b) Absoluter Charakter

482 Von Rechtsprechung[72] und Schrifttum[73] wird die elterliche Sorge als **„sonstiges Recht"** im Sinne des § 823 Abs. 1 aufgefasst. Zutreffend ist, dass das Sorgerecht gegenüber Dritten absoluten Rechtsschutz genießt[74], aber als dogmatische Einordnung ist die Kategorie des „sonstigen Rechts" irreführend. „Sonstige" Rechte zeichnen sich nach

---

71 Anders § 1676 a.F. (in Geltung bis 1979) bei schweren Straftaten eines Elternteils gegenüber dem Kind.
72 **BGHZ 111, 168 ff. = JuS 1990, 1018 f.** (Schadensersatz).
73 Z.B. *Gernhuber/Coester-Waltjen* § 57 Rdnr. 46 (absolutes Recht); *Schlüter* Rdnr. 352.
74 Vgl. schon oben § 1 Rdnr. 6.

dem Vorbild des Eigentums durch die (absolute) Zuweisung eines Rechtsobjekts zu Nutzung und Verfügung einer Person aus. Die elterliche Sorge und das Eltern-Kind-Verhältnis haben ihrer Struktur nach damit nichts gemein. Das Kind ist niemals in diesem Sinne den Eltern zugewiesen; es ist selbst Person, d.h. Rechtssubjekt. Näher liegt es deshalb, den **Rechtsstatus der Elternschaft** und mit ihm das **Sorgerecht** als ein **Rechtsgut** zu begreifen, kraft dessen die Eltern mit Ausschlusswirkung gegenüber Dritten zu Sorgemaßnahmen berechtigt sind. Dieses Rechtsgut des Elternstatus vermittelt – ähnlich wie das allgemeine Persönlichkeitsrecht[75] – eine Handlungsmacht, die hier („Rahmenrecht") unter spezifisch kindschaftsrechtlichen Gesichtspunkten zu konkretisieren ist[76]. Dieses dogmatische Grundverständnis ermöglicht dann auch eine zivilrechtliche Erklärung weichender elterlicher Befugnisse und zunehmender Bedeutung eigener Vorstellungen des Kindes bei heranwachsenden Jugendlichen[77]. Einer besonderen Kategorie des relativ-absoluten Familienrechts im subjektiven Sinne bedarf es zur Erklärung der personalen Familienrechte dann nicht[78].

2. Aufenthaltsbestimmungsrecht und Anspruch auf Herausgabe des Kindes

Ein wesentlicher Bestandteil der Personensorge ist das Recht, den **Aufenthalt des Kindes** zu bestimmen (§ 1631 Abs. 1). In Konsequenz dessen können Eltern gemäß § 1632 Abs. 1 von jedem, der ihnen das Kind widerrechtlich vorenthält, **Herausgabe** verlangen. Aber nicht das „Recht am Kind" legitimiert den Anspruch, sondern das pflichtgemäß ausgeübte Recht zur Sorge, das mit dem personenrechtlichen Status den Eltern zugewiesen ist.   **483**

Der Herausgabeanspruch der Eltern ist **zwangsweise durchsetzbar**. Die Vollstreckung richtet sich nach **§§ 89, 90 FamFG**, wonach die Festsetzung eines Ordnungsmittels (§ 89 FamFG) und gegebenenfalls die Anwendung unmittelbaren Zwangs möglich ist (§ 90 FamFG). Die Wegnahme des Kindes kann mit **Gewalt** durchgesetzt werden, die sich – sofern die Herausgabe nicht der Durchsetzung des Umgangsrechtes dient – nach dem Gesetz auch gegen das Kind selbst richten kann (§ 90 Abs. 2 FamFG). Eine solche Gewaltanordnung **gegenüber dem Kind** ist jedoch nur nach Maßgabe strikter Verhältnismäßigkeit und als ultima ratio denkbar (§ 90 Abs. 2 S. 2 FamFG).   **484**

3. Rechtsstellung von Pflegeeltern

a) *Wegnahme des Kindes aus der Familienpflege*

Besondere Schwierigkeiten und Härten wirft oftmals die Herausnahme des Kindes aus einer Familienpflege auf. Die Gemeinschaft von Pflegeeltern und Kind steht zwar als Familie unter dem besonderen Schutz des Staates (Art. 6 Abs. 1)[79], aber Pflegeeltern haben – auch bei länger andauernder Familienpflege – weder ein Eltern- (Art. 6 Abs. 2 S. 1 GG) noch ein Sorgerecht für das Kind (§ 1626)[80]. Allerdings können sich   **485**

---

75   Das rechtssystematisch ebenfalls den Rechtsgütern zuzuschlagen ist.
76   Vgl. dazu bereits oben § 1 Rdnr. 6.
77   Vgl. dazu oben Rdnr. 453 ff.
78   Zu dieser Rechtsstruktur *Gernhuber/Coester-Waltjen* § 3 Rdnr. 21.
79   Vgl. oben § 2 Rdnr. 21.
80   Vgl. oben § 2 Rdnr. 30.

auch Pflegeeltern auf den Schutz des **Art. 6 Abs. 3 GG** berufen – dies aber nur in den rechtlichen und sachlichen Grenzen des Pflegeverhältnisses[81]. Die materielle Rechtsposition von Pflegepersonen ist grundsätzlich schwächer als der Schutz der Eltern. Für die Eltern bedeutet die Trennung von ihrem Kind den schwerstmöglichen Eingriff in ihr Elternrecht. Sie genießen über den Zeitpunkt der Trennung hinweg fortdauernd den Schutz des Art. 6 Abs. 3 GG. Pflegeverhältnisse sind ihrer Art nach nur **auf Zeit** angelegt. Sinn des Pflegeverhältnisses ist die **spätere Rückführung** in die elterliche Familie. Die Trennung vom Pflegekind ist den Pflegeeltern deshalb grundsätzlich zuzumuten, die Verweigerung der Kindesherausgabe daher widerrechtlich, wenn eine Verwahrlosung (nachhaltige Gefährdung des körperlichen, geistigen oder seelischen Wohls) bei den Eltern nicht mehr droht[82]. Der Umstand, dass das Kind durch den Wechsel aus der Pflegestelle seine gewohnte Umgebung verliert, rechtfertigt allein deshalb keine Trennung von seinen Eltern[83]. Eine Verletzung des Art. 6 Abs. 1, Abs. 3 GG (Schutz der Pflegefamilie) kommt gegenüber den Eltern deshalb nur in Ausnahmefällen in Betracht.

b) Verbleibensanordnung

486 Der Herausgabeanspruch der Eltern unterliegt wie die gesamte Sorgerechtswahrnehmung der Kindeswohlprüfung. Eine Herausnahme aus der Pflegefamilie **zur Unzeit** soll verhindert werden. Nach § 1632 Abs. 4 kann deshalb das Familiengericht (von Amts wegen oder auf Antrag der Pflegeperson) das Verbleiben des Kindes in der Pflegefamilie anordnen, solange die Herausnahme das Wohl des Kindes gefährden würde (§ 1666). Die hier vorzunehmende Abwägung hat insbesondere auch zu beachten, welchem Zweck die Herausnahme des Kindes dient (bloßer Wechsel der Pflegeperson?, Rückführung in die Ursprungsfamilie?, beabsichtigte Adoption?)[84]. Verlangen die Eltern die Herausgabe des Kindes, so sind einerseits das **Elternrecht** (Art. 6 Abs. 2 S. 1 GG), andererseits das **Persönlichkeitsrecht des Kindes** (Art. 1 Abs. 1, Art. 2 Abs. 1 GG) zu berücksichtigen. Die Herausgabe an die Eltern kann zwar nicht schon dann verweigert werden, wenn das Kind bei den Pflegeeltern seine „soziale" Familie gefunden hat und eine Unsicherheit verbleibt, ob die Trennung von den Pflegeeltern nicht zu einer erheblichen psychischen Belastung für das Kind führen wird. Die **Anforderungen** an eine Verbleibensanordnung sind aber andererseits **überschritten**, wenn dafür – sollte die Rückführung in die Ursprungsfamilie erfolgen – eine mit **Sicherheit zu erwartende Kindeswohlschädigung** verlangt wird[85]. – In **Fall 55** spricht vieles dafür, dass das Familiengericht jedenfalls zunächst eine Verbleibensanordnung im Sinne des § 1632 Abs. 4 treffen wird.

---

81 **BVerfGE 68, 176, 187.**
82 Vgl. insbes. zu Art. 6 Abs. 3 GG *Pieroth/Schlink/Kingreen/Poscher* § 15 Rdnr. 685 ff. und die Lösungsskizze dort Rdnr. 723.
83 BVerfG NJW 2011, 3355, 3356 li. Sp. Tz. 23.
84 **Näher BVerfGE 79, 51, 64 f.**
85 BVerfG NJW 2010, 2336, 2338 re. Sp. Tz. 35.

VI. Ausübung der gemeinschaftlichen elterlichen Sorge

1. Zusammenleben der Eltern

a) Gemeinschaftliche Ausübung

Eltern üben das Sorgerecht für ihre Kinder in **gegenseitigem Einvernehmen** aus (§ 1627). Können sie sich über eine Maßnahme nicht einigen, hat diese zu unterbleiben. Auch die **gesetzliche Vertretung** des Kindes nehmen die Eltern (als Teil der Sorge) gemeinschaftlich wahr (§ 1629 Abs. 1 S. 2). In **Notsituationen** ist jeder Elternteil berechtigt, alle zum Wohle des Kindes notwendigen Rechtshandlungen vorzunehmen (§ 1629 Abs. 1 S. 4).

487

b) Zuweisung der Entscheidungskompetenz

Bei **Uneinigkeit** der Eltern über eine einzelne Angelegenheit (z.B. Wahl der Schulart) oder einen Typus von Sorgeangelegenheiten (z.B. grundsätzlicher Umgang mit den Großeltern) hat das Familiengericht, sofern die Regelung von **erheblicher Bedeutung** für das Kind ist, (nur) auf Antrag eines Elternteils einem von ihnen die Entscheidung zu übertragen (§ 1628). Das Familiengericht kann also die eigene Sachauffassung nicht an die Stelle jener der Eltern setzen, es kann lediglich die **Kompetenz** zur Entscheidung einem der Teile zuweisen[86]. Soweit das Gericht eine Alleinzuständigkeit gemäß § 1628 festlegt, vertritt dieser Elternteil auch allein das Kind (§ 1629 Abs. 1 S. 3).

488

Ein Elternkonflikt in Sorgeangelegenheiten kann die Frage der Konkurrenz zwischen § 1628, § 1666 und (bei Getrenntleben) § 1671[87] aufwerfen. Wann hat das Familiengericht gemäß § 1628 die Entscheidungskompetenz eines Elternteils festzulegen, wann hat es einem Elternteil für bestimmte Bereiche, in denen eine Einigung nicht möglich ist, die Sorge gemäß § 1666 zu entziehen? Der Regelungsmechanismus des § 1628 darf nicht dazu führen, in einem Verfahren, dessen Entscheidungskriterien deutlich unter jenen des § 1666 Abs. 1 liegen, ein in der Sache nur bei Gefährdung des Kindeswohls mögliches Ergebnis (Sorgeentziehung) zu erreichen[88]. Sinn und Zweck des **§ 1628** ist es, **situativ auftretende** Fragen, mögen sie auch für eine bestimmte Art von Sorgeangelegenheiten gelten, zu entscheiden. Dazu zählt etwa die Frage des (konkreten) Übergangs in einen anderen Schultypus, nicht aber die Entscheidung in sämtlichen Ausbildungsangelegenheiten. Zu § 1628 wird die Frage des Umgangs in einem konkreten Zusammenhang (vgl. oben: mit Großeltern), nicht aber die Entscheidungskompetenz in allen Angelegenheiten des Aufenthaltsbestimmungsrechts zu zählen sein. Geht es um Eingriffe in derzeit nur abstrakt beschreibbare Teilbereiche der elterlichen Sorge, kann das Alleinentscheidungsrecht eines Elternteils nur über § 1666 oder § 1671 erreicht werden.

489

---

86 Anderenfalls würde es in verfassungswidriger Weise in das Elternrecht aus Art. 6 Abs. 2 GG eingreifen, BVerfG NJW 2003, 1031 = JuS 2003, 912 f.
87 Vgl. dazu unten Rdnr. 491.
88 Zum Anwendungsbereich des § 1628 auch Palandt-*Götz* § 1628 Rdnr. 3.

2. Getrenntleben der Eltern[89]

490 Getrenntleben der Eltern (eingeschlossen Getrenntleben nach Ehescheidung) **ändert** an einem bestehenden **gemeinsamen Sorgerecht nichts**. Die Sorge ist auch bei oder nach Trennung der Eltern von diesen gemeinschaftlich wahrzunehmen (§ 1627). Bei Uneinigkeit gilt § 1628. Die Fortdauer gemeinschaftlicher elterlicher Sorge wird in diesem Fall aber umfangmäßig durch **§ 1687 Abs. 1 S. 1** beschränkt, und zwar auf Angelegenheiten, die für das Kind von **„erheblicher Bedeutung"** sind. Gleichzeitig zieht die Vorschrift die Konsequenz daraus, dass sich das Kind in dieser Situation regelmäßig bei nur einem Elternteil aufhält. Dieser Elternteil hat die Befugnis zur **Alleinentscheidung** in Angelegenheiten des **„täglichen Lebens"** (§ 1687 Abs. 1 S. 2)[90]. Der andere Elternteil hat, solange sich das Kind befugtermaßen bei ihm aufhält, das **Alleinentscheidungsrecht** in Fragen der **„tatsächlichen Betreuung"** (§ 1687 Abs. 1 S. 4), die im Unterschied zu den „Angelegenheiten des täglichen Lebens" nicht die Vertretung des Kindes mitumfasst. Hinzu kommt ein Alleinvertretungsrecht in **Notfällen** (§§ 1687 Abs. 1 S. 5, 1629 Abs. 1 S. 4).

3. Übertragung der elterlichen Sorge auf einen Elternteil

491 Auch wenn die Fortdauer der gemeinschaftlichen Sorge nach Ehescheidung der Eltern der normative Regelfall ist, bedeutet dies **kein gesetzliches Regel-Ausnahme-Verhältnis** derart, dass der gemeinsamen Sorge Priorität zukäme und die Übertragung der Alleinsorge auf einen Elternteil **(§ 1671 Abs. 1)** quasi nur als „ultima ratio" in Betracht zu ziehen wäre[91]. Dem § 1671 Abs. 2 Nr. 2 kann auch keine gesetzliche Vermutung dahingehend entnommen werden, dass gemeinschaftliche Sorge nach der Trennung der Eltern im Zweifel die beste Art der Sorgeausübung sei[92]. Der Kindschaftsrechtsreform ging es um die Abschaffung des sorgerechtlichen Zwangsverbundes bei der Ehescheidung. In diesem Falle wird also nicht mehr zwingend von Amts wegen zugleich auch über die zukünftige Gestaltung des Sorgerechts entschieden. Aus diesem Grund wurde mit § 1671 ein Antragsverfahren eingeführt, das – weil es eheliche und nichteheliche Kinder möglichst gleichstellen wollte – nicht mehr auf die Ehescheidung, sondern auf ein nicht nur vorübergehendes Getrenntleben der Eltern abstellt. Danach kann **auf Antrag eines Elternteils** diesem ein Teil oder die gesamte elterliche Sorge zugewiesen werden, wenn der **andere Elternteil zustimmt** und ein über 14 Jahre altes Kind dem Vorschlag nicht widerspricht (§ 1671 Abs. 1 Nr. 1) oder wenn zu erwarten ist, dass die Aufhebung der gemeinsamen Sorge und die beantragte Übertragung dem **Wohl des Kindes am besten** entspricht (§ 1671 Abs. 1 Nr. 2).

492 Für eine Sorgerechtsübertragung nach § 1671 Abs. 1 Nr. 2 ist vor allem eine Beurteilung der **elterlichen Kooperations- und Konsensfähigkeit** in Fragen von erheblicher Bedeutung für das Kind maßgeblich, die nach wie vor in gegenseitigem Einvernehmen zu regeln sind (§ 1687 Abs. 1 S. 1). Geht es nicht nur um eine (situative) unterschiedliche Bewertung von sorgerechtlichen Maßnahmen (§ 1628), sondern um einen

---

89 Vgl. dazu schon oben Rdnr. 436.
90 Legaldefinition in § 1687 Abs. 1 S. 3.
91 BVerfG FamRZ 2004, 354, 355 li. Sp.; BGH NJW 2000, 203 ff.; Palandt-*Götz* § 1671 Rdnr. 13.
92 BGH NJW 2008, 994 ff.

so tiefreichenden Mangel an Kooperationsbereitschaft, dass negative Auswirkungen auf das Wohl und die Entwicklung des Kindes zu befürchten sind, ist die gemeinsame Sorge aufzuheben. § 1671 Abs. 1 Nr. 2 setzt aber weiterhin voraus, dass auch die Zuweisung an den Antragsteller für das Kind am besten ist. – Der Maßstab einer Entscheidung nach § 1671 Abs. 1 ist zwar unbestritten das **Kindeswohl**. Dies im konkreten Fall zu ermitteln, verlangt allerdings vom Familiengericht häufig ein hohes Maß an tatrichterlicher Aufklärung, so die Bewertung unterschiedlicher Interessen und eine umfassende Abwägung. Beispielhaft zeigen dies Fälle, in denen der betreuende Elternteil (nach Ehescheidung) mit dem Kind auswandern möchte und beide Eltern gegenläufige Anträge auf Übertragung des alleinigen Aufenthaltsbestimmungsrechts (§ 1631 Abs. 1) gestellt haben[93].

Der BGH verweist in diesem Falle auf die maßgeblichen Kriterien des **Kindeswohls**: Erziehungseignung der Eltern, Bindungen des Kindes, Prinzipien der Förderung und Kontinuität, Beachtung des Kindeswillens[94]. Daneben muss das **Elternrecht beider Elternteile** (Art. 6 Abs. 2 S. 1 GG) Berücksichtigung finden. Beachtenswert ist, dass der Auswanderungswunsch eines Elternteils als solcher nicht zur Überprüfung des Familiengerichts steht; ob hierfür triftige Gründe vorliegen, ist unbeachtlich (Art. 2 Abs. 1: allgemeine Handlungsfreiheit). Diese Fragen finden nur unter dem **Gesichtspunkt des Kindeswohls** Beachtung und können das Urteil über die Erziehungseignung des Elternteils beeinflussen. Weder § 1626 Abs. 3 S. 1 (zum Wohl des Kindes gehört in der Regel der Umgang mit beiden Elternteilen) noch § 1684 Abs. 2 (Wohlverhaltensgebot) stellen tatsächliche oder rechtliche Vermutungen für das Familiengericht dar, nach denen im Zweifel für oder gegen eine Auswanderung zu entscheiden sei. Vielmehr muss das Gericht in einer umfassenden Abwägung für den Einzelfall seine Entscheidung treffen[95].

In **verfahrensrechtlicher Hinsicht** ist § 26 FamFG (Amtsermittlung) zu beachten[96], wobei sich die notwendigen Maßnahmen nach den Belangen des konkreten Falles richten. Stützt sich die Entscheidung etwa (auch) auf die Persönlichkeit des Kindes, muss das Gericht (im Instanzenweg das vollbesetzte Beschwerdegericht) das Kind anhören (§ 159 Abs. 1, Abs. 2 FamFG). Für das Kind ist ein Verfahrensbeistand zu bestellen (§ 158 FamFG), der unter Umständen bei der persönlichen Anhörung des Kindes anwesend sein muss (§ 159 Abs. 4 S. 3 FamFG). **493**

VII. Getrenntleben bei Alleinsorge der Mutter

Steht die elterliche Sorge für ein nichteheliches Kind der Mutter des Kindes zu **494** (§ 1626a Abs. 3), so konnte dem Vater des Kindes auf seinen Antrag hin nach § 1672 Abs. 1 S. 1 a.F. nur mit **Zustimmung der Mutter** ein Teil oder die gesamte Sorge übertragen werden. In diesem Fall war zusätzlich eine positive Kindeswohlprüfung erforderlich (§ 1672 Abs. 1 S. 2 a.F.). Gegen den Willen der Mutter war eine Sorgerechts-

---

93 Vgl. BGHZ 185, 272 ff.
94 BGHZ 185, 272, 279 Tz. 19.
95 BGHZ 185, 272, 282 Tz. 28.
96 Vgl. oben Rdnr. 461.

übertragung nur unter den Voraussetzungen einer Gefährdung des Kindeswohls denkbar (§ 1666). Diese Vorschrift, vor nicht allzu langer Zeit vom BVerfG noch für verfassungskonform erklärt[97], hat das Gericht nunmehr als **grundgesetzwidrig** (Verstoß gegen Art. 6 Abs. 2 GG – Elternrecht des Vaters) beanstandet[98]. Verantwortlich dafür sind die nämlichen Gründe, die das Gericht in dieser Entscheidung auch für die Unvereinbarkeit des § 1626a Abs. 1 Nr. 1 mit Art. 6 Abs. 2 GG geltend gemacht hat[99]. Die Vorschrift des § 1672 wurde durch die Neuregelung (in Kraft getreten am 19.5.2013) **aufgehoben**.

495 Die Möglichkeit einer Sorgerechtsübertragung bei Alleinsorge der Mutter gemäß § 1626a Abs. 3 regelt nunmehr **§ 1671 Abs. 2**. Danach ist auf Antrag des Vaters die elterliche Sorge (oder ein Teil der Sorge) auf ihn zu übertragen, wenn die Mutter zustimmt, die Übertragung nicht dem Kindeswohl widerspricht und ein über 14 Jahre altes Kind der Übertragung nicht widerspricht (§ 1671 Abs. 2 Nr. 1). Auch dann ist die Sorge auf den Vater zu übertragen, wenn ein gemeinsames Sorgerecht nicht in Betracht kommt und die Übertragung dem Wohle des Kindes am besten entspricht (§ 1671 Abs. 2 Nr. 1)[100].

Dem Antrag ist nicht stattzugeben, wenn die elterliche Sorge aufgrund anderer gesetzlicher Vorschriften (z.B. § 1666) abweichend geregelt werden muss, § 1671 Abs. 4.

---

97 BVerfG NJW 2003, 955 ff.
98 **BVerfG FamRZ 2010, 1403 ff.**
99 Vgl. oben Rdnr. 439.
100 Bei Ruhen der mütterlichen Alleinsorge infolge einer Zustimmung zur Adoption (§ 1751 Abs. 1 S. 1) genügt, dass die Sorgerechtsübertragung dem Kindeswohl **„nicht widerspricht"**, vgl. BGH FamRZ 2007, 1969 ff. und jetzt § 1671 Abs. 3.

Zehnter Teil

Die Eingetragene Lebenspartnerschaft

§ 21 Begründung und Aufhebung

I. Gesetzliche Grundlagen – LPartG

Mit dem LPartG vom 16.2.2001[1], in Kraft getreten am 1.8.2001, wurde ein neues familienrechtliches Institut geschaffen. Parallel zur „Ehe" als der lebenszeitlichen Verbindung von Mann und Frau stellt das LPartG die **„Eingetragene Lebenspartnerschaft"** als **statusrechtliche Verfestigung** der Lebensgemeinschaft von **gleichgeschlechtlichen Partnern** zur Verfügung. Auch die Lebenspartnerschaft wird grundsätzlich auf Lebenszeit eingegangen (§ 1 Abs. 1 S. 1 LPartG).

496

Gegen das LPartG waren **verfassungsrechtliche Bedenken** geltend gemacht worden – im Wesentlichen aus zwei Gründen. Art. 6 Abs. 1 GG entfalte als wertentscheidende Grundsatznorm ein umfassendes Förderungsgebot zugunsten der Ehe[2]. Dieses Förderungsgebot beinhalte nicht nur einen Konkurrenzschutz gegenüber anderen heterosexuellen Gemeinschaften, sondern schließe ein Abbildungsverbot mit ein, das eine der Ehe inhaltlich stark angenäherte Ausgestaltung gleichgeschlechtlicher Gemeinschaften (die mit der Ehe nicht konkurrieren) verbiete[3]. Des Weiteren war ein Verfassungsverstoß aus formellen Gründen gerügt worden. Der Gesetzgeber hatte das zunächst einheitlich konzipierte Gesetz wegen des erwarteten Widerstandes im Bundesrat in einen zustimmungsfreien Teil (LPartG) und einen zustimmungspflichtigen Teil (LPartErgG)[4] aufgespalten. Das BVerfG hat beide Bedenken verworfen und das LPartG als mit Art. 6 Abs. 1 GG vereinbar angesehen[5]. Mit dem Gesetz zur Überarbeitung des Lebenspartnerschaftsrechts **(LPartGÜG)** vom 15.12.2004[6], in Kraft getreten am 1.1.2005, wurde die Lebenspartnerschaft inhaltlich noch stärker der Ehe angeglichen (z.B. Verlöbnisrecht, § 1 Abs. 4 LPartG; gesetzlicher Güterstand der Zugewinngemeinschaft, § 6 LPartG; Versorgungsausgleich, § 20 LPartG; Stiefkindadoption, § 9 Abs. 7 LPartG).

497

Insgesamt geht es dem LPartG darum, die Eingetragene Lebenspartnerschaft personen- wie vermögensrechtlich möglichst ehegleich auszugestalten. Dies geschieht durch vielfache ausdrückliche Verweisungen ins Eherecht. Auch wo das LPartG verbal zu einer eigenen Darstellung gelangt, werden weitgehend eherechtliche Inhalte adaptiert. Soweit sich deshalb nichts anderes ergibt, ist für die Lebenspartnerschaft auf die entsprechenden Ausführungen zum Eherecht zu verweisen.

498

---

1 BGBl. I S. 266.
2 Vgl. oben § 2 Rdnr. 18.
3 *Schlüter* FF 2000, 76 ff.
4 Lebenspartnerschaftsergänzungsgesetz.
5 **BVerfGE 105, 313 ff. = JuS 2003, 84 ff.**
6 BGBl. I S. 3396.

II. Die Begründung der Eingetragenen Lebenspartnerschaft

1. Partnerschaftserklärungen

499 Die Lebenspartnerschaft steht nur gleichgeschlechtlichen Personen zur Verfügung (§ 1 Abs. 1 S. 1 LPartG). Sie wird dadurch begründet, dass beide Partner gegenüber dem Standesbeamten persönlich und bei gleichzeitiger Anwesenheit erklären, gemeinsam eine Partnerschaft auf Lebenszeit führen zu wollen (§ 1 Abs. 1 S. 1 LPartG)[7].

2. Partnerschaftsverbote

500 Gemäß § 1 Abs. 3 LPartG kann eine Lebenspartnerschaft nicht begründet werden mit einem Minderjährigen (anders § 1303 Abs. 2 für die Eheschließung), mit einer verheirateten oder einer bereits in Partnerschaft lebenden Person (Nr. 1). Sie kann ferner nicht zwischen in gerader Linie miteinander Verwandten und zwischen voll- und halbbürtigen Geschwistern eingegangen werden (Nr. 2, Nr. 3); schließlich auch dann nicht, wenn nach dem Willen der Erklärenden eine partnerschaftliche Lebensgemeinschaft im Sinne des § 2 LPartG nicht begründet werden soll (Nr. 4). In all diesen Fällen, die im Eherecht (lediglich) die Aufhebbarkeit der Ehe begründen (vgl. § 1314 Abs. 1), liegt hier eine **von Anfang an nichtige Lebenspartnerschaft** vor (zur Aufhebbarkeit bei Willensmängel vgl. § 15 Abs. 2 S. 2 LPartG mit Verweis auf § 1314 Abs. 2 Nr. 1 bis 4).

III. Die Aufhebung der Eingetragenen Lebenspartnerschaft

501 Die Aufhebung der Lebenspartnerschaft ist durch das LPartGÜG novelliert und stark in Anlehnung an das Ehescheidungsrecht gefasst worden. Allerdings vereinigt die Vorschrift des **§ 15 LPartG** „Aufhebungsgründe", die sowohl aus dem Ehescheidungs- (§§ 1565 ff.)[8] wie dem Eheaufhebungsrecht (§§ 1314 ff.)[9] stammen.

502 Die Lebenspartnerschaft wird auf Antrag durch **rechtsgestaltenden Beschluss** des **Familiengerichts**[10] aufgehoben (§ 111 Nr. 11, §§ 269 Abs. 1 Nr. 1, 270 Abs. 1, § 116 Abs. 1 FamFG). Die Aufhebungsgründe knüpfen an **Trennungsfristen** (§ 15 Abs. 2 S. 1 Nr. 1, Nr. 2 LPartG), **unzumutbare Härte** (§ 15 Abs. 2 S. 1 Nr. 3 LPartG) und an **Willensmängel** bei Eingehung der Lebenspartnerschaft an (§ 15 Abs. 2 S. 2 LPartG).

Gemäß **§ 15 Abs. 2 S. 1 Nr. 1 LPartG** ist die Lebenspartnerschaft aufzuheben, wenn die Lebenspartner seit **einem Jahr getrennt leben** und
– beide die Aufhebung beantragen oder der Antragsgegner der Aufhebung zustimmt **oder**
– eine Wiederherstellung der Lebenspartnerschaft nicht mehr erwartet werden kann.

Gemäß **§ 15 Abs. 2 S. 1 Nr. 2 LPartG** ist die Lebenspartnerschaft aufzuheben, wenn die Partner seit **drei Jahren getrennt leben** und ein Partner die Aufhebung beantragt. „Getrenntleben" (§ 15 Abs. 5 LPartG) entspricht dem scheidungsrechtlichen Begriff des § 1567.

---

7 Gegenüber dem jetzt bundesweit zuständigen Standesamt ist die **Länderöffnungsklausel** (§ 23 LPartG) zu beachten.
8 Vgl. oben § 4 Rdnr. 56 ff.
9 Vgl. oben § 4 Rdnr. 66 ff.
10 §§ 23a Abs. 1 Nr. 1, 23b Abs. 1 GVG i.V.m. § 111 Nr. 11 FamFG.

Gemäß **§ 15 Abs. 2 S. 1 Nr. 3 LPartG** ist die Lebenspartnerschaft aufzuheben, wenn deren **Fortsetzung** für den Antragsteller aus Gründen, die in der Person des anderen Partners liegen, eine **unzumutbare Härte** wäre.

Gemäß **§ 15 Abs. 2 S. 2 LPartG** ist die Lebenspartnerschaft schließlich aufzuheben, wenn bei Eingehung der Partnerschaft bei einem Partner ein **Willensmangel im Sinne des § 1314 Abs. 2 Nr. 1 bis 4** vorlag; hinsichtlich der Antragsberechtigung wird auf § 1316 Abs. 1 Nr. 2 verwiesen (§ 15 Abs. 2 S. 2 Halbs. 2 LPartG), ebenso auf die Heilungsmöglichkeit durch Bestätigung der Lebenspartnerschaft gemäß § 1315 Abs. 1 Nr. 3, 4 (§ 15 Abs. 4 LPartG).

§ 22 Wirkungen der Lebenspartnerschaft

I. Bestehende Lebenspartnerschaft

1. Allgemeine Wirkungen der Lebenspartnerschaft

a) Verpflichtung zu Fürsorge und Unterstützung

Lebenspartner sind einander zu **Fürsorge und Unterstützung** sowie zur **gemeinsamen Lebensgestaltung verpflichtet** (§ 2 S. 1 LPartG). Die der eherechtlichen Generalklausel des § 1353 Abs. 1 nachgebildete Vorschrift begründet einen klagbaren Anspruch auf Fürsorge und Unterstützung (Lebenspartnerschaftssache, § 269 Abs. 2 Nr. 2 FamFG), der allerdings – wie der Antrag auf Eheherstellung – nicht vollstreckbar ist (analoge Anwendung von § 120 Abs. 3 FamFG; vgl. § 270 Abs. 2 FamFG). Eine Pflicht zur häuslichen Gemeinschaft soll (anders als für Ehegatten, § 1353 Abs. 1 S. 2) durch § 2 S. 1 LPartG nicht begründet werden[1]. **503**

b) Unterhaltspflicht

Die Lebenspartner sind gemäß **§ 5 S. 1 LPartG** einander verpflichtet, durch ihre Arbeit und ihr Vermögen die „partnerschaftliche Lebensgemeinschaft" angemessen zu unterhalten. Das LPartG verweist in § 5 S. 2 im Übrigen auf § 1360 S. 2[2], auf § 1360a (Umfang der Unterhaltspflicht)[3] und auf § 1360b (Zuvielleistung)[4]. **504**

c) Partnerschaftsname und gegenseitige Haftung

§ 3 LPartG (Lebenspartnerschaftsname) und § 4 LPartG (Umfang der Sorgfaltspflicht) adaptieren die eherechtlichen Vorschriften der §§ 1355, 1359. **505**

d) Sonstige vermögensrechtliche Wirkungen

Auch bei Lebenspartnern gilt zugunsten der Gläubiger eines Partners die **Vermutung,** dass dieser **Eigentümer** der im Besitz eines oder beider Lebenspartner befindlichen **506**

---

1 BT-Drucks. 14/3751, S. 95.
2 Der haushaltsführende Lebenspartner erbringt seine Verpflichtung, durch Arbeit zum Unterhalt beizutragen, in der Regel durch die Wahrnehmung dieser Tätigkeit.
3 Vgl. oben § 7 Rdnr. 144.
4 Vgl. oben § 7 Rdnr. 148 f.

beweglichen Sachen sei, **§ 8 Abs. 1 S. 1 LPartG**. Im Übrigen wird auf § 1362 verwiesen (§ 8 Abs. 1 S. 2 LPartG)[5].

507 Die Vorschrift des § 1357 **(Lebensbedarfsdeckungsgeschäfte)**[6] gilt für die Lebenspartnerschaft entsprechend, **§ 8 Abs. 2 LPartG**.

2. Güterrecht

a) Gesetzlicher Güterstand der Zugewinngemeinschaft

508 Haben Lebenspartner nichts anderes vereinbart, gilt für sie der Güterstand der Zugewinngemeinschaft, **§ 6 S. 1 LPartG**. Auf die Vorschriften des gesetzlichen Güterstandsrechts für Ehegatten[7] wird durch § 6 S. 2 LPartG global verwiesen.

b) Vertragliches Güterrecht

509 Durch Lebenspartnerschaftsvertrag können Lebenspartner abweichend vom Güterstand der Zugewinngemeinschaft (§ 6 S. 1 LPartG) ihre güterrechtlichen Verhältnisse regeln, **§ 7 S. 1 LPartG**. Auch insoweit wird global auf das Vertragsgüterrecht des BGB verwiesen, **§ 7 S. 2 LPartG**[8]. Eine güterrechtliche Übergangsvorschrift für Lebenspartnerschaften, die vor dem 1.1.2005 begründet wurden, enthält § 21 Abs. 1 und Abs. 2 LPartG.

3. Kindschaftsrechtliche Wirkungen

a) „Kleines Sorgerecht"

510 Ist ein Lebenspartner der allein sorgeberechtigte Elternteil eines Kindes, so hat der andere Lebenspartner gemäß **§ 9 Abs. 1 S. 1 LPartG** im Einvernehmen mit dem Elternteil die Befugnis zur Mitentscheidung in Angelegenheiten des **täglichen Lebens** des Kindes[9]. Bei Gefahr im Verzuge hat er ein Nothandlungsrecht (§ 9 Abs. 2 LPartG).

b) Umgangsrecht

511 Aus **§ 1685 Abs. 2** kann sich für einen Lebenspartner ein Umgangsrecht mit dem Kind des anderen Partners ergeben, wenn er als enge Bezugsperson Verantwortung für das Kind trägt oder getragen hat (sozial-familiäre Beziehung). Solches liegt in der Regel dann vor, wenn er mit dem Kind über eine längere Zeit in häuslicher Gemeinschaft gelebt hat (§ 1685 Abs. 2 S. 2).

c) Adoptionsrecht – Alleinadoption, Stiefkindadoption, Sukzessivadoption

512 Lebenspartner können nicht wie Ehegatten (§ 1741 Abs. 2 S. 2) gemeinsam ein Kind adoptieren. Gemäß **§ 9 Abs. 6 LPartG** kann ein Lebenspartner mit Einwilligung des anderen allein ein Kind annehmen. Nach **§ 9 Abs. 7 LPartG** ist aber eine **Stiefkindadoption** möglich: Ein Lebenspartner kann das **(leibliche)** Kind seines Partners allein annehmen; dazu ist die Einwilligung des anderen Elternteils notwendig (§ 1747).

---

5 Vgl. oben § 9 Rdnr. 180 ff.
6 Vgl. oben § 8 Rdnr. 165 ff.
7 Vgl. oben § 10 Rdnr. 196 ff. und § 11 Rdnr. 221 ff.
8 Zur Gütertrennung vgl. oben § 13 Rdnr. 281 ff., zur Gütergemeinschaft § 14 Rdnr. 299 ff.
9 Zu den „Angelegenheiten des täglichen Lebens" vgl. § 1687 Abs. 1 S. 3.

Nicht möglich ist nach dieser Vorschrift die so genannte **Sukzessivadoption**, das heißt die Annahme eines vom Lebenspartner **adoptierten** Kindes. Diesen Ausschluss einer Sukzessivadoption für Lebenspartner hat das **BVerfG** im Hinblick auf eine solche Möglichkeit für Ehegatten (§§ 1741 Abs. 2 S. 3, 1742) und im Hinblick auf die auch Lebenspartnern mögliche Stiefkindadoption als **verfassungswidrig** beanstandet[10]. Bis zu einer Neuregelung ist § 9 Abs. 7 LPartG mit der Maßgabe anzuwenden, dass eine Sukzessivadoption möglich ist.

4. Erbrechtliche Wirkungen

Gemäß **§ 10 Abs. 1, Abs. 2 LPartG** steht dem Lebenspartner ein **gesetzliches Erbrecht** zu, das inhaltlich dem gesetzlichen Ehegattenerbrecht nachgebildet ist. Wurde der Lebenspartner durch Verfügung von Todes wegen enterbt, kommt ihm ein **Pflichtteilsrecht** zu, § 10 Abs. 6 LPartG. Lebenspartner können ein **gemeinschaftliches Testament** errichten, § 10 Abs. 4 LPartG.   **513**

II. Trennung und Aufhebung der Lebenspartnerschaft

1. Getrenntleben der Lebenspartner

a) Unterhaltsrecht

Leben die Partner getrennt, kann der bedürftige Lebenspartner vom anderen den nach den Lebensverhältnissen und den Erwerbs- und Vermögensverhältnissen der Partner angemessenen Unterhalt verlangen, **§ 12 S. 1 LPartG**. Durch die Verweisung auf die entsprechende Geltung des § 1361 (§ 12 S. 2 LPartG) folgt hier das Unterhaltsrecht ganz den für getrennt lebende Ehegatten anwendbaren Vorschriften[11]. Hinsichtlich der unterhaltsrechtlichen Rangfolge gilt nunmehr § 1609 für Lebenspartner entsprechend (§ 12 S. 2 LPartG).   **514**

b) Verteilung von Haushaltsgegenständen und Wohungszuweisung

Für die Verteilung von Haushaltsgegenständen bei getrennt lebenden Lebenspartnern kopiert **§ 13 LPartG** die Vorschrift des § 1361a[12]. Gleiches gilt für die Wohnungszuweisung; **§ 14 LPartG** überträgt die Vorschrift des § 1361b auf die getrennt lebenden Lebenspartner[13].   **515**

2. Aufhebung der Lebenspartnerschaft

a) Nachpartnerschaftlicher Unterhalt

Nach Aufhebung der Lebenspartnerschaft bestehen zwischen den ehemaligen Partnern Unterhaltsansprüche nach Maßgabe des nachehelichen Unterhaltsrechts: § 16   **516**

---

10 **BVerfG NJW 2013, 847, 851 re. Sp. Tz. 71 ff:** Verstoß gegen Art. 3 Abs. 1 GG sowohl in Bezug auf die betroffenen Kinder wie den betroffenen Lebenspartner.
11 Vgl. oben § 7 Rdnr. 152 ff.
12 Vgl. oben § 6 Rdnr. 128 f.
13 Zu § 1361b vgl. oben § 6 Rdnr. 130 ff.

Abs. 1 LPartG erklärt die Vorschriften der §§ 1570 bis 1586b sowie § 1609 für entsprechend anwendbar[14]. Mit dem Verweis auf § 1609 ist die besondere Rangfolgeanordnung des § 16 Abs. 2 LPartG a.F. hinfällig geworden und wurde aufgehoben.

b) Haushaltsgegenstände und Partnerschaftswohnung

517 Können sich ehemalige Lebenspartner über die Aufteilung von Haushaltsgegenständen und die Frage, wer künftig die gemeinsame Wohnung bewohnen soll, nicht einigen, verweist § 17 LPartG auf eine entsprechende Anwendung der §§ 1568a, 1568b[15].

c) Versorgungsausgleich

518 Mit Wirkung vom 1.1.2005 wurde auch für Lebenspartner der **Versorgungsausgleich** eingeführt **(§ 20 Abs. 1 LPartG)**. Anwendung finden die Vorschriften nur für Lebenspartnerschaften, die nach dem 1.1.2005 begründet worden sind, es sei denn, die Lebenspartner haben bis zum 31.12.2005 gegenüber dem Amtsgericht erklärt, dass zwischen ihnen ein Versorgungsausgleich stattfinden soll (§§ 20 Abs. 4, 21 Abs. 4 LPartG[16]). Inhaltlich wird auf die Regelung des Versorgungsausgleichsgesetzes verwiesen (§ 20 Abs. 1 LPartG)[17].

---

14 Vgl. oben § 16 Rdnr. 340 ff.
15 Vgl. oben Rdnr. 136.
16 § 21 LPartG ist inzwischen außer Kraft getreten (31.12.2010).
17 Vgl. oben § 17 Rdnr. 374 ff.

Sachverzeichnis

Die Zahlen verweisen auf die Randnummern des Buches.

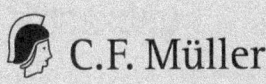

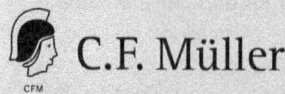 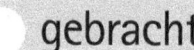